中国社会科学院创新工程学术出版资助项目

金融衍生工具与资本市场译库
DERIVATIVES AND CAPITAL MARKETS SERIES

# 天气风险管理：
## 市场、产品和应用

# Weather Risk Management:
## Market, Products and Applications

[美] 埃里克·班克斯 ◎编

李国华 ◎译

经济管理出版社
ECONOMY & MANAGEMENT PUBLISHING HOUSE

**北京市版权局著作权合同登记：图字：01-2003-1876 号**

Weather Risk Management © Element Re Capital products Inc. 2002. Individual Chapters © Contributors，2002.

First published 2002 by PALGRAVE.

Chinese translation Copyright © 2004 by Economic Management Publishing House.

The Edition is Published by arrangement with Palgrave Macmillan.

All right reserved.

**图书在版编目（CIP）数据**

天气风险管理：市场、产品和应用／（美）埃里克·班克斯编；李国华译. —北京：经济管理出版社，2022.3

ISBN 978-7-5096-8340-8

Ⅰ. ①天… Ⅱ. ①埃… ②李… Ⅲ. ①气候变化—关系—金融市场—风险管理 Ⅳ. ①F830.9 ②P467

中国版本图书馆 CIP 数据核字（2022）第 052467 号

组稿编辑：范美琴
责任编辑：范美琴　丁凤珠
责任印制：赵亚荣
责任校对：陈　颖

出版发行：经济管理出版社
　　　　　（北京市海淀区北蜂窝 8 号中雅大厦 A 座 11 层　100038）
网　　址：www. E-mp. com. cn
电　　话：（010）51915602
印　　刷：北京晨旭印刷厂
经　　销：新华书店
开　　本：787mm×1092mm/16
印　　张：20.75
字　　数：431 千字
版　　次：2022 年 4 月第 1 版　　2022 年 4 月第 1 次印刷
书　　号：ISBN 978-7-5096-8340-8
定　　价：98.00 元

# 重印说明

  《金融衍生工具与资本市场译库》系列丛书自 2005 年起陆续出版，得到学者和社会各界的认可。此套丛书对相关学者研究金融领域的问题具有较高的学术价值，对于我国开展金融监管、防控金融风险具有重要的理论和实践意义。为了能够重印，我社特申请了中国社会科学院创新工程学术出版资助。

  这套著作的翻译、出版得到了中国社会科学院以及金融领域的许多专家学者的支持和协助，对于所有参与翻译、编写，提供帮助的研究机构与研究人员，谨在此一并表示衷心的感谢。

  限于时间和水平，书中难免存在一些不足，希望读者批评指正。

# 翻译者的话

　　天气风险管理市场是一个新兴市场。最初的思路产生于美国，始自1996年。1999年，美国芝加哥商品交易所（CME）正式挂牌交易天气衍生金融工具。此后，这个市场在美国、欧洲、日本迅速发展起来。

　　本书翻译者曾想成立中国第一家天气风险管理公司。遗憾的是，在就要拿到营业执照的前一天，因中央国家行政管理机关的意见，这家微型公司流产了。原因是多方面的，但有一点是肯定的：在中国，了解这个行业的人太少。

　　本书全面介绍了天气风险管理市场的现状、需求者、供给者、产品、应用技术、有关法律和财务事项等，可算是这个行业的全景图。

　　但也因为本书涉及领域太广、太专，所以翻译者深知翻译错误不少，请指正。

　　最后，请记住：这是一本金融实践者写的关于金融领域一片新天地的书，不是天气气象教材，也不是管理学教材。

# 作者简介

埃里克·班克斯（Erik Banks）是元素公司（Element Re）的首席风险管理官。在此之前他为美林证券公司（Merrill Lynch）工作了 13 年，是该公司驻纽约、伦敦、东京和香港的机构风险管理业务的负责人。在任期内，他负责公司风险管理的系统性工作（包括制定政策、分析方法、技术手段和报告等）、欧洲和亚洲的市场风险管理工作，以及亚洲市场的信用风险管理工作。在为美林证券公司工作之前，他是花旗投资银行的信贷官员。Banks 先生还是七本书的作者，这些书涉及风险、金融衍生产品、新兴市场、电子金融和商业银行等领域。他在伊利诺伊州大学获得经济学和西班牙语学士学位、金融学理学硕士学位。

Jeffrey Bortniker 是元素公司的首席执行官，实际上他是该公司的出资人之一。作为首席执行官，他负责制定公司的长期发展战略，全面管理公司的运作，以及开发客户关系。在创立元素公司之前，Bormiker 先生创建和管理安然公司（Enron）纽约办事处，向机构投资者行销金融产品，并协助公司开发天气衍生产品市场。在加入安然公司之前，他是经纪人和传统金融服务公司的合伙人，在那里，他创办了能源服务部；在传统金融服务公司，Bortniker 先生还在纽约和东京做过金属期权和外汇期权经纪工作。Bortniker 先生还为 Drexel Burnham Lambert 公司工作过，是公司在纽约期货交易所和纽约商业交易所的出市代表。他在宾夕法尼亚大学 Wharton 学院获得心理学和消费者行为学士学位。

Lynda Clemmons 是元素公司的总裁和首席运营官，她也是元素公司的投资人之一。她监督公司的日常交易和运营，当公司在天气产品市场和其他市场提供更多的产品时，她协助制定长期战略。Clemmons 女士 1992 年到安然公司工作。在此之前她在美国银行（从前的国民银行）投资银行部开始自己的投资银行业职业生涯，在那里她为公司创立并管理污染物排放配额交易柜台（这一角色使其日后成为污染物排放行销协会的合伙人和协会的财务主管）。身为副总裁，她开发了安然公司的天气交易业务，并在 1997 年完成了天气衍生产品的第一笔交易。在整个 2000 年，她处理安然公司的天气交易业务。其后，她离开安然，与人合伙创立了元素公司。

Clemmons 女士也是天气风险管理协会创始人之一，该协会是致力于促进天气风险管理业发展的国际贸易协会。Clemmons 女士是该协会理事会成员。Clemmons 女士在 Southern Methodist 大学获得历史和法语学士学位。

Michale Corbally 是元素公司负责交易和有价证券风险管理的执行副总裁。在合伙创建元素公司之前，Corbally 先生在安然公司工作了 4 年，作为天气交易主管，他帮助安然公司在天气风险管理市场占据了一席之地，并负责管理安然公司在美国、加拿大和欧洲市场的交易仓位。在为安然公司工作之前，他在英国食品和饮料生产行业工作，负责政府和社团事务。Corbally 在 Leeds Metropolitan 大学获得环境健康理学学士学位，在 University of Brighton 获得 MBA 学位。

Phuoc（Coi）Dang 是元素公司的副总裁，负责交易和管理天气交易仓位。在合伙创建元素公司之前，Dang 先生在安然公司工作，是天气交易经理，负责管理国内和国际天气交易仓位、开发交易和估价模型。在安然公司之前，他在汽车公司（Mobil Corporation）美国开发和制造子公司工作了 5 年。Dang 先生在 Texas A&M University 获得金融和会计工商管理学士学位，在 University of Dallas 获得国际管理 MBA。

Scott W. Edwards 是元素公司的副总裁和监管者，负责制定公司的会计政策。此前，Edwards 先生是 KPMG 顾问机构保险资本市场实务方面的资深经理，他是衍生产品、对冲保值和金融工具方面的专家。Edwards 先生就衍生工具的会计处理问题为 KPMG 的经理主管人员和全美布莱克会计协会创办了一些研究会/工作室。Edwards 先生在 University of Virginia 获得商业理学学士学位，在 Columbia Business School 获得金融与组织管理的 MBA。

Robert J. Henderson 博士是元素公司的研发主管，他主要负责开发公司的定价和风险管理的方法和模型。此前，Henderson 博士是纽约 J. P. 摩根研发部负责全球外汇衍生品研究的主管。在 J. P. 摩根，Henderson 博士为外国外汇期权和有贬值倾向的货币开发了定价模型，为针对市场和信用风险的风险管理工具和报告开发了定价模型。在为 J. P. 摩根工作之前，Henderson 博士在 University of Rochester 获得理论物理学博士学位。在这之前他在 TRW 系统工作，开发人造卫星通信系统的数学模型。在 TRW 工作期间，Henderson 博士从 University of Southern California 获得通信系统理学硕士学位。Henderson 博士还从 Rensselaer Polytechnic Institute 获得电子工程学士学位，并从 Syracuse University 获得摄影新闻学士学位。

Yu Li 是元素公司的研究员，他的工作是开发定价和风险管理模型。Li 先生从 San Francisco State University 获得经济学和国际关系学士学位、国际关系文学硕士学位，从 University of Pennyslvania 的 Wharton 学院获得管理科学和应用经济学文学硕士学位；他现在正在 Wharton 学院完成他的博士学位论文。

Martin R. Malinow 是元素公司的执行副总裁，掌管公司的全球行销事务、管理公司针对各终端客户和财务伙伴的行销工作。与人合伙投资元素公司前，Malinow 先生是安然公司北美天气市场营销主管，管理一个团队，负责社团法人业务的开发与服务。来安然公司之前，他在纽约、伦敦和洛杉矶为 Kleinwort Benson、Credit Lyonais 和 Security Pacific 等公司工作了 11 年，做固定利率衍生产品的交易。Malinow 先生从 Rutgers University 获得政治学学士学位，从 Boston College 获得金融学 MBA。

David Radulski 是安然公司的副总裁，协助公司的战略分析和市场营销工作。此前，Radulski 先生在 Clean Air Capital Markets and Trust Company of the West 等公司工作，领导能源和工业方面的战略制定、业务发展和投资事务。他获得维吉尼亚大学经济学学士学位后，作为美国海军现役军官在亚洲和加勒比海服役，之后回到维吉尼亚大学 Darden 学院攻读 MBA。

Adele M. R. Raspé 是元素公司的总顾问，她主要负责天气和其他柜台交易的衍生产品系列的咨询工作。此前，她是 Pseg Services 总社团法人顾问的助理，就柜台交易衍生产品的交易、法规、市场结构提供咨询意见。在为 Pseg 工作前，她为 PSEG Energy Technologies 做社团法人顾问，就电力和煤气的现货交易和行销提供法律支持。Raspé 女士在固定收入衍生产品方面还是 Goldman、Sachs 的合作者，是纽约城 Brown & Wood 的合作者。Raspé 女士是 1993 ISDA 商品衍生品定义 2000 补充案的起草者之一。Raspé 女士以优等成绩毕业于 Smith College，曾被选入 Phi Beta Kappa，并获得经济学学士学位。她从 Vanderbilt University 法学院获得法律学士学位。她还在牛津大学研究过经济学。

Niraj Sinha 博士是元素公司的研发副总裁，他参与研究和开发工作并支持天气交易组的工作。此前，Niraj Sinha 博士在 Connecticut 格林尼治的 AIG Trading 工作，是数量分析师，为外汇期权交易柜台提供支持。Sinha 博士在芝加哥伊利诺伊州大学获得金融学博士学位。他在 University of Alberta 获得 MBA，从新德里 Indian Institute of Technology 获得技术理学学士学位。

George Zivic 是元素公司的全球行销副总裁，致力于公司针对各终端客户和财务伙伴的行销工作。加入元素公司之前，Zivic 先生在安然公司工作，是安然公司北美天气产品营销组的成员。他协助开发了安然公司信用风险衍生品交易平台，负责撮合机构市场参与者的交易。在为安然公司工作之前，他在多伦多 Bank of Nova Scotia 债券市场组工作。Zivic 先生获得了纽约大学政治学和经济学学士学位，获得了多伦多大学金融学 MBA。

# 目 录
catalogue

第一部分

# 天气风险

# 第一章 天气风险导论

Lynda    Clemmons

## 天气及其风险

要就天气风险的金融管理写一整本书并不容易。详谈天气原理的教科书有许多，还有大量的书详细介绍如果在荒野迷路该如何对付天气，甚至农民的历书自 1818 年就一直在预测天气。尽管有这些东西，但人们对天气风险金融方面的兴趣还是与日俱增。我们写这本书的动机旨在扩大理解天气风险产品并最终会使用天气风险产品的人数。

我们使用"天气风险"来描述企业受诸如热、冷、降雪、下雨、起风等天气事件侵袭的可能性。这种侵袭在本质上是非灾难性的，它影响的是企业的收益率而不是企业的财产。为了减除企业不欢迎的与天气有关的金钱损失，一定要对天气风险加以管理。在街头售卖雨伞的小贩会因连日阳光灿烂而减少收入。他卖不出几把雨伞，但他可以卖太阳镜来减少他的损失。这样一来，他就有效地转移了天气条件变化的风险。当然，在一个较大的企业环境中，风险管理决策不总是如此简单明了，而且企业业务种类也不是那么容易改变——需要更实际的解决办法。

在寻找实际的解决办法的过程中，天气风险市场正发展成为金融领域最具创造性的市场之一。企业越来越多地致力于控制天气变化对企业经营活动效益的冲击，他们正转向风险产品以管理这些冲击。从诸如 Atmos Energy、The Texas Gas Company 等公司的活动中，可以清楚地看到市场的创造力：这些公司使用天气套期保值来回避温暖冬天煤气需求减少的风险。还有加拿大的雪上汽车制造商 Bombardier，他曾在降雪量较少的季节通过给顾客提供回扣来增加其产品销售量。当 Atmos 用天气合约回避其收入风险时，Bombardier 用天气套期保值技术来保护其市场营销活动。这两家公司致力于控制产出风险，但是其他的公司可能更关心控制投入风险。例如，一家运动饮料制造商可能愿将天气对食糖价格的影响减到最少，毕竟食糖是它成本的主要部分。他可以借由套期保值来回避对制糖业有害的天气影响，从而减少预算支出。一个害怕连绵阴雨增加其附加劳工成本和引发逾期交货罚金的日本造船商，可以安排一个适当的降雨量套期保值来回避风险。[①]

从雪上汽车制造商到造船商，各行各业的风险专业人士正在教他们自己领会控制天气风险的好处。影响高尔夫球场、建筑公司或电力公司收入的天气条件已经变得可以计量和可以管理了。这些风险可以按用户要求的组合结构加以处理，提供这种服务的机构有很多保险公司、银行、能源交易商。公司在开始一个风险管理计划前，首先一定要确定它是否面临气候风险，以及经营收入所受影响是否足够大，是否值得对情况进行分析并采取补偿措施。一旦定量化了，公司就能选择最适当的风险管理办法并安排相应的交易。

天气风险一直是某些产业业绩的影响因素：美国商务部已经表示美国 9 万亿美元国内生产总值中，有 1 万亿美元的生产者受到天气影响。[②] 在天气风险管理市场发展起来之前，这些风险要么被忽略了，要么企业自我承担了。天气曾是糟糕财务表现的一个替罪羔羊。在公司年报和盈利公告中经常出现的是这样的声明：公司盈利因糟糕的天气条件受到了负面影响。这样的声明现在还常见："电力公司报告第二季度损失 5560 万美元，或每股 96 美分，因为温暖的天气降低了人们对电力和煤气的需求。"[③] 因为股东传统上并不期待回避自然的损害，因而财务主管（CFOs）和司库能够将收入的减少和支出的增加归咎于天气。但是现在天气产品能创造较可预期的收入流，使资金贷出者更感安全，使投资者可以获得更高的回报。例如，芝加哥地区的公共事业公司人民能源公司（People's Energy）就选择了应用天气套期保值工具，因为他"要稳定其收入"。[④]

公司的责任常用股东权益来描述，公司股东和债权人要求审慎的会计，要求有风险管理和战略决策。管理层则在危难中选择忽视财务风险，允许利率或现金安排威胁公司核心业务财务回报的公司财务主管（CFOs），账务主管要冒股价下跌和股东诉讼的风险。放任天气风险的发展是一种相似的情形，因为现在有一种机制使企业核心业务不受天气风险的影响。公司的财务主管（CFOs）现在有义务管理公司面临的天气风险并使公司不受天气风险的影响。机构投资者和证券分析师是股票价格的关键驱动者，他们将大量的注意力放在预期每股收益（EPS）上。除每股收益（EPS）连续增长外，投资者和分析师还要求预期每股收益（EPS）预报的准确性和目标的实现。因有利天气的强烈效果而获得的报偿在数量上并不等于因不利天气的可怜后果而受到的惩罚。这一事实正在获得更广泛的认同，有趣的是，美林证券公司（Merrill Lynch）关于公用电力事业收入的报告也正好解释了这一事实："上部平

---

① Tokio Marine Expands Sales of Weather Derivatives, *Nikkei Financial Daily*, 2001.

② At least one trillion dollars of our economy is weather sensitive. Commerce Secretary William Daley to Congress, as quoted in Golden, M., and E. Silliere, Weather Derivatives are Becoming a Popular Hedge, *Wall Street Journal*, 1999.

③ *CNN*, New Power Holdings, 2001.

④ Lapson, R., M. Nordstrom, Weather Insurance：The Peoples Choice, *Risk Magazine*, 2001.

缓，下部陡立"。①

在人们的意识里，每股盈余是量化天气风险的一个重要指标。因为企业财务主管（CFOs）受到日益增加的压力，要"制造数字"，或要使数字符合每股盈余预期，所以只要对核心业务没有影响，任何风险均应消除。应用天气风险管理技术是要从财务的角度考虑问题。预防多雨的夏天或温暖的冬季导致利润的减少，公司应把重心集中在他的核心业务上。一个公司采取积极的行动以减少其盈利的下滑，而不是等待着天上掉馅饼，这个公司就是一个进取的公司。但 Federated 的首席执行官 James Zimmerman 却是这样警告的：2001 年第二季度的盈余因冷湿的春天将低于华尔街的预期，并指出："我们希望六月份温暖的天气——从时令上讲应当如此——将启动强劲的销售。"② 寒冷的春天同样打击了三角洲松林土地公司——一家美国棉花种子生产公司。公司声称，因为"春季种植季节恶劣的天气减少了棉花种植面积"，所以公司每股盈余可能减少 0.17 美元。③ 在 2001 年第二季度的最后一个星期，公司股票市值损失 2.35 亿美元，或者说 24%。但是分析师正在帮助公司认识这样的道理：积极的天气风险管理能创造价值。根据 Salomon Smith Barney 公司一个分析师的观点，"一家公司如果针对不利天气购买保护，那么公司股票的投资者获得的报酬将大于投资于那些不购买保护的公司的股票所得的报酬。"④ Goldman Sachs 的分析师也证明了这一事实，他指出："在其他条件相同的情况下，天气风险有下降趋势的公司股票，其交易价格低于采取了减少天气风险的金融措施的公司股票的交易价格……华尔街将惩罚那些对天气风险不采取回避措施的公司。"⑤ 评价公司偿付债务能力的债券评级师也得到相似的结论。举例来说，标准普尔公司的债券评级师指出："当现金流动应该稳定的时候，慎重地使用天气衍生工具或保险只会提高信用质量。"⑥ 很清楚，天气市场已经引起金融界的注意。

# 市场的产生

天气衍生品市场始于 1996 年，当年美国解除了电力供应方面的管制，电力供应市场开始由一系列的地方性垄断企业分块垄断的局面变为竞争的区域性批发市场。在传统公司之外，出现了经营电力的新公司、新企业，市场参与者从一家公共事业公司购买电力，然后再卖给另一家公共事业公司，而公共事业公司为了竞争也不得

---

① Fleishman, S., *Memill Lynch Electric Utilities/IPPs Bulletin*, Winners and Losers Emerge, 2001.

② *CNN*, Federated Warns on 2Q, 2001.

③ Porretto, J., Delta Pine Land Earnings Fall, *Washington Post*, 2001.

④⑤⑥ Matthews, S., Locking Down Climatic Swings is Good for Investors, Analysts Say, *Risk Magazine*, 2001.

不调整其经营模式，从关注资产收益率转向关注股票价值。

在这种快速解除管制的环境里经营的能源公司很快就意识到天气对经营的影响。在新的监管制度下，天气决定短期需求也决定长期供给。南方的热峰期会增加空调负载。西北太平洋的降雨和山区的积雪会增加水电能力。东海岸的暴风会损坏输电线，这些天气事件中的任何一个都会影响电力的流动和电力的价格。在解除管制的初期，当天气风险首次被定量时，能源市场指望保险业提供解决问题的办法；然而，保险业却不能提供非灾难性保险。因此，能源市场必须自己解决问题。认识到市场正在变化，能源公司采取了控制天气风险的措施，并围绕天气风险创造了新的业务。像 Enron（安然）、Koch Industries（科赫）和 Aquila（天鹰座）等公司都为管理这些风险推出了新产品。虽然早在 1996 年就有几单开拓性的交易成交了，但那时并无公开的讨论，所以并未发挥对市场的启示作用。举例来说，纽约 Consolidated Edison 公司因担心 8 月的凉爽就从一个电力经销者处购买了保护（未来从这个电力经销者处购买电力将获得回扣）。[①] 同样地，一个佛罗里达州的公共事业公司也为 1997 年 8 月的天气购买了套期保值——电力的价格随气温变动——这个月气温越热，电力的价格也越高。第一个被广为宣传的交易是 1997 年在科赫能源（Koch Energy）和安然（Enron）两家公司间完成的。两家公司以美国威斯康星州东南部港市密尔沃基（Milwaukee）1997~1998 年冬季气温为参考，基于主要气温指数安排了一个交易。这笔交易的主要目的是启动市场。随后在科赫能源（Koch Energy）、安然（Enron）和天鹰座（Aquila）公司间的交易引起了媒体和同业广泛的关注，一个市场诞生了。

虽然能源市场参与者最初的目的是要回避与能源需求量变化不定有关的内部风险，但事情很快变得清晰起来：要有效地回避这些风险，需要更好的流动性。创造一个市场要做的事远不是在几个交易者之间做几笔广为宣传的交易那样容易，它需要广泛的市场营销工作、教育工作，还需要从其他产业吸引参与者。于是找寻收入新来源的能源商品经纪人就参与了价格信息的交易。保险巨头如 Swiss Re、American Re 和 Transatlantic Re 等就变成了正式参与者，与真正的能源玩家同台竞技。随着市场参与者的增加，随着与估价和资料处理有关的主要定量问题的解决，美国的流动性增加了。在 1998 年后期，市场覆盖范围已扩大到欧洲和日本。芝加哥商业交易所（CME）在 1999 年 9 月开始挂牌交易 10 个美国气温指数的标准期货和期权合约，不久，第一张与气温关联的债券在市场上出现了。自那以后，越来越多的交易者进入市场，新产品引入了市场，流动性的增长率更是非常可观。

如果在这个市场上要做任何新的努力，就要知道天气风险管理市场已经是一个复杂的市场，需要广泛回顾所有的金融产品——从保险到衍生品到资本市场结构品——还需要决定真正的交叉市场交汇的时机。它还意味着增进人们对风险的理解。举例来说，可能发生的连续三年暖冬的非灾难性质与五十年一遇的 5 级飓风的性质，

---

① Richter, R., Temperature, Price and Profit: Managing Weather Risk, *Public Utilities Fort nightly*, 1998.

在风险和有关定价问题上就非常不同。连续三年暖冬的非灾难性风险是递增的，或加层的，会影响公司的财务表现。作为单一事件的结果，他们不会破坏公司的财务持续性；但是这些风险侵蚀公司的利润率，使年度报告对股东而言很难看。在这本书中，我们将介绍天气风险管理市场、工具和技术，这些知识可以使公司经理和管理层将天气风险置于控制之下。

# 市场结构及成长情况

从很早开始，天气风险保护市场的增长率就非常快，而且在各个行业和各个国家变得越来越多样化。在 2001 年，天气风险管理协会（WRMA）——促进天气风险教育和认知的行业协会——委托 Pricewaterhouse–Coopers（PwC）公司对 1997 年10 月到 2001 年 3 月间 WRMA 会员之间成交的天气风险合约量进行了调查（以后我们引用该调查的资料时标注为 WRMA/PwC 调查）[①]。调查结果表明，虽然天气风险市场是 1997 年始自美国能源行业的，但是它已经变得越来越不是能源行业的市场，而是越来越全球化了。比如，能源公司在市场参与者中仅占 37%，而保险公司/再保险公司和银行则分别占 37% 和 21%；剩余的 5% 是其他商品交易者。虽然这比 20世纪 90 年代后期已有很大变化，但随着其他社团终端使用者和诸如农业、建筑、娱乐和饮料等有代表性的行业在总体市场活动中占有的份额越来越大，可以预期市场将有更好的增长，市场的流动性也将更好。虽然美国的机构参与者继续占多数（58%），但是已有越来越多的参与者来自诸如法国、日本、瑞士、百慕大群岛、德国和英国等国家。图 1–1 和图 1–2 解释了参与者的行业分布和地理分布。

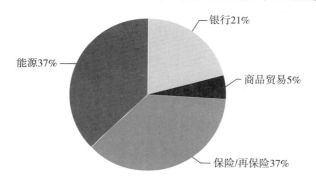

**图 1–1　天气风险市场参与者的行业分布**

① Pricewaterhouse Coopers, The Weather Risk Management Industry: Survey Findings for November 1997 to March 2001, 2001. Though the survey included most of the major corporate, bank and insurance participants active in the market, it was not inclusive of every institution that has arranged or executed a weather risk transaction; accordingly, actual activity totals are understated by some margin.

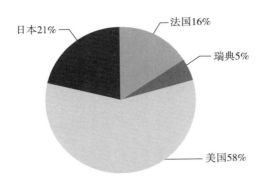

**图 1-2　天气风险市场参与者的国家分布**

　　天气市场的交易活动在一个相对较短的时间里迅速增长。WRMA/PwC 调查显示，自 1997 年起，大约交易了 4800 份天气衍生品合约，成交金额约为 75 亿美元，在整个考察期内交易主要是为回避冬季气温风险，表 1-1 表示每 6 个月成交合约金额的增长［相当于典型的冬季（10 月至 4 月）和夏季（4 月至 10 月）］。从地理上看，交易活动针对的天气风险大多数是美国参考地发生的风险——尽管有覆盖国际上其他地点风险的趋势。比如，2000 年，95.2% 的冬季合约成交额和 97.4% 的夏季合约成交额针对的是美国的天气风险。表 1-2 和表 1-3 总结了 1997~2000 年和 1998~2000 年的地理变化趋势。图 1-3 和图 1-4 解释合约数量和合约金额的增长趋势（包括 2001 年第一季度到期的 2000 年冬季合约的成交数据）。

**表 1-1　1997 年 10 月~2001 年 4 月天气交易成交金额**

单位：百万美元

| 时间 | 美国 | 亚洲 | 澳大利亚 | 欧洲 | 其他 |
| --- | --- | --- | --- | --- | --- |
| 10/97~4/98 | 169 | 0 | 0 | 0 | 0 |
| 4/98~10/98 | 734 | 0 | 0 | 0 | 0 |
| 10/98~10/99 | 1101 | 0 | 0 | 0 | 0 |
| 4/99~10/99 | 639 | 1 | 0 | 0 | 0 |
| 10/99~4/00 | 2242 | 3 | 0 | 71 | 2 |
| 4/00~10/00 | 623 | 16 | 1 | 0 | 0 |
| 10/00~4/01 | 1785 | 29 | 2 | 49 | 11 |
| Total | 7294 | 49 | 3 | 120 | 13 |

**表 1-2　1997~2000 年成交的冬季合约的地理分布**　　单位:%

| 年份 | 美国 | 亚洲 | 澳大利亚 | 欧洲 | 其他 |
| --- | --- | --- | --- | --- | --- |
| 1997 | 100.0 | 0.0 | 0.0 | 0.0 | 0.0 |
| 1998 | 100.0 | 0.0 | 0.0 | 0.0 | 0.0 |

续表

| 年份 | 美国 | 亚洲 | 澳大利亚 | 欧洲 | 其他 |
|------|------|------|----------|------|------|
| 1999 | 96.8 | 0.1 | 0.0 | 3.0 | 0.1 |
| 2000 | 95.2 | 1.6 | 0.1 | 2.6 | 0.5 |

**表 1-3　1998~2000 年成交的夏季合约的地理分布**　　　　单位:%

| 年份 | 美国 | 亚洲 | 澳大利亚 | 欧洲 | 其他 |
|------|------|------|----------|------|------|
| 1998 | 100.0 | 0.0 | 0.0 | 0.0 | 0.0 |
| 1999 | 99.8 | 0.2 | 0.0 | 0.0 | 0.0 |
| 2000 | 97.4 | 2.5 | 0.1 | 0.0 | 0.0 |

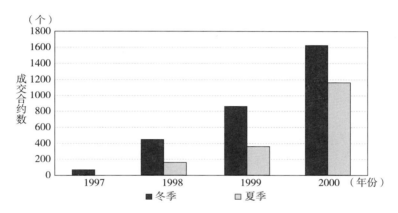

**图 1-3　天气合约交易的增长——成交的合约量**

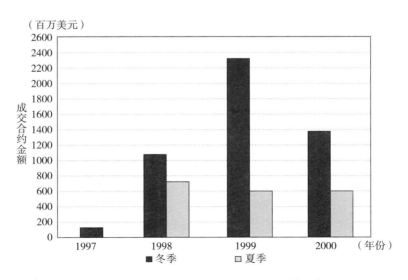

**图 1-4　天气合约交易的增长——成交的金额**

调查也指出，尽管交易一直主要集中在美国取暖指数（HDD）和制冷指数（CDD）气温合约上，[①] 但其他天气风险的交易也开始增加市场份额（HDD/CDD 合约的交易在 1997~1998 年占市场份额的 100%，而 2000 年约占 90%）。图 1-5 和图 1-6 表示冬季保护合约和夏天保护合约成交额的构成。

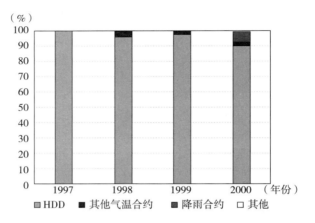

**图 1-5　冬季天气合约成交额构成**

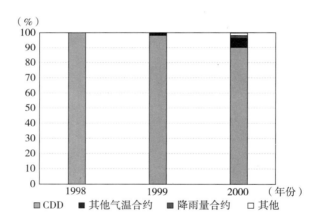

**图 1-6　夏季天气合约成交额构成**

1997~1998 年后，成交的美国地理分布离差扩大了。1997 年冬季合约成交的主要是基于中西部气温点的合约（占成交额的 72%），而 1998 年夏天合约成交的主要是基于中西部和东部气温点的合约（一起占成交额的 89%）。到 2000 年，市场均衡特征更加明显，没有哪一个特定的地点在冬季合约或夏天合约上有超过 40% 的市场成交额。图 1-7 和图 1-8 解释了美国天气合约地理构成。

---

　　①　HDD 和 CDD 指数是两个重要的气温指数，我们将在第六章中详细讨论。HDD 和 CDD 指数是将累计平均日气温与华氏 65°基线作比较。

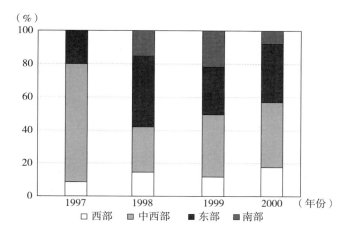

图 1-7 美国冬季天气合约成交的区域分布

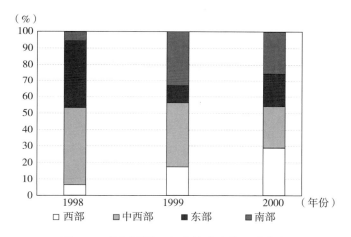

图 1-8 美国夏季天气合约成交的区域分布

# 主题

天气市场可以被当作一个有效的风险转移途径，为了更好地理解这一点，我们将探究一些重要的主题，这些主题涉及经济学、参与者、市场和产品结构、风险战略、资料、定价和控制等。在第一部分的剩余部分，我们将回顾天气风险管理的天气基础知识和经济学知识，其后在第二至第六部分，我们将讨论如下主题：

（1）市场参与者：我们考察天气风险管理市场主要的供应者与需求者，并聚焦于金融机构、社团法人和政府机构以及他们参与市场的原因上。

（2）风险管理市场、产品和战略：我们将讨论非灾难性风险市场和形成天气风险产业基础的那些指数，我们还将讨论那些寻找天气风险保护的人们可以应用的金融产品的特征。为了理解如何借助天气产品创造价值，我们将考虑可以被用来达成多种目标的特定风险战略——特定的目标包括套期保值、制造市场、筹资和投资。我们还要讨论市场的交汇如何使天气保险和资本市场之间的区别变得模糊。

（3）计量和控制问题：我们将讨论与天气风险管理计量有关的细节问题——包括数据的收集和整理、分析解释和交易定价。我们将分析影响供给者和终端用户的基本控制问题——包括合法合规性考量、财务和会计处理、市场和信贷风险管理。

通过讨论这些主题，我们力求使读者获得认知天气风险市场所必要的知识。在开始更详细的讨论前，我们将注意力进行转向，在第二章粗略地关注一下可能影响公司财务表现的那些天气事件。

# 参考文献

［1］ *CNN*，Federated Warns on 2Q，2001.

［2］ *CNN*，New Power Holdings，2001.

［3］ Fleishman，S.，Winners and Losers Emerge，*Merrill Lynch Electric Utilities/ IPPs Bulletin*，2001.

［4］ Golden，M.，E. Silliere，Weather Derivatives are Becoming a Popular Hedge，*Wall Street Journal*，1999.

［5］ Kim，T. Waiting for Rain，*Derivatives Strategy*，2000.

［6］ Lapson，R.，M. Nordstrom，Weather Insurance：the Peoples Choice，*Risk Magazine*，March 2001.

［7］ Matthews，S.，Locking Down Climatic Swings is Good for Investors，Analysts Say，*Risk Magazine*，2001.

［8］ *Nikkei Financial Daily*，Tokio Marine Expands Sales of Weather Derivatives，2001.

［9］ Porretto，J.，Delta Pine Land Earnings Fall，*Washington Post*，2001.

［10］ Pricewaterhouse Coopers，The Weather Risk Management Industry：Survey Findings for November 1997 to March 2001，2001.

［11］ Pryde，J.，Weather Market Heading to Take Off，*Kiplinger Forecasts*，2001.

［12］ Risk Publications，*Weather Risk Supplement*，2000.

［13］ Risk Publications，*Weather Risk Supplement*，2001.

［14］ Richter，R.，Temperature，Price and Profit：Managing Weather Risk，*Public Utilities Fort-nightly*，1998.

［15］ Saunderson，E.，Equity Analysts Wake to Weather，*Environmental Finance*，2000.

# 第二章　天气基础知识

## Erik Banks

正如第一章所指出的那样，我们关于天气风险管理的讨论把重点集中在天气风险对经营活动可能产生的经济影响上，以及天气风险如何识别、如何定量、如何管理上。在着手进行广泛的天气风险管理的讨论前，学习一些有关天气的基本概念是有帮助的，但我们并不想深入、全面地介绍这一学科——那超出了本书的范围，且只适用于测试天气的专业知识。相反，我们仅学习天气现象的主要分类，仅描述诸如雷暴、冷前锋、热波、降雪等特殊天气现象是如何产生的。当然我们还讨论大海/大气振动、全球变暖和臭氧层稀薄化对中短期天气的影响。

## 太阳能、气团和前锋

地球的许多天气现象是太阳引起的，太阳的加温能力产生许多昼夜天气模式和季节天气模式。每天每小时地球接受来自太阳的能源是 100 兆千瓦，这些能量以可见的短波形式和看不见的紫外线形式传送到地球。能量或在大气层表面被反射逃离地球，或穿透大气层，然后或被地面或海水面反射，或被大气层、地面和海水吸收。地球表面吸收的太阳能加热了大地和水，于是气温升高、起风、下雨。地球表面的反照率或反射率变化很大。举例来说，厚的云层其反照率是 60%~90%（这意味着 60%~90%的能源被反射掉，而不是被吸收），新雪是 80%~95%，沙漠沙子是 40%，草原是 22%，水是 3%~10%（直射）或 10%~100%（斜射），等等。平均而言，来自太阳的能量有近 30%经反射返回太空。云和大气吸收 20%，剩余的 50%进入大地和水。

由于地球有 23.5 度的轴倾斜，且一年绕太阳运行一周，所以太阳照射地球表面时以不同的角度照射世界的不同地区。这使地表气温有以年为周期的冷热变化，从而引起了气温和降水量的季节性变化。赤道地区接收到的太阳能最多，气温就高（同时在某些地区就有大量的降雨）；赤道附近的北纬度地区和南纬度地区接受的太阳能就要少一些，平均气温也就要低一些。除了轴倾斜、地点和反射等因素外，还有各种其他因素影响日照时间和强度，这包括海洋——大气系统（及其联合振动）

的状态、高气压区域的位置和温室气体的排放。跟踪气流并根据历史数据预测气温和降雨量情况是天气预报和天气风险管理的基本内容。

由于土地和海水会加热或冷却在它们上面的空气，这便形成了空气气团。这些大气团可能是运动着的也可能是固定不动的，可以是热的也可以是冷的，可以是潮湿的也可以是干燥的。一个气团可能覆盖数十万平方英里，在其控制区域通常有相同的气温、气压和湿度，如大陆极地气团（在北美北部、俄国和南极洲，有干燥寒冷气团）、海洋极地气团（在北美、北欧和南极洲，有寒冷潮湿气团）、热带海洋气团（在墨西哥湾、加勒比海、太平洋西南部和印度洋上，有温暖潮湿的气团形成）、热带大陆气团（在南美、美国东南部和非洲的沙漠和戈壁地区，有温暖、干燥、不流动的气团）。

气团的运动受很多因素的影响，包括气压、气温，风速/风向和地球的转动。因为大气有重量，从而产生气压；大气密度越大，大气的重量就越大，气压也就越高。当太阳能加热地球时，就引起空气膨胀，膨胀的空气密度较小，因为温暖空气分子运动速度较快从而占用比较少的空间。当暖空气上涨时，就在它的下方区域产生低气压；为充填低气压区的空间并达至平衡，附近高气压空气就会冲进低气压区。地球表面大气层从高气压区域向低气压区域的运动就是风。风力由气压梯度或者说压差及低压区和高压区的距离决定，压差越大，空气流转就越快，风力就越强，大的垂直气压差能产生急剧的风即剪切风。气团的运动也受地球摩擦特征的影响。因为地球是旋转的，大气层也随着旋转。然而，大气层高空的大气受地球旋转的影响较之低空大气所受的影响要小，这样整个大气层里大气运动的速度就不一致，从而有了湍流和地表风，并压迫气团向特定的方向运动。地球旋转还引起"科里奥利效应"（Coriolis Effect）：在北方半球，当大气从低压区向高压区运动时不是走直线的，地球的旋转使大气进入低压区时逆时针方向旋转，而离开高压区时顺时针方向旋转。全球不同地方各有不同的主流风向，并呈现一定的规律。例如，南纬季风从东北吹向西南，而极地地区的极地东风则从东向西吹。喷流——高层大气中的高速风带——影响高/低气压区，影响暴风活动区域和活动方向。喷流和其他高海拔风的特性在帮助预报员确定暴风的路径和速度方面至关重要。

由主要风推动的暖气团和冷气团经常相互碰撞，碰撞发生的区域就是前锋。因为气团不容易混合，所以前锋是偶发恶劣气候变化的地方。前锋可能是寒冷的，可能是温暖的，也可能是混合的；可能是向前推进的，也可能是呆滞不动的。在一个冷前锋中，暖气团被推着从下向上运动以置换冷空气，只要大气层不是特别的干燥，当暖空气上升时，云便形成了，狂暴的雷雨就可能出现。在一个暖前锋中，暖空气置换冷空气的方式是暖空气滑向冷空气上部，从而产生宽带云，后者能引起降雨。混合前锋形成于暖前锋和冷前锋混合时，混合前锋在地表和高空均形成界线，在暖前锋和冷前锋中可能出现的云和雨，在混合前锋中都可能出现。前锋高高地伸展进地球的大气层中，使高海拔风能为风暴提供能量，从而决定了风暴什么时候、将在哪里形成、风暴将如何扩张、风暴会向哪里运动。前锋通常是叫作超大热带气旋的更大的天气系统的一个组成部分（超大热带气旋是在热带形成的风暴，特点是无前锋）。

当气温或湿度的变化引起气团重量或压力减少时，就产生了低气压区域，或叫气旋区域，这通常会带来多云和不稳定的天气。当气团的重量和压力增加时，高气压区域，或者叫反气旋区域就形成了，随之而来的是晴朗和稳定的天气。风速和风向的改变会引起高层大气的集中和发散，高层大气的集中和发散决定高气压和低气压带的形成地点和形成速度。大气层高空集中的大气沉入地表的高气压区域，而分散的大气推动气流上升并使地表的气压进一步降低。高气压区域和低气压区域随地表温差的变化而呈季节性变化。在1月呈现高气压区域，在7月就呈现低气压，反之亦然。举例来说，低气压地区形成于地球上较热的地方。1月，极地附近海洋的气温比陆地的气温高，这就引起温暖的空气上升，从而形成低气压区和不稳定的天气。相反的情况发生在夏季——陆地的气温高于海洋的气温，低气压区的低气压变得不明显，甚至变成高气压区。

# 水蒸气、云和雨

水蒸气是水的气体形态，水蒸气为云、露、细雨、雾、雨、雪的形成提供必要的湿气。加热时，水蒸气会从固态变到液态再变到气态；将热源移走，发生相反的过程。考虑一个密封的系统，里面是液态水和干燥的空气，将它们暴露在热源下，比如暴露在太阳光的照射下。当热源供热时，水分子以蒸气形式脱离水面，空气中包含更多的水分子。热空气较冷空气能容纳更多的水蒸气，因为热空气里的水分子运动得足够快，使其可以维持在蒸气状态而不是重新冷凝为液态水。如果系统冷却了，水分子的速度就减慢，气态水分子就重新冷凝为原始液态水。这个基本的原理有助于解释雨是如何形成的、雨为什么会形成。

绝对湿度是度量空气中水汽含量的指标。例如，每千克干燥的空气中含有 x 克水。相对湿度是空气中水汽含量与空气中最大水汽含量的比值。相对湿度的大小由空气中水汽含量和空气的气温决定。

水汽要想转化为云或雨，通常需要有特殊的物质或者凝结微粒子使其凝结其上。"纯净的大气"不太容易凝结，因为没有东西可使冷却的水蒸气在其表面集结。来自沙、尘、海盐、烟雾和其他污染物的极小粒子可以帮助水的凝结。水汽会以各种形态凝结，有雨、雪、冰、雾、霜和云。当上升的暖空气冷却到凝结气温时，就形成了云。更确切地说，当暖空气上升到凝结点时、当暖空气在移动前锋的冷空气上方运动时、当收缩气团产生低气压区推动空气向上运动时、当气团沿山脉类障碍物上升并凝结时，就产生了云。

大气层的稳定性影响空气上升的方式，后者在决定云的形状和规模方面发挥作用。地面的暖空气比冷空气轻，密度也小，它们穿过大气层上升。因为大气层上部的气压较低，暖空气"气泡"上升时就会扩散；而气泡扩散后就变冷了。① 暖空气气泡在高层大气中变大并冷却时，会达到一个它不再能够包含所有水汽分子的点，这时水汽分子就凝结为云状小水滴。水汽饱和的大气气泡的凝结气温叫露点。大气气泡上升得越高，它就扩散得越大，就有更多的凝结。只要大气气泡的气温比其周围空气的气温高，它就会继续上升，这时我们说大气是不稳定的；如果大气气泡冷却且停止上升，大气就稳定了。因此，较暖的空气在较冷的空气的上方会带来稳定的大气。大气气泡一旦上升到与其周围大气的气温相同的点，它就不再上升，如果这时它已冷却到露点，就会形成可见的云。大气气泡的湿气影响大气的稳定。虽然与我们的直觉相反，但潮湿的空气确实比干燥的空气轻，因为水分子比其置换出的氮和氧分子要轻。当水汽凝结并形成云的时候，水汽就会释放出热量，对大气气泡中的空气加温，这是大气气泡扩散冷却效应的另一面。这会使大气稳定且可能导致大雷雨云的形成。在热天，上升的大气气泡要上升得更高才能达到露点，所以云会在高处形成。如果大气气泡到达了它的露点还继续上升，就会形成非常大的云（称为积云/冷锋云）；如果大气气泡到达了它的露点后只继续上升一小段距离，就会形成比较小的分层云（成为层云/暖锋云）。②

要使雨从云中下来，水汽中极小的水珠就必须变成大雨滴。雨滴比云中小水珠要大得多——雨滴直径平均是 2 毫米，或 2000 微米，而云中小水珠的直径平均只有这个尺寸的 1/100，即 20 微米（这是上面提到的凝结核子尺寸的两倍）。要使云中小水珠变成足够大的雨滴并降落地面，它们必须通过相互碰撞而融合，直到达到临界尺寸（这一过程叫作聚结），或形成冰晶（与云中小水珠比，它较大，也较重）并在穿过大气层降落的过程中融化成雨。当大气层足够冷的时候，就可能产生冷冻形式的雨，包括雪、雾、小冰球和冰雹。雪是蒸气最初凝结为小水珠或固体时形成的，如小水珠或固体上升时，周围更多的湿气就会凝结，当它在高层大气的冷空气中冷却时，它就冻结成晶体。如果气温低于华氏 5 度而大气中还有富余的水汽，那么晶体就会长出雪花中常见的"分枝"或"胳膊腿"。晶体继续变大，它最终会变得足够重并以雪的形式降落地面。根据尺寸大小、重量、密度和气温，雪晶体可以分为几种不同的类型，主要的种类有星形、树枝形、碟形、针形、圆柱状和戴帽圆

---

① 大约每 1000 英尺 5.4 华氏度，否则叫干绝热递减率。

② 云可以根据其海拔高度和形状进行描述和分类。按海拔高度有高云（alto，中间水平，6000～18000 英尺）和卷云（cirro，高水平，在 18000 英尺之上）。低水平云没有特别的命名前缀。按形状分有卷曲云（卷曲的、纤维状）、层云（多层云）、积云（块状、饱满、有细毛的云）和乱云或雨云（降水云）。因此，层云和积云在低空出现，高层云和高积云在中空出现，卷层云和卷积云在高空出现，等等。由冰晶组成的卷云（Cirrus Clouds）在大气层上部的冷空气中出现。碎雨云，或叫雷暴云砧，出现在 50000 英尺以下。

柱状。如果在晶体下落的过程中小水珠又附着其上（这一过程叫结晶），原始晶体就变成了雾——其实就是被冰冻的细小水滴覆盖的冷冻晶体。小冰球是水珠下落过程中形成的。冰雹是夏天的现象，冰结的小水珠或霰在下落的过程中受到上升气流的阻截，而气温极低的水珠加大了它的尺寸，直到它变得足够重，上升气流不可再将其托起，它落到地上，这就是冰雹。在极端情况下，冰雹的直径可以达到数英尺。

雾是地表附近的大气冷却到露点形成的可见的细小水滴。气温/湿度和具体地形的不同可以形成不同类型的雾，有地面雾或放射雾、上坡雾、水平漂流雾、蒸气雾或海烟雾、山谷雾和坠落雾。霜是地表气温冷却到华氏 0～32 度时形成的，是水汽直接凝结为冰的。有些情况下，水汽会升华，而不是先形成露再形成冰。

# 恶劣的天气：风暴、超级风暴群、龙卷风、冬季暴风雨及飓风

风暴指有强风和暴雨/大雪的天气，恶劣的风暴是那些风速超过 50 节［每小时57 英里（mph）］及/或产生直径超过 3/4 英寸冰雹的天气。风暴也叫对流风暴，形成于温暖的地表大气与寒冷的下沉大气发生混合的区域。当上升气流里温暖的空气上升时会冷却到露点并凝结成风暴云，如冰晶或小水滴变得足够大可以摆脱上升气流的控制，它们就会下落且形成下沉气流。上升气流继续上升，就会与下沉气流冲撞，这就为强风暴的形成提供了条件。上升气流上升直到它被下沉气流完全遏制住，而如果潮湿空气的供应被截断，风暴也就停止了。图 2-1 描述了意大利上空的一个对流风暴系统。

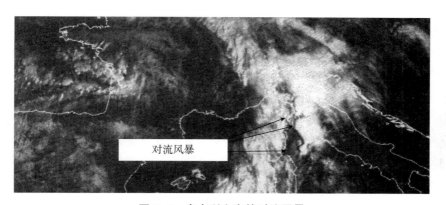

图 2-1 意大利上空的对流风暴

风暴常产生闪电和雷鸣。至少有两个理论解释闪电的形成。降水理论认为，当发生相互碰撞时，水滴、霰、冰雹和其他形式的降水物会带上电荷，重粒子带负电荷来到风暴云的底部，在风暴云的底部离子化空气呈沟状形态向地面汇集。当离子化空气与来自地面的正电荷相遇时，闪电就产生了。对流理论认为，通常在地面附近出现的上升气流带正电荷向上运动，而下沉气流带负电荷向下运动；带负电荷的下降气流集聚、变强，当它们遇上带正电荷的上升气流时，闪电就产生了。还有混合理论结合了两种解释的观点。雷简单地解释就是超级闪电沟膨胀时发出的声音。

单个风暴有时是叫作复合风暴（Multi-cell Systems）的风暴集群的一部分。当一个风暴区的气流为临近的风暴形成提供上升气流时，就会形成复合风暴。复合风暴天气可能会特别恶劣，有可能伴有闪电、雷鸣和暴雨。狂风线（Squall Lines）是跨越数百英里的风暴群组，能产生强风、冰雹，有时还会产生龙卷风。狂风也能产生干燥或湿润的微爆（Microbursts），在短距离内时速高达150英里的干燥或含饱和水的风。异常恶劣的风暴并不常见，只有在一些因素几乎是独特地耦合在一起时，才会产生异常恶劣的风暴：比如不稳定的大气、上升气流的紊乱、地面附近暖空气的上方有一层稳定的空气、地表附近有潮湿空气源、风速随海拔增高而增加，等等。有些异常恶劣的风暴是稳定状态的雷暴，叫作超级风暴群（Supercells）。超级风暴群（Supercells）能横扫数百英里，一路产生雨、冰雹和龙卷风；如果说一个典型的雷暴能持续一个小时的话，那么超级风暴群（Supercells）可以活动好几个小时。超级风暴群（Supercells）由旋转上升的空气推动（中气旋——Mesocyclones），将地表温暖的空气与高层大气中寒冷干燥的空气混合。这个气流产生龙卷风形成所必需的旋转，如凉爽的空气进入风暴，雨和云就会融进它，使其变得更冷并将其推向地表面。然后中气旋（Mesocyclcne）就捕获减速的空气使其沿风暴方向运动，从而有效地制造了一个小的冷前锋。冷前锋将另外的暖湿空气推进中气旋内，从而为中气旋的运动提供了燃料；冷凝水汽放出的热能也为风暴提供了能源。

凉爽的下降气流从任何一点转进中气旋都会产生龙卷风。龙卷风是风暴中流出的气流形成的上升气流，它从积层云盘（Cumulo-nimbus Cloud Formation）底部伸向地表面。当地面的暖湿空气被冷空气覆盖时，龙卷风会加速，形成小块不稳定区。当暖空气穿过柱形上升气流中的冷空气上升时，它的速度会增加。高层大气的强风使圆柱顶部空气流畅，允许上升气流中的空气以旋转方式上升，这就产生了典型的龙卷风"漏斗"。龙卷风能非常快地形成和平息。过风地区很难在二三十分钟以前预测，因为小规模的大气事件就能迅速改变龙卷风发生的地点和运动路径。虽然大多数龙卷风的风速小于每小时150英里，但在稀有的例子中，局部风速超过每小时260英里的例子也有。表2-1中的Fujita龙卷风等级已经变成公认的龙卷风强度的分类方法。图2-2是田纳西州纳什维尔附近的龙卷风风柱。

表 2-1　Fujita 龙卷风等级

| 级别 | 风速（mph） | 损坏程度 |
| --- | --- | --- |
| F0 | 40~72 | 轻微 |
| F1 | 73~112 | 中等 |
| F2 | 113~157 | 较大 |
| F3 | 158~206 | 严重 |
| F4 | 207~260 | 破坏性 |
| F5 | 261~318 | 惊人 |

龙卷风

**图 2-2　田纳西州纳什维尔附近的龙卷风风柱**

资料来源：美国国家海洋和大气管理局，国家气候数据中心，Asheville，北卡罗来纳州。

　　恶劣的冬季风暴会产生大风雪和乳白天空（极地的一种大气光象），它是由带有大量动能和湿气的超级热带气旋系统产生。在美国，这样的风暴时常产生于太平洋，在西海岸登陆，在落基山山脉减弱，然后当它们开始经过中西部时变强。从墨西哥湾来的湿气和从加拿大来的冷空气结合能在平原各州产生特别有活力的冬季气候；如果气团的规模和运行方向合适，这样的风暴能吹到大湖地区甚或达到东海岸。那些达到东海岸的踪迹，比如 Nor' easters，当其低能中心爬上大西洋海岸时会产生有活力的冬季天气环境。图 2-3 是 2000 年末袭击英国的超级热带风暴。

　　虽然每 10 场热带紊乱气流只有一个发展为飓风，但形成的飓风表现了一种自然界最有力的天气力量。飓风的直径可达数百英里，能产生持续时速达 150 英里的风，能在大洋上掀起 20~50 英尺高的海浪，能以 10~20 英尺高的巨涌拍打海岸线。要注意的是在西北太平洋的飓风叫台风，而在太平洋西南部和印度洋的飓风叫热带气旋，但它们有相似的特性。

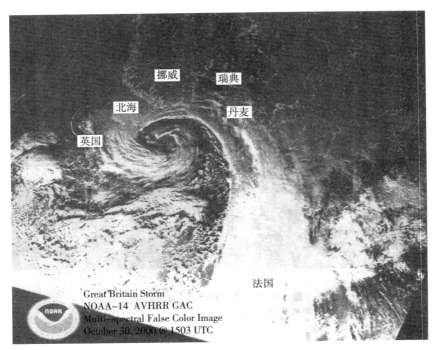

**图 2-3 2000 年 10 月袭击英国的超级热带风暴**

资料来源：美国国家海洋和大气管理局，国家气候数据中心，Asheville，北卡罗来纳州。

飓风从热带风暴发展而来，主要在 100~250 度的南北低纬度地区出现（在赤道附近存在初级科里奥利效应，能产生飓风形成和发展所需的旋转）。飓风开始时常常是温暖的热带海水上方的雨水风暴，典型的特征是风暴中心的气温高于周边大气的气温；风暴没有前锋，显著的特点是有强烈的地表风。相对而言，在非热带地区形成的超级热带风暴，风暴中心的气温比周边大气的气温低，风暴有前锋，显著的特点是在大气层高空有强烈的风。所以飓风开始如一个紊乱系统，这个系统是大气由大气层中的一种骚动拉在一起形成的。随之会产生一个低气压区，这个低气压区的作用如同风暴的连杆；风从附近高气压地区快速向骚动区的中心运动，从而产生气旋运动。要使风暴发展为更强劲、更有次序的系统，首先是低气压，其次是热带风暴，最后是飓风——水汽温一定要在华氏 80 度以上，风暴要覆盖一个广大的地表区域；温暖、蒸发着的海水给风暴提供能量。除此之外，中层大气一定要是潮湿的，而高层大气一定要是寒冷的，这可确保有足够多的水汽并确保水汽上升到形成大块雷暴云砧所必须的高度。当然，一个完全形成的飓风实际上是一个强烈雷暴带，各雷暴螺旋形排列，叫作旋风（Meso-vortex）。当骚动出现时，来自潮湿空气中的水汽会穿过不稳定的大气到达 18000 英尺或更高的高空。当来自海洋的温湿空气在风暴的中心上升时，气压会下降，风速会增加；随着冷凝作用继续发展，更多的潜在热量被释放出来，促使空气上升得更快。空气最后从风暴的顶部流出，这又引起地表新空气向里运动以替代已经向上流出的空气；这一过程不断循环、强化：大气层上部的高压抽出上升的空气，地表新的暖湿空气呈螺旋状进入（当它到达中心区时速度会增加），从顶部流出的空气使风暴顺时针方向旋转。风眼墙是风暴平静的风眼周边地带，那是飓风中天气最狂暴的地带。飓风的力量和强度可能加强，除非它登陆或水温冷却到华氏 80 度以下。飓风强度通常根据风速和巨涌度量，如表 2-2 所示。飓风的损害来自风、巨涌和巨涌产生冲击海岸区域的洪水。

表 2-2　飓风分类

| 等级 | 风速（mph） | 破坏程度 |
| --- | --- | --- |
| 1 | 74~95 | 4~5 |
| 2 | 96~110 | 6~8 |
| 3 | 111~130 | 9~12 |
| 4 | 131~155 | 13~18 |
| 5 | 155+ | 18+ |

　　袭击美国的飓风主要形成于大西洋、墨西哥湾或加勒比海。在北半球，因热带季风的缘故，风暴主要是从东向西吹；它们通常转向北或西，然后时常弯向东北。台风和气旋流行于印度洋、太平洋西南部和太平洋北部。印度、中国台湾地区、日本和其他的国家周期性地经历强风暴。图 2-4 和图 2-5 是 1999 年末美国丹尼斯和佛洛德的飓风；图 2-6 是 1998 年 6 月印度海岸线附近的热带气旋。

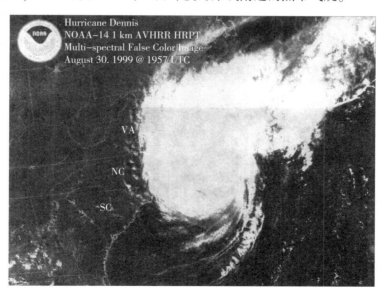

图 2-4　1999 年 8 月丹尼斯的飓风

资料来源：美国国家海洋和大气管理局，国家气候数据中心，Asheville，北卡罗来纳州。

**图 2-5　1999 年 9 月佛洛德的飓风**

资料来源：美国国家海洋和大气管理局，国家气候数据中心，Asheville，北卡罗来纳州。

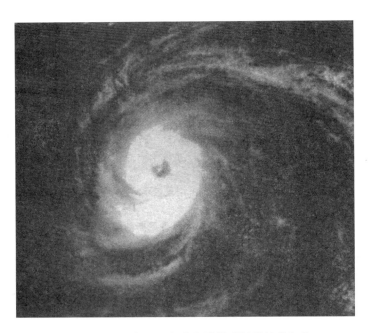

**图 2-6　1998 年 6 月印度海岸线附近的热带气旋**

资料来源：Copyright © 2001 EUMETSAT.

# 海洋/大气天气模式：厄尔尼诺与拉妮娜

因为海洋获得或失去热量比空气要慢许多，所以它们只是以适度的力量影响气候模式，尤其是在海岸区域。事实上海流在全球范围内帮助热量散发，将热量从副热带地区运去极地区域。海洋模式对大气模式至关重要，反之亦然——这不应惊讶，而两者对气温、降水和风模式的形成有重要的影响。风影响水流和云的运动，引起海洋热能特性和结构的变化。传统的海洋/大气关系是用振动理论（Oscillations）解释的，颠倒这一理论可能使已有的对天气事件和天气模式的解释变得混乱起来——世界上不同的地区应该更湿一点、更干一点、更热一点或更冷一点；这样的混乱会浪费可观的社会和经济资源。

振动（Oscillations）存在于大西洋和太平洋的特定地区。最重大的振动位于太平洋的热带区域，叫作厄尔尼诺南部振动（ENSO）。ENSO 已经显示了影响全球天气模式的相当大的能量，被广泛地视为全球跨年度气候变化的最重要的根源。厄尔尼诺与拉妮娜现象是周期为 2~7 年的厄尔尼诺南部振动（ENSO）的温极和寒极，持续 1~2 年。例如，过去 20 年中，1986 年、1991 年和 1997 年出现了厄尔尼诺现象，而 1988 年、1995 年和 2000 年出现了拉妮娜现象。根据气候变化跨政府委员会（IPCC）的报告，厄尔尼诺与拉妮娜循环的周期、强度和持续时间自 20 世纪 70 年代就变得更加明显了。[1]

在"正常的"期间[2]——不受厄尔尼诺与拉妮娜现象影响的时间——东南部太平洋的地表气压比西南部太平洋的地表气压高，这使赤道附近的大气由西向东流动（以盛行的季风形式）。这些季风将温暖的海水向西推动，结果是西太平洋海平面上升了 2 英尺。东太平洋的海面保持寒冷状态——大约比西太平洋冷华氏 15 度，这是因为南美海岸线附近的冰冷，富营养的浅层海水上涌的结果。由于雨水降落在最温暖的水域，所以东太平洋相对持续干燥，而中部和西部太平洋则接受稳定的降水。在厄尔尼诺期间，[3] 正常的天气形态被打乱了，出现了轻微的"热"效应。东太平洋气温下降、西太平洋气温上升，使太平洋中西部惯常的季风变弱。这使东太平洋的温跃层下降——温跃层是分隔冷热海水的水体——从而减少了冰冷海水的上涌。结果东太平洋海水表面气温（SST）上升，沿秘鲁海岸、厄瓜多尔海岸和南美洲热

---

[1] Albritton, D. et. al., A Report of Working Group I of the Intergovernmental Panel on Climate Change：Summary for Policymakers, Geneva：IPCC Secretariat, 2000：5.

[2] 一个标准周期叫一个标准沃克循环，这样命名是因为吉尔伯特·沃克爵士（Sir Gilbert Walker）在 1920 年进行了开拓性的大气研究。

[3] 也叫不规则沃克循环。

带海岸的降雨量增加——雨是随向东运动的海水一起来的。西太平洋则经历较平常年份要干燥得多的天气。在拉妮娜期间，低气压在印度尼西亚和澳大利亚北部形成，而高气压在东太平洋形成，这引发了强劲的东来季风，使从东太平洋来到西太平洋的海水表面气温（SSTs）比平常年份低。

由 ENSO 循环导致的海洋/大气行为的变化改变了全球的降水模式和全球的气温模式。厄尔尼诺期间和拉妮娜期间，地域性的天气事项受到相反的影响，但要注意，并不是每一个厄尔尼诺南部振动（ENSO）循环中这些影响都会发生——这使预报究竟会发生什么变得更加困难。举例来说，厄尔尼诺现象能使热带气旋在南太平洋更东部孕育，可以增加太平洋台风的数量，可以抑制大西洋上飓风的形成，可以使西北美洲有较常年更温暖的冬季，使美国南部有较常年更潮湿、更寒冷的冬季。它还能使印度尼西亚和加州出现干旱，使南美洲的部分地区和美国东南部发生洪水。表2-3和表2-4是12月至次年2月和6~8月两个期间地区性影响的概况。

表 2-3　由厄尔尼诺现象产生的全球天气反常情况的概况

| 12 月至次年 2 月 | 6~8 月 |
| --- | --- |
| 太平洋中部和西部较正常年份干燥 | 印度、印度尼西亚、菲律宾、澳洲东部较正常年份干燥 |
| 日本、东南亚、澳洲东南部、北美西部、加拿大东部和巴西东部较正常年份温暖 | 巴西东部、南美西部较正常年份温暖 |
| 亚洲东南部、非洲东南部较正常年份温暖/干燥 | 加勒比海较正常年份干燥/温暖 |
| 巴西南部、阿根廷、美国西南部和非洲东部较正常年份潮湿 | 太平洋西南部较正常年份干燥/凉爽 |
| 太平洋中部、厄瓜多尔和秘鲁较正常年份潮湿/温暖 | 太平洋中部、南美南部、加拿大西部较正常年份潮湿 |
| 美国东南部较正常年份潮湿/寒冷 | |

表 2-4　由拉妮娜现象产生的全球天气反常情况的概况

| 12 月至次年 2 月 | 6~8 月 |
| --- | --- |
| 太平洋中部、亚洲东南部、澳大利亚和巴西北部较正常年份潮湿 | 太平洋中部和阿根廷较正常年份干燥 |
| 日本、加拿大西北部、非洲西部、巴西东南部较正常年份寒冷 | 太平洋西南部和澳洲东部较正常年份温暖 |
| 美国西北部、非洲东南部较正常年份潮湿/寒冷 | 南美西南部、非洲西部较正常年份寒冷 |
| 太平洋中部、秘鲁和厄瓜多尔较正常年份干燥/寒冷 | 亚洲东南部较正常年份潮湿 |
| 美国南部较正常年份干燥/温暖 | 印度、加勒比海和巴西北部较正常年份寒冷/潮湿 |

ENSO 引起的天气紊乱持续的时间少则数月、多则数年，这意味着人类支出（例

如食物短缺、被迫重新安置人口、疾病)和经济所受冲击(例如财产/作物损坏、企业收入的损失)都可能是巨大的。实际上,天气变化的财务损失可达数 10 亿美元,如1982~1983 年的厄尔尼诺现象导致的经济损失估计达 90 亿美元。1997~1998 年的厄尔尼诺现象就特别具有破坏性,在世界上许多地方引发了洪水、火灾、干旱和飓风/气旋。联合国世界气象组织(WMO)一个报告称在 16 个国家直接和间接损失估计最少有 320 亿美元(包括农作物歉收和疾病影响)。①

厄尔尼诺和拉妮娜现象对人类经济活动有巨大的影响,所以全球大量的气象资源被用于监测厄尔尼诺南部震动(ENSO)的状况。这些监测活动的最终目标是要使国家气象和预测中心——如国家环境预报中心(NCEP)、国际气候预报研究院(the International Research Institute for Climate Prediction)和其他机构——能开展新循环的早期预警预报,这样可以使政府部门和各行各业早做准备及开展适当的风险减缓工作。② 全球监测计划对实现上述目标是至关重要的。例如,国家海洋和大气管理局(NOAA)横跨太平洋设置了热带大气海洋(TAO)/氘核浮标列。TAO/氘核浮标列追踪大量的变量,包括 SST、空气气温、深海水温、温跃层构造、风速和风向,尤其关注与正常值的背离(前面叫异常情况)。研究人员使用数据寻找迹象,温暖的海水是否正从西太平洋向东太平洋扩散?太平洋西部正常年份疲软的季风是否正自东方强劲地吹来?测量的另外一个焦点集中于太平洋各地的气压差上;特别是,气候预报中心监测南部振动指数(SOI),比较达尔文、澳洲(西太平洋)和塔希提岛(太平洋中部)的气压。达尔文一般比塔希提岛的低。如果在较长的时间内达尔文的气压较正常年份高而塔希提岛较正常年份低,那么,厄尔尼诺现象可能会出现;如果情况相反,就可能形成拉妮娜现象。由不同组织汇编的数据,在阅读时间内世界上任何帮忙分析环境情况和进行多季节预测的预报员均可利用。

虽然厄尔尼诺现象和拉妮娜现象是最重要的全球振动,但在大西洋和太平洋上还有一些周期性的较小的海洋/大气现象。举例来说,北极振动——经由北大西洋地域的振动——可以将欧洲潮湿、温暖的冬季风变成寒冷干燥的风,从而影响正常的气温和降水范围。

# 温室气体及全球变暖

地球的天气形态受温室变暖效应的影响,温室变暖效应是自然和人类(Anthro-

① World Meteorological Organization, "World Climate News", No. 18, 2001: 13.
② 许多风险减缓早期计划是由跨国的、政府的和非营利组织制定的,以帮助处理天气变异的社会和财务成本。例如,国家旱灾减缓中心(USAID)和美国国际开发署(ENSO)的饥荒早期预警系统就制订了计划,以备在 ENSO 影响特定的地区和国家时能提供救济;相似的疾病预防和控制计划也制订出来了。

pogenic）活动的结果。虽然大多数温室变暖效应是因温室气体的自然增长引起的，但温室变暖效应的一小部分——这一部分正在增加——却是人类活动的结果，包括燃烧化石燃料、破坏植被、采伐森林，这一部分使"已经增强了"的温室效应进一步强化，可能会相当迅速地使地球表面变暖。

地球表面吸收的太阳能以长波辐射的方式再散射进入大气层。大气层中的温室气体，包括水汽、二氧化碳、甲烷、氮氧化物、二氧化硫和卤化碳（还有其他物质），其作用犹如一块毛毯，它们圈住了红外线的能量，使其又被反射回地球。被圈住的热量使地球表面变暖进而引起天气和气候模式的改变。举例来说，地表气温的上升可能导致更强烈的蒸发、形成更多的温室气体、更多的降水、风和大洋环流模式的改变，等等。

由温室效应产生的变暖——最初来自天然水蒸气和二氧化碳循环对人类的生活是有益的，也是必需的；变暖效应使地球表面的平均气温被加热到华氏 59 度而非没有天然温室现象存在状况下的华氏 0 度。然而，新的温室气体的增加，主要是来自燃烧化石燃料产生的二氧化碳和物质腐烂产生的甲烷强化了天然温室效应，引起了气候的深远改变。采伐森林增加了地表面的反照率，使更多的能量被反射进入大气层，从而强化了变暖效应。植被的毁坏（植被可吸收二氧化碳）也导致更多的二氧化碳进入大气层。主要的温室气体和它们的来源如表 2-5 所示。

表 2-5　主要的温室气体和它们的来源

| 温室气体 | 来源 |
|---|---|
| 水汽（$H_2O$） | 来自地球循环的天然呼吸、植物散发和水蒸发 |
| 二氧化碳（$CO_2$） | 物质腐烂、呼吸和化石原料的天然/人为燃烧 |
| 甲烷（CH4） | 物质腐烂［无氧情况（举例来说，湿地中稻谷的腐烂）］、提炼化石燃料、动物的排泄物 |
| 氮的氧化物（$N_2O$） | 海洋和土壤中的天然化合物、氮肥 |

温室气体的影响可用辐射强度测量，即测量进入和逃出地球大气系统的能量变化［辐射强度用每平方米瓦特计量（$W/m^2$）］。因温室气体（和对流层中浮质，或细小微粒子物质，如黑色的碳）而为正的辐射强度使地球变温，而因臭氧层损耗（在下面描述）、硫化浮质和其他现象等原因为负的辖射强度实际使大气变冷。自 19 世纪以来，大气中二氧化碳、甲烷、氮氧化物和其他物质的含量及由此引发的正辐射强度都是以指数率增加的。[①] 这与 19 世纪和 20 世纪期间为支持经济和工业的发展而增加了燃烧化石燃料的排放是一致的。图 2-7 是自 1958 年以来大气层中二氧化

---

① D. Albritton, p. 6.

碳含量的增长情况。单是燃烧化石燃料每年就将大约 220 亿吨的二氧化碳排入地球大气；采伐森林每年估计会使大气层中的二氧化碳增加 20 亿~50 亿吨。值得惊讶的是，2/3的人为排放的温室气体是由大量经济和商业基础设施的工业化国家排放的（虽然未来排放量的增长可能主要来自发展中国家的活动。这是由人口和工业基础庞大的增长，以及不严格的排放控制标准造成的）。

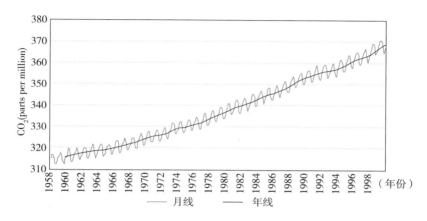

**图 2-7 大气中二氧化碳含量的增长**

资料来源：Keeling and Whorf, Scripps Institution of Oceanography, University of California.

由人类活动引起的辐射强度估计是 $2W/m^2$，这相当于太阳亮度大约增加了 1%。根据美国国家航空和宇宙航行局（NASA）的戈达德空间研究院（Goddard-Institute for Space Studies）的计算，19 世纪中期到现在的气温上升了 1.35 华氏度（另外在未来几年中还有 0.90 华氏度的增加，它显然是海洋长期被加热的结果）。[1] 虽然温室效应的存在经大量研究得到确认，[2] 但全球变暖的中长期后果则不明朗，依旧在评估中。2000 年，IPCC 完成了一个庞大的、跨年度的全球研究，画出了 20 世纪全球天气变化图表，并基于过去的资料、有关人类活动的假设和未来状态的计算机模拟，对未来天气模式进行了估算和预测。根据这个研究，在 20 世纪（在对各种异常情况，包括城市的热岛效应，进行了校正之后），全球平均地表气温增加了 1.20 华氏度；在美国，年平均气温增加了 1.20 华氏度，[3] 而欧洲 1950~1993 年增加了 1.50 华氏度，[4] 全球的平均夜间最低气温大约每十年增加 0.40 华氏度，而白天最高

---

[1] Hansen, J. The Forcing Agents Underlying Climate Change, Statement Before the US Senate Committee on Commerce, Science and Transportation, 2001: 1-4.

[2] Harries, J., et al., Increases in Greenhouse Forcing Inferred from the Outgoing Long-ware Radiation Spectra of the Earth in 1970 and 1997, Nature, 2001.

[3] National Assessment Synthesis Team, *Climate Change Impacts on the United States*, Cambridge: Cambridge University Press, 2000: 6.

[4] Parry, M., ed., Assessment of Potential Effects and Adaptations for Climate Change in Europe: Summary and Conclusions, Norwich: University of East Anglia, 2000: 2.

气温每十年增加 0.20 华氏度（℉）。[1] 地球大气层最底部 5 英里中的气温每十年增加 0.20 华氏度，主要在热带和副热带上空。图 2-8 是自 1866 年以来全球地表气温年平均值的变化。

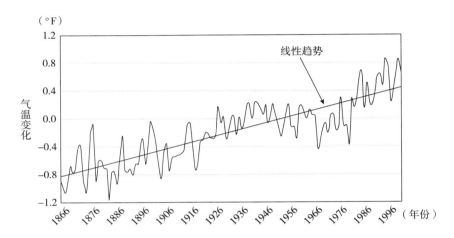

**图 2-8　全球地表气温的年平均变化**

资料来源：NASA Goddard Institute of Space Studies.

在 20 世纪期间，全球平均海平面上升了 4~8 英寸，而全球的降水量在中、高纬度区每十年增加 0.5%~1.0%（在热带地区增加 0.2%~0.3%）；在美国，增加 5%~10%——各地不同。[2] 全球大规模降水的频率上升了 2%，且如前面所指出的那样，ENSO 循环的频率和强度也增加了。[3] 在过去几十年中亚洲和非洲干旱的严重程度增加了的事实得到了很好的证明。

全球变暖导致的天气模式的变化预计在 21 世纪会持续进行下去。为支持经济的发展，全球工业基地会继续燃烧化石燃料，二氧化碳的含量极有可能进一步堆积，[4] 大气层也预计会吸收更多的污染物质——这很有可能，一旦陆地和海洋容纳污染物达到了饱和程度。为 IPCC 的研究进行的模拟——假设"一切如常"——指出到 2100 年全球平均地表气温可能增加 2.5~10.4 华氏度。[5] 在这一假设下，最显著的变暖可望发生在北美洲和亚洲北部/中部——虽然欧洲东南部和北部也很有可能经历变暖趋势。例如，在北美，地球表面平均气温可能增加 9.0~5.4 华氏度。在欧洲，非常寒冷的冬季自 1960 年以来大约每十年就有一个，但预计到 2080 年可能完全消

---

① D. Albritton，p. 2.

② National Assessment Synthesis Team，p. 6.

③ D. Albrittoh，p. 4.

④ 举例来说，像这本书提到的，来自美国、欧洲和其他地区的官员们已经不能够决定该如何履行 1997 年京都议定书承诺的减少；事实上，美国已经率直地拒绝了议定书。

⑤ D. Albritton，p. 13.

失。[1] 戈达德空间研究院通过其全球气候模型可以模拟各种变暖假定。在它的"一切如常"假设下，它预计到 2050 年气候强度会增加 $3W/m^2$，这会导致地面气温升高 2.7 华氏度；到 2100 年，气温上升量可能加倍。在"比较"假设下（假设化石燃料的燃烧维持在现有的增长水平），到 2050 年，总气候强度只增加 $1W/m^2$ 或 1.3 华氏度左右。[2]

我们不可能确定未来数年和数十年中哪一种假设的情况会成为现实，但非常清楚的是：全球变暖正在影响且会继续影响全球天气和气候模式。在各类假设下，均预期地球会有较热的 SSTs、较快速的水蒸发和相应的降水事件的增加（尤其在北半球的中、高纬度地区）。极端的天气事件将变得越来越频繁，这包括最高和最低气温的上升、热指数的全面增加、更多的热天、更少的冷天、更广大的持续大陆性干旱、更强烈的热带气旋/飓风和降水、海洋环流和大气层状况的改变——仅提及一部分。

# 臭氧稀薄化

地球的臭氧层在同温层中，有 10～20 英里厚，[3] 它阻挡了有害的紫外线辐射。在过去几十年里臭氧层的保护质量因人类活动一直受到威胁。有充分的证据显示使用化学物质——像氟利昂（或来自喷雾剂罐子、空调/冰箱压缩机 CFCs）——损害了臭氧层，导致紫外线屏蔽的减少。南半球春季时南极地区上空臭氧层的损害尤其值得注意。速度高达 150 英里/每小时（mph）的同温层风产生一个旋涡，阻止区内冷空气与周边其他区域的较暖空气混合。在旋涡里，云自水汽和氮酸形成；下雪时氮被置换，创造大量的氯。冰晶中的化学反应释放出氯原子，当太阳返回、气温升高时，氯原子就从臭氧层中剥离氧分子。20 世纪 90 年代中期，大量使用卤烃（Halocarbons）和其他损害臭氧化学物（包括在杀虫剂中发现的甲基溴化物）的国家提出了蒙特利尔协定（Montreal Protocol），为限制导致臭氧层衰竭的化学物质的使用提出了一个工作框架。如果蒙特利尔协定能继续成功地贯彻执行，那么应有充分的信念：臭氧层可在 21 世纪初的几十年内得到修复。图 2-9 是 1987 年末南极上空的臭氧层洞；围绕极地的亮色区域是臭氧层现在的裂隙。图 2-10 显示 1979～1997 年臭氧洞的面积急剧扩大（基于每年 9～10 月的平均观测数据）。

---

[1] M. Parry，p. 2.

[2] J. Hansen，p. 6.

[3] 臭氧分子的 90% 包含在同温层，剩余的 10% 散布在地球大气层的其他部分。

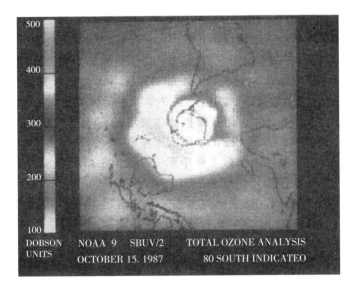

**图 2-9　1987 年末南极上空的臭氧层**

资料来源：美国国家海洋和大气管理委员会，国家气候资料中心，Asheville，北卡罗来纳州。

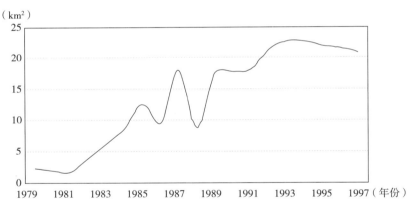

**图 2-10　1979～1997 年同温层臭氧层空洞平均表面积**

# 天气预报与气候预测

　　天气预报与气候预测是理解近期和长期气候事件、相关风险和应急计划的中心。天气预报着重于短期将要发生的天气事件，而气候预测着重于长期天气现象。在过去的数十年里，天气预报的准确率已有极大的改进。自 20 世纪 90 年代以来，由于使用了先进的人造卫星、多普勒雷达、计算机和高科技观测系统，天气预报的准确性大大提高了——21世纪初五天预报的准确性与20世纪80年代早期的三天预报的准确性一样。更重要的是天气预报员有更多的关于天气如何活动、如何影响人和企业的知识。

天气预报员在进行短期—中期天气评估时，使用不同的技术。通常的方法包括持续性分析、倾向分析、气候学、类比和数字天气预报技术。持续性分析方法主要根据现行天气倾向持续的时间进行预报，当关键的天气变量变动缓慢、一个地区的天气模式不是经常变化时，就可以应用持续性分析方法。趋势法使用数学模型确定前锋、高低气压区、云层覆盖区等诸如此类的特征变量的速度和方向。气候学方法集中于根据长期平均天气统计数据估计最近会发生什么，而类比方法则考察现行预报的条件，根据历史上相同条件下发生过什么，预期将要发生什么。数字天气预报方法是利用计算模型，根据历史数据和主要天气变量的模拟反应来模拟天气模式的变化，如我们想象的那样，这些方法中的每一个在成本、及时性和精确性上都有优缺点。天气预报主要是关键天气变量的预报，包括高气压区和低气压区、冷暖前锋、固定前锋和封闭前锋、露点、气温水平移流、云覆盖域和雪/冰覆盖域。

天气预报一般被分为几个清晰的种类。超短期预报跨度为0~12小时（包括两小时以内的"现报"）；这些预报往往非常准确，但地域极为有限且有效期非常短。短期天气预报跨度为12~72小时，要分析天气变化系统和每日的天气变化；短期天气预报也可以认为是非常准确的。中期天气预报可以分为3~5天的天气预报（这类预报能精确地呈现大范围的天气事件，诸如暴风雪和热波）和6~10天的预报（这类预报能可靠地传达诸如平均气温和平均降水量等资讯）。气温预报常常比降水量预报更准确。展期（Extended-range）气候预测以月为单位，且主要是在估计某平均气温和降水量将会达到或被超过的概率方面有用。长期（Long-range）气候预测则以季为单位甚或跨年。

预报方法和工具的混合使用近年来增加了，结果是预报更准确、更及时。用来预测高/低气压系统形成和运动的数字模型已经改良了；已创造了为应用预报模型进行大范围统计的方法；计算速度和容量扩大了；观测的能力已有增加。这些在改善预报方面是重要的，但实际的局限性是有用的日常天气预测最长可达5~7天，而不是气象学家们相信的理论上的10~14天。以上提到的所有领域的进一步改进是使天气预报的准确性更接近理论值的前提。

气象观测能力已经大大改进了。人造卫星有能力探测地球放射线的微小变化并可立即将数据送回地基计算机供解读和发布，这对天气预测来说很重要。用人造卫星观测天气事件始自1960年，那时美国发射了TIROS-1人造卫星并开始传送云层图像。自那以后，气象卫星的数量增加了，功能也提高了。在美国，NOAA的两颗极地运行的环境监测卫星（POES）绕地球运行，并在530英里的高空经过北极和南极，而它的两颗地球同步环境监测卫星（GOES）在海拔22000英里的高空追踪天气模式。在未来十年里计划定期发射更多的极地环境监测卫星（POES）和地球同步环境监测卫星（GOES），这将改善覆盖面和及时性。世界上还有其他国家拥有他们自己的气象卫星，如表2-6所示。

表2-6　主要地球气象卫星

| 卫星 | 国家/地区 | 定点 |
|---|---|---|
| 同步环境监测 W | 美国 | 135°西经 |
| 同步环境监测 E | 美国 | 75°西经 |
| GMS | 日本 | 140°东经 |
| EUMETSAT | 欧盟 | 0° |
| GOMS | 俄罗斯 | 76°东经 |
| 风云二号 | 中国 | 105°东经 |
| 极地环境监测 | 美国 | |
| METEOR | 俄罗斯 | 南北极 |

　　人造卫星图像在转送重要的天气信息方面是必要的。大多数图像在科学和大众传媒应用中明显地发挥着重要作用，是天气预报和沟通的重要组成部分。

　　自20世纪40年代雷达发明以来，它就被应用于天气预测。通过传统雷达，电波脉冲被送入大气层，只有碰到了诸如云、雨和其他降水物质之类的障碍物它才停止前进；当它碰到障碍物后，脉冲会被反射回无线电天线。雷达测量脉冲花了多长时间返回，并将接收到的信号转换为天气外形轮廓以显示特定系统的规模尺寸。借由合并多普勒效应，雷达中心能追踪风模式。举例来说，向雷达站移动的降水系统反射高频无线电波，而正在远离雷达站的降水系统反射低频无线电波。这样多普勒雷达就能绘出天气系统的规模尺寸、天气系统的运动方向和天气系统的运动速度。天气预报员应用其他各种不同高科技手段，包括激光雷达（这种雷达测量云结构和运动）、风转动断面仪（它可以跟踪高水平面的风速和风向）、无线电高空测候仪（或气球，用来监测大气层中风的轮廓）、风力计（跟踪风在地面上的速度）、收音机声音取样器（RAS，用声波探测高空大气）和电磁感应器（追踪红外线能源和光）。

　　自20世纪50年代，计算机已被活跃地用于天气预测。随着计算机计算速度的增加和计算能力的提高，计算机在分析天气模式、进行天气预报/气候预测的模拟等方面已经变成越来越重要的工具。在美国，NCEP使用着一台超级计算机，它接受数据输入，从事复杂的计算机模拟，然后计算出结果供专业分析师解释。模拟经常是构造总循环模型（GCMs）。GCMs是多维数学模型，专注于大气层、海洋、冰/雪盖和大陆块，综合分析动量、质量、湿度和能量等物理特性，以模拟气温、雨、雪、土壤湿气、风和海洋模式等重要变量的轨迹。世界上其他国家的各地方机构都在执行相似的任务。表2-7是部分主要的地球气象机构。

**表 2-7　有代表性的地球气象机构**

| 国家 | 国家机构 |
|------|---------|
| 阿根廷 | 国家气象服务中心（Servicio Meteorologic Nacional） |
| 澳大利亚 | 气象局 |
| 比利时 | 比利时皇家气象院 |
| 巴西 | 国家气象院（Instituto Nacional de Meteorologia） |
| 加拿大 | 加拿大气象服务中心（Meteorological Service of Canada） |
| 智利 | Direccion Meteorologica de Chile |
| 中国 | 中国气象局 |
| 法国 | 法国气象局（Meteo France） |
| 德国 | Deutscher Wetterdienst |
| 印度 | 印度气象部 |
| 日本 | 日本气象局（Japan Meteorological Agency） |
| 墨西哥 | 国家气象服务中心（Servicio Meteorologic Nacional） |
| 荷兰 | 皇家荷兰气象院 |
| 俄罗斯 | 俄罗斯联邦水文气象服务中心（Russian Federal Service for Hydrometeorology） |
| 新加坡 | 新加坡气象服务中心（Meteorological Service Singapore） |
| 西班牙 | 国家气象院（Instituto Nacional de Meteorologia） |
| 瑞士 | 瑞士气象局（Meteo Swiss） |
| 泰国 | 泰国气象部 |
| 英国 | 气象办公室 |
| 美国 | 国家气象服务中心（National Weather Service） |

在地球上大约每天产生 60000 份不同的天气观察数据，几乎一半的观察数据取自美国。正式的数据观察一天进行两次，其后数据经过滤呈报到地区中心以便整理、判读和分析。在那里，确定诸如风、气温、降水、大气气压等天气变量的轨迹、形态，作出短期、中期天气预报并发布预报。历史天气数据的可用性对任何天气风险管理活动的成功都很重要；影响天气风险保护结构的重要变量必须是可测量的，这样才能决定什么类型的保护措施最适合给定的情形。市场参与者非常依赖气象服务机构积累和维护的气象数据。

气候预测是关于地球天气要素的长远看法。气象学的领域是回答今天的大气及其相对短期的运动如何影响天气形态，而气候学的领域是回答大气是如何形成现在这种形态的、气象和地理变数的总数在未来如何改变气候形态等问题。气候可以定义为所有的、在较长时间内影响特定地域的大气现象的总和——包括大气层、海洋和大陆产生的大气现象。进行长期气候预测是极其复杂的工作，既依赖地球历史演进的分析又依赖可能的未来形态的计算机模拟（使用前面提到的 GCMs）。气候预测的复杂性不应令人惊讶，因为物质和环境变数交互作用有太多的不确定性，包括海洋、大气层、大陆、工业化、臭氧稀薄化和增强了的温室变暖——仅提及一小部分。

图 2-11 是天气预报和气候预测的时间和事件分型概述。

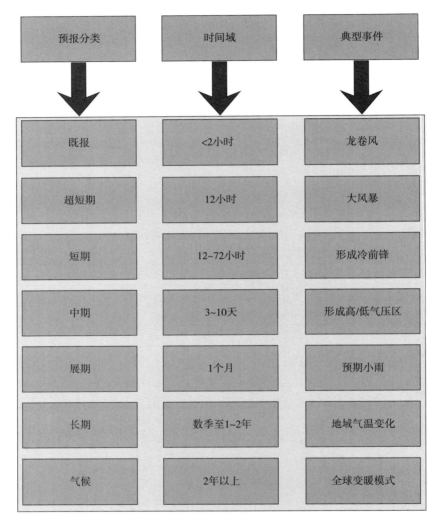

**图 2-11 天气预测/气候预测时间和事件分型**

天气和气候的变化是 21 世纪工作环境的重要组成部分，在地球变暖和海洋/大气振动增加了气温和降水模式的不确定性的情况下，它们将变得更加重要。像我们在这本书各处将看到的那样，天气模式的微小变化都能影响有天气风险的公司的获利情况。因为这本书的缘故，我们感兴趣的是可能导致经济损失的天气事件。应用适当的鉴别和量化天气风险的风险管理计划，开发和应用适当的解决问题的办法，这些事件中大多数所伴随的风险是可以控制的。自第三章开始，我们将较深入地探讨这一课题。

# 参考文献

［1］ Albritton, D., et al., A Report of Working Group I of the Intergovernmental Panel on Climate Change: Summary for Policymakers, Geneva: IPCC Secretariat, 2000: 5.

［2］ Albritton, D, et al., Surface Observed Global Land Precipitation Variations During 1900−1988, *Journal of Climate*, 1997.

［3］ Hansen, J. The Forcing Agents Underlying Climate Change, Statement before the US Senate Committee on Commerce, Science and Transportation, 2001.

［4］ Harries, J., et al., Increases in Greenhouse Forcing Inferred from the Outgoing Longwave Radiation Spectra of the Earth in 1970 and 1997, *Nature*, 2001.

［5］ National Assessment Synthesis Team, *Climate Change Impacts on the United States*, Cambridge: Cambridge University Press, 2000: 6.

［6］ Parry, M. (ed.), *Assessment of Potential Effects and Adaptations for Climate change in Europe: Summary and Conclusions*, Norwich: University of East Anglia Press, 2000.

［7］ Williams, J., *The Weather Book*, 2$^{nd}$ edition, New York: Vintage, 1997.

［8］ World Meteorological Organization, World Climate News, 2001.

# 第三章　天气经济学

Lynda Clemmons David Radulski

每个公司都面临天气风险。在这一章中，我们说明一家公司在寻找合适的风险管理办法之前如何鉴别和量化天气风险。虽然我们的例子是一家虚构的消费者饮料公司，但所探讨的问题对任何企业评估其天气风险都有普遍的意义。

全国和地方的经济情况使我们的"饮料公司"面临消费者信心和支出水平变化的风险。① 行业趋势迫使饮料公司和他的竞争者改变他们的核心业务。饮料公司一定要明白它的产品和产量的每一个方面都受天气的影响，都随天气变化而变化。饮料公司还要明白如何进行这类分析将决定股东如何评价他们的公司和他们的经营。

## 天气风险经济学：饮料公司案例分析

饮料公司的财务风险管理团队（FRMT）召开季度会议时，考虑的是该如何达到他们的首席执行官非常公开地为他们设立的目标：单位销售量的增长是行业平均数的两倍；销售价格持平或弱有上涨；原材料和包装成本在公司控制之下。FRMT的每个成员，包括饮料公司的首席财务官（CFO）、出纳和采购主管，都是公司的老员工。他们理解公司面临的压力和机遇，他们在利用现有工具制定创新战略方面有很好的声誉。他们将目标当成挑战，也当成机会，使他们可以从上到下分析公司，以便增加成绩、减少风险。

作为这种季度性分析会的组成部分，出纳组的一位分析师特别报告了公司的经营状态。在这一场合，这位分析师从有点异类的角度来阐述她的报告。她最近参加了一个天气风险管理会议，并在一家风险顾问公司的帮助下就饮料公司的情况准备了一个大纲。她要与FRMT分享她已经学到的东西，并就是否值得花那么多的时间和精力去鉴别和量化饮料公司面临的天气风险听取各成员的意见。她先谈了饮料公司现在的交易情况（已有仓位情况），然后考察了经济状况、行业趋势、核心业务

---

① 饮料公司是一个完全虚构的实体。我们不想使它和任何现实的酿造者或天气风险市场的终端用户有任何相似之处，我们虚构饮料公司仅为解释的目的。

特性、竞争者和饮料公司自己的财政因素（见表 3-1）等方面的相互关系和其面临的天气风险。

表 3-1　饮料公司竞争者财务比较

| 酿造者 | 提坦公司 | 饮料公司 | 尼齐公司 |
|---|---|---|---|
| 销售额（＄M） | 14500 | 1000 | 200 |
| 收入（＄/gallon） | 3.8 | 3.3 | 4.9 |
| 毛利（％） | 21 | 6 | 10 |
| 投资者回报（vs industry）（％） | 110 | 35 | 44 |
| 5 年平均收入增长率（％） | 4 | 8 | 5 |
| 5 年净收入增长率（％） | 12 | 21 | 14 |

<h1 style="text-align:center">概况</h1>

　　饮料公司酿造、装瓶和销售啤酒。它的年销售收入有 10 亿美元，大约有 90％来自美国市场，销售收入中西南部、东北部和加利福尼亚所占份额几乎相等。公司正在扩大全球许可合约以便向海外销售更多它生产的啤酒，向美国消费者提供特优进口啤酒，不过公司已经放弃了在美国之外酿造啤酒的计划。公司的啤酒品牌包括优质啤酒、次优啤酒和特优啤酒。美国六家顶级啤酒酿造者（饮料公司是其一）控制了 80％以上的销售额。

　　在美国，虽然其他啤酒酿造者经营很多酿造厂，但饮料公司只依赖一家酿造厂，而将其散装啤酒大批量运往几个区域性装瓶厂装瓶。装瓶后，公司将其啤酒卖给上百家批发商，后者再将其销售到诸如酒吧、便利店和连锁超级市场之类的地方。饮料公司大约将 40％的销售收入用于购买原材料（包括谷物、啤酒花和包装材料）、20％用于其他生产要素（包括劳动力和大约每年 5000 万美元的能源）、30％用于营销和广告（包括体育促销和剧场命名权）。饮料公司是公开上市交易的公司，其公司在资本市场的市值接近 10 亿美元，公司还发行了不到 5000 万美元的长期债券。

# 影响目标的风险因素

## 全国和地区经济情况

■消费者支出：饮料公司的销售量与总体消费支出水平关联性低。啤酒价格按不变价格计算现在比 1980 年低，主要是因为规模经济的缘故。

■可自由支配收入：当可自由支配收入下降时，消费者消费倾向从特优品牌转向饮料公司较便宜的品牌。当消费者从一个品牌转向另一个品牌时，饮料公司就对其各个品牌的啤酒重新定价以减少各个品牌的价差。

■贷款成本：资金的成本对行业的影响有限，因为资金的杠杆作用不高。除此之外，啤酒的"在制"时间短。

## 行业趋势

■规章：对未成年人饮酒和酒后驾车的惩罚日益严厉，饮料公司受法律和社会对含酒精饮料认知情况变化的影响。饮料公司的竞争者已经开展了多种经营，包括经营烟草、软饮料和小吃。饮料公司没有开展多种经营，还是在做单一业务。

■供应短缺情况：用于酿造业的农业原材料相对而言是可替代的，市场的流动性也好。大面积的灾难性的收获减少会使所有的啤酒酿造者受到同样的压力。消费者对包装式样需求的变化（例如，不同的瓶式或罐式、六个或十二个一组的包装）会增加成本和减慢生产。

■交运瓶颈：啤酒酿造者原料和制成品的运送依靠卡车和铁路。面对运输压力，啤酒酿造者从成本的角度重新考虑应该用哪种交运方式和该如何使用各装瓶厂。

■基础设施状态：在各个水平上都是优良的。

## 核心业务

■劳务、产品的消费属性或耐用性：啤酒是零售消费品。啤酒酿造者、批发商和配送商之间的关系是由服务驱动的。

■必需品或奢侈品：啤酒在货架上售卖时被说成是必需品。优质到超优质啤酒是奢侈品。

## 竞争者

■风险情况：饮料公司大的竞争者将他们的业务扩展到包括度假、烟草、软饮料和快餐业等行业——这使他们可以更合理布点、更充分利用品牌并使消费者得到配置商品的便利。

■回避风险的交易技术：最大的啤酒酿造者使用远期合约、期货、互换和期权回避利率、外汇汇率和商品价格风险。交易总金额达 17 亿美元。尼齐酿造厂的账簿上没有金融衍生品。主要酿造者中还没有人公开谈及天气风险回避工具的应用。

■定价策略：啤酒酿造者开发特定品牌的商品以适应一批消费者的味道偏好、外形偏好和价格偏好。啤酒酿造者监视竞争者相似品牌商品的定价情况和自己的产品在各个价位的销售量。啤酒酿造者通过调整广告和促销支出来调整销售量。

## 财务因素

生产和运输的投入：

■原料：饮料公司的采购人员有不同的和临时的货源，这样可以减少对单一地区农作物的依靠。近来消费者偏好转向短缺的长颈瓶，这使公司 2000 年第四季度的销售下降了。大麦和小麦的价格在早前的两个成长季节波动幅度为 20%。

■人工成本：饮料公司雇用了 2000 人，平均每人的成本是 50000 美元。劳资关系很好，招聘合格劳工不是很困难。

■技术成本：饮料公司最大的技术成本是包装成本和从农产品提炼化学品的开发研究（R&D）费用。

■能源：饮料公司租用一家独立电力公司的发电能力（这家电力公司曾买过饮料公司建造的发电厂）。根据电力购买合同，饮料公司将承担煤气价格上涨的风险。

■资金需要：饮料公司最大的技术和资金是扩张装瓶生产线和改进包装技术。

■市场营销和促销成本：饮料公司在战略性的和竞争性的广告、市场营销和促销上花费 3 亿美元。

■存货管理费：饮料公司的原料库存不到 5000 万美元，即每两个星期周转一次。这意味着存货管理费为每年 500 万美元。这一比例与大啤酒酿造者的行业平均情况相当。

■财务风险（如汇率、利率）：饮料公司参与了利率、汇率和商品市场的远期合同、期货、互换和选择权的交易。为减少收入风险，他的合约金额随预期现金流量的变化而变化。风险总价少于 100 万美元。

## 产出

- 劳务/货物：各种不同等级的啤酒。
- 价格弹性/敏感性：低，各个品牌上的价格弹性/灵敏性几乎都可以忽略。
- 收入季节性：一般说来，整年都相当均衡（见表3-2）。

表3-2　收入的季节性分布

| 季节 | 秋天 | 冬天 | 春天 | 夏天 |
|---|---|---|---|---|
| 年收入的百分比（%） | 25 | 21 | 26 | 28 |

分析师介绍完情况后，集中谈了饮料公司面对的天气风险有多大。对于购买的商品，可以直接进行套期保值，但是价格与天气的关联性显得非常高。她已经注意到在饮料公司产品销售最多的地区，刚刚过去的夏天异乎寻常地凉爽和多雨，而赞助的几个汽车拉力赛也没有带来好结果。他们被迫增加了支出以做更多的昂贵的定点广告，他们还要安慰那些积压了数千箱啤酒的中间商。上一个冬季的运输费用超过了预算，因为小风暴似乎每个星期都有。他们没有受到大风暴的袭击，但每英寸积雪都消耗了饮料公司运作团队的时间和金钱——而通常情况下，这个团队的效率是高的。她还为寒冷冬季如何引起天然气价格上升感到惊讶，天然气价格的上升也使他们付给电力公司的能源附加费增加。

这些风险中的任何一个都可能不大，但当她计算了他们对饮料公司经营业绩的累积影响，她责成自己做更多的研究。她日益确信天气风险管理工具可以帮助他们达到他们的销售量、零售价弹性和产品成本目标。公司的首席财务官（CFO）也有相同的看法。她了解饮料公司对股东的回报与提坦（Titan）公司相比有巨大的差距，而且已经听说投资银行研究饮料业的分析师已经察觉到区域性风险。因为将市场扩大到新区域的成本很高，所以减少现有区域收入的不稳定性很吸引人。

# 量化

当他们讨论下个步骤的时候，分析师已经在考虑如何最好地使他们的销售量、市场营销数据和生产数据与天气数据相关联，像她在那个讨论会上看到的那样。她必须列出一些因果关系，而且必须将它和饮料公司的目标联系起来。她要论证哪些因素对公司的目标影响最大，还要论证这些因素与包括热度、湿度、降雨量和降雪量等天气指数的相关性。她从已经学过的各种量化技术开始，包括合约叠加、最好/

最坏年度分析和回归分析。

合约叠加

合约叠加方法（复制某基础合约的条款，签订一份天气保值合约）很简单，就是签一份完全相关联的保值合约。举例来说，雪下得越多，饮料公司要付给为其除雪的签约者的钱就越多——按每小时多少英寸计算。她知道她可以容易地对这一风险进行量化和结构化，然后会对饮料公司的卡车运输合同和铁路运输合同进行相同的分析。

最好/最坏年度分析

最好/最坏年度分析法可以为回归分析提供一条捷径。用这种方法时，饮料公司回顾近年的历史销售数据，将销售量最大和销售量最小的年度销售量与对应年度的天气情况用如下相当简单的公式联系起来：

$$相对变化率 = \frac{\Delta\,销售量}{\Delta\,天气变量}$$

$$= \frac{最好年度销售量 - 最坏年度销售量}{最好年度天气指数 - 最坏年度天气指数} \tag{3-1}$$

她记得读过友好雪糕公司的描述：

几个可比较的餐厅的销售量在哪个夏天减少得最多。1999年夏天有好几个星期的气温高达华氏90度，而2000年的夏天不是这样的。[1]

这种方法使她对天气如何影响销售量有了看法。

线性回归法

对饮料公司而言线性回归是最理想的方法，因为有数年的历史销售数据，而分析师知道她可以从她认识的风险管理机构处获得天气数据。用最小二乘法可以估计天气变量（如气温）和销售量之间的关系式——先计算按线性预报模型预报的各年销售量与各年实际销售量的差，使这些差的平方和最小。这一关系式的斜率是天气套期保值的天气变量的名义价格或单位天气变量的价格。回归分析法的主要缺点——缺乏历史销售数据和获得"相同商店的销售量"的困难（特别是对于那些不大不小处于中等规模的公司来说）——对饮料公司来说不是问题。如果回归分析得到的相关性比她预期的低，她可以认为天气指数或业绩计量指标需要调整（比如说，用销售收入而不用销售利润）。除此之外，对天气反应的时间滞后性也要考虑。在讨论会上，有一个代表谈到了大湖化工公司的个案，分析了低温如何影响公司游泳池用化学品部门的销售量：

分析了30年气温数据、数笔销售数据和顾客数据后，财务人员证实了化学品的销售量和气温之间的相关性非常高。[2]

看起来这件事也很适合饮料公司去做。

---

[1]　US Securities and Exchange Commission，Form 10-K Annual Report，Friendly Ice Cream Corp，2000.

[2]　Horowitz，J.，Too Hot for Hedging，*Treasury & Risk Management*，2001.

指数选择

分析师相信她会找出天气和饮料公司销售水准之间的合理关联性。她知道天气指数的范围又宽又深，它可以包括气象站追踪的任何变量，显而易见的有气温、湿度、降雨量和降雪量等。她还知道她可以考察这些基于累计值、平均值甚或关键日期的指数之间的关联性，她决定首先考察夏天低温对销售量的影响。可以用"冷周末天"（CWD）指数作变量，满足特定条件的任何一天记为"1"，比如特定条件是平均气温低于华氏 70 度。给定饮料公司夏天销售量和对应的夏天气温，比正常情况高的指数应该意味着比正常情况低的销售量。

经过回归分析，饮料公司能够估计气温对各个城市饮料销售量的经济影响，得到对应"冷周末天"（CWD）指数的销售额预估值。确定了销售额预估值，饮料公司可以计算每座城市的权重（权重代表一个城市销售量对公司总销售量的贡献大小）。这可以确保饮料公司获得地域分散性的好处——一地暖夏带来的销售的增加可以平衡另一地凉爽夏天导致的销售的减少。如果饮料公司是完全地域分散的，那么 CWD 指数就是稳定的，无须做套期保值交易。如果 CWD 指数是不稳定的，饮料公司可以比较套期保值的成本和直接承受风险的成本。

饮料公司然后会考虑它可以使用的各种工具以应对它已鉴定出的风险。饮料公司可以用传统的保险方式，在交易所为天气可能导致的销售下降支付一笔保险费进行保险，而保留天气使销售增长的好处。在资本市场常用的一个方法则是"揪住"不确定性不放。在销售量不确定的假设下，公司用热天气利益唤起对冷天气的保护，以使上面提到的保险费更低或为零。在任一情况下，都要构建交易策略以反映所考虑的夏季时段天气带来的财务风险，使饮料公司因凉爽气温导致的销售损失可以得到弥补。同所有天气保险交易一样，交易策略的上限是饮料公司所面对的天气导致的最大财务风险。

当分析师完成她粗略的数量分析时，公司的首席财务官（CFO）刚好完成了他对公司股票表现的回顾。在知道饮料公司在财务上面受天气风险的影响，这两位同意做更正规的分析并寻找适当的解决办法。计算公司天气风险管理计划的收益和成本是要花时间和精力的，这方面，分析师曾遇见的风险管理专家给她留下了深刻印象。她必须收集她可以找到的有关市场、销售量和生产方面的所有数据，然后与公司最好的风险管理分析师一起工作以确定关联方程。然后，她还要从有经验、有信誉的市场参与者提供的解决方案中找到最好的方案。如果能推出一个成功的风险管理计划增加饮料公司的价值，那这些努力就是有益的。

在这本书的第二和第三部分中我们将会讨论类似于饮料公司这样的公司将会求助的供应商和产品的特征，以探讨如何更好地利用这样的资源。

# 参考文献

［1］ Adidas－Salomon，*Annual Report*，2000.

［2］ Banham，R.，Weather or Not，*Executive Edge*，1999.

［3］ Carolina Power and Light，*Annual Report*，1999.

［4］ Goldfarb，J. Aggregates and Cement－A Noteworthy Fundamental Turnaround is Imminent，*Merrill Lynch Report*，2001.

［5］ Hanson pic，*Annual Report*，2000.

［6］ Horowitz，J.，Too Hot for Hedging，*Treasury and Risk Management*，July/August，2001.

［7］ *New Yorker*，What Weather Costs，2001.

［8］ Parkhouse，S.，Making the Weather Pay，*Business Age*，1999.

［9］ Scheid Vineyards，*Quarterly Earnings Statement*，4Q2000.

［10］ US Airways Gorp，*Quarterly Earnings Statement*，4Q1999.

［11］ US Securities and Exchange Commission，Form 10－K Annual Report：Friendly Ice Cream Corp，2000.

［12］ Vail Resorts Inc.，*Annual Report*，1999.

［13］ Welton，H. and R. Pellechia，U. S. Retail Propane Distribution 2000－2001 Heating Season Recap，FitchIBCA Duff & Phelps，2001.

第二部分

# 市场参与者

# 第四章　供给者

Michael Corbally Phuoc Dang

在天气市场中，活跃着各种各样的供应者，他们提供一系列利益和服务，包括产品结构分析、风险量计算、双向市场价格、数据资料、分析方法和风险管理顾问等。在这一章中我们考虑的主要供给者包括：能源公司——作为卷入对天气风险敏感的能源行业的结果，他们给市场提供流动性和风险解决方案；保险公司——他们将提供非灾难性天气保险当作是他们传统业务的自然延伸；混业者和变业者（Hybrids and Transformers）——他们开发和重构天气风险解决方案以满足其终端客户的需求；经纪人——他们使天气保护的卖者和买者之间的交易更容易达成；银行——他们利用其广泛的银行业务关系成为市场的重要参与者；数据公司、分析方法公司和顾问公司——他们提供辅助服务以帮助市场发挥功能。①

## 能源公司

天气风险市场的产生可以追溯到能源业解除限制的时候。认识到他们面临相当大的天气风险的能源公司，通过创造使他们可以回避天气风险的机制，开发出天气风险市场。最早被广为宣传的金融性天气交易之一是发生在安然（Enron）和科赫工业之间的交易。他们属于那些最早认识到天气对能源经营的影响、认识到需要开发天气风险市场以便对不确定性进行事前管理的公司。现在安然（Enron）和科赫工业（通过 Entergy-Koch 贸易②）依旧是天气风险市场最主要的参与者。参与了业内最早期许多交易的另一个市场开拓者是能源营销和风险管理公司天鹰座（Aquila）[2001 年初前由能源公司联合公用事业（UtiliCorp）持有全部股份]。近年来，许多其他的美国和国际能源公司在这个市场上变得非常活跃，他们中有 Centrica、Constellation Energy（星座能源）、Coral Energy（珊瑚能源）、Dynegy、El Paso Energy、

---

① 值得注意的是，天气风险容纳量和天气风险产品的供给者也可能来自其他行业，特别是那些天生就面临天气风险的行业。例如，像 Louis Dreyfus 这样的各种商品贸易公司就积极参与了天气风险管理市场。

② 在 Entergy Corp 的附属公司和 Koch Industries 组建了一家股份有限公司后，Koch 公司的天气风险管理团队已经变成了 Entergy-Koch Trading 公司的一部分。

Mirant Hess Trading、Reliant Energy、Sempra Energy Trading、TXU Energy 和 Williams 等公司。

能源公司在多大程度上参与天气风险市场取决于经营目标；一些公司对与回避内在风险有关的小交易感兴趣，而其他公司更喜欢大额交易和拥有专位。一小群居领导地位的能源公司扮演做市商，在全球很多天气参考点的天气合约上标出卖价和买价进行交易。比较小的或成立不久的公司就可能限制他们的交易领域，只在他们有操作经验的领域进行交易。总体上讲，能源公司是市场最重要的参与者，他们持续地参与对发挥市场的功能有重要意义。

# 保险及再保险公司

虽然保险公司和再保险公司涉足非灾难性天气风险业务长达数十年之久，但在非灾难性天气风险市场他们是新进的参与者，当然也是重要的参与者。举例来说，Swiss Re——世界上最大的保险公司之一——是在 20 世纪 90 年代后期进入市场的，已经成为仍然被能源交易者支配的市场上重要的风险承受者。作为最早以具重要意义的方式参与天气风险市场的保险公司之一，Swiss Re 寻求用其在灾难性风险分析方面的经验巩固其作为风险承担力提供者的地位。公司至今还是天气市场的参与者，公司直接或通过其 ELRIX（电子风险交易所）交易平台提供天气产品。许多其他的美国和欧洲的保险公司在过去几年里一直活跃在天气市场上，他们中有 AIG、Renaissance Re（复兴保险）、Mid-Ocean Re（现在是 XL Capital 的一部分）、Transatlantic Re（跨大西洋保险）、St Paul Re（圣保罗保险）、Zurich Re（苏黎世保险）、Ace Tempest、Axa 和 AGF。在日本，大的保险公司，如东京海上和火灾保险公司、Yasuda 火灾和海上保险公司、三井海上和火灾保险公司和 Nipponkoa 保险公司——仅提及少数，他们在日本市场上一直处于开拓天气风险保护品的前沿，时常连同当地银行营销产品。许多保险公司不是直接参与市场，他们选择与有交易经验的公司合作。举例来说，美洲保险（慕尼黑保险的一部分）1998 年成为联合经营公司，合资对象是 Castlebridge Partners，他变成了市场上最活跃的交易者（联合经营公司后来解散了）。

大多数保险公司似乎正用与他们传统保险实务相符合的方式参与市场，他们扮演天气保险的卖方（或风险的买主），以使业务进一步多元化。虽然大多数公司趋向于签发天气保单，但也有一些公司在考虑购买再保险/金融衍生产品，他们将其视为更积极的管理风险的手段；一些公司在监控交易仓位时，不是一味地强调使其多头交易仓位合理的多元化——他们当然希望其多头交易仓位合理的多元化，而是强调在需要谨慎时减少多头交易仓位（比如，把它们买回来）。保险公司的胃口通常比市场上其他保险供给者的胃口大；举例来说，他们在其他可保险风险领域签发的保单许多金额达到数千万美元，部分保险公司也准备在天气保险领域签发相似数额的保单。

# 混业公司和变业者

虽然保险公司以一种吸引许多社团法人终端客户的方式提供天气产品（也就是保单），但不是所有保险公司都习惯于管理高概率、低离差的风险。另外，部分终端客户和做市商更喜欢交易金融衍生品而非保险。为填补市场的这个空白，出现了"混业"公司——既提供保险又提供金融衍生品——和"变业"公司——将保险转化为金融衍生品（或相反）。例如，成立商业风险资本市场公司（商业风险公司的一个附属公司，而商业风险公司本身又是法国保险 SCOR 的附属公司）就是为交易天气金融衍生品、保险和再保险。元素保险公司——百慕大注册的保险/再保险公司超级资本公司（XL Capital）的一个附属公司——为其客户提供的天气风险保护产品有保险、再保险和衍生品。这些混业公司倾向于做活跃的交易者和组合风险管理者。在某些情况下，愿以保险形式安排天气保护的公司可能要求从金融衍生品市场再包装其风险，这就要利用变业公司。变业公司——因规则和会计方面的原因常常在百慕大群岛注册——在两家公司之间将金融衍生工具转变成保险（或相反）。

# 银行

在天气风险市场上银行变得越来越重要。天气风险市场的终端客户更多地参与市场，对市场的成长将继续是有益的。当更多终端客户要求保护其免受天气的影响时，就可能要求供给者在任何地区都有供给。满足这些要求，可能会增加公司的利润，这将鼓励保险公司和其他金融机构更积极地参与市场。在这一过程中，银行的角色是至关重要的，因为他们有要求风险保护的现有顾客群，有具有经验的行销团队——他们能配置风险产品、给风险产品定价并销售风险产品。除此之外，大多数机构有广泛的金融交易经验，并能将他们的经验应用在天气衍生品的交易上。

法国的银行是银行供给者中早期的、最活跃的银行。最早的参与者之一是 Societe Generale（SG），它已经成为欧洲和亚洲市场的具有领导地位的参与者之一。该银行在向自己客户提供天气风险管理解决方案方面也处于领先地位，还成立了数个天气风险基金。① Banque de Reescompte et Placement（Barep）是美国和欧洲天气衍生市场上活跃的参与者；2000 年，他成立了一个基金，代表一家保险集团投资于灾变债券和天气衍生品。BNP Paribas 是来自商业银行的另一个天气风险市场的先驱，利用其交易金融衍生品的专门技术和营销优势，该银行已变成全球天气风险市场重要的供应商。2001 年，BNP Paribas 也宣布在未来数年他将成立几只基金，投资于衍生品资产领域，包括天气衍生品。Banque CP 是 Credit Agricole Indosuez 的一个附属公司，他是最近进入天气市场的另外一个进入者。

在亚洲，大多数与天气有关的交易活动集中于日本银行。比如，日本商业银行（现在是 Mizuho 集团的一部分）、Sumitomo Mitsui 和东京三菱银行就积极给社团法人客户提供天气衍生产品。此外，许多地方银行也与非人寿保险公司建立同盟，向社团法人客户提供由保险公司开发的天气产品。例如，静冈银行和富山银行已经和东京海上和火灾保险公司合作，在辖区内向终端客户提供天气保护产品；同样，足利银行已经与东京海上和火灾保险公司和 Mipponkoa 保险公司合作，在其辖区内做同样的事。② 这些联盟选择的目标客户都是作为终端客户的社团法人，包括饮料制造商、高尔夫球场和主题公园运营商，还有滑雪设施经营者。

在美国，许多银行金融机构正在越来越积极地为社团客户联系天气生意。举例来说，像 Goldman Sachs、JP Morgan Chase、Merrill Lynch 和 Salomon Smith Barney 等机构就参与了天气风险市场。在英国，皇家苏格兰银行（RBS）和巴克利资本（Barclays Capital）为给其社团法人客户提供合适的风险解决方案已经表示有兴趣或打算参与天气风险市场。RBS 并非将英国的能源公司作为自己的客户，而是决定将重心集中于现有供给者难以接近的社团法人。德国最大的三家银行机构——德国银行、Hypo Vereinsbank 和 Dresdner Bank——都已进入天气市场充当供给者。在荷兰，ABN Amro 已经宣布他打算为其客户提供天气衍生品和保险产品，而意大利的 Intes-aBCI 也宣布了相似计划。

任何一家参与天气风险市场的银行，其参与程度倾向于发挥市场营销功能和风险承担功能。如果银行有大批面临天气风险的客户，他会感觉到营销和跨业销售的机会。如果银行相对地不愿承担风险，但又希望为其客户提供天气风险解决方案而不是让顾客直接承受风险，那么银行会将终端客户的要求转给市场供给者。如果银行有较多的风险偏好，其就有可能希望直接承受风险，办法是做大量的各种终端客户生意或在衍生品柜台交易市场（OTC）进行套期保值。

---

① 例如，在 1999 年中，SG 和 Barep 公司推出了 Azur 基金，以投资于天气衍生品和天气债券。

② Regional Banks Market Nonlife Insurers' Weather Derivatives, Nikkei Financial, 2001.

# 经纪人

天气风险市场的经纪人角色取决于他们服务的产业的类型，举例来说，柜台交易市场经纪人和保险经纪人提供的服务和服务范围，分别设定为满足来自衍生品/交易市场的机构的特定需求和满足来自保险/终端客户市场的机构的特定需求。

## 柜台交易市场衍生产品经纪人

柜台交易市场的传统经纪人，为市场参与者匿名协商相互合意的交易，提供独立的联络点。经纪人不是交易主体，其行为严格地限定为充当交易双方间的调解人；通过其角色，经纪人使价格发生变化。一旦一个价格被双方同意，就会披露交易双方的名字，最后的协商也随之完成。[①] 经纪人的成功取决于他与市场中各个经销商建立的关系、它能否提供高质量高附加价值服务的信誉。经纪人如果具备市场行情的知识又了解个别交易的含义，他就能为买方和卖方提供有附加价值的服务。事实上，知识和信息是经纪人的核心资产。

因为天气衍生品市场最早的参与者来自能源部门，所以没有什么好奇怪的事实是：早期的经纪人——Natsource（参与第一单由经纪人促成的天气交易的机构）、Eurobrokers、Prebon 和传统金融服务公司（Tradition Financial Services-TFS）——在店头能源市场的参与度都很深。因为对这个新市场的宣传，许多其他经纪人——包括 BTU Brokers、Intercapital（ICAP）、Cantor Fitzgerald、United Weather and Amerex——很快参加进来，每个经纪人都试图在市场上利用现成的业务关系。

在市场发展过程中，经纪人数目超过了市场参与者，差不多是 2：1。但事情很快变得明显了：虽然天气衍生品市场增长迅速，但市场的流动性不足，只有很少公司在市场上买进卖出；交易量较低，因为交易的执行需时太久（因必须获得并分析天气数据）。成交量不足导致没有足够的利润去支撑整个经纪行业的运作，于是行业合并开始了。虽然许多早期的参与者今天依旧是活跃的经纪人，如 Boldwater Brokers（BTU 的前身），但两个经纪人——TFS 和联合天气（United Weather）却已经取得了垄断地位。两家公司都组建了专家经纪人团队，开发了可提供有用信息和定价反馈的数据分析和定价模型；他们通过参加 WRMA 积极帮助引领行业发展方向。此外，两者在帮助终端客户确定其业务受天气风险影响的范围方面扮演着活跃角色；Boldwater 提供相似的、规模较小的服务。欧洲天气经纪人市场比美国市场要

---

① 我们将在第七章详细讨论天气经纪技巧。

小得多。参与者包括 TFS 和联合天气（利用其从美国市场获得的专门知识），还有 Garban-Intercapital（世界上店头金融市场最大的商人间经纪人）、GFInet 和 Spectron 等公司。虽然广泛预期欧洲的店头天气衍生品市场在未来数年会有增长，但经纪人市场的最佳规模和结构却有待确定。

店头交易经纪人市场的发展经历一个周期，因预期市场成长而膨胀，因流动性不足和利润不足而收缩。随着天气市场的增长和天气市场吸引了更多的金融机构和终端客户的参与，经纪人行业看来正在进入另一个扩张期。[①] 虽然市场的潜力是鼓励人心的，但市场能否支撑超过半打的经纪公司生存，还要走着瞧。

## 保险经纪人

天气经纪人是两个有见识的交易对手之间的调解者，保险经纪人则在帮助终端客户识别和量化他们的天气风险方面扮演更加重要的角色。在识别和量化了天气风险后，他们会帮助开发并执行结构化的解决方案以管理、减轻或向保险/再保险市场转移风险；不像店头市场经纪人只能寻找衍生产品业务，保险经纪人可以用保险或衍生品形式为其客户寻求保护。因此，终端客户可以放心大胆地让保险经纪人代理其工作。保险经纪人的市场规模有限，那里活跃着许多保险经纪人，他们中有人已经开发了以风险类型或市场来划分的专业领域。最大的三家经纪人——Aon、Marsh（Marsh and McLennan Companies 的附属公司）和 Willis Group——提供与天气保险有关的专家经纪人服务。因天气风险市场在继续扩张，对与保险相关联的解决方案的需求可能随之增长，因此保险经纪人的角色可能会更重要。一直积极追求发挥他们业务关系的经纪人在向其社团法人客户提供组合多风险保险方面处于理想的地位——组合多风险保险包括对企业范围内的其他风险进行保护。需要注意的是：保险经纪人受到非常严格的管制，法律上要求他们给客户提供详细而精确的服务。举例来说，在形成经纪人/委托人关系时，要求经纪人为委托人获得适当的保护，要求经纪人确保其在提供经纪服务时没有疏忽或渎职。

# 辅助服务

随着天气风险管理市场的增长，对数据资料、风险分析和咨询服务等辅助服务的需求也相应增长。像下面将提到的那样，非营利组织在提供天气数据资料方面是相当重要的机构。

---

① 例如，2001 年，GFI 宣布组建美国天气经纪人团队。

## 数据资料供给者

数据资料对天气风险管理市场的成功是至关重要的。像我们将在第十、十一章中讨论的那样，许多与数据资料相关的事项必须予以考虑，包括：历史数据的可得性和完整性；关于数据资料记录的历史信息（即是否发生过记录方法、记录地点和其他事项发生变化的情况）；以及合同期内所涉特定气象站进行的数据测量、记录和发布情况等。

供给者和终端客户在获得天气数据方面极其依赖国家气象服务机构，比如第二章中提及的那些机构。美国市场已经从国家海洋和大气管理局（NOAA）的努力和协助中获得了巨大利益——国家海洋和大气管理局是美国政府的商业性实体部门；它的两个附属机构，国家气象服务部（NWS）和国家气候数据中心（NCDC），在这一过程中也是重要的参与者。[1] 这三家机构已经存在多年（远比天气风险管理市场的年纪大），而且尽管他们有各种各样的责任，但对天气风险管理行业的成长他们明显地承担了义务。[2]

美国国家海洋和大气管理局支持进行季节性和跨年度预测，也支持观测和数据传送系统的维护和改良。国家气候数据中心（NCDC）有效地充当了"世界最大实用天气数据档案馆"的角色，[3] 是美国天气风险市场参与者使用的历史气温记录和降水记录的最后仓库和供给者。从 NCDC 可以得到超过 8000 个美国气象站从开始记录时起到 1999 年 12 月的历史气温、降雨和降雪数据；1999 年以后收集的数据可以付费从 NCDC 的网站获得。从记录日算起，大约三个月后，NCDC 公布"经编辑"的记录日测量数据——它们实际上是那天真实的天气观察数据。在这之前，NCDC 提供初步的、"未经编辑"的数据（通常在记录后 2~5 天）。需要注意的是 NCDC 也有途径获得国际天气数据。在本章的最后，表 4-1 是一张 NCDC 数据表。

其他的国家机构为不常见但日益重要的天气风险管理产品提供数据和支持，比如水流量产品等。在美国，美国地质测量（USGS）和美国军队工程师公司（US-ACE）是重要的数据和服务供给者。USGS 通过水资源部门，对最后用来管理国家水资源的水文信息负责。USGS 收集、分析和发布有关水资源信息。通过它的 NWI-SWeb 系统，用户可以获得从 150 万个地点采集的实时的和历史的水流数据；这些数据对那些尝试分析及构建水流对冲保值并为水流对冲保值定价的人而言特别重要。USACE——由民间和军队的工程师和科学家组成——提供与水资源和公用建筑工程

---

[1]　见 www.noaa.gov，www.ncdc.noaa.gov 和 www.nws.noss.gov。

[2]　当市场开始扩大时，NOAA 和 NCDC 成员会见了天气风险业的代表，讨论了数据的可用性、行业需求和每个机构日后能扮演的角色。从那以后，NOAA 和 NCDC 在他们现有预算中就开始资助天气风险业。另外，商业部已举办了一系列天气风险行业会议以确保市场需求得到满足。

[3]　见 www.ncdc.noss.gov。

有关的信息和服务。USACE 是美国最大的水电站的所有者，从水力发电的角度看 USACE 对水流及其经济意义具有相当的经验知识。

美国之外的政府机构也提供天气数据。举例来说，Met Office（英国）、Meteo France（法国）、Deutscher Wetterdienst（德国）、Mateorological Service of Canada（加拿大）、Bureau of Meteorology（澳大利亚）和 Japan Meteorological Agency（日本）、世界气象组织（WMO）的所有成员都记录和公布各自国家城市的天气数据。虽然美国通常被视为拥有最完整、最易获得和最廉价的天气数据的国家，但是其他国家的天气服务机构对天气风险行业的需求正变得越来越敏感，并在天气数据的采集和发布方面取得进展。比如，英国的气象服务机构 Met Office 和经纪公司 Umbrella Brokers 组建了一家合资企业（weatherXchange.com），通过互联网向一些欧洲城市提供天气数据。这一举动是重要的，因为它标志着第一次有欧洲的一家气象服务机构用相对低廉的价格向欧洲的其他地方提供天气数据。任何国家要想从本国气象机关之外获得气象数据都是困难的，直到最近情况依然如此。因为大多数天气合同是以一国国家气象机关的数据为根据，所以上述合资企业能否成功的一个关键因素是合资企业提供的气象数据是否与国内气象机关的数据相一致（既要考察历史数据，又要考察将来的数据）。①

许多私人公司通过提供天气数据使其角色不再仅仅是天气预测者或分析专家。举例来说，风险管理方案公司（RMS）——一家就自然灾害（地震、飓风、暴风，等等）的量化和管理提供风险估计模型和服务的、居市场领导地位的公司——已经变成了重要的数据供给者。② RMS 与地球卫星公司合作已经鉴别出：从 NCDC 获得的历史数据可能受各种不同因素的影响；他们指出如果用今天的测量方法去测量，得到的数据未必总如记录的历史数据。举例来说，气象站位置的变化或观测仪器的变化对未来天气的测量会有影响；RMS 试图鉴别出什么时候发生了变化、变化的重要性和变化的大小；如果是非常重要的变化，那么历史数据就要增补修正（用我们在第十一章中将要讨论的一般方法）。虽然大部分 NCDC 数据是准确真实的，但 RMS 还是进行了一系列质量控制检验，以检查是否存在不一致性或存在遗漏，然后才为大约 200 个美国气象站收费提供"清洁的"和"强化了的"数据。鉴于这个平台的成功和国际市场的增长潜力，RMS 已开始将其服务扩展到其他地区；例如，2001 年他们扩大了业务覆盖地域，包括为英国的 12 座城市提供清洁数据和强化了的数据，为德国的 14 座城市和日本的 47 座城市提供清洁数据（可以预期接下来会向这两个国家提供强化了的数据）。

---

① 差异可能出现在记录和使用 SYNOP（或 synoptic）和 climatic 数据上。Synoptic 数据是实际的数据，而 climatic 数据是经质量控制和校正了的观察数据；也就是说，climatic 数据是利用 Synoptic 数据发展出来的更完整的、更精确的观察记录。

② Earthsat 是一家国际公司，专攻遥感和地理信息技术的开发和应用。公司作为预测和气候分析供给者在能源世界广为人知，公司涉足芝加哥商业交易所的天气合约的结算业务。

　　像 RMS 一样，应用保险研究公司（AIR）是一家专攻灾难性风险的风险建模和风险技术的公司。AIR 已经开发了一个在线服务平台，它允许客户获取源自世界各国每天的气温和降水数据库的历史天气信息。[①] 像 RMS 强化了的数据一样，AIR "重组过"的数据产生时间系列以提供一致性的历史观察数据；在全球大约 6000 个气象站可以得到重组过的数据。[②] 天气新闻国际组织（WNI）是另一个数据供给者，它已经为自己创建了一个重要的市场。特别地，WNI 是日本气象指数（JWI）的发布者，日本气象指数是日本气象机构（JMA）编制的包括日本城市天气观察数据的一个指数。[③] 像 RMS 一样，AIR 和 WNI 的服务是收费的。

## 咨询服务

　　随着市场的成长，得到与风险分析与风险定价有关的咨询服务已变得更容易了。比如，除扮演数据供给者的角色外，RMS 已将其在灾难性风险建模方面的经验，用来为天气风险管理定价、组合经营开发和建立专门的模型（Climetrix）。[④] 某些专攻能源市场的软件和风险管理咨询公司（如 Caminus、Energy Security Analysis 和 Environmental Dynamics Research）已开始考察天气，意在扩大其产品系列。因大量的终端客户公司开始考虑使用天气风险管理产品，已有风险咨询公司居中协助；例子有 E-Acumen、Castlebridge Partners、Climate Risk solutions、Speedwell derivatives 和 Weather Ventures，还有许多其他公司。另外，有专门能源小组的几家较大的会计和咨询公司——包括 Accenture、PricewaterhouseCoopers 和 KPMG——已经开始给客户提供有关天气风险市场不同侧面的建议。[⑤]

　　供给者对天气风险管理市场的继续增长是至关重要的，因为他们提供给终端客户为管理其风险而要求的基本产品、服务和风险容纳量。当这些供给者在开发新的和富有创造性的风险管理办法方面取得成功时，当他们继续提供风险容纳量使风险可以转移时，终端客户的兴趣和参与度就会增加，市场的流动性就会增加。

---

　　① 例如，2001 年 6 月 AIR 宣布推出日本和澳大利亚天气数据产品，"产品包括为这些国家的主要气象站提供重组过的气温数据"。

　　② AIR 向不存在于它的现存数据库中的气象站提供 AIR 的数据清洁方法和调整方法，但这些气象站大概在得到充足的数据方面不存在问题（包括来自周围城市的数据）。

　　③ JMA 数据基于 AMeDAS（气象数据自动记录系统）和/或 synoptic（地表气象观测站），主要的差别是 SYNOP 数据大约覆盖 150 个地点，而 AMeDAS 数据是为大约 700 个气象站而调整了的数据——AMeDAS 观察数据使用 ynoptic 数据以求为国家提供更完整的观察天气记录。

　　④ 模型的基本前提是用许多假设分析个别的合约或合约组合；模型利用蒙特卡洛模拟法产生数以千计的可能的"天气结果"，每个可能的结果都可以使用不同的方法模拟历史数据。实际上，模型允许用户强调组合，且可以识别对各种不同的分析假定的敏感性。

　　⑤ 天气风险市场发展迅速，所以成立了许多咨询公司不是令人惊讶的事。当建立新的商业关系时，顾客总应审慎从事，要确保对供给者进行适当调查，确保供给者将提供的产品和服务与其经验相符合、与托管内容相符合。

表4-1 NCDC 数据样品

UNEDITED LOCAL CLIMATOLOGICAL DATA
[NOAA, National Climatic Data Center] MONTH: 01/1997

Station Location: ASHEVILLE, NC (AVL) lat: 35°43', long: -82°55'
Elev (ground): 2140 feet Time zone: Eastern Standard WBAN: 03812

Wing Speed = mph
Dir = tens of degress

| Date | Temperature (Fahrenheit) | | | | | | Deg Days Base 65 Degress | | Singnificant Weather | Snow/Ice on Gnd (In) | | Precipitation (In) | | Pressure (inches of Hg) | | Resultant Speed | Resultant Direction | Average Speed | Max 5-sec | | Max 2-min | | Date |
|---|---|---|---|---|---|---|---|---|---|---|---|---|---|---|---|---|---|---|---|---|---|---|---|
| | Max | Min | Avg | Dep from Normal | Avg Dew pt. | Avg Wet Bulb | Heating | Cooling | | 0600 LST Depth | 1200 LST Water Equiv | 2400 LST Snow Fall | 2400 LST Water Equiv | Avg Station | Avg Sea Level | | | | Speed | Direc | Speed | Direc | |
| 01 | 50 | 45 | 48 | 11 | 46 | 47 | 17 | 0 | RA FG+FG | 0.0 | — | 0 | 0.01 | 27.85 | 30.15 | 4.5 | 16 | 4.9 | 13 | 15 | 11 | 17 | 01 |
| 02 | 65 | 45 | 55 | 19 | 48 | 50 | 10 | 0 | FG+FG | 0.0 | — | 0 | 0.00 | 27.74 | 29.99 | 2.7 | 35 | 4.8 | 18 | 33 | 15 | 33 | 02 |
| 03 | 68 | 42 | 55 | 19 | 48 | 52 | 10 | 0 | FG | 0.0 | — | 0 | 0.00 | 27.65 | 29.91 | 5.6 | 34 | 6.3 | 26 | 32 | 21 | 33 | 03 |
| 04 | 69* | 37 | 53 | 17 | 48 | 51 | 12 | 0 | FG+FG | 0.0 | — | 0 | T | 27.67 | 29.94 | 5.1 | 18 | 5.6 | 26 | 19 | 22 | 18 | 04 |
| 05 | 65 | 44 | 55* | 19 | 43 | 49 | 10 | 0 | TS TSRA RA FG | 0.0 | — | 0 | 0.26 | 27.53 | 29.76 | 2.9 | 28 | 8.2 | 25 | 20 | 20 | 30 | 05 |
| 06 | 50 | 39 | 45 | 9 | 30 | 38 | 20 | 0 | — | 0.0 | — | 0 | 0.00 | 27.71 | 29.99 | 12.4 | 33 | 12.8 | 29 | 32 | 24 | 32 | 06 |
| 07 | 40 | 30 | 35 | -1 | 20 | 30 | 30 | 0 | — | 0.0 | — | T | T | 27.83 | 30.15 | 12.9 | 35 | 13.4 | 28 | 32 | 21 | 33 | 07 |
| 08 | 41 | 28 | 35 | -1 | 18 | 27 | 30 | 0 | RA FZRA SN FG+FG FZFG HZ | 0.0 | — | 1.3 | 0.35 | 27.86 | 30.20 | 0.5 | 28 | 6.7 | 18 | 1 | 15 | 35 | 08 |
| 09 | 34 | 29 | 32 | -4 | 31 | 32 | 33 | 0 | RA FZRA PE FG | 2.0 | — | 0.7 | 0.87 | 27.42 | 29.71 | — | — | 4.5 | 0 | — | M | M | 09 |

续表

UNEDITED LOCAL CLIMATOLOGICAL DATA
[NOAA, National Climatic Data Center] MONTH:01/1997

Station Location: ASHEVILLE, NC (AVL) lat: 35°43′, long: -82°55′
Elev (ground): 2140 feet Time zone: Eastern Standard WBAN: 03812

Wind Speed = mph  Dir = tens of degress

| Date | Temperature (Fahrenheit) | | | | | | Deg Days Base 65 Degrees | | Significant Weather | Snow/Ice on Gnd (In) | | Precipitation (In) | | Pressure (inches of Hg) | | Wind Speed | | | | | | | Date |
|---|---|---|---|---|---|---|---|---|---|---|---|---|---|---|---|---|---|---|---|---|---|---|---|
| | Max | Min | Avg | Dep from Normal | Avg Dew pt. | Avg Wet Bulb | Heating | Cooling | | 0600 LST Depth | 1200 LST Water Equiv | 2400 LST Snow Fall | 2400 LST Water Equiv | Avg Station | Avg Sea Level | Resultant Speed | Resultant Direction | Average Speed | Max 5-sec Speed | Max 5-sec Direc | Max 2-min Speed | Max 2-min Direc | |
| 10 | 38 | 21 | 30 | -6 | 23 | 29 | 35 | 0 | SN FG FZFG BLSN | 2.0 | — | 1.8 | 0.18 | 27.34 | 29.64 | 5.4 | 27 | 10.9 | 25 | 34 | 21 | 33 | 10 |
| 11 | 27 | 10 | 19 | -17 | 10 | 16 | 46 | 0 | — | 2.0 | — | T | T | 27.70 | 30.06 | 10.9 | 33 | 11.5 | 25 | 31 | 23 | 32 | 11 |
| 12 | 32 | 12 | 22 | -14 | 13 | 19 | 43 | 0 | — | 2.0 | — | 0 | 0.00 | 27.96 | 30.34 | 11.1 | 34 | 11.5 | 23 | 33 | 18 | 33 | 12 |
| 13 | 33 | 16 | 25 | -11 | 9 | 19 | 40 | 0 | — | 1.0 | — | 0 | 0.00 | 28.08 | 30.46 | 11.6 | 34 | 12.4 | 22 | 33 | 20 | 33 | 13 |
| 14 | 42 | 13 | 28 | -7 | 13 | 22 | 37 | 0 | — | T | — | 0 | 0.00 | 28.07 | 30.45 | 2.5 | 32 | 3.9 | 13 | 32 | 13 | 32 | 14 |
| 15 | 44 | 21 | 33 | -2 | 20 | 30 | 32 | 0 | RA FG | 0.0 | — | 0 | 0.54 | 27.86 | 30.20 | 5.7 | 17 | 6.2 | 20 | 17 | 16 | 17 | 15 |
| 16 | 37 | 17 | 27 | -8 | 21 | 27 | 38 | 0 | RA FG+FG | 0.0 | — | 0 | 0.24 | 27.54 | 29.86 | 14.5 | 34 | 15.3 | 33 | 33 | 26 | 33 | 16 |
| 17 | 24 | 6* | 15* | -20 | -8 | 10 | 50 | 0 | — | 0.0 | — | 0 | 0.00 | 27.82 | 30.21 | 12.9 | 35 | 14.3 | 29 | 36 | 22 | 35 | 17 |
| 18 | 27 | 12 | 20 | -15 | -2 | 14 | 45 | 0 | HZ | 0.0 | — | 0 | 0.00 | 27.82 | 30.17 | 13.1 | 34 | 14.4 | 36 | 32 | 28 | 32 | 18 |
| 19 | 32 | 17 | 25 | -10 | 9 | 19 | 40 | 0 | — | 0.0 | — | T | T | 27.79 | 30.15 | 0.4 | 29 | 4.6 | 14 | 15 | 11 | 33 | 19 |
| 20 | 48 | 18 | 33 | -2 | 22 | 29 | 32 | 0 | — | 0.0 | — | 0 | 0.00 | 27.84 | 30.18 | 7.7 | 34 | 7.9 | 24 | 32 | 20 | 33 | 20 |
| 21 | 60 | 24 | 42 | 7 | 29 | 36 | 23 | 0 | — | 0.0 | — | 0 | 0.00 | 28.05 | 30.37 | 1.2 | 16 | 4.7 | 18 | 14 | 14 | 15 | 21 |

续表

UNEDITED LOCAL CLIMATOLOGICAL DATA
[NOAA, National Climatic Data Center] MONTH:01/1997

Station Location: ASHEVILLE, NC (AVL) lat: 35°43', long: -82°55'
Elev (ground): 2140 feet Time zone: Eastern Standard WBAN: 03812

| Date | Temperature (Fahrenheit) | | | | | | Deg Days Base 65 Degress | | Singnificant Weather | Snow/Ice on Gnd (In) | | Precipitation (In) | | Pressure (inches of Hg) | | Wind Speed = mph Dir = tens of degress | | | | | | | Date |
| | Max | Min | Avg | Dep from Normal | Avg Dew pt. | Avg Wet Bulb | Heating | Cooling | | 0600 LST Depth | 1200 LST Water Equiv | 2400 LST Snow Fall | 2400 LST Water Equiv | Avg Station | Avg Sea Level | Resultant Speed | Resultant Direction | Average Speed | Max 5-sec Speed | Max 5-sec Direc | Max 2-min Speed | Max 2-min Direc | |
|---|---|---|---|---|---|---|---|---|---|---|---|---|---|---|---|---|---|---|---|---|---|---|---|
| 22 | 56 | 39 | 48 | 13 | 42 | 44 | 17 | 0 | RA FG+FG | 0.0 | — | 0 | 0.04 | 27.87 | 30.16 | 6.3 | 17 | 7.3 | 28 | 17 | 21 | 18 | 22 |
| 23 | 56 | 34 | 45 | 10 | 37 | 41 | 20 | 0 | RA FG+FG BCFG | 0.0 | — | 0 | 0.02 | 27.87 | 30.16 | 1.0 | 34 | 2.8 | 13 | 32 | 11 | 32 | 23 |
| 24 | 45 | 35 | 40 | 4 | 38 | 38 | 25 | 0 | RA FG | 0.0 | — | 0 | 1.13 | 27.77 | 30.09 | 5.2 | 18 | 5.7 | 17 | 18 | 15 | 18 | 24 |
| 25 | 47 | 31 | 39 | 3 | 28 | 36 | 26 | 0 | TS RA FG+FG BCFG | 0.0 | — | 0 | 0.07 | 27.76 | 30.06 | 8.1 | 34 | 9.4 | 32 | 32 | 24 | 32 | 25 |
| 26 | 45 | 24 | 35 | -1 | 19 | 29 | 30 | 0 | — | 0.0 | — | 0 | 0.00 | 28.06 | 30.41 | 1.4 | 14 | 5.9 | 16 | 15 | 13 | 16 | 26 |
| 27 | 45 | 35 | 40 | 4 | 26 | 35 | 25 | 0 | — | 0.0 | — | 0 | T | 28.06 | 30.40 | 4.8 | 15 | 5.8 | 16 | 13 | 13 | 14 | 27 |
| 28 | 49 | 34 | 42 | 6 | 37 | 40 | 23 | 0 | RA FG BCFG | 0.0 | — | 0 | 0.71 | 27.91 | 30.23 | 9.1 | 34 | 11.3 | 28 | 32 | 23 | 31 | 28 |
| 29 | 44 | 26 | 35 | -1 | 20 | 31 | 30 | 0 | — | 0.0 | — | 0 | 0.00 | 28.08 | 30.42 | 2.4 | 15 | 5.8 | 17 | 36 | 14 | 35 | 29 |

续表

UNEDITED LOCAL CLIMATOLOGICAL DATA  
[NOAA, National Climatic Data Center] MONTH:01/1997

Station Location: ASHEVILLE, NC (AVL) lat: 35°43', long: -82°55'  
Elev (ground): 2140 feet　Time zone: Eastern Standard　WBAN: 03812

Wing Speed=mph  
Dir=tens of degress

| Date | Temperature (Fahrenheit) | | | | | | Deg Days Base 65 Degress | | Singnificant Weather | Snow/Ice on Gnd (In) | | Precipitation (In) | | Pressure (inches of Hg) | | Resultant Speed | Resultant Direction | Average Speed | Max 5-sec | | Max 2-min | | Date |
|---|---|---|---|---|---|---|---|---|---|---|---|---|---|---|---|---|---|---|---|---|---|---|---|
| | Max | Min | Avg | Dep from Normal | Avg Dew pt. | Avg Wet Bulb | Heating | Cooling | | 0600 LST Depth | 1200 LST Water Equiv | 2400 LST Snow Fall | 2400 LST Water Equiv | Avg Station | Avg Sea Level | | | | Speed | Direc | Speed | Direc | |
| 30 | 44 | 35 | 40 | 4 | 30 | 35 | 25 | 0 | FG HZ | 0.0 | — | 0 | 0.02 | 27.90 | 30.22 | 1.0 | 15 | 2.1 | 10 | 13 | 8 | 13 | 30 |
| 31 | 58 | 28 | 43 | 7 | 30 | 36 | 22 | 0 | FG+FG FZFG BCFG | 0.0 | — | 0 | 0.00 | 27.68 | 29.98 | 1.6 | 16 | 3.4 | 13 | 14 | 10 | 14 | 31 |

Source: National Oceanic and Atmosphenic Administration, National Climatic Data Center, Asheville, North Carolina.

# 参考文献

［1］Regional Banks Market Nonlife Insurers' Weather Derivatives，*Nikkei Financial*，2001.

# 第五章 终端客户

Martin Malinow

在第四章，我们讨论了为天气风险提供解决方案并承担风险的供给者。在本章，我们讨论使用这些供给者开发的天气风险管理产品和服务的终端客户。可以将终端客户分为两大类——对冲保值者和投机者。虽然对冲保值者和投机者使用天气风险管理产品的目的大相径庭，但他们对市场发挥应有功能都很重要。

对冲保值者，包括公众公司和私营公司，也包括国家、州政府和地方政府主管当局，他们使用风险管理产品来消除因各种天气因素导致的收入和预算的不稳定性。投机者，包括养老基金和其他机构财产管理者，他们使用天气风险产品改变他们投资组合的风险/收益特性，强化他们投资组合的风险/收益特性。虽然选择性的风险管理概念还是相对新的概念，但人们对它的兴趣越来越大；天气方面的投机显然已成为这个市场的合乎逻辑的组成部分，它使市场富有历史数据，使市场的流动性越来越好，使市场与传统组合资产的关联性降低。

# 对冲保值者

## 潜在的动机

有一个被广泛接受的观点，即金融市场使机构金融风险管理者承受的业绩后果不对称。市场对利润的意外减少的惩罚大于对相同数量的利润的意外增加的奖赏。自从 1970 年以后，公司们就对诱发利润意外变化的主要和非主要风险进行管理。今天金融市场上的风险经理们能够对各种各样的风险进行对冲保值，包括那些与外汇汇率、利率、商品、有价证券、信贷、天然灾难有关的风险，最近还有天气风险。

如第一章所述，风险管理的最高目标是要增加股东权益。当有利害关系的各方将公司较稳定的利润流量看作更有价值的利润流量时，那么尽量减少利润的不稳定性的公司就会得到奖赏，包括更高的市盈率、更高的信用级别、更低的借贷成本、更有利的债券发行条件等。此外，消除了由各种风险源产生的不确定，公司管理层就可专注于完成公司核心业务战略。有效的利润管理时常以有效的销售收入管理开始。销售收入主要由成交价格和成交量决定，所以必须对成交量和成交价格进行有效的管理。多年来，公司企业通过传统的定价策略或特有的风险管理产品管理价格风险。然而管理数量风险则是另一回事。在本章，数量风险定义为主要因天气的不确定性导致的供给和（或）需求的不确定性。尽管对数量性因素敏感的公司多年来对灾难性天气进行保险，但管理因气温和降水的非灾难性变化而导致的财务业绩的正态偏离则是最近的事。由于对市场越来越了解，有利害关系的各方和分析师都将天气视为一个需要借用天气保险和天气衍生品加以管理的核心业务风险。由于有了新观点，利害关系人和分析师对风险管理者依旧让公司暴露于天气风险影响下寻找借口，已难以容忍。的确，在某些对天气敏感的行业，如能源业，忽略天气风险再也不为人所接受。当其他行业的改革者开始鉴别他们的天气风险时，利害关系人的不满情绪很可能扩散，这就需要对天气风险进行更积极的管理。

# 天气风险行业

天气的正常波动也会使许多行业面临风险。例子包括天然气、电力、丙烷/取暖油、建筑、海上建筑/海上钻探、州/市政府设施维护、农业、食物/饮料、餐厅/接待、零售、户外娱乐、运输、制造业和银行/保险业，等等。在这一节，我们讨论这些行业如何受天气风险的影响以及他们该如何想法处理这些影响。我们将在第八章中详细讨论特殊的风险管理结构品。

## 天然气

虽然天然气有许多用途，如为发电厂提供能源，但它的主要用途是在冬季数个月期间为家庭取暖。运送天然气给家庭消费者的本地销售公司（LDCs）面临天气风险的影响。本地销售公司努力锁定其利润水平，办法是进行积极的价格风险管理、执行价格低于向消费者供气价的供货合同、将销售量作为影响销售收入的主要变数等。冬季的天气比较寒冷，意味着消费者使用较多的天然气给家庭取暖；而冬季的天气比较热，意味着他们使用较少的天然气；气温和天然气使用量之间的相关性非常高。在大多数州对消费者使用的天然气的价格等级和煤气公司的服务区域依旧实行管制时，行业中的部分管制根据联邦天然气管理委员会 1987 年天然气政策条例和其后的命令被取消，联邦天然气管理委员会取消了到户管道煤气的价格上限。管制的解除导致本地销售公司改变他们的定价和风险管理战略。举例来说，本地销售公司传统上是通过天气正常化条款消极地应付暖冬温暖气温的影响的，① 取消天气正常化条款，鼓励他们更积极地管理自己的天气风险。

在整个取暖季节，本地销售公司受煤气销售量的影响很大（特别在北半球的 11月至次年 3 月）。与季节性煤气销售量相关性极高的指数是取暖指数（HDDs）；HDDs 如第六章将要非常详细地讨论的那样，是日平均气温低于华氏 65 度（或摄氏 18 度）的累积度量。因为本地销售公司受较高的季节气温的伤害（较高的季节气温产生较小的 HDDs 值），他们时常购买保险——或衍生品——基于 HDD 的、行权价是与其冬季收入预算相关联的平均指数或略低于该指数的看跌期权。在其他的例子中，本地销售公司可能购买 HDD 的套保期权② （看跌和看涨期权的空头/多头组合），这时，在买入一个看跌期权时，卖出一个较高行权价格的看涨期权以作平衡（要求本地销售公司在 HDDs 上升到看涨期权的行权价格时放弃与寒冷相关的上部）；这就产生了一个低权利金或无权利金的交易。对气温/销售量的相关性感到满意的本地销售公司，卖出 HDD 互换是流行的做法（这时公司在特定指数点位之上付款/之下收款），就像他们基于单一的 HDD 点位（不是套保期权中的一个范围）向交易对手转移风险。我们将在第八章中用较多的篇幅讨论这些类型的风险管理策略。图 5-1 解释了一家本地销售公司从天气风险管理供给者处购买暖冬和冷冬 HDD保护的资金流动与支付情况。

## 电力能源

电力有多种来源——包括热电、水电、核电和风力电等，电力也有多种消费者——商业、制造业和居民。电力的需求是全年性的，包括夏天用空调制冷、冬季取暖等都需要电力。

电力工业面临的天气风险既影响电力的消费（或叫负荷），也影响电力的供给。从电力需求方面看，居民取暖和制冷量对气温极度敏感。在炎热的夏天和寒冷的冬季，电力公用事业公司从输电和供电中获得较高的收益，在温和的冬夏季节，电力公用事业公司获得的收益就要少一些。相应地，电力公用事业公司在夏季面临低制冷指数的风险（即 CDD 指数。下章将要讲到的，CDD 指数是日平均气温高于华氏 65 度或摄氏 18 度的累计度量），电力公用事业公司通过购买 CDD 看跌期权或套保期权，或卖出 CDD 互换对风险进行保护。而要对冬季进行保护，他们就购买 HDD看跌期权或卖出 HDD 互换。

---

①　州征税机构，它允许 LDTs 收取消费者的费用，以"平衡"较热天气的财务影响。

②　看跌期权授予买主以事先确定的执行价格出售标的工具或指数（在这个案例中是 HDDs）的权利，而不是义务。如果指数跌过执行价格，期权的价值上涨。看涨期权授予买主以事先确定的执行价格买入标的工具或指数的权利，而不是义务。我们将在第七章更详细地讨论看跌期权、看涨期权、套保期权、互换和其他风险产品。

暖冬情形

1.暖冬气温意味着较少的HDD

4.但HDD保护变成实质的，
可以提供补偿性赔付

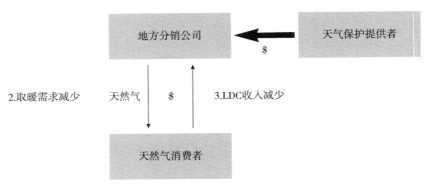

| 地方分销公司 | ← $ | 天气保护提供者 |

2.取暖需求减少　　天然气　$　3.LDC收入减少

天然气消费者

冷冬情形

1.冷冬气温意味着较大的HDD

4.HDD保护成为虚值的，
不会提供赔付

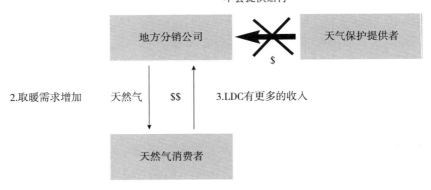

| 地方分销公司 | ⊁← $ | 天气保护提供者 |

2.取暖需求增加　　天然气　$$　3.LDC有更多的收入

天然气消费者

**图 5-1　天然气本地销售公司和 HDD 天气保护**

　　拥有峰期发电厂的公用事业公司有额外的天气风险。当气温导致过量需求或正常的供给因计划外的发电机停机减少时，峰期电厂就会投入使用；所以峰期电厂可以考虑基于热天或峰值气温指数（PTD）的看涨期权。基于内部对电力负荷、发电能力和市场价格的预测，公用事业公司对峰期电厂有特定的收益预算。如果夏季PTD预期值未达到，那么来自峰期电厂的收益就会低于预期；要回避这种损失，有峰期电厂的公用事业公司可以购买保险或 PTD 衍生保护品。

　　美国电力工业放宽管制的动态，已经导致一些市场（如 2000～2001 年的加利福

尼亚）周期性的电力短缺。在一些情况下，现货批发价格比公用事业公司可以向消费者收取的最高零售价还要高。公用事业公司只有在补偿了成本以后才能获得利润，但如果气温太高使空调使用量大增以致电力需求超过了电力供给，那么公用事业公司就面临风险。公用事业公司不得不时常从批发市场购买额外的电力，这常常是亏本生意。为保证其收益，"短缺发电能力"的公用事业公司可以购买 PTD 看涨期权。这些看涨期权经常有可变的非线性赔付，以适应增加的电力负荷对价格的非线性影响。

从供给方面看，边际成本最低的两种发电形式——水电和风力电——其发电量受制于反复无常的天气；水流或风力减少都可能导致水电和风力发电的减少。那些高度依赖这种能源形式的地区就可能要面对电力短缺问题。例如，美国西北太平洋地区大约 40% 的电力是水电站生产的①——主要在哥伦比亚地区和蛇河盆地。在美国东北部地区、加拿大东部地区、一些欧洲国家（包括挪威、瑞典、芬兰）和南美（巴西）也有大型水电站。由于天然降水的减少，导致（天然的或人工控制的、在渠道或地表河流流动的）水流不充足，可能最后导致发电量的减少（虽然借助水库截留丰水期的水流以备将来使用，借此可减轻这类影响）。为了对水流不充足的风险进行保护，水力发电厂可以购买水流保护产品。风力发电厂希望一天到晚风速均匀，且希望对低风速和低风量进行对冲保值，风力发电厂可以通过购买合适的风速对冲保值品进行对冲保值。

## 丙烷/取暖油

丙烷/取暖油产业由许多小的、地方的分销商构成，他们有时会联合组成大的区域性实体。② 因为这个行业没有大量的证券交易，所以对于暖冬，这个行业在行业内不太可能进行对冲保值。20 世纪 90 年代后期，连续三个暖冬从财务上损害了美国丙烷/取暖油业，并导致许多公司寻求积极的天气风险管理之道。像天然气一样，丙烷和取暖油主要用于居民室内取暖（次要的使用包括室内/室外烹调和谷物干燥）。所以行业的主要风险是温暖的冬季气温减少了取暖需求。因为冬季气温与公司销售的丙烷或取暖油的数量高度相关，所以行业中大多数公司用 HDD 指数追踪需求。同天然气一样，较小的 HDD 意味着取暖需求较小，也意味着收入较少。为对风险进行保护，经销商通常购买 HDD 看跌金融产品，如保险或衍生品。在某些场合下，经销商会购买 HDD 套保期权或卖出 HDD 互换（虽然这种情况越来越不常见，因为经销商没有足够的信用参与风险大、对信用敏感的交易）。

---

① Federal Energy Regulatory Commission, Removing Obstacles to Increased Hydroelectric Generation in the Western United States, FERC Docket EL01-47-001, 2001.

② 许多较大的公司通过收购成长，直到达到一个临界规模，在之后就会公开发行股票——时常以股份有限公司的形式（Master Limited Partnership, MLP）。

## 建筑

天气对建筑工程的数量和质量影响极大。在建筑业，对天气敏感的两个主要领域是重大建筑工程和居住工程；这两个领域的工程项目/项目开发都面临来自下雨、下雪和气温变化的风险。下雨和下雪可能妨碍重型机械的操作，而极端气温可能影响混凝土和石工作业。重大建筑工程合约通常设有激励条款，以使建筑公司和项目业主结成利益一致的同盟。如果签约公司提前完成工程，每提前一天就可以得到事先确定数额的奖赏。相反，如果建筑公司耽误了竣工日期，每耽误一天同样要受到事先确定数额的惩罚。天气不好是耽误工期的单一的最大的原因。在许多情况下，业主会在与建筑公司的合约中规定正常天气的范围，规定因为天气不好最多可耽误竣工时间的天数。建筑公司可以通过购买天气风险产品对任何可能天数的耽误竣工进行保护。一家投标无正常天气约定的工程项目的建筑公司，可以从天气风险市场购买同样数量的好天气天数，将所付权利金列入投标成本。对建筑业的对冲保值通常是基于建筑期内的关键天数［或不利建筑天数（ACD）］进行的。ACD的计算可以是针对单一的或复合的天气条件进行的，如计算的是日降雨/降雪量超过事先确定水平的天数、日气温高于/低于事先确定水平的天数等。因为签约者对激励金额非常清楚，所以可以确定满足建筑合约盈利水平的ACD对冲保值交易的金额。图5-2解释了好天气和坏天气对建筑公司收入的影响。

## 海洋作业

从事包括建筑、钻探、地震测绘等工作在内的海面或潜水作业的行业，既面临灾难性天气风险，也面临非灾难性天气风险。由灾难性天气导致的财产损失一般通过财产和人寿保险进行保护。因风暴来临而中断经营（也就是不可能滞留在项目作业场地，并为完成项目继续工作）可以通过非灾难性天气风险产品进行保护。

项目业主通常会给海洋作业公司留出因天气原因损失的作业天数，最一般的天气保护是针对超过这个天数的情况进行的。对于钻探者而言，他们的收入直接依赖于在给定的天数里他们抽出的原油或天然气的数量，所以他们能立即感受到作业中断的影响。像我们在第六章将要详细讨论的那样，可以构建特定的风暴轨迹指数，建立风暴的位置和中断作业的特定时间的联系，这可以使海洋作业者获得适当的金融保护。

## 州政府和市政府的市政设施维护

州政府和市政府一般都面临冬季不确定的扫雪成本的天气风险。对于冬季扫雪

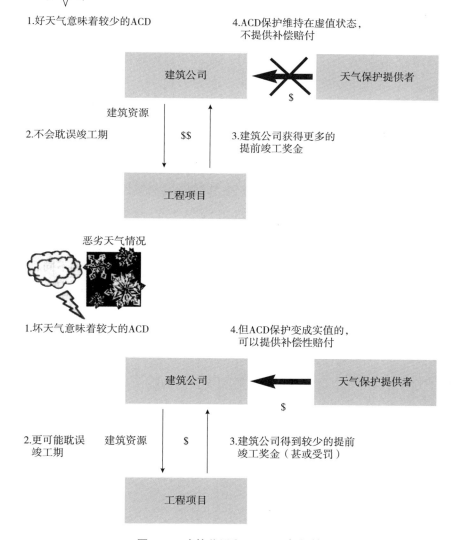

**图 5-2　建筑公司和 ACD 天气保护**

开支，政府一般都有预算；但冬季结束时，实际发生的费用未必与预算相符。

　　扫雪费用是冬季累计降雪量的函数，或是实际降雪天数的函数，它还取决于政府是自己雇扫雪工人扫雪还是将扫雪工作外包。如果政府是将扫雪工作外包，合同则是依据整个冬季需要清扫的积雪的数量签订的。可以用看涨衍生品的形式或保险指数构建降雪量保护，赔付额依实际降雪量而定。在这种情况下，对冲保值交易反映合同条款，且与预算风险完全相关。如果政府是自己雇扫雪工人扫雪，那么预算风险可以看成是扫雪天数（SCD）的函数。扫雪天通常要有两个条件：降雪量大于某一特定的值、气温低于某一特定的值。这两件事经常导致政府必须关注恶劣的驾车或步行条件。要进行对冲保值，政府可以购买基于 SCD 的保险品或衍生看涨品，赔付额根据每次扫雪政府雇人的费用和用盐量的估计值确定。

## 农业

农业天气风险可以是灾难性的，也可以是非灾难性的。导致农作物立即和全面毁灭的灾难性天气的例子可能包括那场在短时间内毁坏佛罗里达州大片柑橘的冰冻。如果柑橘种植者收成的价值是 $10M，那么适当的对冲保值在冰冻发生时就会带来等量的赔付。农业非灾难性风险的一个例子与作物达到完全成熟所需累积的热量有关，这常用生长指数（GDD）度量。农民可以进行 GDD 对冲保值，将行权价格定在农作物正常的生长水平，赔付率则根据农作物未成熟导致的减产按农作物现货市场价格计算的损失计算。因为 GDD 决定农作物的成熟，所以它也决定农作物的收获时间；GDD 较低的生长季节会导致减产、减质，收获时间也会延迟。依作物和地域的不同，晚收割的作物还可能受到雨季来临的影响，这可能会进一步减少收成。例如，我们考虑在那帕山谷生长的葡萄。如果整个夏季 GDD 值低，那么收割时间将推迟到 9 月末，这时，雨天的概率急剧增加。针对这种情况，可以应用基于复合扳机产品（赔付仅在两个或更多的扳机事件同时发生时才发生）的风险解决方案。种植者可以购买基于超过一定水平的降水量的保护，但赔付的发生仅在实际 GDD 比期望小的时候。

天气还影响农用化工公司（包括化肥和农药的制造商和经销商）产品销售的数量和时间。例如，热气温条件可以导致虫卵大量孵化，这会创造对虫卵控制产品的需求。杀虫剂制造商可以购买 GDD 保护，对凉爽夏季导致的销售额的减少进行对冲保值。对化肥生产商而言，大量的雨天有利，因为下雨增加了重复使用产品的需求。图 5-3 解释温暖的气温和凉爽的气温对农作物杀虫剂制造商的影响，解释 GDD 如何弥补因凉爽的生长季节导致的收入的损失。

## 食品和饮料

气温和湿度上升使软饮料、啤酒和罐装水的制造商、装瓶商和分销商得到实惠。可以创造一个饮料指数（BDD），将饮料需求开始随气温或湿度变化的水平定为基线。饮料制造商如果希望对因较正常年份凉爽的夏季导致的销售额的减少进行对冲保值，可以购买 BDD 保险或衍生品。

地理上的多样化可以减少天气带来的收入的不确定性。比如，美国东北部可能正在经历凉爽的夏季，但这个国家的其他地方可能正在经历热浪的袭击。全国性的公司，可以就全国所有相关地点，购买基于加权平均 BDD 指数的一揽子对冲保值合

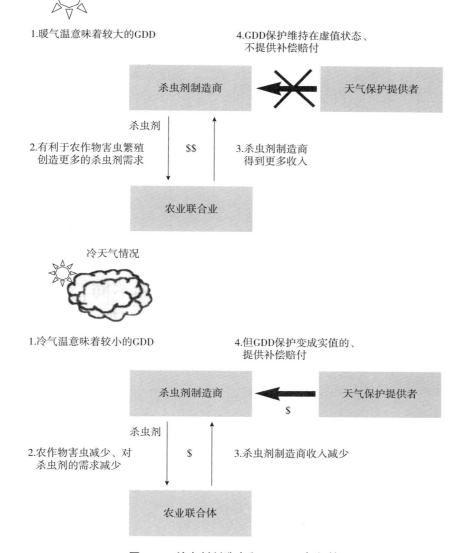

**图5-3　杀虫剂制造商和 GDD 天气保护**

约。因为不完全相关的一揽子城市的不确定性小于各个城市的不确定性的和，所以用加权装揽法对一揽子不确定性进行对冲保值，是成本更合算的办法——就一揽子风险买一份期权比针对每种风险买一揽子期权要便宜。

在食品业，诸如汤料和冰淇淋这类季节性产品的销售量严重地依赖天气，特别是气温。如饮料业一样，分离出天气敏感型边际销售量是非常重要的，因为有一个人群，他们总是喝汤、总是吃冰淇淋，而不管天气如何。引发需要进行对冲保值需求的是这样的人群，当天气冷一些的时候他们喝更多的汤，当天气热一点时他们吃更多的冰淇淋。

## 饭店和餐饮业

饭店和酒吧都面临下雨、下雪和凉爽气温的风险，特别是那些有室外就座区域的酒店和酒吧。恶劣的天气——包括下雪和结冰——可能会阻碍顾客使用餐饮设施，结果是营业收入减少。经营者可以对恶劣的天气进行对冲保值，做法是购买扫雪指数（SCD）保护，赔付率定在每 SCD 收入损失的水平。顾客可以在户外就座的餐饮场所，如酒吧、啤酒屋和某些酒店，在好天气的日子里边际收入会提高，因为他们可以有更多的客人就座、可以服务更多的客人。业者对坏天气天数有正常的预期，但只要坏天气天数超过了这个数，季节性收入就会减少。许多户外餐馆希望对因过多的低温天或下雨天而导致的顾客减少的风险进行保护，无论在哪种情况下他们都可以通过购买天气风险保护产品达到目的。

## 零售业

诸如冬季外套和泳衣的季节性产品的专业经销商，对其产品售卖季节里的天气情况极为敏感。对于冬季服装——举个例子，可以围绕外套指数设计对冲保值，外套指数（CoDD）是一个用来测量冬季外套累计季节性需求量的定制指数；在形式上，CoDD 函数类似 HDD，用基线减去每日最高气温，所得为正数则记入指数，累计整个季节，所得就是 CoDD 指数。可以用不同的基线计算期间每月指数，以反映随着冬季的来临消费者对气温降低的预期；基线必须捕获消费者在季节里的特定时期对正常气温的感觉。温暖的天气会使冬季外套零售商的销售收入减少，要对其进行保护，零售商可以购买 CoDD 保险或衍生品，行权价格定在预期值的一个百分比水平，在这个水平之下，存货必须不计血本出清。图 5-4 解释一个外套零售商购买金融保护以对暖冬进行对冲保值所产生的现金流。

售卖夏季服装的零售商，其风险更多的是来自下雨天气，而不是凉爽的气温。主要的风险是整个夏季的下雨天数，而不是绝对的降雨量。要进行对冲保值，他们可以购买基于降雨指数（RED）的保险或衍生看涨金融工具。因为零售商非常依赖客户亲临商场，所以恶劣的天气会减少其营业额。对这种情况进行对冲保值的零售商可以购买恶劣零售天指数（ARD）保护，这个指数是复合扳机指数，两种情况下会发生赔付，一是气温降到了某一气温之下，二是积雪高于给定的英寸之上。因为这个函数很像经营中断保险，所以赔付值是每天损失的销售额的估计值。

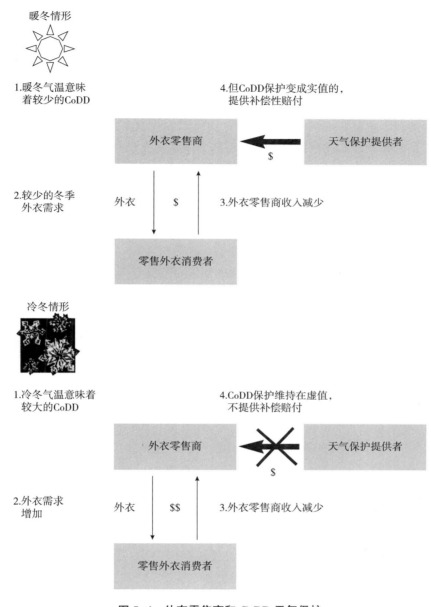

图 5-4　外套零售商和 CoDD 天气保护

## 制造业

季节性产品的制造商面临的天气风险与他们产品的零售商承担的风险非常类似。但零售商可以销售各种产品，而制造商通常专注特定季节性产品的生产（如滑雪设备、造雪机、伞、风扇、电热毯、取暖器、空调、道路用盐，等等）。考虑一家道路用盐生产商的例子，为得到最大的收入，制造商希望冬天既寒冷又多雪。为对温暖冬季风险进行对冲保值，制盐商可以购买 SCD 看跌期权或套保期权。因为制盐商将盐售往各种各样地理位置的市场，所以制盐商可以应用风险的加权装篮法，以降低对冲保值成本。

制造商给予消费者或经销商的与天气有关的保证对制造商的财务有潜在的影响，也可以对这种影响进行对冲保值。如果天气没有导致计划中的产品使用量，那么未使用库存的成本由制造商承担，这样的保证可以改善制造商和消费者/经销商的关系，也有助于管理需求的数量和时间。例如，制盐商可能开出保证，说如果冬季较正常年份暖和，客户可以得到其年用盐金额的一定百分比的回扣。对这一风险进行对冲保值，制盐商可以购买 SCD 保护。只要赔付率和行权价格与保证的条款相匹配，这一促销活动不会使制造商承担更多的风险。

## 户外娱乐业

对于户外娱乐业而言，天气实际上是它提供的各种服务的投入（或原材料）。在给定的季节里，滑雪胜地的经营者依靠天气吸引大批付费滑雪观光客（PSV）。去周末滑雪场的客人和去目的地滑雪胜地的客人其行为方式是不一样的，前者一般是开车去，后者则是乘飞机去；这使风险解决方案也不一样。对周末滑雪场而言，PSV 的数量与滑雪场的天气条件紧密相连，因为大多数滑雪者可以在最后一刻决定是否去进行周末滑雪游。雪的类型——天然的还是人工的——不如滑雪场大小重要。每位 PSV 的商业价值或说消费，包括上山费用和每名滑雪者给滑雪场带来的特许经营收入。周末滑雪场也许可以使用客户化的度量方法，如实际降雪指数（VSI），这个指数是天然降雪量（有一英寸的降雪，VSI 就增加一英寸）、人工造雪量（对最低气温低于华氏 26 度的每一天，造雪设备都可以使 VSI 增加特定的英寸数）、雪融量（对最高气温大于华氏 32 度的每一天，雪场都会有融化，每一度都会使 VSI 降低一定的英寸数）和雪蚀量（每一英寸的降雨都会使 VSI 降低一定的英寸数）的函数。周末滑雪场经营者可以购买 VSI 保险或衍生保护品。目的地滑雪胜地主要是依赖天然降雪吸引滑雪者，它可以通过购买基于累积降雪量的看跌保护品进行对冲保值。[①]

高尔夫球场经营者的主要风险是降雨。许多高尔夫球场的收入来自日常场地租金，公共球场的场地租金收入每日可达 $50000。要保护这笔收入不受降雨影响，高尔夫球场经营者可购买基于降雨天指数（RED）的保险或衍生看涨产品，RED 指数定义为降雨量大得使高尔夫球玩家取消打球安排的下雨天的天数。

---

① 与滑雪度假胜地降雪对冲保值有关的一个主要挑战是是否能得到有关数据。既然大多数滑雪度假胜地没有他们自己的气象站，就一定要用最近的气象站。这样的气象站极有可能是距离相当远的、几乎肯定是居于不同的海拔高度的，这就会产生一定量的基础风险（即参考地与所在地不匹配的风险）。要考虑这个基础风险，就必须精确地确定触发条件和对冲保值执行价格。

主题公园经营者和户外活动促销者（如音乐会、展销会，等等）也面临降雨风险，他们可以购买 RED 保护，将赔付率定在反映门票收入损失和特许经营损失的水平。当热指数（气温和湿度）达到异常高的水平时，户外经营者还受异常酷热和潮湿天气情况的影响。所以户外经营者可能也要对气温达到一定的峰值（或热指数水平）进行对冲保值。

## 运输业

运输业处理的风险是因恶劣天气导致的损失巨大的延误风险，包括大雪或暴雨。例如，虽然航空公司在地理上服务于多个市场，但风险趋向于集中在少数几个中心城市。大航空公司的多数延误始于这些中心（航线交叉处），然后向外扩散；中心城市的坏天气可能转换为覆盖整个地区，或全国，或跨国的延误。希望对天气引发的延误风险进行管理的航空公司，可以将 RED 指数和降雪指数（SED）（特定降雪水平导致航班延误的降雪天的天数）结合起来，构造一个叫作航班取消指数（FCD）的专用指数，赔付率根据延误导致的财务损失确定。一旦 FCD 的特定条件定义下来、风险被量化，那么进行对冲保值的航空公司就可以购买基于 FCD 指数的保险或衍生看涨产品。图 5-5 解释了当受到恶劣天气打击时，航空承运者从 FCD 期权得到的好处。

## 银行和保险公司

除充当天气风险市场的做市商外（像我们在第四章和第九章讲到的那样），商业银行和投资银行也可能是终端客户，要利用天气产品对其所作担保和日常经营所承担的风险进行对冲保值。

举例来说，银行向对天气敏感的项目提供融资，就可能面临天气风险，比如向发电厂融资就可能面临天气风险。如果用来偿还贷款的现金流对天气敏感，那么大部分风险是纯粹的天气风险。因此，银行可能要求项目业主/借款人进行天气风险交易以稳定资金流。一家银行如果涉及一组对天气敏感的贷款，银行可以进行天气风险交易以提高总体贷款质量；这可以通过对每笔贷款进行天气风险交易实现，也可以通过对贷款组合进行天气风险交易实现。

银行也可以提供混合融资产品，比如提供带天气选择权的贷款；这种结构允许息票随适当的天气指数浮动。举例来说，如果一家丙烷公司在资本运用条件下借贷，银行收取的浮动利率就能随取暖指数（HDDs）的下降而成比例地下降。如取暖指数（HDDs）下降（借款人的收入减少），那么利息负担就减少；当取暖指数（HDDs）上涨，借款人收入提高，那么利息负担就增加（因为公司支付利息的能力相应地提高了）。

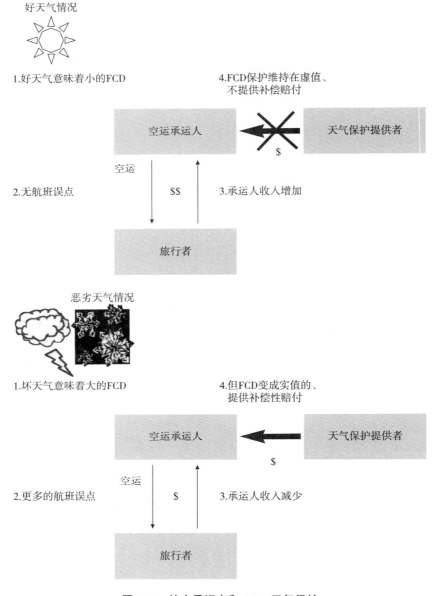

图 5-5　航空承运者和 FCD 天气保护

　　许多主要的保险公司经营天气敏感保险产品，包括汽车、农产品和健康保险等。纯粹的回避天气风险交易可以用来对这些风险中的部分进行再保险。举例来说，汽车保险赔付额与恶劣的天气之间有非常强的相关性；要对赔付额的增加进行风险回避，汽车保险公司可以购买基于 SCDs 指数一类的指数保险产品，以回避风险。农产品保险公司售卖单一天气险和政府补助的复合农产品险（MPCI）；提供旱灾保险的保险公司可以购买降水量保险作为再保险。

# 投资者

## 潜在的动机

各个不同的市场（美国的、欧洲的、亚洲的）由各种不同的产品（股权、债券、货币）产生的投资回报之间的相互关联性日益加强。大量政府和公司债券的发行、国际货币政策上的协调、跨市场跨国界投资、由强大的计算能力导致的大量套利交易的执行、允许大基金迅速地转换资产种类的衍生品的指数化、关键的财经新闻在全球范围内的实时转播，这一切都有助于在全球资本市场建立更紧密的联系。这些联系正引起投资者寻找产生回报的投资策略——在传统金融市场上这些投资回报与投资策略无关。这个新的领域——时常被叫作可选择的投资管理——包含许多新的市场，包括灾难性天气市场和非灾难性天气市场。

第一只灾难性债券（也叫"猫"债券）于 20 世纪 90 年代中期在美国发行，并且已经吸引了寻求不相关回报的投资者的兴趣。毁坏一个区域的灾难性事件不会特别地列入世界经济因素；因此，佛罗里达州的飓风债券和英国股票的组合可能被认为是多元化的。[①] 依照现代组合理论，多元化的资产会在不增加总组合风险的情况下增加总组合的回报。[②] 1999 年通过发行首只具有其回报严格基于非灾难性天气风险的回报特征的债券，向投资者介绍了非灾难性天气。虽然这些债券在募集资金方面只有非常有限的成功，但它们向投资大众介绍了有关这个新领域的特征和优点。自那以后，投资者已经理解了非灾难性工具提供的相当大的好处。举例来说，丰富的历史气象资料（大多数美国气象站至少有 40 年的数据；世界上的许多地方有他们自己的全面的历史记录），再考虑到政府数据收集设备和方法的质量和完整性，这给投资者以安慰——可以适当地为与天气有关的金融工具的回报建立模型。除此之外，潜在的天气风险市场的特色是二手交易的流动性得到增加，允许投资者进行平仓交易。市场的柔性允许建立风险的多元化组合并减少相应的风险（对于那些要

---

① 举例来说，再保险公司，尤其那些专注财产和意外伤亡（P&C）业务的公司，可以借由参与非灾难性天气风险市场对其核心债务组合进行保费多元化。因为非灾难性天气风险与 P&C 公司面对的灾难性风险是不相关的，所以这是可能的。将一组 P&C 风险和一组非灾难性风险组合在一起，可以取得更大的多样化。目前，P&C 再保险在佛罗里达飓风、加州地震、日本地震和欧洲暴风风险中集中了人们的注意力。可以建立一个非灾难性风险多元化组合包含各种不同的天气因素（气温、降水量）、市场方向（空头/多头）、配属点、地理区域和时间期限。

② 这个特征可以使用统计方法度量，如用夏普率（Sharpe Ratio）度量——夏普率能量化单位风险的回报（我们在第十章中将较详细讨论）。

建立多元化猫债券风险组合——举例来说——的人来说，这是一个折磨人的问题）。天气市场也允许建立客户化的风险组合以满足特定客户的需要。最后，投资者能得到非常吸引人的回报。当新的避险者进入市场并建满仓时，超过投资者必须承担的风险之外的回报，可用来建立新仓。当投资者因其理解非灾难性天气风险而感到舒适时，他们或许敢于将其资产更多地转移到这一领域以获得它所提供的高回报。

与天气相关联的回报可以通过多种不同的途径传给投资者。国库券/债券是从选择性市场转移投资回报的最为人熟悉的投资工具（对灾难性风险的确如此，虽然对天气风险并非如此）。老练的投资管理人也可以通过衍生品进行投资，例如通过互换和选择权进行投资。虽然这类投资安排较投资国库券要容易些，也较便宜些，但这类投资涉及承担信贷风险问题。

自 1997 年，非灾难性天气市场成长极快，无论是按成交量讲还是按参与者的人数和多样性讲都是如此。保险公司、银行、能源贸易公司、基金经理、公司企业和政府对这个有活力和扩张着的市场的每日业务量做出了贡献。从不同的产业群吸引更多的终端客户依旧是天气风险管理市场的中心目标。

# 参考文献

［1］ Federal Energy Regulatory Commission, Removing Obstacles to Increased Hydroelectric – Generation in the Western United States, FERC Docket EL01 – 47 – 001, 2001.

［2］ Ohio Agronomy Guide, How Climate Affects Com Production, *OSU Bulletin* 472, Columbus, Ohio.

［3］ Zolkos, R., Weather Cover Sees Potential Buyers Come in from the Cold, *Business Insurance*, 2001.

第三部分

# 风险管理市场、产品和战略

# 第六章  主要市场和指数

Michael Corbally Phuoc Dang

在第四章、第五章中，我们向读者讲解了广泛的知识，关于天气市场参与者的知识、关于公司想要转移或处理的风险的类型的知识、关于天气风险产品如何有利于实现公司经营目标的知识。在本章中，通过讲解如何构造指数、指数要度量什么、如何应用指数解决风险管理问题，我们详细介绍主要的天气市场和与其相关的指数。虽然我们的焦点集中在非灾难性天气风险领域，但我们先简要考察灾难性风险领域；在考虑非灾难性天气问题时这可以作为有用的参考。

## 灾难性天气市场

天气风险产品看起来是相当新的事物，而与灾难性天气事件相关的保险已经存在数十年之久。这种与偶发事件相关的传统天气保险的特点是发生概率低，但潜在的赔付额可能很大。举例来说，1998~2000 年，NCDC 记录了 48 起发生在美国的"十亿美元（与天气有关的）灾难"。① 表 6-1 列出了 1998 年在美国发生的七起主要的灾难性的天气灾害。图 6-1 提供了 1998~2000 年主要灾难类型分布。

表 6-1  灾难性天气大事（1998 年）

| 期间 | 地点 | 灾难类型 | 估计的损坏/损失 |
|---|---|---|---|
| 11~12 月 | 田纳西 | 两次大雨带来的严重洪灾 | $1B |
| 9 月 | 佛罗里达角和海湾沿岸各州 | 乔治飓风 | $6B |
| 8 月 | 北卡罗来纳和弗吉尼亚 | 邦尼飓风 | $1B |
| 夏季 | 田纳西、俄克拉荷马和卡罗莱纳州 | 干旱 | $6~9B |
| 5 月 | 明尼苏达州 | 风暴和雹 | $1B |
| 冬季至春季 | 东南各州 | 龙卷风和洪灾 | $1B |
| 1 月 | 缅因州、新汉普郡、佛蒙特州和纽约 | 冰雹 | $1B |

① Ross, T., Lott, N., A Climatology of Recent Extreme Weather and Climate Events, NOAA/NCDC, 2000.

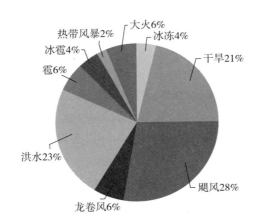

**图 6-1　灾难性天气事件分布（1998~2000 年）**

当恶劣的天气袭击人口众多或高价值的地区时，灾难性事件就可能发生。举例来说，6~9 月，在墨西哥湾和东部美国海岸有飓风形成，但飓风登陆并在人口稠密区造成损害的概率极小。多年以来，对这类低概率、高赔付额的天气事件，一直可以进行财产和意外保险。

# 非灾难性天气市场

虽然灾难性天气事件在指定地区发生的可能性很小，但引发这些事件的许多基本天气现象却是相当常见的。下雨是常有的事，虽然并不总引发洪灾；同样，冬季可能寒冷，但不至于使全部农作物发生霜冻。如第五章所指出的，这些常见天气现象在决定公司经营是否会受到负面影响方面扮演着重要角色。在这节，我们讨论各种非灾难性天气市场——包括气温、湿度、降水量、水流量、风和风暴路径，还讨论度量它们的标准化的和根据用户需要客户化的指数。

## 气温

第一章提到的 WRMA/PwC 调查显示，在 1997 年 10 月至 2001 年 4 月之间的天气衍生品交易中，98% 的交易是与气温有关的交易；其中，62% 是取暖指数合约，34% 是制冷指数合约，另有 4% 是基于其他触发机制的气温合约。[①]

---

① WRMA/PwC 调查。

## 取暖量和制冷量

温值（Degree Day）是基于气温的度量值，它计算每日平均气温（ADT）与事先确定的基础气温（基线）的偏差。两个最常用的温值是取暖量（HDD）和制冷量（CDD）。取暖指数（HDD 指数——简称 HDD 或 HDDs）和制冷指数（CDD 指数——简称 CDD 或 CDDs）的提出是一个进展，用它们可以估算冬季居住空间取暖所需能源量和夏季居住空间制冷所需能源量。能源公司对取暖指数（HDDs）和制冷指数（CDDs）的概念、计算和测量都很熟练；事实上，许多公司公开披露他们的 HDD/CDD 测量法。[①]

像指出的那样，HDDs 和 CDDs 是用事先确定的基线来度量 ADT 的偏差；在美国，一般承认的基线是华氏 65 度——当气温低于这个水平时消费者有望打开取暖器，而当气温高于这个水平时他们有望打开冷气机。因为 HDDs 和 CDDs 是被设计来度量取暖和制冷需要的，所以只有当 ADT 低于华氏 65 度（计算 HDDs）和高于华氏 65 度（计算 CDDs）时，才算入 HDDs 和 CDDs。因此，对任何一个给定的日子，用公式（6-1）和公式（6-2）计算 HDDs 和 CDDs：

$$每日\ HDDs = \max(0,(65-(Tmax+Tmin)/2)) \tag{6-1}$$

$$每日\ CDDs = \max(0,((Tmax+Tmin)/2)-65) \tag{6-2}$$

Tmax 是一天中记录的最高气温，Tmin 是一天中记录的最低气温。虽然 ADTs 有代表性的计算方法是取每日最高和最低气温读数的平均值 [如取（Tman+Tmin/2)]，但这不是说不能用其他方法。举例来说，ADTs 也可能取一天中 24 个间隔一小时的气温读数的平均值；其他气象服务机构计算 ADTs 是基于每小时最高和最低气温数。

虽然标准的 HDD 和 CDD 基线是华氏 65 度，但一些公司用其他基线也不是稀奇的事。举例来说，在芝加哥的人对华氏 60 度气温的感觉就不同于在休斯敦的人的感觉。因此，分析研究能源公司煤气或电力的销售量如何随气温变化，两地的分析研究就可能不同（例如，在休斯敦如果气温降低到华氏 65 度以下时，能源供给者就可能观测到煤气需求的显著增加，而在芝加哥气温降到华氏 55 度以下时，才能观测

---

① 例如，尼科尔（Nicor）公司在其 2000 10-K 中，将温值（Degree Day）定义为"日平均气温低于华氏 65 度的程度"。在尼科尔（Nicor）煤气公司服务区域，正常的天气是大约 6100 温值（Degree Day）。（Nicor Inc 10-K，filed 3/12/2000）统一爱迪生公司（Consolidated Edison）在其 2000 10-K 中指出："纽约煤气销售收入受制于天气的正常化程度，要求对源于实际温值较用来规划取暖季节销售量的温值多 4% 的变化带来的公司净收入的减少量的一部分，由公司客户进行补偿；对源自实际温差值较用来规划取暖季节销售量的温值少 4% 的变化带来的公司净收入的增加量的一部分，返还给公司客户。"（Consolidated Edison Co. of New York Inc.，10-k，filled 4/2/2001）戴那基公司（Dynegy）在其 2000 10-K 中用多少千 HDDs 指称其天气衍生品合约"绝对成交合约量与商品的风险管理有关……合约成交情况如下：2000 天气衍生品 427.423（千取暖温值）"（Dynegy Holdings Inc 10-K，filed 3/152001）。能源业应用 HDDs 和 CDDs 的例子很多。

到相同的增加）。所以，我们可以重写公式（6-1）和公式（6-2）：

每日 HDDs＝max（0，（K-（Tmax+Tmin）/2））　　　　　　　　（6-3）

每日 CDDs＝max（0，（（Tmax+Tmin）/2-K））　　　　　　　　（6-4）

这里 Tmax 和 Tmin 意义如上，而 K 是基线气温，基于它计算 HDDs 或 CDDs。

在加拿大、欧洲和亚洲，气温通常用摄氏温度度量，计算每日 HDDs 或 CDDs 的基线气温是摄氏 18 度（华氏 65 度等于摄氏 18 度）。公式（6-3）和公式（6-4）也可以用摄氏气温来计算 HDDs 或 CDDs。摄氏气温用户可以选择华氏基线也可以选择摄氏基线。例如，英国气象办公室就提供基于摄氏 15.5 度基线的温值数据。给定了计算每天温值的方法，确定较长时期的累积数（如每周、每月、每季或年度的累积数）就基于简单的求和：

$$\sum_{i}^{n}\left[\max(0,(K-(Tmax+Tmin)/2))\right]$$　　　　　　（6-5）

$$\sum_{i}^{n}\left[\max(0,((Tmax+Tmin)/2)-K)\right]$$　　　　　　（6-6）

这里 i 指要计算温差值的第一天，n 是最后一天。

下面的例子解释如何为减轻风险构造温值指数。[①] 经过对以前的供应和气温的分析，能源公司决定如果 11 月到次年 3 月取暖季节的 HDD 累积值与过去 10 年的平均值相当，公司将销售给定 MMBtu 量（百万英国热单位）的煤气；因此，公司将它的预算也设定在这一水平。公司的分析研究还表明，低于 10 年平均数的每一 HDD 值，将会使需求减少一定的 MMBtu 量，导致相对于预算的边际损失是 $55000。在这个例子中，公司可以购买 HDD 指数衍生品或保险以避险，将赔付价格定在每低于执行价格或合约价格一个 HDD 赔付 $5500。

## 能源温值

有些终端客户更愿意用能源温值概念（EDDs）。EDDs 只不过是 HDDs 和 CDDs 的累计总数，可以用如下公式计算：

$$\sum_{i}^{n}\left[\max(0,(K-(Tmax+Tmin)/2))+\max(0,((Tmax+Tmin)/2)-K)\right]$$

（6-7）

采用 EDDs 的好处是，它能给那些对使自己每年不受不利夏季和冬季天气影响感兴趣的公司，提供一种"全年"指数。例如，温暖的冬季（用于取暖的煤气销售量减少）和凉爽的夏天（用于制冷的电力销售量减少）对煤气和电力供应商每年都可能有负面影响，为对这种风险进行保护，煤气和电力供应商可以购买基于 EDD 指

---

① 更详细的关于如何构造气温工具和如何使用它们建立最佳天气风险管理策略的内容，在第八章和附录一中。

数的保险。这使公司在一个或两个季节里免受对销售额有害的天气的影响。

HDDs、CDDs 和 EDDs 是天气风险市场核心气温指数。表 6-2、表 6-3 和表 6-4 的例子解释如何将两个一周期间的累积 HDDs、CDDs 和 EDDs 制成表。

表 6-2　2001 年 5 月 5~11 日芝加哥 O'Hare 国际机场 HDDs 的计算

| 日期 | 日最高气温（℉） | 日最低气温（℉） | 平均日气温（℉） | 日 HDD | 累积 HDD |
|---|---|---|---|---|---|
| 5 月 5 日 | 66.0 | 50.0 | 58.0 | 7.0 | 7.0 |
| 5 月 6 日 | 75.0 | 54.0 | 64.5 | 0.5 | 7.5 |
| 5 月 7 日 | 67.0 | 53.0 | 60.0 | 5.0 | 12.5 |
| 5 月 8 日 | 76.0 | 48.0 | 62.0 | 3.0 | 15.5 |
| 5 月 9 日 | 80.0 | 53.0 | 66.5 | 0.0 | 15.5 |
| 5 月 10 日 | 81.0 | 58.0 | 69.5 | 0.0 | 15.5 |
| 5 月 11 日 | 64.0 | 44.0 | 54.0 | 11.0 | 26.5 |

表 6-3　2001 年 7 月 29 日至 8 月 4 日伦敦希斯罗机场 CDDs 的计算

| 日期 | 日最高气温（℃） | 日最低气温（℃） | 平均日气温（℃） | 日 CDD | 累积 CDD |
|---|---|---|---|---|---|
| 7 月 29 日 | 24.9 | 13.4 | 19.1 | 1.1 | 1.1 |
| 7 月 30 日 | 24.8 | 13.7 | 19.2 | 1.2 | 2.3 |
| 7 月 31 日 | 25.3 | 16.1 | 20.7 | 2.7 | 5.0 |
| 8 月 1 日 | 24.5 | 14.8 | 19.7 | 1.7 | 6.7 |
| 8 月 2 日 | 23.5 | 13.0 | 18.3 | 0.3 | 7.0 |
| 8 月 3 日 | 19.7 | 15.0 | 17.4 | 0.0 | 7.0 |
| 8 月 4 日 | 22.4 | 14.6 | 18.5 | 0.5 | 7.5 |

表 6-4　2001 年 5 月 5~11 日芝加哥 O'Hare 国际机场 EDDs 的计算

| 日期 | 日最高气温（℉） | 日最低气温（℉） | 平均日气温（℉） | 日 EDD | 累积 EDD |
|---|---|---|---|---|---|
| 5 月 5 日 | 66.0 | 50.0 | 58.0 | 7.0 | 7.0 |
| 5 月 6 日 | 75.0 | 54.0 | 64.5 | 0.5 | 7.5 |
| 5 月 7 日 | 67.0 | 53.0 | 60.0 | 5.0 | 12.5 |
| 5 月 8 日 | 76.0 | 48.0 | 62.0 | 3.0 | 15.5 |
| 5 月 9 日 | 80.0 | 53.0 | 66.5 | 1.5 | 17.0 |
| 5 月 10 日 | 81.0 | 58.0 | 69.5 | 4.5 | 21.5 |
| 5 月 11 日 | 64.0 | 44.0 | 54.0 | 11.0 | 32.5 |

## 生长温值

在 HDDs、CDDs 和 EDDs 普遍用于能源部门的同时，一种类似的基于生长温值（GDDs）的指数用于农业部门。植物（农作物或妨碍农作物生长的其他杂草）和昆虫需要一定的热量才能从一个生长阶段发育到下一个生长阶段（例如，从种子到水果、从卵到成虫）。一粒种子或一粒卵发芽或孵化之前，气温一定要达到一定的水平；继续地从一天到另一天的生长量是气温的函数。举例来说，华氏 1 度气温水平下的发育期就比华氏 3 度气温水平下的发育期长，当然气温必须在生长临界值之上。

虽然 HDD 和 CDD 基线是可以改变的，GDD 基线却是明确地定义的，因为不同的植物和昆虫有特定的生长临界气温和继续生长必须达到的气温水平。为特别的农作物、杂草或昆虫确定发育阶段的一个好的代理指标可能是累积 GDDs；懂了这一点，就可能确定减慢农作物发育的可能性或确定控制昆虫和杂草的适当时间。

计算 GDDs 的基本公式类似于计算 CDDs 的公式（6-4）：

$$每日\ GDDs = max(0, ((Tmax+Tmin)/2-K)) \tag{6-8}$$

K 现在是计算 GDDs 的基线气温（即生物生长必须达到的临界气温）。虽然公式（6-8）暗示应用每日平均气温，但基于每日最低或最高气温指数构建产品也是可能的。后者是重要的，因为有例子表明最高气温引起发育停止。有上临界值的 GDDs 时常被称为修正生长量（MGDDs），可以经由下式计算：

$$每日\ MGDDs = min(K_2-K_1), max(0, ((Tmax+Tmin)/2)-K_1) \tag{6-9}$$

这里 $K_1$ 是生物生长必须达到的下临界值气温，而 $K_2$ 上临界值气温——在此气温之上生物停止长。表 6-5 和表 6-6 是报道的不同农作物和昆虫的下临界气温（$K_1$）。

作为例子，让我们考虑玉米 MGDDs 的计算，玉米的基线气温是华氏 50 度（即当 ADT 超过华氏 50 度时，它开始发育），上临界值气温是华氏 86 度（即当 ADT 超过华氏 86 度时，它停止更进一步地生长）。表 6-7 解释了给定每日的气温水平如何计算 MGDDs 累积量。

表 6-5　报道的农作物 GDD 基线气温

| 基线气温 | 农作物 |
| --- | --- |
| 40℉ | 小麦、大麦、黑麦、燕麦、亚麻、莴苣、芦笋 |
| 45℉ | 向日葵、土豆 |
| 50℉ | 甜玉米、玉米、高粱、水稻、西红柿 |

资料来源：Midwest Regional Climate Center/NCDC, Illinois State Water Survey, Reported Baseline Temperatures for GDD Computation for Crops and Insects.

**表 6-6　报道的昆虫 GDD 基线气温**

| 基线气温 | 昆虫 |
|---|---|
| 44℉ | 玉米根虫 |
| 48℉ | 苜蓿象甲 |
| 50℉ | 布来克切根虫、玉米蚁 |
| 52℉ | 苜蓿叶虫 |

资料来源：Midwest Regional Climate Center/NCDC，Illinois State Water Survey，Reported Baseline Temperatures for GDD Computation for Crops and Insects.

**表 6-7　累积 MGDDs**

| 日期 | 日最高气温（℉） | 日最低气温（℉） | 平均日气温（℉） | 日 MGDD | 累积 MGDD |
|---|---|---|---|---|---|
| 1 | 70.0 | 40.0 | 55.0 | 5.0 | 5.0 |
| 2 | 85.0 | 62.0 | 73.5 | 23.5 | 28.5 |
| 3 | 90.0 | 68.0 | 79.0 | 29.0 | 57.5 |
| 4 | 95.0 | 80.0 | 87.5 | 36.0 | 93.5 |
| 5 | 70.0 | 50.0 | 60.0 | 10.0 | 103.5 |
| 6 | 60.0 | 39.0 | 49.5 | 0.0 | 103.5 |
| 7 | 72.0 | 51.0 | 61.5 | 11.5 | 115.0 |

　　植物或昆虫为达成生命周期中一个特别的点必须累积的 GDDs 的总量，在每个生物中都是特有的。这些知识在了解什么时候农作物可能发生毁坏、什么时候需要施用杀虫剂方面很重要。[①] 如第五章所指出的那样，这方面的信息对那些杀虫剂制造商是至关重要的，他们的收入因在农作物对虫害非常敏感时期累积的 GDD 不足而受到影响。

　　到达农作物发育的特定阶段所需要累积的 GDD 是确定种植时间和霜冻时间的关键。相同农作物的不同杂交品种能在不同的 GDD 累积值范围内成熟；举例来说，高粱和玉米华氏 50 度基线（基线–50）的 GDD 成熟值域分别是 2200～2500 和 2600～3300。给定了种植日期和"正常的"天气情况，就可能确定可能的收获日期。在这些情况下，种植日期越晚，就成熟得越晚，遭遇霜冻的风险就越大。表 6-8 列出不

---

　　① 例如，根据朴培（Pope）的说法，黑夜蛾毛虫的基线要求是华氏 50 度，"当（我们）达到 300 个基线–50GDDs 时，新近孵化出的 larvae 就已经长得足够大，可以开始切割玉米植物，引起潜在的经济损失。"相似地，朴培（Pope）指出茎秆钻心虫"当累积基线–41GDDs 达到 575～750 时开始孵化虫卵"，但农作物很少被根除 larvae，因为它们"直接迁居非农作物植物。（然而），当 GDDs 累积达到 1400～1700 基线–41 GDDs 时，larvae 就会离开最初的寄住植物，进入玉米地，偶尔也进入大豆田。"（"Pope，R.，" Degree Days and Crop Management，Integrated Crop Management，Iowa State University，Volume 4.6/1998）R. 艾斯克斯（R. Issacs）指出："为控制飞蛾类虫害，喷洒农药的最佳时间是虫卵孵化……在生物定位（Biofix）后 GDDs 达到一定数量时（生物定位是特定的生物学事件发生的时间，GDDs 的累计也是从这个时间开始）；针对虫害的喷杀可以施用，且能确保喷杀在昆虫成长的适当阶段进行。"（R.，Insect Growth and How Growing Degree Days Help Predict Optimal Spray Timing，*Fruit Crop IPM Newsletter*，Michigan State University，2000.）

同日期种植的温季农作物样品的成熟日期，而表6-9说明与不同种植日期相关的霜冻风险。

举例来说，如果基线-50、成熟值2400，GDD的高粱杂交品种在5月30日种植，那么成熟日期可望在9月11日，遭受霜冻的风险的机会只有8%。如果种植日期被延迟到6月9日，那么遭受霜冻风险的概率就增加到18%。所以理解农作物所需GDD累积值，在确定可接受的遭受霜冻的风险水平方面是很重要的；当农作物已经种植后GDD低于"正常"值时，可以用相同的概念来确定风险的可能增加值。考虑如下的例子：经过对先前供应量和气温的分析研究，化工厂的管理者确定如果从2~5月的累积GDDs（基线-44）没有达到预定值，对其主要杀虫剂之一的需求将会非常低（因为害虫不能足够早地到达其可引发农作物灾害的生命阶段）；这将使公司的收入减少$500000。在这个例子中，公司可以购买保险或衍生GDD指数保护，赔付额定在每GDD $500000——如果累积GDD在2~5月期间未达事先确定的水平。

**表6-8　在不同日期种植的暖季农作物的预计成熟日期**

| 到达成熟所需GDD | 种植日期5月30日 | 种植日期6月4日 | 种植日期6月9日 |
|---|---|---|---|
| 2200 | 9月1日 | 9月4日 | 9月9日 |
| 2400 | 9月11日 | 9月17日 | 9月24日 |
| 2600 | 9月27日 | 10月5日 | 10月14日 |

资料来源：Excerpted from *Neb Guide*, published by the Institute of Agriculture and Natural Resources, University of Nebraska-Lincoln.

**表6-9　不同日期种植的暖季农作物遭受霜冻风险的概率** 单位:%

| 到达成熟所需GDD | 种植日期5月30日 | 种植日期6月4日 | 种植日期6月9日 |
|---|---|---|---|
| 2200 | 5 | 5 | 6 |
| 2400 | 8 | 13 | 18 |
| 2600 | 26 | 36 | 48 |

资料来源：Excerpted from *Neb Guide*, published by the Institute of Agriculture and Natural Resources, University of Nebraska-Lincoln.

## 其他基于气温的指数

到目前为止，我们讨论的都是累积气温指数。这些指数在建立气温差值和它们可能对生产/销售量和最重要的收入的影响的关系方面有重要的意义。但也有例子表明特定的或临界的天气事件——它们可以用诸如Tmax或Tmin的指数度量——可能引起财务损失。例如，特定的天气事件对农作物的收成有决定性的影响。作为一个例子，萧和纽曼（Shaw and Newman）指出：在玉米灌浆和成熟的最后阶段，"玉米受到任何重压，每天都可以使最终产量减少 3%～4%……在灌浆期，对收成的最大的单一威胁是出现霜冻气温或结冰气温。"[①]他们进一步指出，"如果在最后成熟前一个月（或 30～35 天）玉米受到结冰气温的摧残，潜在的收成将减少 35%～50%，而且玉米粒也许不适合市场销售。"[②]一个农民，他的玉米离其 8 月 4 日的正常成熟期还有一个月，在此之前如果出现了结冰气温，可以预料他的玉米收成将大幅减产。因为农民知道在正常情况下他的玉米收成的数量和价值（特别是在预售的情况下），所以他可以量化一场霜冻的财务风险，进一步，他可以使用临界气温指数对其进行保护。在这个例子中，天气保护合约中的临界气温指数（比如是 Tmin）用来反映 8 月 4 日前气温低于或等于华氏 32 度的霜冻的出现。在普罗艾伯斯廷（Proebsting）关于气温对葡萄产量的影响的分析中，可以找到另一个特定最低气温如何影响农业综合企业的例子——总结于表 6-10；该表突出了对预期可以损害早期葡萄蓓蕾的气温水平的初步研究。建立 Tmin 指数保护可以帮助防止因葡萄受到损害而发生财务损失。

表 6-10　Concord 葡萄的临界气温

| 生长阶段 | 定义 | 临界温度 $T_{10}$ * | 临界温度 $T_{90}$ * |
|---|---|---|---|
| 休眠 | 无芽苞、无动静 | 不定 | 零度以下 |
| 一期芽苞 | 芽苞变大、分裂显紫色、绒芽叶片 | 13 | -3 |
| 满期芽苞 | 芽苞进一步变大、新叶粉红、生长点依旧闭合 | 21 | 10 |
| 芽苞爆裂 | 新叶在顶部分裂、露出生长点 | 25 | 16 |
| 第一叶 | 第一片叶长出芽苞、与茎秆成直角 | 27 | 21 |
| 第二叶 | 第二片叶与茎秆成直角 | 28 | 22 |
| 第三叶 | — | 28 | 26 |
| 第四叶 | — | 28 | 27 |
| 第五叶 | — | 28 | 27 |

注：* 表示杀死 10%（$T_{10}$）和 90%（$T_{90}$）的临界温度。

资料来源：Proebsting, E. L. et al, Critical Temperatures for Concord Grapes, Washington State University, College of Agriculture and Home Economics, 1991.

正如第五章所指出的那样，临界气温指数对许多其他行业的公司也有影响，包括建筑业、主题公园，等等。在有些例子中，一定要出现事先规定的临界气温事件，公司才会出现损失。例如，一家电力公司，有一燃烧天然气的峰值期发电系统，当当天预报的最高气温超过华氏 95 度且之前三天中最少有两天的气温超过华氏 95 度

---

[①②]　Shaw, R., J. Newman, Weather Stress in Corn Crop, *National Corn Handbook NH*18, West Lafayette, Indiana, 1991.

时，公司必须启用；启用成本是 5 万美元；公司可以购买一份复合 Tmax 保险或衍生品合约，赔付额是 5 万美元，赔付条件是三个气温域值达到华氏 95 度时。

类似地，如果气温降到结冰点以下的时间不超过 3 天，建筑公司也许根本就不会耽误工程的完工期（因为公司可以选择做其他工序），但如果气温在结冰点以下的时间超过 3 天，公司就可能要面临因耽误工期而带来的损失；相应地，建筑公司可以签订一份临界 Tmin 保险或衍生品合约，赔付条件是最少连续 3 天出现结冰气温。结冰气温还对浇注混凝土有破坏性影响。例如，如果连续 3 天 ADT 低于华氏 40 度，已浇注的混凝土就可能达不到要求的最低强度（每平方英寸 500 磅），在混凝土变硬时，就容易出现结冰水缝。可以设计一份天气合约，对因气温不适宜浇注混凝土而导致的误期损失进行保护，赔付率基于一个反映连续 3 个建筑日的气温在结冰气温附近的指数。

## 湿度

湿度也是一个重要的天气风险因素，因为当湿度增加时，人的不适度也增加，人们会改变其行为——包括多用空调、多用电、买更多的冷饮料、取消计划中的户外娱乐活动或缩短活动时间，等等。气温—湿度指数（THI）或加热指数（HI）（有时也叫不适度指数或痛苦指数）是度量湿度影响的一种方法。HI 指数是设计来提供一个"外观"气温，或提供一个指示，表示空气"感觉"上究竟有多热；表 6-11 解释了气温和湿度如何结合起来产生各种 HI 水平。例如，华氏 95 度的气温和 80% 的相对湿度产生 131 度的 HI——气温感觉上是华氏 131 度而不是华氏 95 度。

表 6-11　不适度指数图（气温—相对湿度指数）

| 相对湿度 | 气温（℉） | | | | | | | | | | | | | | | |
|---|---|---|---|---|---|---|---|---|---|---|---|---|---|---|---|---|
| （%） | 90 | 91 | 92 | 93 | 94 | 95 | 96 | 97 | 98 | 99 | 100 | 101 | 102 | 103 | 104 | 105 |
| 90 | 119 | 123 | 128 | 132 | 137 | 141 | 146 | 152 | 157 | 163 | 168 | 174 | 180 | 186 | 193 | 199 |
| 85 | 115 | 119 | 123 | 127 | 132 | 136 | 141 | 145 | 150 | 155 | 161 | 166 | 172 | 178 | 184 | 190 |
| 80 | 112 | 115 | 119 | 123 | 127 | 131 | 135 | 140 | 144 | 149 | 154 | 159 | 164 | 169 | 175 | 180 |
| 75 | 109 | 112 | 115 | 119 | 122 | 126 | 130 | 134 | 138 | 143 | 147 | 152 | 156 | 161 | 166 | 171 |
| 70 | 106 | 109 | 112 | 115 | 118 | 122 | 125 | 129 | 133 | 137 | 141 | 145 | 149 | 154 | 158 | 163 |
| 65 | 103 | 106 | 108 | 111 | 114 | 117 | 121 | 124 | 127 | 131 | 135 | 139 | 143 | 147 | 151 | 155 |
| 60 | 100 | 103 | 105 | 108 | 111 | 114 | 116 | 120 | 123 | 126 | 129 | 133 | 136 | 140 | 144 | 148 |
| 55 | 98 | 100 | 103 | 105 | 107 | 110 | 113 | 115 | 118 | 121 | 124 | 127 | 131 | 134 | 137 | 141 |
| 50 | 96 | 98 | 100 | 102 | 104 | 107 | 109 | 112 | 114 | 117 | 119 | 122 | 125 | 128 | 131 | 135 |
| 45 | 94 | 96 | 98 | 100 | 102 | 104 | 106 | 108 | 110 | 113 | 115 | 118 | 120 | 123 | 126 | 129 |
| 40 | 92 | 94 | 96 | 97 | 99 | 101 | 103 | 105 | 107 | 109 | 111 | 113 | 116 | 118 | 121 | 123 |

| 相对湿度 | | 气温（℉） | | | | | | | | | | | | | | |
|---|---|---|---|---|---|---|---|---|---|---|---|---|---|---|---|---|
| 35 | 91 | 92 | 94 | 95 | 97 | 98 | 100 | 102 | 104 | 106 | 107 | 109 | 112 | 114 | 116 | 118 |
| 30 | 89 | 90 | 92 | 93 | 95 | 96 | 98 | 99 | 101 | 102 | 104 | 106 | 108 | 110 | 112 | 114 |

注：完全暴露在太阳下，HI 可能上升 15%。

资料来源：国家海洋与大气管理局，国家气候数据中心，Asheville，北卡罗来纳。

像 HI 这样的指数对电力、饮料、娱乐等行业中的公司而言特别重要。例如，主题公园的经营商可能知道无论什么时候，只要 HI 超过华氏 130 度、只要发布了中暑和太阳伤害公众警告，入园人数就会减少（收入损失就会达到 10 万美元）。主题公园的经营商可以使用 HI 指数取得高达 10 万美元的风险保护——只要指数超过了华氏 130 度（这可以是气温和相对湿度的组合产生超过华氏 130 度 HI 值的任意组合，如表 6-11 的阴影部分）。

## 降水

虽然基于降雨和降雪的降水合约不如气温合约那样普及，但有明显的迹象表明降水市场正吸引越来越多的注意力；例如，WRMA/PwC 显示，2000 年夏季，天气合约成交量的 1.5% 是基于降雨，而 2000 年冬季，基于降雨和降雪的合约分别占所有天气合约的 6.6% 和 0.5%。[①] 像下面将要指出的那样，大多数活动集中在非能源产业。

虽然降水的实际测量因降水可能是液体形式（雨水）也可能是固体形式（雪和冰雹）的事实而复杂化，但标准的测量单位还是很好地建立起来了。在美国使用的法定标准以英寸及十分之一英寸为基础；在加拿大、欧洲、亚洲使用的公制标准以厘米及毫米为基础。

当天下固态雪时，地面积雪的实际厚度偶尔也用作参考，但大多数报价采用的指数是降雪量单位或等价的降水量。后者涉及将积雪融化以确定气温在结冰气温之上时等价的降雨量；在风险管理计划中应用降雨量指数时，通常测量的是降水量——等量的降水水平（降雨量或等量的降雪）。早期，能源公司在气温市场一直非常活跃，而对降水市场极不热心，因为降雨和降雪对能源经营商的影响相对较小。[②] 比较而言，像农业、娱乐业等产业是降水量合约的更自然的使用者。例如，适量的降水对农作物的生长是至关重要的，因为农作物收成可能受到降雨量不足

---

① WRMA/PwC 调查。

② 虽然能源公司应用降水量合约不是普遍的事，但一家德国市政公用事业公司在 2001 年还是为过量降雨购买了保护。因为公用事业公司的收入来源是向农民提供电力，而农民用电是为了灌溉田地，所以公司关注过量降雨将导致农民用电需求的减少。因为公司对将向农民销售多少电力已有预算，所以对于因降水量达到了事先确定的水平而导致的收入减少的风险，公司应用降水量合约进行管理。

（干旱）或降雨量过多（洪水）的影响。娱乐业也可能受到降雨量的影响，使用适当构建的降雨量/降雪量指数有助于对收入进行保护。例如，过量的降雨可能减少主题公园、动物园、音乐会的门票收入。从事冬季旅游业的公司——包括滑雪胜地和冬季目的地度假公司——为了创造"理想"的冬季度假环境，希望有充足的降雪量。通过应用降雪量指数——在降雪不足时降雪量指数可以提供保护，这些公司可以对其获利水平进行保护。相似地，积雪清扫公司和积雪清扫设备制造商通过应用降雪量指数，也可以从保护计划中获利。相反，那些经营受到过早或过量降雪的负面影响的公司可以用相反的方式应用降雪量指数。例如，如果大量的降雪关闭了机场或引起到达和出发时间延误，空港当局和航空公司可能要承受痛苦的损失。另外，如果降雪量大于预期，市政当局不得不洽谈额外的积雪清扫合同，市政当局就可能要增加支出。

## 水流量

水流量是指在渠道或地表河流自然或受控的水的流出，它是一个越来越突出的天气风险指数，特别在有大量水力发电的国家。例如，在美国，13%的装机容量来自水电资源（在一些地区，如美国西部，这一比例高达40%）。[①] 水流量是用来确定一条河流的发电能力或为将来的发电向水库供水的能力的有效的、关键的指数。

高度依赖水力发电的能源公司在了解和监测向其发电设施供水的河流的水文情况方面有丰富的经验，这些公司知道在降雪盆地（融化的积雪场形成河流）一定会有的降雪量，知道什么时候一定会降雪，知道什么时候气温一定会温暖得足以开始融化过程，等等。了解了所在区域的水文动力情况，能源公司就可以确定在特定时间所需的最佳水流量水平。

在美国，美国地质勘测机构的水资源部门（the Water Resources Division of the US Geological Survey）负责全美数以百计地点的地表水的数量、质量和使用数据的收集、整理和发布工作。这些数据是构造能源公司用来对付其所受水流量波动影响的水流量指数的基础。虽然获得和处理水流量数据可能是一个非常复杂的过程，但指数的构成对计算机而言却是相当简单的事，特别是将特定地区的每秒立方英尺（ft3/sec）的测量数据转换为每期百万英亩英尺（MAF/period）。[②]

## 风力

虽然至今为止针对风力的风险管理活动还非常有限（根据 WRMA/PwC 调查，

---

① Energy Information Administration，The Changing Structure of the Electric Power Industry 2000：An Update，EIA，Washington D. C.，2000：11.

② 100 万加仑的水等于 3.07 英亩区域平均 1 英寸深的水。

只在 2001 年早期成交了八单交易①），但有理由相信寻找替代能源的努力（及人类对"绿色能源"的兴趣的增加）在短期到中期内将引出大量的活动。投资于风力电厂的投资公司面临风险——他们的设施达不到设计发电量；风力的短缺明显是引致发电量减少和收入低于预期的关键原因之一。显然，人们做了大量的努力以确保风力电厂坐落地有起码水平的风力。然而，预算极有可能是依据预期的平均风速。如果这些预期值达不到，电厂就可能发现预算不符实际或者说电厂会受到收入减少的影响。

产生与事先确定的风力条件下应有财务表现等量的财务后果的风力指数，可以提供一个机制以预防财务表现的恶化。风速指数可以通过基于每日用风速仪计量得到的平均风速构建；速度可以用每小时英里或每小时千米度量，每天的平均风速可以基于不同的时间间隔计算。与风力指数有关的挑战多数与基础数据有关。当一家风力电厂建在一个"绿色旷野"时，能得到的可靠的风速数据极为有限。像我们在第十一章中将要讲到的那样，缺乏可靠的数据使有关定价和风险管理活动变得复杂起来。相应地，任何与风力有关的合约很有可能要求合约的一方承担一定数量的目标地点和有充足历史数据的附近地点之间的基础差异风险。

## 风暴活动/区域

像我们在本章的开始所指出的那样，人们一直可以对飓风、热带气旋、洪水和其他灾难性事件进行传统的天气保险。然而，这样的保单通常仅针对财产和人身伤害。同样清楚的是：当灾难性天气来临时被迫关门的经营者可能面临经营损失。例如，当热带气旋或飓风来临时，海洋钻探作业者和海洋地震绘图作业者可能就被迫撤离或停止作业。因为所涉及的部分费用（比如额外的交通费用/再定位费用、耽搁的生产天数，等等）可以预先估算，所以可以构建一个指数，对作业地点附近事先确定的一个区域中的任何恶劣天气事件进行财务赔付。

至于说到任何其他天气指数，可以考虑建立飓风轨迹指数，其复杂程度要求与公司面临的实际天气风险相匹配。虽然市场专业人士考虑过将海浪的高度作为可能的风险指数，但受制于缺乏可靠的数据，因为收集数据的浮标可能移位了或失踪了。因此，最有实际应用价值的指数是基于飓风在工程特定距离范围内通过的轨迹构建的指数。处于海洋飓风中心的工作人员和财产无疑是危险的，但海洋经营者对数百英里范围内的飓风也是极为重视的，因为，经营者必须知道找到其贵重、大体积的设施并将其运离危险区域所需的时间。在这些准备工作进行时，作业还在继续——虽然进度极其缓慢。由于飓风路过导致的经营效率的降低是将这种风险视为非灾难性风险的主要原因。要回避飓风轨迹的风险，可以用基于"目标"指数进行赔付的

---

① WRMA/PwC 调查。

金融产品；这里，以工程所在地的经纬度作为中心，围绕中心按预先确定的间隔画若干同心圆，当飓风经过同心圆时，避险金融产品就逐日产生赔付，从里面的同心圆到最外的同心圆，赔付的财务金额递减。只要"目标"避险工具的构造反映了营运经理所采取的行为，逐日赔付额就与经营中断损失密切相关。

## 联合指数和用户化指数

要使非灾难性天气风险市场持续扩张，终端客户市场的进一步增长是基础——也就是与那些其日常经营业务面临特定天气风险的公司直接进行的交易的增加。要做到这一点，一个办法是构造反映实际经营风险的指数或基于这些指数的金融产品。这就要求开发联合指数和用户化指数。

在本章的前半部分，我们描述过标准交易合约中通常应用的指数，还有简单的应用例子（参看第五章和第八章；需要更多的例子和信息，可以参看附录一）。但显然的事实是许多公司有就其自己的经营而言是非常特殊的风险。这几乎确定地表示为，标准指数必须在某种程度上进行用户化。在第五章中，我们提供了大量的为精确地满足在不同行业经营的公司的需要而"度身定做"的指数的实例。比如，户外活动促销者和高尔夫球场经营者可能受降雨量（REDs）的影响、市政当局和盐业制造商可能受降雪量（SEDs）的影响和扫雪量（SCDs）的影响、建筑公司和零售商可能受不利建筑天气（ACDs）的影响，等等。这些指数应用了上面描述过的、基础的气温、降雨量和降雪量指数，并将它们用户化以满足个别公司的非常特殊的需要。

保险和衍生品合约容许大幅度地修改。对许多经营者而言，风险可能不是天气事件"A"发生，而是天气事件"A"发生或"B"发生，或天气事件"A"和事件"B"同时发生。因为基于联合指数的金融产品引出有趣的定价和风险管理挑战，提供这些产品的供给者的能力就可以创造可观的客户和市场利益。除了能更有效地反映客户的要求外，这些产品往往较单个的指数产品便宜，因为赔付的发生必得两件事件发生。在农业领域，很容易想到用联合指数对降雨和结冰气温的影响进行保护。单是降雨或单是出现结冰气温可能不会导致真正的农作物损害，而降雨伴随结冰气温的出现就可能足以产生广泛的损害。很容易构建一个更经济的联合指数，使农民在降雨量超过一定的英寸数、气温降到华氏 32 度时得到赔付；实际上同类复合指数可以应用于汽车保险业，因为降雨和降温导致道路结冰时，保险公司面临更多的汽车交通事故的索赔。

联合指数并不局限于仅参考天气因素，也可以安排一个天气因素和一个非天气因素的联合指数的交易，这方面的最早的例子之一出现在能源行业，在那里，气温和能源的价格经常联合提供特定的风险保护；这种构造被认为使天气和能源商品的供给/需求间存在的关系更紧密了，这是合乎逻辑的。例如，害怕受到异常寒冷冬季影响的地方煤气分销公司（异常寒冷冬季可能迫使公司为满足消费者需要不得不在较昂贵的现货市场购买额外的能源）可以保护自己免受 HDDs 和天然气价格都超过了事先确定的水平时的影响。单纯是 HDDs 值超过了规定的水平可能不会导致公司的损失，但 HDD 上升和天然气价格的暴涨结合在一起就可能带来损失；双扳机 HDD/天然气指数结构品可以用有竞争力的价格提供适当的保护水平（我们将在附录一中考虑将复合扳机结构用作风险管理工具）。

非线性指数可以用来描述非线性增加的风险或严重水平。当指数的变动和收入的减少/成本的增加之间的关系是非线性关系时，这样的指数就可以应用。例如，面临夏季较高气温风险的公用电力公司可能希望应用非线性指数（假设公司的分析证明了气温和利润之间存在非线性关系时）。特别地，一旦每天的最高气温上升到事先确定的水平之上时，公司的风险就可能加速上升（这可能是驱动利润的商品价格的后果之一）。为保证公司的收入，公用公司可以购买基于不定峰值（Variable Peak Degree Day，VPDD）指数的保护，不定峰值指数的自然增长规则是：Min $\{400,$ Max $[0,$（最高气温——华氏 85 度）$^2]$ $\}$。图 6-2 解释了随气温变化的每日指数点。

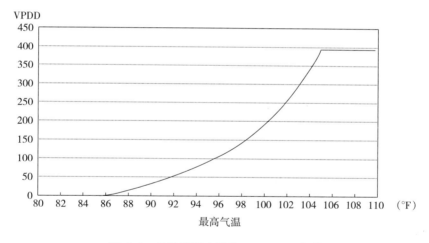

**图 6-2 非线性不定峰值（VPDD）指数**

因为非灾难性天气风险管理产品市场还处在相对初级的阶段，新的发展常有。虽然上述指数可以应用于许多标准情况，但为了满足公司和行业的需求，构建新产品的机制仍在不断变化中。情况极有可能是这样的，随着市场的增长，只要进行成本/收益分析所需的基础数据存在，实际上影响企业经营的任何天气事项都将列入考虑之列（例如，阻止货船靠岸的雾、中断航空公司运营的底云盖、影响钻探作业的浪高）。

# 参考文献

［1］ Energy Information Administration, The Changing Structrue of the Electric Power Industry 2000: An Update, EIA, Washington D. C. , 2000.

［2］ Isaacs, R. , Insect Growth and How Growing Degree Days Help Predict Optimal Spray Timing, *Fruit Crop IPM Newsletter*, Michigan State University, 2000.

［3］ Midwest Regional Climate Center, Illinois State Water Survey, Reported Baseline Temperatures For GDD Computation for Crops and Insects.

［4］ *Neb Guide*, Institute of Agriculture and Natural Resources, University of Nebraska-Lincoln.

［5］ Pope, R. , Degree Days and Crop Management, *Integrated Crop Management*, Iowa State University, 1998.

［6］ Proebsting, E. L. , et al. , Critical Temperatures for Concord Grapes, Washington State University, College of Agriculture and Home Economics, 1991.

［7］ Ross, T. , N. Lott, A Climatology of Recent Extreme Weather and Climate Events, NOAA/NCDC, 2000.

［8］ Shaw, R. , J. Newman, Weather Stress in Com Crop, *National Corn Handbook* NH18, West Lafayette, Indiana, 1991.

［9］ US Securities and Exchange Commission, Form 10-K Annual Report: Consolidated Edison Inc. , 2000.

［10］ US Securities and Exchange Commission, Form 10-K Annual Report: Dynegy Inc. , 2000.

［11］ US Securities and Exchange Commission, Form 10-K Annual Report: Nioor Inc. , 2000.

# 第七章　风险产品

Michael Corbally Phuoc Dang

在第六章中，我们详细介绍了基本的指数，参与者可以在天气风险管理市场找到这些指数市场，包括与气温、湿度、降水量、风力、水流量和风暴路径有关的指数。我们还介绍了为管理各行业特别的天气风险，对这些指数进行用户化的方法。在本章中，我们将详细介绍衍生品、保险和资本市场产品的特征，我们可以将其与我们在第六章中详细介绍的天气指数进行对照。

## 衍生品和保险品

像我们在本书多处讲到的那样，衍生品和保险品构成天气风险市场的核心。虽然这两种工具在可调整性方面、会计处理方面和法律方面都有不同的特征（本书第四部分将讨论），但它们都提供风险转移便利，这一点则是共同的。保险市场具有极高的灵活性，保单可以被设计来承保多种天气风险。一家公司可能因为保险独特的法律和税收/会计特征更喜欢保险单而不是衍生品；作为选择，公司在投保其他风险（例如，财产和人寿）时已有数年购买保险的经验，所以公司可能希望继续使用这种"熟悉"的机制。虽然保险产品一般要求一份不同类型的法律文件，必须通过由州或国家管制当局许可的经营者用特定的保单提供，但通过保单，公司寻求的基本风险保护通常可以得到。例如，一家公司要用保单对价格上升的风险进行保护，它可以购买与看涨期权有同样性质的保险单；[1] 如果它要用保单对价格下降的风险进行保护，它可以购买与看跌期权有同样性质的保险单；如果它要对复合天气事件进行保护，它可以购买与复合扳机期权有同样性质的保险单，等等。当然，更喜欢衍生品的公司也可以用这种保险单进行交易。能够将不同种类的风险产品制成保险单或衍生品，这是天气风险市场关键的优势之一，也是市场成长的核心动力之一。在学习以下产品部分时，读者应在心里记住：所描述的多种风险保护利益对于保险

---

[1]　为了获得保单中的赔付，投保人还必须证明风险是可以保险的风险和由其产生的损失，在第十二章中我们将详细讨论。

和衍生品都是有效的。

## 金融产品

### 看涨期权

一份看涨期权是一份合约，合约授予期权的买者以事先确定的执行价格（也叫锁住水准）购买一份指定的商品、资产或指数的权利，但不是义务；在这种权利的交易中，权利的买者向权利的卖者支付权利金。每份期权都由一组条款予以定义，包括执行价格/锁住水准、赔付率（每份合约的或每件事的）、最高赔付额、保护期（开始和结束日期）以及参考指数（包括作为数据来源的气象台站的鉴定）。假设一家能源公司在最高气温大于华氏95度时就被要求启动峰值期发电系统，成本是 $50000。公司可能准备承担 $500000 的营运成本（也就是十次启动峰值期发电系统），但对任何超过这个数的成本，公司都想进行保护。在这种情况下，公司可以考虑购买一份看涨工具——衍生品或保险——每次提前一天预报的 Tmax 超过华氏95度时公司获得 $50000 的赔付。表 7-1 是合约条款的摘要。

图 7-1 中（a）~（c）的解释：（a）当预报气温高于华氏95度的天数增加时，电力供应公司的风险；（b）看涨期权的赔付情况（从电力供应者的角度看，不计以前支付的权利金）；（c）购买了看涨期权后，公司新的经营成本情况。这种类型的保护要求公司支付权利金，但在天气非常热的情况下，公司可以得到补偿（当然可以对这个简单的例子进行修改以反映公司实际经历的风险。例如，启动成本仅当峰值期发电系统中断时才有。所以，保护要这样构造：赔付仅当连续多天的热气温有一个中断，而预报又说下一天的气温将超过华氏95度时发生）。

表 7-1  能源公司 Tmax 看涨合约条款

| 地点（指数参考点） | Othertown 气象站 ID#23456 |
| --- | --- |
| 指数 | 预报明天最高气温大于 95℉ |
| 计算期/保护期 | 6 月 1 日~9 月 30 日（包括） |
| 执行价格/行权价格 | 10 次 |
| 赔付率 | 超过行权价格每次 $50000 |
| 赔付上限 | $1M（20 次） |

注意在图 7-1 和随后的图中，对每件事或每份指数的离散的赔付导致了赔付情况是"梯级函数"而不是连续的；然而，为简化起见，我们在解释情况时用了连续形式。在极端情况下，小额赔付增加量和小事件/指数单位增加量汇集在一起就形成了平滑的赔付图。

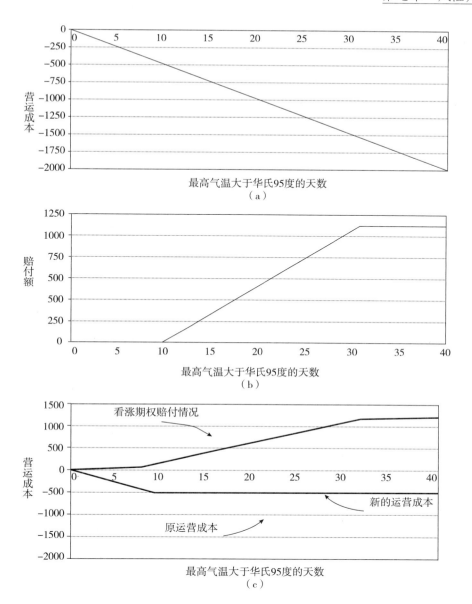

图 7-1　Tmax 看涨期权

**看跌期权**

　　一份看跌期权是一份金融合约，合约授予期权的买者以事先确定的执行价格或锁住水准卖出一份指定的商品、资产或指数的权利，但不是义务；在这种权利的交易中，权利的买者向权利的卖者支付权利金。考虑一家能源公司，它计划在这个冬季销售一定数量的煤气；如果冬季很温暖，公司销售的煤气量就会减少，这对公司的收入有不利影响。根据分析，公司决定其可以承受的风险是 $7.5M。历史数据表明，这相当于气温较平常年份高 5%，或 1/2 个标准差，也就是 2850HDD；但如果

HDDs 的数量低于 2850，收入的减少是不能接受的。所以就签订了看跌工具合约（保险单或衍生品），在锁住水准 2850 之下，每一 HDD 公司得赔付＄50000，最多赔付＄37.5M。合约条款摘要于表 7-2。

表 7-2　能源公司 HDD 看跌合约条款

| 地点（指数参考点） | Anytown 气象站 ID#23456 |
|---|---|
| 指数 | 在地点量得的 HDD 指数 |
| 计算期/保护期 | 11 月 1 日~3 月 31 日（包括） |
| 执行价格/行权价格 | 在计算期累计 2850HDD |
| 赔付率 | 行权价格之下每 HDD ＄50000 |
| 赔付上限 | ＄37.5 |

图 7-2 中（a）~（c）的解释：（a）在各种 HDD 值假设下公司未保护收入；（b）从公司的观点看看跌期权的赔付情况（不计任何已付权利金的影响）；（c）购买了看跌期权后，公司新的收入情况。这种类型的保护要求公司支付权利金，但公司可以保留因为有利天气条件产生的收入（也就是当冬季很冷时，收入的增加）。

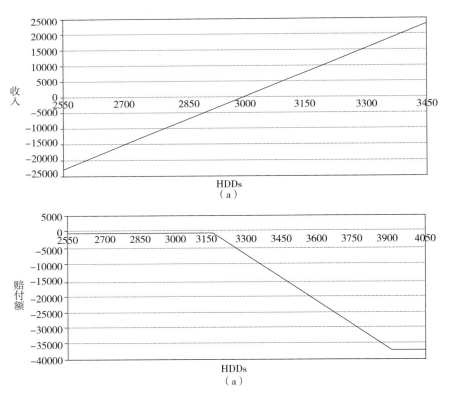

图 7-2　HDD 看跌期权

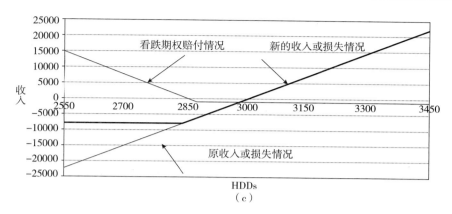

图 7-2　HDD 看跌期权（续图）

套保期权（Collar）

公司可能对取得风险保护必须支付的费用很在意。为减少保护费用的支出，公司有各种选择（我们沿用以上的例子对其进行解释）。例如，公司可以：

■保留更多的风险由自己承担。在上面的例子中，当公司收入减少 $7.5M 时，即累积 HDD 跌到 2850 锁定水平之下时，公司想得到保护。如果公司准备保留更多的风险由自己承担（比如是 $10M），那么引发赔付的 HDDs 值就要减少（即从 2850 减少到 2800）。在其他情况不变的情况下，保护费用将减少。

■接受较少的赔付额。公司要求 HDD 低于 2850 的锁定水平时，每一 HDD 获得赔付 $50000 以弥补公司的损失。公司可以通过选择较少的赔付额（比如，每一 DHH 赔付 $30000 而不是 $50000 的期权就会便宜一些）而选择较少的保护，虽然这不太像是一个好的避险措施。

■如果天气条件有利，那么公司让利。像图 7-2 解释的那样，公司为防天气过暖购买保护，但公司保留了在天气较冷时卖出更多煤气、赚更多钱的权利。公司可以将超额收入的一部分用来弥补（或支付）购买暖天气保护的成本；做法是向暖天气保护的提供者出售冷天气保护。这种长期看跌期权和短期看涨期权（或相反）的结合叫套保期权。

保留更多的风险或接受较少的保护，公司可以基于其风险偏好做出决定。通过套保期权放弃因天气有利而产生的收入中的一部分是一件较复杂的事，要求公司准确地确定公司打算放弃的核心业务究竟有多大。下部的保护旨在确保实现最低的收入水平，上部的牺牲则限定了公司可能获利的最高水平。

应用前面讲到的例子，我们来考虑一份套保期权，即公司卖出一份看涨期权、买入一份看跌期权。公司卖出的看涨期权可以有多种构建方法，取决于公司对风险的要求和公司打算将购买保护的费用降到什么程度。如果公司打算购买的下部保护其成本是 $8M，公司不想付任何保护费，那么公司就必须将赔付率定在每 HDDs 向卖者赔付 $50000、最高赔付 $37.5M 的水平；这就导出了一份无成本的或说零成本的套保期权。假如下部保护的出售者要求的无成本看涨期权的锁定水平是 3125 HDDs（较 10 年平均水平的 3000 高出 125 个 HDD），而公司希望看涨期权的锁定水平与看跌期权的锁定水平相等，比如说是 3150 HDD，那就不能构建一份无成本的合约。不过，即使如此，公司将要支付的费用也远较单纯购买看跌期权保护所需支付的 $8M 要少得多。表 7-3 包括套保期权合约的主要条款，这里，当 HDDs 跌到 2850 之下时公司接受赔付，而当 HDDs 上升到 3150 之上时公司进行赔付。

表 7-3　能源公司 HDD 套保期权条款

| 地点（指数参考点） | Othertown 气象站 ID#23456 |
| --- | --- |
| 指数 | 在地点量得的 HDD 指数 |
| 计算期/保护期 | 1 月 1 日~3 月 31 日（包括） |
| 下部执行价格/看跌行权价格 | 在计算期累计 2850HDD |
| 上部执行价格/看涨行权价格 | 在计算期累计 3150HDD |
| 赔付率 | 超过行权价格每 HDD $50000 |
| 赔付上限 | $37.5 |

注意，公司因超过 3000 的每一个 HDDs 而获得 $50000，我们实际上是假设公司希望在支付超额收入以消除或"买下"（"buy-down"）下部成本前，保留最少 $7.5M 的收入。图 7-3 中（a）~（b）的解释：（a）公司因出卖看涨期权而放弃的上部收入的赔付情况图（不计公司接受的权利金的影响）；（b）考虑了由看跌期权提供的下部保护和由看涨期权引发的上部收入的减少后，公司新的收入情况图（根据图 7-2 描述的例子绘制）。

虽然套保期权是减低或消除权利金的常用手段，但正如解释的那样，它们可以被用来减少因天气风险产生的收入波动。例如，收入敏感度是每 HDD $50000，10 年的标准差是 300HDD，两个标准差的变动将引起公司收入的波动是 ±$30M；而套保期权可以使公司收入的波动减少到 ±$7.5M。

应用套保期权是为了处理公司实际面临的天气风险及减少公司的权利金支出。因此，有些套保期权会用分裂的（或不对称的）交易量形式构建。例如，上面的例子中，对较冷的天气，公司有赔付多一点或赔付少一点的选择（例如，每 HDD 赔付 $40000 或 $60000），锁定水平比上面引用的 150 等距离水平高一点或低一点。例如，图 7-4 解释的一份套保期权的影响——未计权利金，其中看跌期权锁定水平是 2850HDD、赔付率是每 HDD $50000，而看涨期权的锁定水平是 3100 HDDs、赔付率是每 HDD $40000。在这个案例中，公司岁入达到 $5M 时，开始赔付，虽然赔付率不是它获得额外收入的比率。

互换

互换是一种合约，合约要求一家公司在天气指数上升到某一特定水平之上（或

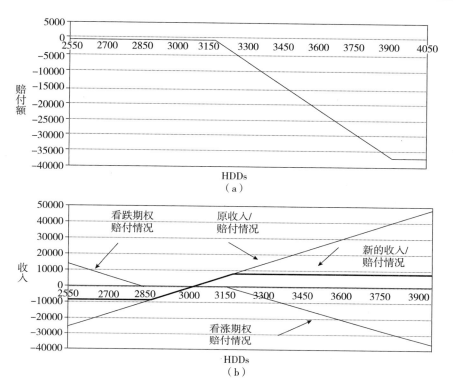

图 7-3　HDD 套保期权

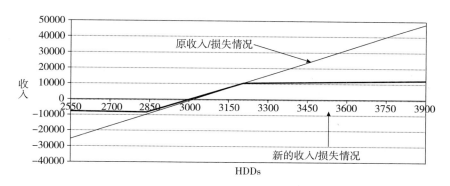

图 7-4　不对称 HDD 套保期权

下降到某一特定水平之下）时进行赔付，同时也授权公司在天气指数下降到同样的水平之下（或上升到同样的水平之上）时获得赔付。这样，一家公司既可能是赔付者也可能是受赔者——取决于指数的运动/取值。在这个意义上，互换等同于执行价格相等的套保期权。回到我们前面讲过的例子，我们说，当所述天气条件上升到或下降到 3000 个 HDD 中心点时，公司的预期收入也随之变化。如果公司安排了一个互换，执行价格定在 3000 HDD，那么公司就消除了天气带来的收入的不确定性，公司获得的收入不多于预期收入也不少于预期收入。图 7-5 解释了有关情况。

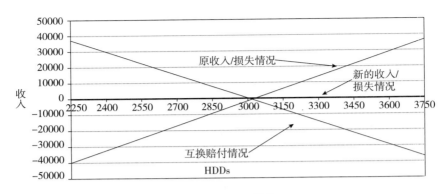

图 7-5　HDD 互换

　　终端客户安排互换合约的并不多见。第一，终端客户需要找到希望在自己预期水平、最好比预期水平好的水平进行互换的交易对手。第二，终端客户很可能要保留收入超过预期的可能性（像我们指出的那样，应用看跌期权和——在一定程度上——应用套保期权，它们能达到这样的目的）。第三，虽然天气与销售量的相关性经常是非常高的，但很少完全相关；不完全相关实际上可能导致互换不能带来希望的下部保护（甚或可能导致不适当的支出）。

　　枷形双向期权

　　在有些情况下，一个公司可能要求从参考指数中获得赔付，而不管市场的方向。为了在无论指数是上升还是下降的情况下都获得赔付，公司可以购买枷形双向期权，它是执行价格不等的看跌期权和看涨期权的结合。考虑这样一种情况：公司寻求对太少或太多的 CDD 进行保护。它决定购买枷形双向期权，看涨期权的执行价格定在3400，看跌期权的执行价格定在 3100（最高赔付是 $5M）。如果气温保持稳定——也就是说 CDD 安居于 3100 和 3400 之间——公司不会从枷形双向期权中得到赔付；但当 CDD 位居 3400 之上或 3100 之下时，公司就得到赔付。

　　鞍形期权

　　鞍形期权与伽形双向期权类似，当前期参数上升或下降时期权的买者获得赔付；但与枷形双向期权不同，构成鞍形期权的看涨期权和看跌期权的执行价格是相等的。在上面的例子中，公司可能不拉开看跌期权和看涨期权的执行价格（分别是 3100 和3400 CDD），而是将其风险保护赔付集中在一个执行价格 3200 上。我们在第八章中将考虑鞍形期权和枷形双向期权以及在收入不稳定性风险管理决策中如何应用它们。

　　撞入期权

　　如果特定的"撞入"水平达到的话，撞入（或）屏障期权授予购买者一份标准期权。撞入期权通常较标准期权或"香草"（普通期权）期权便宜（执行价格在标准水平），因为所说的看跌或看涨期权能否成为现实存在，并无保证。考虑这样一个例子，一份撞入期权的购买者拥有一份香草 CDD 看跌期权，执行价格是3200CDD，低于执行价格时，每一 CDD 赔付 $10000，最高赔付 $5M。然而，只有在累积 CDD 低于 2900 时，期权才有效；如果 CDD 维持在 2900 之上，购买者得不到任何赔付。图 7-6 解释了撞入期权的赔付情况（不计权利金的影响）。

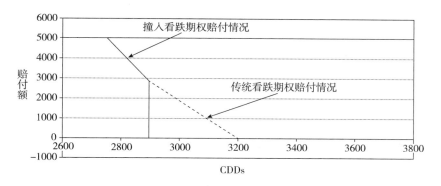

图 7-6　CDD 撞入期权

撞出期权

撞出期权与撞入期权类似，差别是购买者获得的香草看跌或看涨期权，在执行价格达到时，赔付发生，但当撞出价格达到时，赔付将取消或被"撞出"。与撞入期权一样，撞出期权与香草期权相比显得特别便宜，因为它们所提供的保护水平不一样。考虑这样一个例子，一份撞出期权的购买者拥有一份香草 CDD 看涨期权，执行价格是 4000CDD，高于执行价格时，每一 CDD 赔付 $10000（最高赔付 $2M）。然而，在累积 CDD 超过 4200 时，期权被撞出失效；这时，期权的买者得不到任何保护，期权的卖者没有任何财务支付义务。图 7-7 解释了撞出期权的赔付情况（不计权利金的影响）。同样有"非连续"赔付交易安排问题。例如，一份数字化期权使期权的买者在执行价格达到时获得事先确定的、固定的经济赔付。

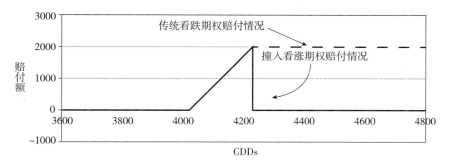

图 7-7　CDD 撞出期权

复合期权

复合期权是一种期权复合工具（期权的期权），它授予买者在将来的某个日子决定是否交易确定的期权的权利。复合期权由复合期权执行日期（这是一个事先确定的时间）和复合期权权利金确定。例如，复合期权的买者可能支付 $250000 得到一份期权，期权的权利是直到 12 月 31 日可以购买，但不是义务，执行价格是 3500，每 HDD 赔付 $10000，最高赔付 $3M 的 11 月至 3 月的 HDD 看跌期权（权利金是 $600000）。在 12 月 31 日之前（包括 12 月 31 日）的任何一天，买者都有权购买所定看跌期权。如果买者决定不交易所定期权，交易即结束，没有进一步赔付和承担义务的问题（但原来付出的 $250000 权利金已经支付）；如果买者选择交易所定看跌期权，那么他就向卖者支付 $600000 的权利金，接受 HDD 看跌期权所能产生的任何财务利益。

### 差值合约

差值合约是基于两个地点间温差值进行赔付的合约。可以用互换的形式构建（互换差值合约），也可以用期权的形式构建（看涨期权差值合约/看跌期权差值合约）。互换差值合约交易的结果是差值合约的买者进行差值赔付，或接受差值赔付（取决于温差值参考地的变动），而期权差值合约交易的结果是当差值变到支付区域时买者接受赔付。

考虑这样一个例子，公司决定用固定价格向其华盛顿特区的用户出售丙烷，而在纽约地区计划按市场价格出售。平均而言，冬季的纽约比华盛顿特区冷；所以公司的风险在于华盛顿特区是否较平常更冷，公司在华盛顿特区用固定价格卖出的丙烷是否比公司在纽约用市场价格卖出的更多。为克服这一风险，公司进行了两个城市间的互换差值合约交易。

纽约（La Guardia 机场）10 年间 11 月至次年 3 月 HDDs 平均读数是 3819，而华盛顿特区（Reagan 机场）是 3449.5。换句话说，就 10 年平均而言，纽约比华盛顿冷 369.5HDDs。这样，公司就卖纽约和华盛顿间的差值合约，执行价格是 10 年的平均偏差 369.5 HDDs。这意味着，如果两城市间的 HDDs 差小于 369.5 HDDs，公司将得到赔付（比如，华盛顿特区更冷），而大于 369.5 HDDs 时，公司将赔付（比如，纽约更冷）。公司并不关心互换差值的赔付额，因为纽约更冷的天气很可能意味着公司可以用较高的市场价格卖出更多的丙烷。

### 复合指数结构品

看涨期权、看跌期权、套保期权和互换代表着天气风险管理行业的标准产品，但对那些追求更客户化的风险解决方案的人而言，复合指数结构品是可供利用的工具。如早先的章节所指出的那样，复杂的指数结构品可参考复合天气指数，或天气—非天气指数；也可以根据单一或复合事件来建构它们。虽然这些产品在建构、定价、风险管理上更困难，但它们正在市场中逐渐普及起来。

让我们考虑一家葡萄园的个案，它的风险来自结冰气温，而且其损失特征是极端的（即"全部或没有"）而不是渐增的。在这个个案中如果 Tmin 低于 −2 摄氏度超过 5 天，葡萄园就将损失整年的收入，大约是 $5M。如果连续 10 天或 10 天以上 Tmin 低于 −2 摄氏度，葡萄藤就会遭受广泛的伤害，需要三年时间才能恢复；这样葡萄园将损失三年的收益，大约是 $15M。可以通过确定复合看涨期权的锁定价格和赔付额，构建一个覆盖这两件不测事件的 Tmin 看涨期权结构品——无论是用衍生品形式还是用保险单形式。表7-4概述了结构品条款。

**表7-4 葡萄园 Tmin 看涨期权条款**

| 地点（指数参考点） | Bordeaux, France（WMO Station ID 07510） |
|---|---|
| 指数 | 在地点测得的最低气温<-2℃的连续天数（CD） |
| 计算期/保护期 | 11月1日~4月30日（包括） |
| 执行价格/看涨行权价格 | （a）>5个连续天数或（b）≥10CDs |
| 赔付 | （a）时5M欧元，（b）时15M欧元 |

在第五章中，我们考虑过一个保险公司的案例，该保险公司的风险是降水量和气温的函数。通过分析天气事件和历史赔付，承保人可能认识到只要降雨后紧接着出现结冰气温，汽车交通事故的保险赔付额就会增加。例如，3厘米的降雨后，如果气温降到-2摄氏度以下，就会导致赔付额平均增加 $100000。可以构建一个复合指数降水量/气温结构品覆盖潜在的损失，表7-5概括了合约的条文。复合指数的参考可以来自不同的市场。在第六章中，我们考虑过连接天气和能源价格的双扳机结构。例如，电力公司卖出的电力是多是少，套保期权的天气条件；但公司收入的风险可能还是电力价格的函数。如果公司不能通过将零售电力退售给定价过高的批发市场（或不能得到使零售价格水平有利可图的批发价格）而维持适当的利润水平，公司就可能只有寻求保护了。在这个案例中，公司可以购买一个复合指数保护产品，在达到了气温和能源价格的双触发水平时，保护产品提供补偿。

**表7-5 保险公司降雨置/Tmin 看涨期权条款**

| 地点（指数参考点） | 伦敦西罗思，UK（WMO Station ID 37720） |
|---|---|
| 指数 | 降水量≥3cm，第二天最低气温<-2℃ |
| 计算期/保护期 | 11月1日~4月30日（包括） |
| 执行价格/看涨行权价格 | N/a |
| 赔付 | 每次£100000，最多£1M |

### 交易所挂牌交易的合约

天气衍生品的交易所挂牌交易市场目前还是有限的，但随着新的参与者获得了更多的有关天气风险的知识及使用交易所合约管理天气交易仓位或进行私人交易，市场便有增长潜力。交易所交易的天气风险市场的历史起自1999年末，那年全球最大的挂牌交易期货和期权的交易所之一的芝加哥商业交易所（CME）推出了天气衍生品合约。CME着手交易特定的10个美国城市（Atlanta, Chicago, Cincinnati, New York, Dallas, Philadelphia, Portland, Tucson, Des Moines and Las Vegas）的 HDD

和 CDD 期货和期货期权合约。一张期货合约的最小变动价位是一个 HDD 点或 CDD 点，一张合约的价格是 $ 100 乘以 HDD 指数或 CDD 指数；这样，2000 的 CDD 指数对应的合约价格是 $ 200000。因为天气不是可以交割的商品，所以期货采用现金交割；CME 以地球卫星公司（Earth Satellite Corporation）作为计算每一 HDD 或 CDD 合约的最后结算价的数据来源。同其他公开交易的合约一样，在交易的开始，只需押置保证金，而不是合约的全部金额；CME 的结算室每日发出保证金收付命令，收取保证金或退还保证金。

CME 天气看涨期权的买者有权，但不是义务，以选定的执行价格购买相关的 HDD/CDD 期货合约；而看跌期权的买者有权，但不是义务，卖出相关的 HDD/CDD 期货合约。所有的期权都是欧式的，到期才可以执行，执行价格的间距也是规则的（HDDs 是 50 个点，CDDs 是 25 个点）。在 CME 交易的所有期货和期权都是通过交易经纪人进行买卖的；希望进行天气衍生品交易的参与者必须执行 CME 提供的合约文本中事先规定的条款和条件。尽管在 CME 有公开挂牌交易的天气合约，但成交量低得令人失望。这部分是因为人们对合约的设计缺乏兴趣，部分是因为天气风险市场还是一个新兴的市场；虽然市场正在达到可能更愿意支持 CME 合约的成熟水平，但随着新的参与者进入 OTC 衍生品市场和保险市场，交易量能否加速还有待进一步观察。

交易所挂牌交易天气风险市场的一个重要动向是，2001 年伦敦国际金融期货交易所（LIFFE）推出了欧洲三个城市的每日气温汇编指数（Compiling Daily Temperature Indexes）——伦敦（Heathrow）、巴黎（Orly）和柏林（Dahlem）。LIFFE 的气温指数是这样计算的，取每日的 Tmax 和 Tmin 的平均值，然后计算一个月该值的平均值；这就是交易所公布的累积月平均指数。在一定程度上人们的兴趣还是很大的，LIFFE 已表示他将通过其电子交易平台 LIFFE Connect 推出这三个城市（可能还有其他城市）的相关指数合约。[①]

市场惯例

概述了天气风险市场各产品的性质后，我们来考虑这些产品是如何交易/如何构建的。我们先集中讨论衍生品市场，然后，再讨论保险市场。

虽然天气衍生品市场还处于市场发展的最初几年里，但市场参与者已经建立了 HDDs 和 CDDs 的交易惯例。因为第一单广为人知的在 1997 年进行的天气交易是基于累积 HDDs 的（Milwaukee，11 月至次年 3 月），所以市场最初都集中于交易冬季累积 HDDs。早期交易的大多数是规定在相关的执行价格之上或之下，每 HDD 赔付 $ 5000，最高赔付 $ 2M。在天气衍生品市场上这已有了一个广为人知的说法，叫作"5×2"交易。当冬季来临时，市场上继续在 5×2 水平交易季节性（11 月至次年 3 月）结构合约。仅在冬季已经开始时，做市商才开始通过增加结构品合约来管理他

---

① 注意，2001 年底，赫尔辛基股票交易所报告它将挂牌交易自己的天气衍生品合约。

们的冬季风险——即时间增加一点，钱增加一点。

因为早期的参与者来自能源业，所以冬季的天气对美国中西部和东北部的能源经营有很大的影响，大多数冬季交易集中于这些城市，诸如 Minneapolis、Philadelphia、Chicago、New York、Boston、Detroit、Columbus、Pittsburgh 和 Washington D. C.（实际上，在第一章提到的 WRMA/PwC 天气市场调查报告已指出了这一发现）。当夏季来临时，能源公司转向这样的市场——那里空调的电力负荷可能受到天气的极大影响，并开始推出 5~9 月的合约。这意味着海湾、东南、西南和西部地区的大城市变成了通行的参考地。新参与者的加入（包括习惯于进行大笔交易的几家保险公司）导致了 CDD 报价习惯采用 10×2 合约规模（即在相关的执行价格之上或之下，每一 CDD 赔付 ＄10000，最高赔付 ＄2M）。市场的继续成长、更多的承保人的加入、夏季合约用 10×2 规模的事实，这一切使冬季交易的合约规模惯例也改为了 10×2。这一规模的倍数规模也开始出现（例如，每一 HDD 赔付 ＄20000，最高赔付 ＄4M~6M）。虽然基于季节、时间和地点的不同有不同的合约报价规模，但市场显然将交易惯例固定在对 HDDs 采用 5×2、对 CDD 采用 5×1 上。另外，虽然夏季和冬季合约都可基于一系列的地点，但对每一季节都发展出了一些流行的参考地城市。表 7-6 是美国 HDD 和 CDD 合约的标准交易惯例的概述。

表 7-6　主要的 HDD 和 CDD 交易惯例

|  | HDD | CDD |
|---|---|---|
| 赔付率 | ＄5000 | ＄5000 |
| 赔付上限 | ＄2M | ＄1M |
| 期间 | 11 月至次年 3 月 | 5 月至次年 9 月 |
| 主要参考城市 | 亚特兰大、波士顿、芝加哥、堪萨斯、小石城、明尼阿波利斯、纽约、费城、匹兹堡、华盛顿 | 亚特兰大、芝加哥、辛辛那提、达拉斯、休斯敦、堪萨斯、拉斯维加斯、纽约、费城、凤凰城、萨克拉门托、图森 |

鉴于在衍生品市场可供选择的指数的数量显得越来越多，用这样的概括来担保标准的交易惯例不是充分积极的办法。从国际层面看，某些一致性（如果说不是惯例的话）正在显现。例如，在欧洲，交易用英镑计价，每一温差值（Degree Day）的赔付额倾向于是等价于数百至少数千美元的流通货币，最高赔付额是美国的 10%~25%（虽然 2001 年的交易活动显示合约规模在变大）。欧洲市场主要是集中交易 HDD 指数而不是 CDD 指数。一个关键的原因是天气交易还主要限于在西部和北部欧洲国家进行（英国、法国、德国、荷兰、挪威和瑞典），在这些地方气候不支持 CDDs 的积累（除非将基线气温定在传统的 18 摄氏度以下）。随着与诸如希腊、意大利和西班牙等暖温天气国家天气数据的完整性和易得性有关的问题得到解决，更活跃的夏季 CDD 市场可能会出现。

在 CDD 合约上的交易是非常有限的，欧洲市场的参与者已经试图通过交易平均气温指数来克服这一点。例如，选择权和互换就基于平均月气温（或季度气温或季节气温）进行交易。较之在美国、欧洲，这样的指数更为人所知，所以这样的指数更可以考虑用来作为夏季市场的标准。的确，欧洲人强调平均气温交易看起来一直是导致 LIFFE 开发基于平均气温指数的原因之一。交易平均气温指数意味着最小变动价位代表着界限之上更高的部分，因为平均月气温指数用℃度量的标准差大约只有 2℃ 或 3℃；如果在行权价格之上或之下，每摄氏度的赔付额是 ＄100000，则总的赔付款可能就以 ＄400000 为上限（离行权价两个标准差）——美国现行的总赔付额/限额是这个数的 200~400 倍（例如，5×1 或 5×2）。这强化了这样的观点，即欧洲人倾向的单笔交易量比美国要小得多。在亚洲和澳洲市场，市场总的活动量非常小（经纪活动也极为有限），已有迹象中的多数还属新闻轶事。亚洲太平洋市场的特征是单笔交易量非常小，平均每摄氏度温差值不过数百美元，真正的交易惯例还未形成。

虽然在衍生品市场正在形成某些惯例，但在保险界情况并非如此。这也不值得惊奇，因为天气保险市场专注于根据特定的天气事件量身定做的"独此一份"的交易；这类交易中的许多是大笔交易——超过标准衍生品交易——并常常参考习惯指数厘定交易条款。甚至两个有着同样天气风险的类似的终端客户也可能在行权价格、指数参考地点、保护周期或金融保护程度等条款方面要求有些细微的差异。没有一个单一的天气风险保险产品可以满足所有建筑公司、滑雪胜地和葡萄园的要求；结果是，保险市场正在发展成为一个提供经精心设计的解决方案的市场（而不是提供基于可交易指数的"杂乱"解决方案的市场）。

## 经纪人和交易平台

### 天气衍生产品经纪人

在第四章中，我们讨论了天气衍生产品经纪人的起源和功能。正如所指出的那样，这些中介人居于买者和卖者之间协助达成天气衍生品交易。在经纪人市场交易的时候，标准的运作程序是，交易的一方向经纪人提出一揽子利益要求——要求结构。这通常涉及提供一个标准的经纪条款清单，如表 7-7 所示（根据咨询的性质不同，这些要素中的一些是可以调整的）。

有些初始当事人会提出保险费/指数水平的出价/要价，而另一些人则可能因为不知道市场上对精确水平的偏好或是要测量市场的兴趣，可能报出没有出价或要价水平的要求。收到初始要求结构（有报价或无报价）后，经纪人就会向市场询价以寻找有兴趣者。这会导致如下的相关反应之一反馈给初始当事人：

■反建议价格/水平（或报价——如果初始要求结构不含出价/要价的话）；

■基于初始当事人水平上的改进（或按初始当事人要求的交易方向的报价——

如果初始要求结构不含出价/要价的话）；

■反要求结构/水平（如果对方感兴趣，但要求在要求结构上做一变更以显示一定的价格）；

■没有反应（如果对方根本就不知情，或对所提要求结构的产品毫无兴趣）。

表7-7　标准经纪人条款

| 经纪条款 | 例子 |
| --- | --- |
| 期间 | 11月至次年3月、10~12月、5~9月 |
| 指数 | HDD、CDD、降雨量 |
| 结构品 | 看跌期权、看涨期权、互换、套保期权 |
| 行权价 | 根据指数水平 |
| 地点 | 城市、指明标识号 |
| 赔付 | 每单位指数增加赔付量、或数字赔付额（＄） |
| 赔付上限 | 最大赔付额（＄） |

假如参与者对初始要求结构作出了反应，经纪人的角色就是协助交易双方协商以达成交易（虽然没有初始当事人的参与，达成交易也不是什么不寻常的事）。从主要的出价/要价条款起，在条款上的任何变化，都会导致经纪人进行新一轮的通话。某些结构品，从初始要求结构提出时起，仅需几分钟就能达成交易，但另一些则可能需要几个小时或几天的时间才能达成交易。每一天的开始或结束时，经纪人都会散发要求结构的结构品清单，对于对其感兴趣者，它们依然"有效"。这一章的结尾有现行在市场上（Amerex、Boldwater Brokers、Garban Intercapital、GEI Brokers、Tradition Financial Services 和 United Weather 等公司）使用的那些经纪人清单的范本。

如果经纪人确信交易双方已就价格和要求结构达成了一致意见，它就会就最后的细节与双方联系。到了这一步，经纪人就会披露买家和卖家的姓名。因为这是交易双方第一次知道彼此交易的对方是谁，所以交易能否达成还须考察双方的法律和信用条件是否适合；这保证了交易双方都有机会考虑法律和信用事项（关于这两个程序的进一步的背景知识请参看第十二章和第十四章）。缔结协议时，将已达成的口头协定用书面形式确定下来是经纪人的标准作业。

在线衍生品经纪人和交易系统

在一些经纪人将他们的报价清单放进其网页的时候，另一些公司已试图利用其技术优势通过经纪人交易平台进行商业交易。例如，成立于1999年的商业天气公司就设立了商业天气网页（tradeweather.com），这是一个专业的气温和降水量衍生品的在线交易系统。这个系统的主要特征包括价格发现方法、适时市场报价（每天24小时、一周7天）、远程进入能力、会计和网络安全、历史数据、业务跟踪、自动命令设置和执行、进入定价模型应用程序，等等。商业天气系统在任何交易中都不是交易人——它的角色只不过是为参与者提供一个会面、协商和执行天气交易的平台。①

有一些天气衍生品的交易通过日用品交易平台达成。最大的系统——安然在线，是由美国安然能源公司管理的。安然在线给注册用户提供购买或卖出一大类日用品合约和非日用品合约的机会（通过提供双向市场）。在天气领域，这个平台允许交易 24 个美国城市/地区、18 个欧洲城市和 5 个澳洲城市的 HDD、CDD 和平均气温互换合约。一旦一家公司注册成为参与者，它就可以自动地与安然公司进行以安然公司为交易对手的交易。② 也许是对安然在线成功的反应，由诸如 Swiss Re 公司和 Dynegy 公司提供的其他交易平台也出现在市场上了。虽然严格说来这些平台与安然公司的平台不是同样的东西（例如，Swiss Re 公司的平台 ELRiX，就只是一个询价机制，而不是双向交易系统），但它们构成了市场有趣的一维。

保险经纪人

在第四章中我们讨论了保险经纪人和他们在天气市场上扮演的角色。有些天气衍生品经纪人非常善于在市场上发现新的业务并投入相当大的资源以帮助潜在的终端客户确定他们面临的天气风险的规模，他们的主要工作一直是并且还将是在做市商之间达成天气衍生品交易。与此相对照，保险经纪人的工作则更倾向于市场营销和咨询。另外，保险经纪人与他们的衍生品经纪人同行不同，他们经常向其客户提供多方面的保护。例如，如果一家公司正在寻求财产人寿和天气风险保护，保险经纪人可以做两方面的安排；这使公司无须通过不同的经纪人达成愿望。由于保险经纪人可以与保险公司和再保险公司联络，他们可以利用承接高风险的市场容量，这一点对天气市场的做市商非常有用。虽然保险经纪人在天气风险市场的流通性部分不可能与天气衍生品经纪人和那些活跃分子竞争，但毫无疑问，在构建天气保险类保护方面，他们将继续扮演关键的角色。

# 资本市场结构品

资本市场是进行风险转移最大的市场。通过在公开市场（经登记的）或私募市场（私人安排）发行票据或中长期债券，公司从投资大众募集资金；这样做时，投资者面临发行公司（或担保人）的信用风险。虽然发行中长期债券的主要目的是为了集资，但它们也能用来重新整理和转移其他的风险。例如，通过合理安排标准中

---

① 见 www.tradeweather.com。

② 见 www.enrononline.com。

长期债券的本金和利息支付计划，公司可以自己承受或不承受附属风险——这些风险是公司经营固有的或公司经营需要面对的，比如，证券、商品或货币的价格，或天气风险。

天气债券市场还是非常新的一个市场。1999 年 5 月以来仅有一只债券——科赫工业的 $50M Kelvin 债券——在金融市场发行；但是，有理由相信，随着天气风险市场的扩张，债券市场的增长潜力非常大，也可以指望有更多的交易达成。① 从理论上讲，发行天气债券可以使所有参与方获益：发行者在不利天气事件发生时算是用较低的集资成本获得了资金（如果出现有利的天气事件，就支付较高的集资成本）；投资者可以投资一种新的资产，它的回报吸引人，与投资组合中其他的资产的关联性低；中介则从设计风险管理解决方案中获得佣金。其他类型的债券也可以安排，比如，那些可以通过转移风险创造市场风险承接能力的债券；事实上，在与保险相关的市场上，许多活动一直集中于那些转移风险的债券。

因为实际发行的天气债券一直有限，所以我们借用灾难性天气的内容来讨论资本市场结构品的概念（在灾难性天气方面，债券发行量一直很大）；当然，许多同样的观点可以应用在非灾难性天气债券方面。② 让我们考虑这样一家保险公司的例子，这家公司正在发行一种债券以便通过转移其部分现有风险来创造风险接受能力。在典型的灾难债券发行中，单一目的的再保险公司（SPR）既充当保护提供者，又充当票据发行者和集资管道，③ 而公司是作为一家独立的公益信托机构设立的，授权从事的是海事再保险。SPR 向放弃承接保险的保险公司提供再保险合同，作为交换获得保险费；④ 如果在交易中有一家中介再保险公司承担风险的一部分，那么SPR 就会给这家再保险公司提供一份分保合同（Retrocession Contract）。SPR 向资本市场的投资者发行债券，得到资金。筹集到的资金放入一个信托账户以保护再保险

---

① 三年期的债券被设计来用作风险转移工具，固化了基于 19 个美国城市气温的 28 个气温合约。

② 在 2001 年的早期，与保险有关的资本市场工具的市值有 $12.6B；其中超过 $5B 是与灾难有关的工具（Laster, D. and M. Raturi, Capital Market Innovation in the Insurance Industry, Zurich: Swiss Re Company (2001)）。虽然将来的活动取决于保险/再保险市场的情况，但显然市场套利机会、投资者的偏好和市场成长潜力都很吸引人。例如，瑞士再保险公司估计与保险相关的金融工具年度发行额（包括灾难的、天气的和其他可保险的风险）将从现在每年的 $1B 在十年内增加到每年的 $10B（同前）。到目前为止，大多数已发行的与保险相关的资本市场工具都是采用私募方式发行的［即根据 1933 年证券法 144A 款向合格的机构投资者（QIBs）发行］，有着严格再转卖限制，因而流通性也有限；所以，大多数参与者往往是中期或长期的"买入并持有"类型的投资者。随着市场的成熟，更多的工具将在公开市场以注册的方式发行，这完全有可能，如此将吸引更多的投资者参与，市场的流通性将会更好。

③ 有些 SPR 可以通过伊利诺伊州保险交易所在陆上成立或借助于国家保险公司协会（NA-IC）被保护单元法通过公司设立。佛蒙特州已经推出了自己的被资助者法（Sponsored-captive Law），允许被资助者由保险公司拥有，这也使合法保护单元因自身风险而变得易被保险公司/再保险公司接近；但资产负债不允许合并。

④ 风险的单纯证券化无助于保险公司满足其注册资本盈余率。为了巩固资本，有些风险必须向登记为资助者的 SPR 分保；这使风险可以首先被分保然后被证券化——这提供了必要的资本盈余调剂。但是，为使保险公司得到所分保风险的信用，它必须证明风险的真实转移。因此，公司资助一家拥有 SPR 的公益基金；这有助于避免在保险公司（分出保险责任的一方）和 SPR（再保险公司和发行人）之间形成所有者关系。

公司的利益，资金在发生理赔事件时可用于理赔；资金如何用于投资、如何提取有规定。① 信托账户上的利息收入和保险公司放弃承担风险交来的保险费，用来支付债券利息；与保护本金安全②有关的交易是通过大量到期可赎回的零息证券进行的，因而是可靠的。如果发生了事先规定的特定的灾难性事件，保险公司通过 SPR 签发的再保险合约得到保护，信托账户上的资金用来赔付保险公司。接下来，SPR 由最终投资者予以保护：如果灾难发生了，没有对债券本金进行保护的债券持有人承担经济损失（对本金进行了保护的债券持有人，因减少或限制利息收入，可能受到较少的损失）。

发行的债券可以分为保证债券、指数债券和参数债券。保证债券与实际的商业账户相连，几乎完全使风险事件与保护相关联。如果发生了损失，只要损失源自风险事件，损失就会得到赔偿。指数债券连接可用公认的指数或等级进行度量的事件；在这类结构品中，可能会出现基础风险——那就是实际发生的损失和用指数或等级估计的损失不"一致"的风险。参数债券是这样一些债券，这些债券依赖于引发损失的事件的物理参数；经常用位置和量级来表示。同样，参数结构品也可能有基础风险。资本市场的投资者喜欢寻找与特定的引发损失的事件相关联的明显的扳机；结果是，要转移的风险必须被充分商业化以至于可以用合理的、公认的指数度量。③图 7-8 解释了由资本市场结构品提供的风险转移流程［为简化起见，忽略了再保险公司的任何可能的介入（作为保险公司和 SPR 之间风险承担者）］。

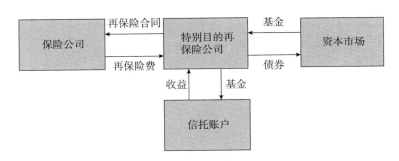

**图 7-8　利用资本市场结构品转移风险**

结构化债券予发行人和投资者以利益。例如，通过发行债券创造额外的风险承担能力的保险公司可以由此而获得巨大的好处。因为向再保险公司转移风险的保险公司必须接受再保险公司的信用，他必须监视再保险公司可能给自己带来的风险，而这将影响其对所转移的风险的监视。当灾难发生后，再保险公司经常被要求履行

---

① 因为资助者不是被承认的 SPR，所以他们必须向分出保险责任的一方提供担保物；这样在整个交易期内，发行债券所得收益就由信托机构保管。

② 被担保用作返还投资者本金的部分。

③ 根据现行参考指数，资本市场结构品的索赔受理程序必须非常有效。与保险合同不同，保户无须证明损失在应保范围。

承诺；可实际上这可能是再保险公司金融名望和信用度相对而言最脆弱的地方。实际情况是，再保险公司的信用质量鱼龙混杂。在 2000 年，不到 50% 的再保险公司获得 AAA 级或最高级信用等级，多于 25% 的再保险公司在 A 级或 A 级之下。通过发行债券，再保险公司的信用风险可以有效地忽略不计。因为当保险公司将保险责任转给有投资者现金支撑的 SPR 时，就没有所谓的第三者再保险公司的对应风险问题；像前面所指出的那样，这一点在损失发生、需要赔付的时候特别重要。从投资者的观点看，债券很有吸引力，因为它们能提供较高的回报，而与传统的投资品又极少关联；这允许在投资组合变动不大的情况下增加投资组合的回报，也就是在投资者的资本资产定价模型（CAPM）的"有效边界"① 上产生一个更加优化的点。

像我们在本章指出的那样，在衍生品市场、保险市场和资本市场，有一系列的天气风险产品可供终端客户、做市商和投资者选择。它们中的大多数具有高可塑性，允许根据特定的用途客户化。还有，尽管市场还处在其发展的最初年份，但交易惯例正在形成、标准结构品的流通性也在扩大。在以后的章节中，我们将探讨如何使用这些产品为重要的参与者策划最优的风险管理策略。

# 参考文献

［1］ Belonsky, G., *Insurance Linked Securities*, Zurich：Swiss Re Company, 1999.

［2］ Laster, D. and M. Raturi, *Capital Market Innovation in the Insurance Industry*, Zurich：Swiss Re Company, 2001.

---

① 资本发行市场无本金保护部分，在 20 世纪 90 年代的中后期的发行量按部就班地带来了市场的扩展，超过了同期浮出的同等级（BB-级）市场和高速成长公司的发行；超出部分的大多数看起来可以归功于这类交易的"新颖性"（当然还有安排者热望着保证交易"成功"和完全到位）。当投资者对这类资产变得熟悉和适应时，扩展速度会慢下来。可能出现的另外一个趋势是：将小型风险集中在一起，发行债券。可以想象，保险公司不是就单一事件或风险（像已经指出的那样，在规模上比较大的）证券化，而是将各种风险集合在一起；这可能有助于他们达到最低临界发行量而无须将风险堆积在单一事件或单一业务上。

天气衍生品经纪人报价清单样品（以下共 6 份）

## 天气衍生产品

**15.30 - 19 July 2001**
James Emanuel & Olivia Goldsmith - Tel. [0044] (0)20 7422 1127
GFI House, 9 Hewett Street, London EC2A 3RP, United Kingdom

**GFI net**

| Date | Days | Center | WMO | Structure | Currency | Strike | Tick size | Cap ('000s) | 10 Yr Avg | 10 Yr Bcmt | Premium |
|---|---|---|---|---|---|---|---|---|---|---|---|
| **OPTIONS** | | | | | | | | | | | |
| Nov-Mar | 151 | London | 03772 | HDD put | GBP | 1700 | 5000 | 1000 | 1731 | 173,000 | 200/210 |
| Jan-Mar | 151 | Oslo | 01492 | HDD put | Euro | 1850 | 5000 | 1500 | 1714 | | collar |
| Jan-Mar | 152 | Oslo | 01493 | HDD call | Euro | 1700 | 5000 | 1500 | 1714 | | 50/135 |
| Aug-Sep | 61 | Paris | 07149 | Precip call | Euro | 110 | 5000 | 250 | 111 | 52,550 | 45/95 |
| Oct-Mar | 182 | Paris M | 07156 | HDD put (20 ref) | Euro | 2140 | 6000 | 400 | 2205 | | collar |
| Oct-Mar | 182 | Paris M | 07156 | HDD call (20 ref) | Euro | 2210 | 6000 | 400 | 2205 | | zero cost |
| **WEEKLY SWAPS** | | | | | | | | | | | Temp |
| 23-29 Jul | 7 | Oslo | 01492 | AvT | EURO | n/a | 5000 | 50 | n/a | n/a | 16.3/17.3 |
| 30-05 Aug | 7 | Oslo | 01492 | AvT | EURO | n/a | 5000 | 50 | n/a | n/a | 17.4/18.1 |
| 06-12 Aug | 7 | Oslo | 01492 | AvT | EURO | n/a | 5000 | 50 | n/a | n/a | 16.8/17.5 |
| 13-19 Aug | 7 | Oslo | 01492 | AvT | EURO | n/a | 5000 | 50 | n/a | n/a | 16.15/16.8 |
| 23-29 Jul | 7 | Helsinki | 02974 | AvT | EURO | n/a | 5000 | 50 | n/a | n/a | 18/19 |
| 30-05 Aug | 7 | Helsinki | 02974 | AvT | EURO | n/a | 5000 | 50 | n/a | n/a | 17.15/17.8 |
| 06-12 Aug | 7 | Helsinki | 02974 | AvT | EURO | n/a | 5000 | 50 | n/a | n/a | 15.90/16.6 |
| 13-19 Aug | 7 | Helsinki | 02974 | AvT | EURO | n/a | 5000 | 50 | n/a | n/a | 14.90/15.6 |
| **SEASONAL SWAPS** | | | | | | | | | | | Units |
| Oct-Dec | 92 | Oslo | 01492 | AvT | EURO | n/a | 100000 | 200 | 2.06 | n/a | 1.90/2.40 |
| Jan-Apr | 120 | Oslo | 01492 | AvT | EURO | n/a | 100000 | 200 | 0.63 | n/a | 0.65/1.05 |
| Oct-Dec | 92 | Helsinki | 02974 | AvT | EURO | n/a | 100000 | 200 | 1.03 | n/a | 1.00/1.50 |
| Jan-Apr | 120 | Helsinki | 02974 | AvT | EURO | n/a | 100000 | 200 | -1.57 | n/a | -1.70/-1.30 |
| Oct-Dec | 92 | Stockholm | 02484 | AvT | EURO | n/a | 100000 | 200 | 3.54 | n/a | 3.40/3.90 |
| Jan-Apr | 120 | Stockholm | 02484 | AvT | EURO | n/a | 100000 | 200 | 1.53 | n/a | 1.30/1.70 |
| Nov-Mar | 151 | Paris | 07149 | HDD | EURO | n/a | 5000 | 1000 | | n/a | 1752/1760 |
| Nov-Mar | 151 | London | 03772 | HDD | GBP | n/a | 5000 | 1000 | | n/a | 1703/1708 |
| Nov-Mar | 151 | Hamburg | 10147 | AvT | EURO | n/a | 200000 | 200 | | n/a | 3.48/3.68 |
| Nov-Mar | 151 | Cologne | 10513 | AvT | EURO | n/a | 200000 | 200 | | n/a | 4.73/4.93 |
| Nov-Mar | 151 | Berlin | 10384 | AvT | EURO | n/a | 200000 | 200 | | n/a | 3.03/3.23 |
| Nov-Mar | 161 | Essen | 10410 | AvT | EURO | n/a | 200000 | 200 | | n/a | 4.58/4.78 |
| Nov-Mar | 151 | Frankfurt | 10637 | AvT | EURO | n/a | 200000 | 200 | | n/a | 4.12/4.34 |
| Nov-Mar | 151 | Nantes | 07222 | HDD | USD | n/a | 5000 | 1000 | 1560 | n/a | 1525/1570 |
| Nov-Mar | 151 | Bordeaux | 07510 | AvT | EURO | n/a | 200000 | 200 | | | 8.91/9.15 |
| Nov-Mar | 151 | Marseille | 07650 | HDD | EURO | n/a | 5000 | 1000 | 1271 | | 1250/1280 |
| Nov-Mar | 151 | Lyon | 07460 | HDD | USD | n/a | 3000 | 600 | 1792 | | 1740/1770 |
| Oct-Apr | 212 | Stockholm | 02484 | Crit. Day AvT <=-4 | Euro | n/a | 20000 | 360 | | n/a | 17/18 |
| Oct-Apr | 212 | Oslo | 01492 | Crit. Day AvT <=-4 | Euro | n/a | 20000 | 360 | | n/a | 20/23 |
| Oct-Mar | 182 | Paris M | 07156 | HDD call (20 ref) | Euro | n/a | 6000 | 400 | 2205 | | 2175/2205 |

Prices marked with an * are subject to a spread and the separate legs of the spread will be colour coded
Please note that the highlighted prices are live at the time of publication.
All other prices are recent interests to be used as indicative levels that will have to be refreshed if required.

# Boldwater Brokers, L.P.

6363 Woodway # 415   Houston, TX 77057
Phone # 713-788-0198   Fax # 713-266-0192
mscharfenberger@boldwater.com

BLUE = CHANGE & ACTIVE

| City | WBAN | Term | Strike | Type | Size | Bid | Offer |
|---|---|---|---|---|---|---|---|
| Astoria | 94224 | nov-mar | 2900 | hdd put | 2500/1 | $150000 | |
| Atlantic City | 93730 | nov-mar | 4050 | hdd call | 5000/2 | $450000 | $580000 |
| Baton Rouge | 13970 | nov-mar | | hdd swap | 2500/1 | 1485 | 1540 |
| Binghamton | 4725 | nov-dec | 2070 | hdd call | 5000/1.5 | $275000 | $420000 |
| Boston | 14739 | jan-mar | 2880 | hdd call | 5000/1 | $205000 | $325000 |
| Boston | 14739 | nov-mar | | hdd swap | 5000/2 | 4395 | 4430 |
| Boston | 14739 | nov-mar | 4325 | hdd put | 5000/2 | $340000 | $465000 |
| Boston | 14739 | nov-mar | 4450 | hdd call | 5000/2 | $340000 | |
| Charleston w.va | 13866 | nov-mar | | hdd swap | 5000/2 | 3710 | 3825 |
| Charleston w.va | 13866 | nov-mar | 3825 | hdd call | 5000/2 | $425000 | $665000 |
| Cleveland | 14820 | nov-mar | 4560 | hdd put | 5000/2 | $425000 | $620000 |
| Cleveland | 14820 | nov-mar | 4780 | hdd call | 5000/2 | $375000 | $725000 |
| Cleveland | 14820 | nov-mar | | | | | |
| Columbus | 14821 | nov-mar | 4280 | hdd put | 5000/2 | $425000 | $630000 |
| Covington | 93814 | | | | | | |
| Cedar City | 93129 | nov-mar | 4500 | hdd call | 5000/2 | $300000 | |
| Des Moines | 14933 | nov-mar | 5025 | hdd put | 5000/2 | $420000 | $685000 |
| Dodge City | 13985 | | | | | | |
| Dodge City | 13985 | | | | | | |
| Dodge City | 13985 | | | | | | |
| Fresno | 93193 | | | | | | |
| Grand Junction | 23066 | nov-mar | | hdd swap | 5000/2 | 4345 | 4445 |
| Grand Junction | 23066 | nov-mar | 4400 | hdd call | 5000/1 | $250000 | $450000 |
| Houston Bush | 12960 | nov-mar | | hdd swap | 2500/1 | 1300 | |
| Houston Hobby | 12918 | | | | | | |
| Jackson Miss. | 3940 | nov-mar | 2260 | hdd call | 2500/1 | $190000 | $265000 |
| Jackson Miss. | 3940 | nov-mar | | hdd swap | 2500/1 | 2090 | 2165 |
| Key West | 12836 | nov-mar | | hdd swap | 5000/.500 | 40 | 110 |
| Laguardia | 14732 | | | | | | |
| Long Beach ca | 23129 | nov-mar | 1050 | hdd call | 5000/2 | $200000 | $620000 |
| Miami | 12839 | nov-mar | | hdd swap | 5000/.500 | 105 | 165 |
| Lubbock | 23042 | nov-mar | 3049 | hdd call | 5000/1.5 | $375000 | $610000 |
| Lubbock | 23042 | nov-mar | 2950 | hdd call | 5000/1.5 | $450000 | $825000 |
| Phoenix | 23183 | nov-mar | 900 | hdd put | 5000/2 | $290000 | $400000 |
| Providence | 14765 | nov-mar | 4250 | hdd put | 5000/1 | $200000 | $250000 |
| Providence | 14765 | nov-mar | 4600 | hdd call | 5000/1 | $160000 | $230000 |
| Sacramento | 23232 | nov-mar | 2250 | hdd call | 5000/2 | $285000 | $575000 |
| Salt Lake City | 24127 | nov-mar | | hdd swap | 5000/2 | 4200 | |
| Savannah | 3822 | nov-mar | 1720 | hdd call | 5000/2 | $450000 | $800000 |
| Savannah | 3822 | nov-mar | 1650 | hdd call | 5000/2 | $420000 | $800000 |
| Savannah | 3822 | nov-mar | | hdd swap | 5000/2 | 1640 | |
| Spokan | 24157 | nov-mar | 4650 | hdd put | 2500/1 | $125000 | $295000 |
| Spokan | 24157 | nov-mar | | hdd swap | 5000/2 | 4800 | |
| Tucson | 23160 | nov-mar | 1400 | hdd call | 5000/2 | $320000 | $500000 |
| Washington D.C. | 13743 | nov-mar | 3200 | hdd put | 10000/2 | $340000 | $580000 |
| Worcester | 94746 | nov-mar | | hdd swap | 5000/1 | 5100 | 5150 |

TFS ENERGY L.L.C.

WEATHER
OTHER CITIES AVAILABLE - PLEASE CALL
KENDALL A. JOHNSON
ERIC ANDERSON
MARIANN VAN ZANTEN
TFS ENERGY (203) 351-9525 OR (800) 584-4350
07/19/05

**CDD OPTIONS 2001:** See Other Page For Winter Structures

| City | Period | Station-ID | Call/Put | Strike | $/CDD | Limit $ | Bid $ | Offer $ | RMS Cleaned *10 yr avg | RMS Enhanced **10 yr avg |
|---|---|---|---|---|---|---|---|---|---|---|
| Atlanta, GA | July-Aug '01 (CDDs) | 13874 | Call | 1000 | 15K | 1.5MM | - | 380000 | 942 | 858 |
| Atlanta, GA | July-Aug '01 (CDDs) | 13874 | Put | 925 | 15K | 1.5MM | 750000 | 825000 | 942 | 858 |
| Bismark, ND | July-Sept '01 (CDDs) | 24011 | Put | 335 | 5K | 1MM | - | 100000 | 373 | 373 |
| Burlington, VT | July-Aug '01 (CDDs) | 14742 | Put | 300 | 5K | 1MM | 135000 | 240000 | 319 | 319 |
| Burlington, VT | July15-Sept '01 (CDDs) | 14742 | Put | 225 | 5K | 1MM | 40000 | 100000 | 283 | 283 |
| Burlington, VT | July15-Sept '01 (CDDs) | 14742 | Call | 290 | 5K | 1MM | - | 210000 | 283 | 283 |
| Charleston, SC | July 15-Sept '01 (CDDs) | 13880 | Call | 825 | 15K | 1.5MM | - | 400000 | 1123 | 1141 |
| Chattanooga, TN | Aug '01 (CDDs) | 13882 | Call | 460 | 5K | 500K | - | 400000 | 428 | 428 |
| Covington, KY | July-Sept '01 (CDDs) | 93814 | Put | 675 | 5K | 1MM | 160000 | - | 714 | 714 |
| Covington, KY | July-Sept '01 (CDDs) | 93814 | Put | 610 | 5K | 1MM | 175000 | 210000 | 714 | 714 |
| Dallas, TX | July15-Sept '01 (CDDs) | 03927 | Put | 1350 | 500K | 100K | 2500 | 25000 | 1400 | 1400 |
| Indianapolis, IN | July-Aug '01 (CDDs) | 93819 | Call | 630 | 7.5K | 2.5MM | 150000 | 325000 | 604 | 604 |
| Memphis, TN | July-Aug '01 (CDDs) | 13893 | Call | 1100 | 10,000 | 1.5MM | 300000 | 600000 | 1063 | 1060 |
| Minneapolis, MN | July-Sept '01 (CDDs) | 14922 | Call | 575 | 5K | 1MM | 80000 | 145000 | 445 | 468 |
| Minneapolis, MN | Aug-Sept '01 (CDDs) | 14922 | Call | 270 | 5K | 1MM | 55000 | 150000 | 238 | 251 |
| Newark, NJ | July-Aug '01 (CDDs) | 14734 | Put | 700 | 5K | 1MM | 160000 | 275000 | 748 | 721 |
| New Orleans, LA | July-Aug '01 (CDDs) | 12916 | Call | 1140 | 5K | 1MM | 150000 | 285000 | 1123 | 1131 |
| New York, (LAG) | Aug-Oct '01 (CDDs) | 14732 | Call | 525 | 5K | 1MM | 80000 | 225000 | 529 | 529 |
| New York, (LAG) | Aug '01 (CDDs) | 14732 | Put | 325 | 5K | 500K | 90000 | 105000 | 352 | 352 |
| New York, (LAG) | July-Aug '01 (CDDs) | 14732 | Call | 775 | 5K | 1MM | - | 285000 | 753 | 753 |
| New York, (LAG) | July-Aug '01 (CDDs) | 14732 | Put | 687 | 12K | 2MM | 300000 | 360000 | 753 | 753 |
| Philadelphia, PA | July-Sept '01 (CDDs) | 13739 | Call | 920 | 5K | 1MM | 110000 | - | 930 | 878 |
| Philadelphia, PA | July-Aug '01 (CDDs) | 13739 | Call | 750 | 5K | 1MM | 170000 | 325000 | 773 | 734 |
| Philadelphia, PA | July-Aug '01 (CDDs) | 13739 | Put | 680 | 10K | 1.5MM | 130000 | - | 773 | 734 |
| Philadelphia, PA | July-Aug '01 (CDDs) | 13739 | Put | 735 | 5K | 1MM | 185000 | - | 773 | 734 |
| Pittsburgh, PA | July-Sept '01 (CDDs) | 94823 | Call | 550 | 5K | 1MM | - | - | 536 | 495 |
| Reno, NV | July-Aug '01 (CDDs) | 23185 | Call | 500 | 5K | 1MM | 130000 | 400000 | 464 | 491 |
| Sacramento, Ca | July-Aug '01 (CDDs) | 23232 | Put | 630 | 5K | 1MM | 80000 | - | 624 | 566 |
| Sacramento, Ca | Aug-Sept '01 (CDDs) | 23232 | Put | 530 | 10K | 1MM | 140000 | - | 543 | 518 |
| Salt Lake City, UT | July 15-Sept '01 (CDDs) | 24127 | Call | 770 | 5K | 1MM | 190000 | 460000 | 746 | 692 |
| Seattle, WA | July-Aug '01 (CDDs) | 24233 | Call | 155 | 5K | 750K | 70000 | 78000 | 134 | 133 |
| St Louis, Mo | July-Sept '01 (CDDs) | 13994 | Put | 1000 | 5K | 1MM | 120000 | - | 1061 | 1030 |
| St Louis, Mo | July-Sept '01 (CDDs) | 13994 | Put | 975 | 5K | 1MM | 80000 | 115000 | 1061 | 1030 |
| Tucson, AZ | July-Aug '01 (CDDs) | 23160 | Put | 1350 | 5K | 1MM | 105000 | - | 1362 | 1362 |
| Washington Natl, DC | Aug '01 (CDDs) | 13743 | Put | 360 | 5K | 500K | 50000 | - | 398 | 398 |
| Worcester, MA | July-Aug '01 (CDDs) | 94746 | Call | 265 | 2.5K | 500K | 85000 | - | 283 | 283 |

**CDD OPTIONS 2002:**

| City | Period | Station-ID | Call/Put | Strike | $/CDD | Limit $ | Bid $ | Offer $ | *10 yr avg | **10 yr avg |
|---|---|---|---|---|---|---|---|---|---|---|
| Minneapolis, MN | April-Oct '02 (CDDs) | 14922 | Call | 650 | 5K | 1MM | 175000 | - | 635 | 658 |
| New Orleans, LA | May-Sept '02 (CDDs) | 12916 | Call | 2400 | 5K | 2MM | 210000 | 575000 | 2379 | 2401 |

**CDD BASKET:**

| City | Period | Station-ID | Call/Put | Strike | $/CDD | Limit $ | Bid $ | Offer $ | *10 yr avg | **10 yr avg |
|---|---|---|---|---|---|---|---|---|---|---|
| Atlanta, GA | July-Aug '01 (CDDs) | 13874 | - | - | - | - | - | - | 943 | 858 |
| Chicago, IL | July-Aug '01 (CDDs) | 94846 | - | - | - | - | - | - | 497 | 497 |
| Covington, KY | July-Aug '01 (CDDs) | 93814 | - | - | - | - | - | - | 601 | 601 |
| Philadelphia, PA | July-Aug '01 (CDDs) | 13739 | Call | 700 | 12.50K | 2.50MM | 100000 | 300000 | 773 | 735 |
| | | | Call | 700 | 6.25K | 1.25MM | 75000 | 290000 | | |
| | | | Call | 700 | 5K | 2MM | 75000 | 350000 | | |

# Spreads, Baskets, Strangles, Straddles, Collars...

✔ INDICATES NEW STRUCTURE OR REVISION TODAY

| Location | WBAN | Term Begin Date - End Date | Strike (only if applicable) | Bid/Ask in $M or H/C DDs | TICK X CAP $M x $MM | TEN YEAR AVERAGE Cleaned | Enhanced |
|---|---|---|---|---|---|---|---|
| **Precipitation Weighted Precip. Put Basket** | | | | | | | |
| Omaha, NE 34% | 14942 | 22Jul01-15Aug01 | 2.5 inches | 80-290 | $75000/.1in. | N/A | N/A |
| Minneapolis, MN 32% ✔ | 14922 | | | | Cap= 1500 000 | | |
| Springfield, IL 16% | 13822 | | | | | | |
| Rockford, IL 18% | 14822 | | | | | | |
| **Spreads** | | | | | | | |
| Tucson | 23160 | Nov01-Mar02 | | 30 BID | 15x0.25 | 433.65 | 434.42 |
| and Phoenix | 23183 | | | | | | |
| Atlantic City | 93730 | Nov01-Mar02 | | 195 OFFER | 5x1 | 4010.9 | |
| and Philadelphia | 13739 | | | | | 3817.65 | |
| Portland, OR | 24229 | Nov01-Mar02 | | 795 OFFER | 5x2 | 3126.7 | 3126.7 |
| and Birmingham | 13876 | | | | | 2436.8 | 2436.8 |
| **Collars** | | | | | | | |
| PHILADELPHIA, PA ✔ | 13739 | August | | 300 Put/400 Call Offer | 10x1 | 352.15 | |
| **Baskets** | | | | | | | |
| 6 city winter basket | | | | | | | |
| ALLENTOWN, PA | 14737 | Nov01-Dec01 | 1750 CALL | 1.65mm-2.95mm | 7.5x1.5 | 1666.75 | 1666.75 |
| BUFFALO, NY | 14733 | Nov01-Dec01 | 1900 CALL | | 7.5x1.5 | 5092.4 | 5092.4 |
| INDIANAPOLIS, IN | 93819 | Nov01-Dec01 | 1795 CALL | | 7.5x1.5 | 4417.55 | 4417.55 |
| LOUISVILLE, KY | 93821 | Nov01-Dec01 | 1490 CALL | | 7.5x1.5 | 3598.5 | 3608.43 |
| NEWARK, NJ | 14734 | Nov01-Dec01 | 1470 CALL | | 7.5x1.5 | 3921.35 | 3979.72 |
| PITTSBURGH, PA | 94823 | Nov01-Dec01 | 1790 CALL | | 7.5x1.5 | 4493.6 | 4580.17 |
| 4 city winter basket | | | | | | | |
| PROVIDENCE, RI | 14765 | Nov01-Mar02 | | 500-730 | 25x1 | 4405.1 | 4405.1 |
| DODGE CITY, KS | 13985 | Nov01-Mar02 | | | 25x1 | 4185.2 | 4185.2 |
| CHARLESTON, SC | 13880 | Nov01-Mar02 | | | 25x1 | 1753.45 | 1772.05 |
| PORTLAND, OR | 24229 | Nov01-Mar02 | | | 25x1 | 3126.35 | 3126.35 |
| 5 city winter basket | | | | 3,000x4.750 | | | |
| LUBBOCK, TX | 23042 | Nov01-Mar02 | | | 5x1 | 2946.1 | 3022.4 |
| SHREVEPORT, LA | 13957 | Nov01-Mar02 | | | 5x1 | 1986.65 | 2020.33 |
| ATLANTA, GA | 13874 | Nov01-Mar02 | | | 5x1 | 2580.23 | 2405.95 |
| PHOENIX, AZ | 23183 | Nov01-Mar02 | | | 5x1 | 923.55 | 974.74 |
| SAN FRANCISCO, CA | 23234 | Nov01-Mar02 | | | 5x1 | 1809.85 | 1866.79 |
| 3 city call basket | | | | | | | |
| BALTIMORE, MD | 93721 | Nov01-Mar02 | 4000 HDD | 500-575 | 5x0.75 | 3832.3 | 3832.3 |
| DALLAS, TX | 03927 | Nov01-Mar02 | 2200 HDD | | | 2100.7 | 2100.7 |
| SAN FRANCISCO, CA | 23234 | Nov01-Mar02 | 2000 HDD | | | 1809.85 | 1866.79 |
| 3 city call basket | | | | | | | |
| BINGHAMTON, NY | 04725 | Nov01-Mar02 | 5600 HDD | 300-380 | 2.5x0.75 | 5443.25 | 5443.25 |
| SEATTLE, WA | 24233 | Nov01-Mar02 | 3300 HDD | | | 3213.15 | 3219.03 |
| DALLAS, TX | 03927 | Nov01-Mar02 | 2200 HDD | | | 1809.85 | 1866.79 |
| 3 city call basket | | | | | | | |
| ALBANY, NY | 14735 | Nov01-Mar02 | 5360 HDD | | 5x0.75 | 5237.1 | 5237.1 |
| MINNEAPOLIS, MN | 14922 | Nov01-Mar02 | 6400 HDD | | | 6181.15 | 6181.29 |
| SALT LAKE CITY, UT | 24127 | Nov01-Mar02 | 4400 HDD | | | 4265.3 | 4391.5 |
| 3 city basket | | | | | | | |
| BIRMINGHAM, AL(PUT) | 13876 | Nov01-Mar02 | 2300 HDD | 915-1.1 | 5x2 | 2436.8 | 2436.8 |
| LAGUARDIA, NY(PUT) | 14732 | Nov01-Mar02 | 3700 HDD | | | 3822.4 | 3822.4 |
| FRESNO, CA(CALL) | 93193 | Nov01-Mar02 | 2180 HDD | | | 2050.6 | 2050.6 |

Dan Tomlinson, Katleen De Cock
+44 20 7661 3780

| Ref Station | WMO | Period | Days | Index | Strike | Structure | Currency | Tick/Deg Size | Cap | Bid | Offer |
|---|---|---|---|---|---|---|---|---|---|---|---|
| London Heathrow | (WMO#03772) | Nov Mar 01 / 02 | 151 | HDD | 1720 | Call Option | GBP | 3000 | 600k | Traded | 111000 |
| London Heathrow | (WMO#03772) | Nov Mar 01 / 02 | 151 | HDD | 1690 | Put Option | GBP | 3000 | 600k | 80000 | 150000 |
| London Heathrow | (WMO#03772) | Nov Mar 01 / 02 | 151 | HDD | 1675 | Put Option | GBP | 3000 | 600k | 60000 | |
| London Heathrow | (WMO#03772) | Nov Mar 01 / 02 | 151 | HDD | 1650 | Put Option | GBP | 5000 | 1 mio | 85000 | 150000 |
| London Heathrow | (WMO#03772) | Nov Mar 01 / 02 | 151 | HDD | * | Swap | GBP | 1000 | 200k | 1701.00 | 1707.00 |
| London Heathrow | (WMO#03772) | Nov Mar 01 / 02 | 151 | HDD | * | Swap | GBP | 5000 | 1mio | 1703.00 | |
| London Heathrow | (WMO#03772) | Nov Mar 01 / 02 | 151 | AVE | * | Ave Ave Swap | GBP | 151k | 302k | | 6.7600 |
| London Heathrow | (WMO#03772) | Nov Mar 01 / 02 | 151 | AVE | * | Ave Ave Swap | GBP | 250k | 500k | | 6.7500 |
| London Heathrow | (WMO#03772) | Q401 OctNovDec | 91 | AVE | * | Ave Ave Swap | GBP | 30k | 60k | | |
| London Heathrow | (WMO#03772) | Q401 OctNovDec | 91 | HDD | 925 | Call Option | GBP | 3000 | 600k | | |
| London Heathrow | (WMO#03772) | Q401 OctNovDec | 91 | HDD | 950 | Call Option | GBP | 3000 | 600k | | |
| London Heathrow | (WMO#03772) | Q102 JanFebMar | 90 | HDD | * | Ave Ave Swap | GBP | 30k | 60k | | |
| London Heathrow | (WMO#03772) | Q102 JanFebMar | 90 | HDD | 1050 | Call Option | GBP | 3000 | 600k | | |
| London Heathrow | (WMO#03772) | Q102 JanFebMar | 90 | HDD | 1075 | Call Option | GBP | 3000 | 600k | | |
| Rennes | (WMO#07130) | Jun Aug 01 | 92 | MM | 130 | Rainfall in MM Put Option | EUR | 5000 | 400k | 70000 | 110000 |
| Paris Orly | (WMO#07149) | Nov Mar 01 / 02 | 151 | AVE | * | Ave Ave Swap | EUR | 150k | 300k | 6.1700 | 6.4100 |
| Paris Orly | (WMO#07149) | May Sep 01 | 153 | AVE | * | Ave Ave Swap | EUR | 150k | 300k | | |
| Lyon-Bron | (WMO#07480) | Nov Mar 01 / 02 | 151 | AVE | * | Ave Ave Swap | EUR | 150k | 300k | 6.0000 | 6.2400 |
| Nantes | (WMO#07222) | Nov Mar 01 / 02 | 151 | AVE | * | Ave Ave Swap | EUR | 150k | 300k | 7.6500 | 7.8900 |
| Bordeaux-Merignac | (WMO#07510) | Nov Mar 01 / 02 | 151 | AVE | * | Ave Ave Swap | EUR | 150k | 300k | 8.9100 | 9.1500 |

Amerex Weather Desk
281-340-9174
Brian Buscaglia
brianb@amerexenergy.com

AMEREX

RED indicates improved bid; Blue indicates improved offer

| City | Period | Station ID WBAN | Swap/Call/Put | Strike | $/CDD $/HDD | Limit $ | Bid $ (in .000's) | Offer $ (in .000's) | Updated | NCDC 10 YR EDITED DATA |
|---|---|---|---|---|---|---|---|---|---|---|
| Akron OH. | NOV 01 - MARCH 02 | 14895 | HDD SWAP | | 5 000 | 2mm | 4790 | 4870 | 31-Jul-01 | 4840 |
| Akron OH. | NOV 01 - DEC 01 | 14895 | HDD CALL | 1880 | 5000 | 1.5mm | 260 | 380 | 31-Jul-01 | 1807 |
| Milwaukee WI | NOV 01 - MARCH 02 | 14839 | HDD CALL | 5400 | 5000 | 2mm | 440 | 580 | 31-Jul-01 | 5222 |
| Milwaukee WI. | NOV 01 - MARCH 02 | 14839 | HDD SWAP | | 5000 | 2mm | 5215 | 5295 | 31-Jul-01 | 5222 |
| Orlando FL. | NOV 01 - MARCH 02 | 12815 | HDD CALL | 565 | 10000 | 3mm | 440 | 660 | 31-Jul-01 | 529 |
| Orlando FL. | NOV 01 - MARCH 02 | 12815 | HDD PUT | 475 | 10000 | 2mm | 200 | 495 | 31-Jul-01 | 529 |
| San Diego CA. | NOV 01 - MARCH 02 | 23188 | HDD SWAP | | 5000 | 1mm | 985 | 1005 | 31-Jul-01 | 972 |

# 第八章　风险管理策略和应用

Martin Malinow

天气风险管理市场的弹性、现行的保险和衍生产品为广大领域的终端客户和供给者量身定做了用户化的解决方案。在这一章中，详细考察各种风险策略以及如何使用这些策略达成特定的风险目标。我们将讨论套期保值者和仓位交易者都可以采用的策略。套期保值者利用天气风险产品减少他们天然的风险——他们经营中固有的天气风险；仓位交易者利用风险产品择机承接风险。虽然策略可以用多种方式定义和分类，但根据我们讨论的需要，我们将它们分为两类：定向策略和权变策略（Directional and Volatility）。

## 定向策略

定向策略可用来建立多头仓位或空头仓位。多头仓位意味着，指数上升时，所持仓位将带来利润，而空头仓位意味着，指数下跌时有利润。像第五章和第六章中指出的那样，指数可以代表一定时期内的累积天气情况（例如 HDDs、降雪量）、一定时期内的特定日期的天气情况［例如峰值气温天（PTDs）、积雪清扫天（SCDs）］，或一定时期内的平均天气情况（平均最高气温、平均日照小时）。

进行套期保值交易的公司，一般说来其现行的经营活动就具有天然风险。根据公司想取得的风险受保护的状态，公司可以选择对称的或不对称的套期保值策略。公司用不对称的套期保值策略对风险的一侧进行保护；而用对称的套期保值策略对风险的双侧进行保护。让我们来考虑一家制盐商的情况，制盐商经营面临的风险是在冬季有多少多雪和结冰天。假设，公司的冬季预算基础是 22 SCDs，每增减一SCD，公司收益将线性地增减 50 万美元。历史数据表明，不会出现小于 6 个 SCDs和大于 38 个 SCDs 的情况。图 8-1 解释了相关收益情况。

对于这种天然的风险，制盐商有几种套期保值策略可以选择。他可以什么也不做，完全承担风险；他也可以不对称地对风险的一侧进行套期保值，或对称地对风险的两侧进行套期保值。

保留风险：如果公司什么都不做，就没有做套期保值交易的成本，只有不做套

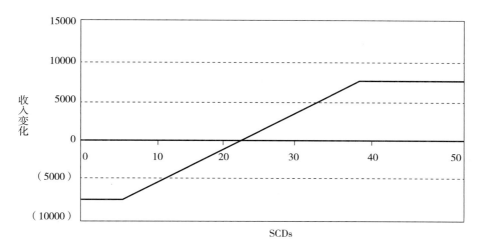

图 8-1 制盐商收益情况

期保值情况下潜在的利益或损失。根据图 8-1,公司首席财务官可以清晰地了解天气情况将如何影响公司收益。

不对称套期保值:如果公司选择对风险的一侧进行套期保值,它就要进行不对称套期保值交易。这和传统的保险方法类似,公司仅针对指数不利运动方向寻求下部保护,这使公司在指数向有利方向变动时可以获利。作为对这种好处的交换,套期保值者必须支付权利金。在我们的例子中,制盐商可能需要购买一份看跌期权(其结构既可以是一份保险单,也可以是一份衍生品)。这种看跌期权设计反映了制盐商天然的与指数关联的下部风险,见图 8-2。

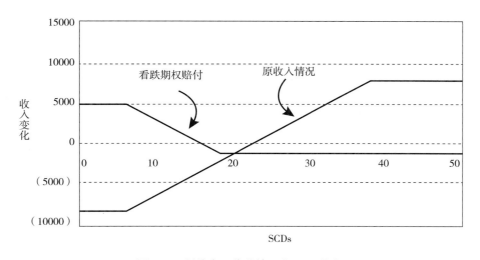

图 8-2 制盐商:收益情况和 SCD 期权

期权的交易金额等于制盐商天然的风险的大小,或说每 SCD $500000。假设公司对预算中的风险愿意承受量是 $2M——相当于 4 个 SCD(4× $500000)——那么期权的行权价格可以定在 18 SCD。赔付界限对应于这种风险的历史界限，6 个 SCD，或说 $6M［（18-6）×$500000］。在这个例子中，SCD 看跌期权的权利金假设是 $1M。与制盐商天然风险相连的 SCD 期权给收益有效地设置了一张地板（见图 8-3）；现在公司不用担心指数跌到行权价 18 SCD 之下会给公司财务带来什么风险了。由于当指数高于行权价时不会导致任何支出，所以制盐商依旧可以得到指数因多雪和结冰天数增加而上升所带来的上部收益。公司所付出的仅是权利金，它由套期保值线跌到天然风险之下的数量所代表。

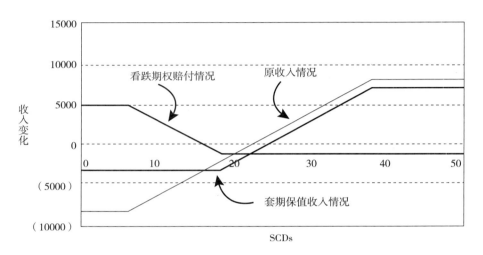

**图 8-3　制盐商：收益/风险结合情况**

　　对称套期保值：不选择对称套期保值，制盐商也可以选择购买一份套保期权对其面临的 SCD 指数可能下跌的风险进行对称套期保值。像第七章中曾经指出的那样，套保期权是看跌期权多头和看涨期权空头的结合；在这个例子中就是看跌期权多头伴随着看涨期权空头。从前面的章节中我们知道，如果一家公司的兴趣是减少收益的总体的波动性或希望免除事先支付的套期保值成本（也就是权利金支出），公司就会使用套保期权。要达到免除事先支付的套期保值成本的目的，公司同意用可能的高指数带来的上部利益的一部分来交换对可能的下部低指数的保护。这种支付安排的结果是一种套期保值，它所需支付的权利金比非对称套期保值所需的权利金要少得多；在一些案例中，通过适当确定行权价格可以使进行套期保值的公司根本无须支付权利金。与公司天然风险相关的套保期权的支付情况的解释见图 8-4。

　　实际当 SCD 指数在行权价格 18 SCD 之下时，套期保值提供者按每 SCD $500000 的比例向制盐商付款，最多付到 6 SCD，或 $6M［（18-6）×$500000］。但当实际 SCD 指数在上部行权价格 26 SCD 之上时，制盐商按每 SCD $500000 的比例向套期保值提供者付款，最多付到 38 SCD（历史上 SCD 指数的最高值）。这就将制盐商义务的上限设置在 $6M［（38-26）×$500000］。在套保期权赔付情况在 18

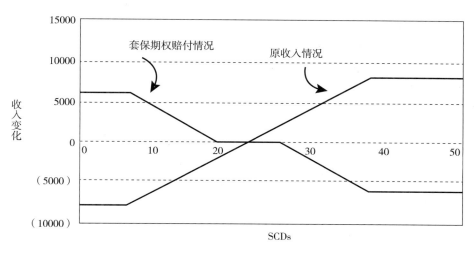

**图 8-4　制盐商：收益情况与 SCD 套保期权**

SCD 和 26 SCD 之间的水平部分——有时称为"静域"，制盐商和套期保值供给者互不支付。在这个例子中，制盐商和套期保值供给者的风险情况恰好互换，这就排除了一方向另一方支付风险权利金的需要。图 8-5 解释了制盐商如何用恰当的套保期权对其风险进行套期保值。

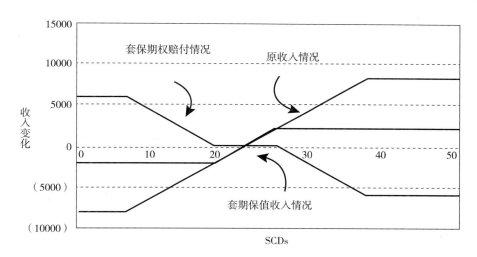

**图 8-5　制盐商：收益/风险结合情况**

制盐商在 18SCD 之下有一个指数地板（这是通过保护性的看跌期权取得的），在 26 SCD 之上有一个指数天花板（这是通过抵押可能的高实际指数带来的上部收益取得的）。公司出售看涨期权所得权利金完全用来支付公司买入看跌期权必须支付的权利金，结果是创立了一份零成本的套保期权。在套期保值图表的两个行权价格之间的斜线部分，表示这一部分指数：公司愿意承担风险——可能是正向变动也可能是负向变动。如果预算值是 22SCD，那么公司的风险是双向 4 SCD。

对称套期保值也可以通过使用互换完成——一种可以看作是匹配上部和下部行权价格的套保期权的合约。互换不是对一个风险保留领域的两侧的情况套期保值，而是对风险保留点的两侧进行套期保值。在使用互换对定向风险进行套期保值前，公司必须清楚地知道公司收益和天气之间有非常强的相关性。在制盐商的案例中，收益与 SCD 指数几乎完全相关。卖出一份互换使公司在实际 SCD 指数低于预算的 22SCD 水平时的任何损失都得到补偿（也就是无"静域"）。而要达到不支付套期保值成本的目标，公司就必须向套期保值供给者提供同等风险侧面，办法是付出当实际 SCD 指数高于预算中的 22 SCD 水平时的所有收益。图 8-6 解释了与公司天然风险相关的互换的支付情况。

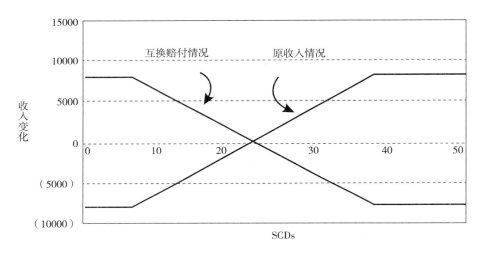

**图 8-6　制盐商：收益情况和 SCD 互换**

互换条款与早前描述的套保期权的条款相同，除了以下两点：单一的 22 SCD 行权价格和 $8M 的支付限制——这相当于最大的与预算不一致的风险。要注意互换的支付情况反映的是指数的风险情况。图 8-7 解释了制盐商套期保值风险情况。

从图 8-7 可以看出制盐商不再有任何天气风险。他实际上购买了行权价格为 22 SCD 的看跌期权和卖出了行权价格同样为 22 SCD 的看涨期权。他销售看涨期权所获权利金支付了他购买看跌期权的权利金，构造了一个零成本的互换。

为向性质上是空头一方的套期保值的实体解释套期保值策略，我们仅需考虑制盐商风险对立面的实体，例如，买盐化冰融雪的州政府。为简单起见，我们假设这个特定的州政府是制盐商的客户，且也面临 SCD 指数风险。政府面临的性质上是空头的风险情况如图 8-8 所示。

政府对 SCD 指数的预期与制盐商相同（也是 22）、风险量也相同（$500000 每 SCD，图 8-8 中函数的斜率），根据这种自然风险，政府面对的可供选择的套期保值方案类似于制盐商面对的可供选择的方案，虽然在方向上是相反的：保留风险自己

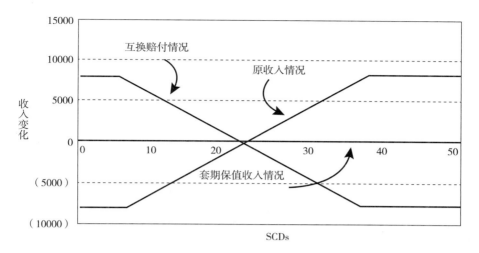

**图 8-7　制盐商：收益/风险情况的结合**

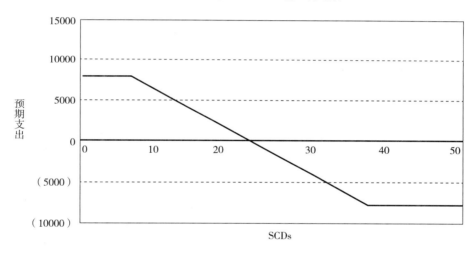

**图 8-8　政府：预期情况**

承担、不对称套期保值、对称套期保值。省略第一种选择（因为它与我们上面已经讨论过的东西没有任何不同），我们集中讨论两种起作用的套期保值策略。

不对称套期保值：性质上是空头的不对称套期保值涉及购买一份看涨工具（衍生品或保险）；这个概念与我们此前讨论的看跌工具策略相同。预算不足时，政府得到保护，但预算有盈余时，政府可以得到相应利益；作为交换，套期保值供给者事先收取权利金。图 8-9 解释了与政府自然风险相关的看涨工具的支付情况。

看涨工具的交易额等于政府天然风险的数量，或者说每 SCD $500000。政府希望保留预期风险中的 $2M 由自己承担——等于 4 个 SCD——因此，决定将行权价格定在 26 SCD。这一看涨工具的赔付上限对应于这一风险的历史上限，也就是 38 SCD，或者说是 $6M〔（38−26）× $500000〕。SCD 管涨工具给 SCD 指数有效地设置了一个天花板，见图 8-10。

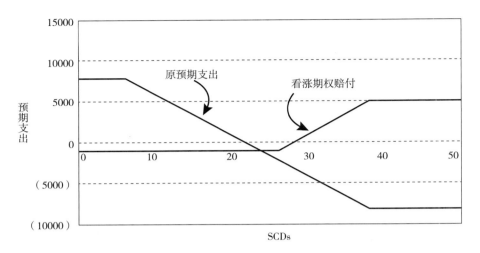

图 8-9　政府：预期情况和 SCD 看涨期权

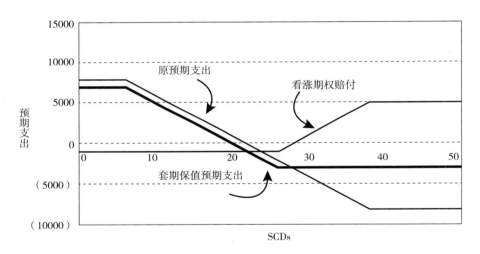

图 8-10　政府：预期/风险结合情况

图中粗体实线代表政府的套期保值风险。从图中可以清楚地看到在行权价格 26 SCD 之上政府不再有预算风险。因为当指数低于行权价格时，看涨工具不会导致支付或额外的权利金，所以政府依旧可以分享由较少的多雪结冰天数带来的利益。政府支付的就是 $1M 的权利金（同样由在行权价格之下的指数点部分对应的套期保值线低于自然风险的数量表示）。

对称套期保值：与制盐商类似，政府可以使用套保期权或互换进行对称套期保值。政府的风险是 SCD 指数可能很大，所以政府可以卖出一个套保期权或买入一份互换，用多头套期保值仓位补偿其天气的空头仓位。在上面的例子中，制盐商使用了一个等额套期保权（Even Notional Collar），因为套期保值者和套期保值的供给者都有向对方支付同等金额的潜在的义务。在现在的这个例子中，我们来探讨非等额套保期权（Spit Notional Collar）的概念（有时也认作非对称套保期权）。虽然这是一个对称套期保值的非对称版本，但基于讨论的需要，我们还是将其议作对称的。

让我们作这样的假设：政府寻求上部保护以回避 SCD 指数上升的整体风险（＄500000 每 SCD），但不想放弃指数下降时的全部下部收益。事实上，政府正在买一份每 SCD ＄500000 的看涨期权，卖一份每 SCD ＄250000 的看跌期权。政府这样做可以使其分享指数下跌时天气带来一半的利益。与公司自然风险相关的非等额套期权的支付情况见图 8-11。

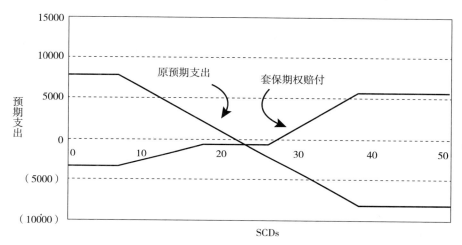

**图 8-11　政府：预期情况和非等额套保期权**

从图 8-11 可以清楚地看出，套保期权支付曲线的斜率在低于下部行权价格部分比高于上部行权价格部分要低。因为现在的风险交换情况有利于政府，所以套期保值供给者将向政府收取非等额套保期权的权利金。图 8-12 描述了政府的联合风险。

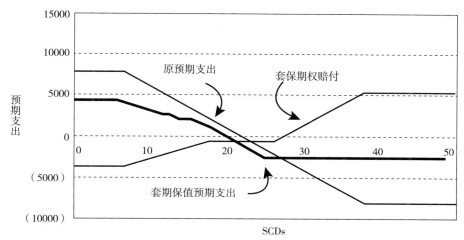

**图 8-12　政府：预期/风险结合情况**

虽然政府也可以使用互换对其风险进行套期保值，但我们不打算重复有关讨论，因为它与我们早先的讨论类似。当然，政府现在是买入一份互换，而不再是卖出一份互换。

数字式风险是自然定向风险中的另一类风险，可以这样来刻画它：要么全部损失，要么根本无损失。让我们来考虑一个滑雪胜地经营者面临的数字式风险。经营者根据经验知道，他要在有利可图的圣诞节假期向游人"开放"山脉以获得其希望得到的＄2M的利润，天然的降雪量必须最少达到20英寸。这个滑雪胜地没有制雪设备，完全依赖滑雪场的天然降雪；另外，除非滑雪场有足够深的积雪可以使游人严重受伤的风险降到最低限度，那么保险公司将禁止经营者经营。经营者自然风险情况见图8-13。

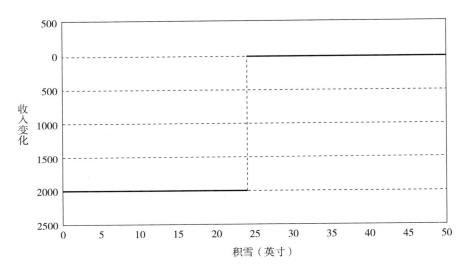

**图 8-13　滑雪场经营者：收益情况**

滑雪场经营者寻找定向套期保值策略的专门的应用，以对可能的因降雪量不足而产生的主要损失进行保护。他购买了一份数字式看跌工具（如保险或衍生品）以使自己得到希望的非等额保护。这份看跌工具的支付情况对应经营者的自然风险，行权价格是20英寸之下赔付＄2M美元，赔付限额也是＄2M。这样，当累计降雪量低于20英寸时，看跌工具提供一份固定的赔付额——＄2M，不管降雪量是19.5英寸还是1.5英寸。与任何非等额套期保值一样，保值者要事先向保值供给者支付权利金。图8-14解释了与滑雪场经营者自然风险相关的数字式看跌工具的支付情况。图8-15解释了经营者的套期保值风险情况。

从图8-15可以清楚地看出，与套期保值相关的收入受到＄500000的负值影响，所有指数水平都是这个常数，它代表经营者支付的选择权的权利金，也是重要的、不可替代的商业机会的确定的成本。对于滑雪场经营者的管理人员而言，较之冒失去整个圣诞节滑雪季节收入的风险，将将来的预期收入降低＄500000是一个相对简

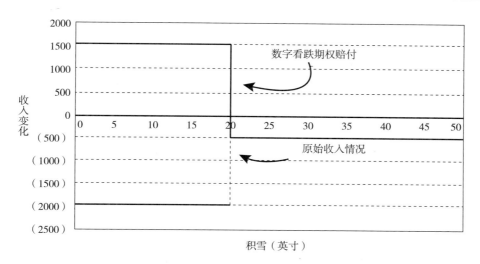

**图 8-14 滑雪场经营者：收益情况和降雪量数字式看跌工具**

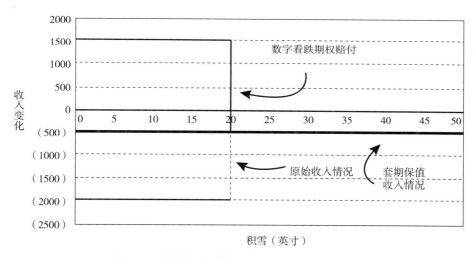

**图 8-15 滑雪场经营者：收益/风险情况的结合**

单的决定。

更奇特的定向策略涉及使用第七章讨论过的撞入和撞出（或屏障）选择权。像前面章节所指出的那样，这些期权在指数达到特定的水平时生效或灭失。在天气风险市场，我们可以考虑两类不同种类的屏障：有迹可依的（撞入或撞出取决于季节里天气的观测水平）和无迹可依的（撞入或撞出取决于所述天气指数的最后结算值）。

在这里的讨论中，我们集中于无迹可依的选择权，考虑一家正寻求对其在美国的财产和人寿风险（P&C）进行多元化安排的保险公司。在寒冷的冬季，保险公司受理更多的索赔（特别是在厄尔尼诺冬季循环期间，极端天气情况可能对经营和财产造成巨大的破坏）。为使业务多元化，公司当然希望得到暖冬保险单，所以公司担心如果出现了厄尔尼诺冬季，美国的冬季气温将比正常年份高。公司担心会在两方面亏钱，一是公司的暖冬保险单，一是公司的核心 P&C 业务，所以公司寻求一种策略使其业务组合在正常冬季能达到平衡，在厄尔尼诺冬季不出现"双倍损失"。

为实现这一目标，保险公司卖出一份 HDD 看跌期权，撞出点定在反映厄尔尼诺冬季的水平。如果指数在行权价格之上，保险公司就留下权利金而无须承担义务；如果指数在行权价格和屏障之间，保险公司的赔付责任限于所收权利金。如果屏障达到了，保险公司赔付此前产生的损失的责任就立即解除，公司简单地保留已收进的权利金即可。这种策略支付情况见图 8-16。

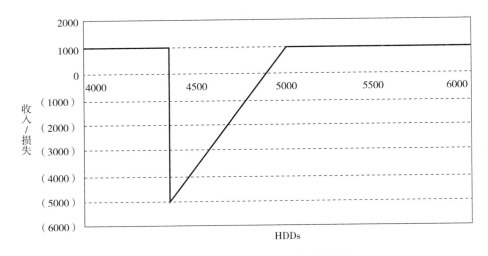

**图 8-16　保险公司：HDD 撞出看跌期权**

我们讨论的最后一个策略是基于混合选择权的。像第七章所指出的那样，复合期权可以看作是任何拟定看涨期权或看跌期权的看涨或看跌期权。复合期权的权利金通常分两步支付：第一次是预付，第二次是在某一事先确定的日期，期权的买者决定行权和取得拟定中的期权时支付（通常是经过观测到作决定时止的指数的表现，来作出要否行权的决定；这样，天气复合期权的两个时期被分别认作回顾观测期和选择期）。在天气风险市场，复合期权既可以是多季节的（经历数个季节，决定是否行权的日期定在数个风险季节间），也可以是单季节的（只经历一个季节，决定是否行权的日期只能确定在一个季节里）。

考虑一个正回顾暖冬的天气交易商的案例。交易商可能相信——不管是通过统计分析还是通过气象学分析——如果在 11~12 月 HDD 累积值不足，那么整个 11 月至次年 3 月间指数都会很弱。一份普通（Vanila）HDD 看跌期权，大致条款如表 8-1 所示，卖价为 \$1.2M。一份复合期权，条款类似，预付权利金要价是 \$4M，决定是否行权的日期是 12 月 31 日，第二次选择权权利金是 \$1.2M。显然，如果交易商确切知道他会行权付第二笔权利金以保有期权，那他就应该直接购买普通期权——总的成本会低一些。但当我们不确定我们是否会作出不正确的决定时，无须支付普通期权要求的全部权利金就有价值了。交易者作决定的标准很可能是交易者典型 HDD 曲线的希望值和标准差，还有回顾观测期（11～12 月）与选择期（1～2 月）的历史相关性。另外，任何气象数据，如最近的预报、预报错误的平均值和标准差，都会影响行权决策。

表 8-1　HDD 看跌期权条款

| 期间 | 11 月 1 日至次年 3 月 31 日 |
| --- | --- |
| 地点 | 芝加哥 O'hare（WBAN94846） |
| 赔付 | $ 10000/HDD |
| 赔付上限 | $ 4000000 |
| 行权价格 | $ 6000 |

# 权变性策略

权变性策略寻求得到指数变化量方面的利益，而不是方向方面的利益。在许多市场上，权变性策略不仅涉及工具或指数的最后价格，还涉及交易期间已经发生的变化量。在天气市场的这一部分，几乎所有的易变性策略都只依赖于最后的指数结算。天气易变性策略供那些有或要求两侧风险保护的套期保值者精确应用，或供那些承担两侧风险或要求承担两侧风险的投资者精确应用。两种主要的易变性策略是前面章节里讨论过的鞍形期权（Straddle）和伽形双向期权（Strangle）。

为讨论鞍形期权的应用，我们使用一家寻求承保非灾难性天气风险的投资基金的例子。这家基金可能对指数的精确运动方向并无什么概念（或没有天气预报方面的专家意见），但基于基金的统计分析，基金可能感到承接两个方向的天气风险是适宜的。通过这种方法，基金在两种交易仓位上收取权利金，但可能只在一个交易仓位上不得不赔付，这就创造了一个吸引人的、有利可图的交易（即权利金是双倍的，但义务不是）。为使所承接的风险态势如此，基金卖出一份看跌期权和一份看涨期权，两份期权均是关于同一城市的同一特定指数的期权，行权日期相同，行权价格也相同。通常选定的行权价格应使看涨和看跌期权产生大致相等的权利金（在气温市场，行权价格定在 10 年平均值附近）。图 8-17 解释了基金鞍形期权的支付情况。

在这个例子中，鞍形期权是通过卖出行权价格均为 5000 美元 HDD 的一份看跌

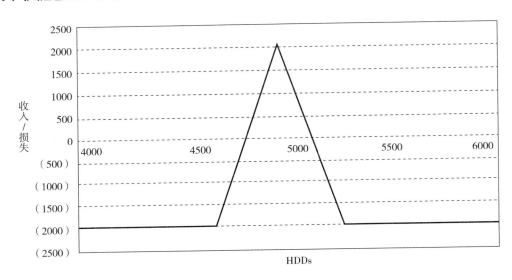

图 8-17　基金：HDD 鞍形期权

期权和一份看涨期权创立的。两份选择权的赔付率均是每 HDD 10000 美元，赔付上限均是 $ 4M。从图 8-17 可以清楚地看到当指数刚好是行权价格 5000 美元 HDD 时，基金实现最大收益——$ 2M；当指数大于 5400 美元 HDD 或小于 4600 美元 HDD 时，基金损失最大。这个数——$ 2M——是看涨期权的赔付上限或看跌期权的赔付上限减所收权利金总额（即 $ 4M~$ 2M）。

　　像第七章中所指出的那样，除了看跌期权和看涨期权的行权价格不同之外，伽形双向期权与鞍形期权类似。公用电力公司如果发电能力有限，要对夏季载荷的波动进行套期保值，就可能使用伽形双向期权。在某些市场，公用公司可能面临夏季日气温高和日气温低的双侧风险。基本的前提是在电力需求（载荷）和气温之间存在近似线性关系。如果高温使载荷超过了公司的发电能力，公司将不得不从批发市场购买额外的电力，价格比其向客户销售的价格还要高；这就使增加的电力导致损失。相反，低气温导致低载荷，这意味着公用事业公司将不会达到预期的收益。在任何情况下，载荷偏离的部分——不管是高于预期还是低于预期——都会使预期收益减少。要保护这种双侧风险，公用事业公司可以购买一份支付情况如图 8-18 所示的伽形双向期权。这种结构品可以为日平均气温的变化提供对称保护。

　　公用事业公司通过购买一系列基于平均日气温的看涨期权和看跌期权来构造一份枷形双向期权。在这个案例中，看涨期权的行权价格是 78℉，赔付率是超过行权价格每度向公用事业公司赔 $ 1M，赔付上限是 $ 12M（即达到 90℉）。看涨期权权利金是 $ 2M，是针对高气温风险设计的，它通过对公用事业公司因气温过高而产生的边际损失提供补偿，来保护公用事业公司。看跌期权的行权价格是 72℉，低于行权气温每度向公用事业公司赔付 $ 1M，赔付上限是 $ 12M（即达到 60℉）。看跌期权权利金也是 $ 2M，是针对低气温风险设计的，它通过对公用事业公司因气温过低

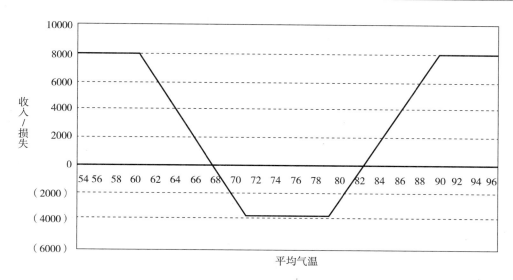

**图 8-18　电力公用事业公司：HDD 枷形双向期权**

而产生的边际损失提供补偿，来保护公用事业公司。从任何一侧看，枷形双向期权的最高赔付收入是 $8M，是赔付上限减总的权利金。气温在 72℉~78℉时，公用事业公司从枷形双向期权得不到任何赔付，而只是损失所有的权利金。然而，在这个气温区间，公用事业公司的经营获利最大，可以轻松地吸收权变性套期保值的成本。

　　这一章里讨论过的保险/衍生品风险管理策略（总结如表 8-2 所示）是天气风险市场上最一般的策略。像我们期望的那样，可以创造许多其他的用户化的策略以满足套期保值者和投机者的特定需要。例如，结合两个天气指数（或一个天气指数和一个非天气指数）的复合扳机结构品就可以用来创造非常丰富独特的风险策略。在附录一中，我们较详细地讨论这些变种中的一部分。

**表 8-2　一般保险/衍生品风险管理策略总结**

|  | 对称的 | 不对称的 |
| --- | --- | --- |
| 定向策略 | 套保期权 | 看跌期权 |
|  | 互换 | 看涨期权 |
|  |  | 数字期权 |
|  |  | 有界的 |
|  |  | 复合的 |
| 权变策略 | 鞍形期权 |  |
|  | 枷形双向期权 |  |

# 第九章  产品和市场的交汇

Erik Banks    Jeff Bortniker

前面的章节我们已经讨论了天气风险管理技术，现在我们将注意力转向与产品和市场交汇相关的更广阔的话题。天气风险市场有助于结合保险市场、衍生工具市场和资本市场的概念、专门技术和投资资金，形成跨传统领域的风险管理解决方案。随着这些行业提供的风险管理能力和机会变得越来越可相互替代，产品和市场的更高水平的交汇就出现了。规则的变化、允许不同行业的机构进入新的市场，使得市场的界限变得模棱起来，也加速了交汇进程。法律障碍的清除和授权法的通过一直在减少，在某些情况下是消除参与者进入多个市场的障碍的重要手段。随着市场交汇的加速，风险转移变得更简单、更便宜、更高效。历史上曾经是"单边"的市场——要求参与者直接承担风险——的面貌在性质上变成了"双向"市场，允许中介和终端客户更自信、更安全地参与市场。随着更多的机构在市场上变得活跃起来，可以预期更强的双向流通。只要发生了这种情况，这一过程就会以自我实现的方式运作：更多的玩家参与，市场就有更好的流通性和安全的利润，这又吸引更多的玩家参与，市场的流通性和利润情况又进一步得到改善……如此循环不已。有着不同风险容量、不同承受能力和不同金融目的的多种参与者的介入和结合，对于天气风险管理市场的成长至关重要。当然，天气风险只是可以利用多面风险管理解决方案的几个风险种类之一。与灾难、能源、金属、农产品、信用、外汇兑换及其他事件相关[①]的风险也是可以利用多面风险管理解决方案的非常好的领域。

## 权变风险转移（ART）的规模

来自保险、再保险和银行业的参与者越来越能够向终端客户和投资者（或他们彼此之间）提供可用来管理其面临风险的或创造投资机会的产品、结构品或机制安排。如我们指出的那样，一家寻求对收入可能因凉爽的夏季而减少的风险进行保护的公司，可以买一份 CDD 看跌期权，或一份保险单，或在 CME 卖出一份 CDD 期货

---

① 包括海运/航运/汽车保险、临时税务负债、剩余价值以及职工养老金等领域。

合约。一家担心灾难性风险的保险公司可以购买灾难再保险，可以买一份灾难资产看跌期权，可以发行灾难债券，或在 CME 购买交易所交易的灾难选择权。那些对更复杂的结构品——如结合天气风险和能源价格的结构品——感兴趣的公司也能立即得到客户化的服务。

从各类市场参与者处都能得到一系列的综合解决问题的方案，这有助于在整个产业促进产品和市场的交汇。权变风险转移（ART）领域是这类交汇的例子，在过去十年里，随着中介、终端客户和投资者积极地追求建立新产品容量、发展新客户关系、重新配置风险、极小化成本和费用或极大化利润，这个领域的规模和普及程度一直在发展。ART 没有单一的定义，因为各个参与者的观点、他们在多大程度上将特殊的风险减缓技术看作是传统业务的延伸或看成是完全新的业务领域，这些在很大程度上影响人们对 ART 的定义。在本书中，我们将 ART 定义为：它是一个创造客户化解决方案的程序，使客户可以将金融风险向保险和再保险市场转移，将非金融风险向衍生品市场和资本市场转移，或者是两种转移的综合程序（见图 9-1）。这意味着投资银行和商业银行可能会积极介入与保险/再保险市场相关的风险结构品开发、风险分担、风险承担或风险转移业务，而保险公司和再保险公司可能会针对金融市场的风险做同样的事。

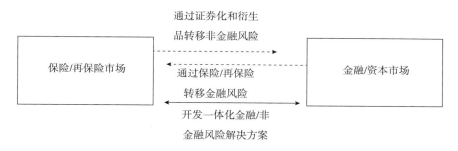

**图 9-1　权变风险转移市场**

ART 市场包括一系列的产品和结构品，这些产品和结构品所要处理的风险在传统市场上有时是很难处理的。基于保险的 ART 通常认为始于 1970 年，那时具有成本意识的公司终端客户开始寻找更便宜的替代品以替代传统的保险类风险管理工具。这导致了自我保险计划的出现和关联保险公司（captive）的创立。特别是关联公司已经变成了风险管理业重要的组成部分。关联公司是母公司的专业保险子公司，由母公司拥有绝大多数股权或由母公司控制，它处理母公司的大量的保险要求（值得注意的是为获得有利的税收待遇——比如税收可扣除保险赔付——关联子公司也必须做一些第三方业务）。关联公司早期的成功[①]又导致"租用关联公司"

---

[①] 在 2000 年，市场上大约达成了 4400 份合约，产生的净佣金大约是 300 亿美元（大约占保险佣金总额的 6%）。

（"rent-a-captives"）和受保护的单元公司的出现，它们允许其他公司使用已经建立起来的关联公司实体，做法是隔离关联公司的资产和负债；这样的关联公司可以保证某些公司用户的损失不会影响公司的其他用户。关联公司现在被公司们用来执行最终的风险管理方案、复合保险计划、医疗健康福利计划、行政风险保护，等等。① ART在再保险领域也得到了发展，主要通过结构品，如金融再保险、② 风险证券化/风险转移，或有资本机制（Contingent Capital Mechanisms）和复合扳机结构品；在本章的后半部分，我们将较详细讨论这些产品中的几个。

近年来，保险和再保险领域的 ART 发展起来了，包括了宽幅多方面风险管理计划和公司范围的风险管理计划，这些计划可以使公司通过基于统一的锁定水平、单一保险费和界限等的单一保险计划对公司财务和非财务风险进行处理。这可以降低公司的保险成本，消除无效性——局部或隔离的解决方案常常是无效的。多方面或混合保险计划是跨种类的保护计划，通过一个超级层次的保险覆盖各种风险，这样的计划通常是多年度的计划，特点是累积损失降低。集中于企业风险控制而不是风险的财务方面的企业风险管理方案可能更全面，既覆盖传统保险领域的风险，又覆盖财务风险。企业内部所有风险管理的一体化，也就是将通常由公司保险/风险经理管理的功能和由财务人员/首席财务官管理的功能结合在一起，可以使公司更好地将注意力集中于总的跨市场保险/保护的成本、资产的风险调节性回报、财务和非财务风险保护的现金流/会计影响等。

混合和公司范围的保险计划已经扩展了保险和再保险公司的经营范围，使它们可以对与贷款、利率、资本和其他市场有关的纯财务风险提供保护；结果是这些参与者开始"蚕食"曾经是银行业的专有领地。当然，包括商业银行和投资银行在内的来自传统金融市场的机构是 ART 业的最重要的成员。这些机构提供的专门知识可容易地应用于一系列"非金融"风险的转化和销售，包括与天气、灾难和其他形式的保险有关的风险。这有效地创造了保险和再保险业的风险承载能力——一个重要的好处，因为这些行业有时候风险承载能力不足。金融机构尽力实现各种技术解决方案，包括衍生品和资本市场工具，这使最终客户和投资者可以从事一系列的风险管理或投资活动。

---

① 限额风险解决方案已经被证明特别受到一些社团使用者的欢迎。限额风险管理计划涉及包括在投保者和保险公司间进行利益/损失分摊的安排在内的有限的风险转移；与传统的"每年重置"保单不同，限额计划在特征上是多年的，这有助于使保险费的支出和保险赔付在更长的时间内平稳化。可以构造任何类型的限额风险计划；例如，客户可能对恢复性限额保护感兴趣——这种保护转移因过去已经发生的事件导致的可能的负债/损失；客户可以事前或事后购买保护，并获得在将来任何时点可以提出的过往索赔权。处理未发生（也许永远不会发生）的损失诱发事件，也可以应用预期结构品。

② 基于损失转移情况、不利发展的保护、有限分摊、混合保护和延伸损失条款的金融再保险计划是风险金融化和有限风险转移的结合。多数计划具有多年特征，并使损失和投资收益在放弃风险的集团和再保险公司间分配。

# 推进交汇：参与者

　　传统和非传统风险市场的交汇是由来自风险产品/服务提供者的"供给推动"和来自寻求保护者和风险承担者/投资者的"需求拉动"共同推进的。在他们中间的是中间商。像第四章提到的那样，供应商包括保险公司、再保险公司、商业银行和投资银行。这些机构中的许多都热衷于扩大其产品和服务项目、建立新的客户关系、转化和改造其风险状况、通过支持高利润业务重新配置资本、提高平衡表的长度和流通性、利用有利的交易和套利机会（有些机会是通过使规则不一致创造的）和最优化其法律、税务、金融地位。这些机构的参与对市场交汇来说是核心，因为它们提供技术知识、提供大量的所需风险承载能力、开展所需的促销活动。寻求保护者试图通过有效的风险管理解决方案管理其风险。像第五章所指出的那样，来自各行各业的企业，还有政府、市政当局都是潜在的风险保护寻求者。另外，作为市场供给者的保险公司和银行也经常是寻求保护者。因为保险/再保险公司为了优化其资产负债表、优化其风险调适回报、管制要求和业务规则必须积极管理其自身的风险状况，因此，在应用 ART 市场的复合风险解决方案方面，他们是合乎逻辑的候选人。

　　当然，寻求保护者对于市场的交汇也是重要的，因为他们从根本上讲是要得到最有效的风险管理解决方案，而不管其市场来源。风险承担者/投资者提供风险和投资资本以支持风险转移业务，他们包括大机构投资者，如对冲基金、共同基金等，还有保险公司、再保险公司、商业银行和投资银行。在投资业，不同的机构有不同的风险偏好，因而所愿承接的风险类型也截然不同。例如，再保险公司愿意承接的是多重风险，即事件发生的概率低、回报也低的风险。与之相反，对冲基金、银行和保险公司更愿承接的风险是高回报、发生损失的机会也很大的风险。在资本交易市场，风险承担者需要精确适宜的产品、结构品和服务——所以他们在交汇过程中是有影响力的。有必要再次强调这样的事实，即保险公司、再保险公司和银行可以扮演多重角色——作为风险市场的供给者、寻求保护者和风险投资者，具体扮演什么角色取决于他们面临的特定情况。结果是这些机构投资者帮着打破了从前是截然不同的市场间的界限。

　　作为风险市场的供给者，保险公司有剩余资本，但缺乏可以产生保险费收入①

---

　　① 初级机构（即自保机构、俘获机构-captives、被保护单元等）保险活动的出现，分享了保险公司传统上的支撑业务，迫使保险公司寻求新的经营机会。因为积极于自我保险或被俘者计划的机构能合理地评估其经营活动面临的成本和损失，所以他们对于如何定价和应付多少保险金都有清醒的认识；这给业务过程注入了透明度。在某种程度上，保险公司是在继续销售机构客户自己可以建构的产品，这使保险公司不得不使用价格折扣；从中期看，这样的行为可能会扭曲风险/回报关系并导致风险的集中。

的传统业务机会，正在承担着较高的风险维持水平，对冲着曾经被认为是"不可保险的"风险，并通过提供新产品和服务扩大着他们的免赔付率——这些新产品和服务具有"传统"金融工具所具有的功能和特征，它们包括"平均值"（"close-to-the-mean"）天气保护、信用和可转化性保护、财产保护，等等。这些产品通常用保险合约的形式写成，虽然有些在百慕大群岛注册的机构已经建立了"分账户公司"（Separate Account Companies）或变压器公司，允许在一定条件下将保险单变为衍生品或相反①，参看图9-2。由保险公司提供的新产品模糊了传统业务和新业务的界限，并形成了交汇运动的一个中心。

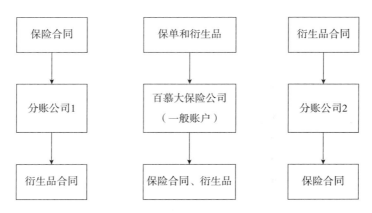

**图 9-2　在百慕大注册的分账公司的例子**

　　保险公司也可能是寻求保护者。像已指出的那样，他们必须积极地管理好他们自己的风险——主要是通过全面的业务多元化技术——还要不断地寻找这样做得更便宜、更灵活、更有效的方法。保险人对于超过其愿意承担的风险，典型的做法是通过与其他保险人或再保险人订立再保险合同转移或放弃这部分风险。再保险人自己也可能向其他再保险人再转移风险。希望放弃不愿意承担的风险的保险人，有时可能面临其他个别公司已经不愿承担更多风险的极限状况，或者整个行业都不愿承担更多风险的极限状况（特别是在困难的、经历过灾难后的市场，整个承保能力极为有限时）。这可能迫使他们组建资本缓冲器以承保除此之外将不能得到保护的风险。但这样一来，资本就可能得不到充分利用，有些保险人就通过与保险有关部门的资本发行市场或衍生交易转移风险——希望将各个市场更紧密地结合起来。再保险市场情况也是这样。再保险承保能力——即再保险人自己承担再保险风险的能力——有时也是短缺的，这意味着再保险人可能希望或被要求在金融市场寻求风险减缓替代方案。

①　百慕大群岛已经发展为可供选择的风险转移公司的重要的中心，部分是因为它的坚固的法律基础、透明的税收政策、灵活但合理可靠的保险监管规则。

　　依赖再保险人的保险人对市场情况和周期十分敏感。再保险行业有周期性，周期性源自需要赔付的灾难的数量和规模。一系列大规模的赔付常使再保险人减少其承保量——提高再保险费并使得基于资本市场的风险解决方案在经济上显得更有吸引力。所以，再保险和再保险价格就与流向资本市场的 ART 活动有直接的关系。通过更改方向，风险从保险/再保险行业流向资本市场，机构获得了进入投资资本池的通道，这个资本池的总量大约是 $19T。利用这些资本中的一部分是 ART 核心目标之一，也有助于促进交汇。从 1997 年起，估计有大约 $6B 的承保能力是通过资本市场和衍生品解决方案创造的；虽然相对于超过 $125B 的再保险费而言这依然很小，但它代表着真实的成长领域。

　　大华尔街投资银行和全球商业银行既是风险市场的供给者也是寻求保护者。商业银行和投资银行在传统金融资产类风险管理方面（包括证券、货币、利率）是有能耐的管理者，现在他们正将其风险管理技能和构建管理品的技能应用于通常与保险业有更多相关性的市场——包括天气、飓风、风暴和地震——是用衍生品和资本市场工具而不是传统的保险方法。某些根基很好的华尔街机构，如 Goldman Sachs Lehman Brothers，建立了在百慕大注册的变压器公司，这使他们可以直接承接终端客户的再保险业务；这也使他们节省了为进行这样的业务而不得不建立特定目的的公司和与第三方订立合同所必须花费的时间和费用。[1] 相似地，Deutsche Bank 建立了全球信贷再保险分公司，以将普通信贷互换转换成实用于保险人的保险单。在市场上活跃的投资银行和商业银行，通过用衍生品和资本发行市场的方式提供风险保护，填补了市场中一个重要的空白。

　　像所指出的那样，商业银行和投资银行也可以利用 ART 市场得到风险保护。因为像他们的保险和再保险同伴一样，银行机构也寻求用最有效的方式管理其面临的风险，所以他们也可以应用非金融行业的方法补充其传统的金融风险管理。例如，为克服可兑换性受政令影响的风险，银行经常求助于专门从事政治和国家行政风险保单的保险公司。类似地，为了向第三方转移资产和信用风险而寻求结构化抵押债务（CDOs—Collateralized Debt Obligations，或叫公司的总信用风险）的机构经常从保险人那里获得信用风险保险，这使得 CDOs 可以得到较证券化要高的、适合的信用级别。

　　传统的公司和政府终端客户对有效的风险管理和发行债券有积极的需求，这些需求可以通过风险转移产品中的"新品种"予以满足。终端客户通过可选机制——包括衍生品、保险、财务担保等——管理其面临风险的能力是公司重要的市场特征。并不是所有的终端客户都面临同样的财务、会计和法律要求。因而，找到能满足最大范围需求的客户化的解决问题的方案是取得利润和促进成长的重要因素；而通过

---

　　[1]　一旦变压器公司累积了一定量的风险，他们就通过资本市场将其证券化——再次在不同的两个行业间搭起桥梁。

优秀的保护供给者选择复合市场的客户，常常能用可靠的、最精确的、最有效的和最低成本的方式管理其风险。另外，某些客户感兴趣的是对整个企业的风险的管理；所以那些能将客户财务和非财务风险联合放进一个单一的、全面的风险管理计划的产品供给者就可以创造时间和成本效率。这样的计划其特点可能是价格低、统一的赔付标准、组合的锁定水平/免责水平、有效的赔付管理，等等。为了执行这样的计划，保险经纪人一般会和终端客户一起工作以识别和刻画整体风险范围、测定相关性和多样化的好处、开发合适的用于整个企业风险的财务策略和风险回避策略。在拟订整个公司的风险管理计划前，终端客户最重要的是确定公司风险管理计划的目标，确定公司打算由自己承担的风险是多少、打算转移或进行金融保护的风险是多少，量化各种可能情况下自我承担风险和转移风险的影响，研究相关的税收、会计、法律和金融问题，权衡各种不同计划和结构品的成本和收益。组合风险包（Combined Risk Package）对整个保险成本经常有正面影响。事实上，随着市场竞争的加剧，客户要求在较低的固定价格下获得综合解决方案已变成普遍的现象。机构投资者——从基金到金融机构——提供投资资本，希望新型风险转移产品能产生超额经济回报。因为 ART 市场的目标之一就是在机构投资者之间转移风险，所以这些机构投资者的参与非常重要；少了这些机构投资者，说 ART 市场可以扩展到什么有意义的规模是不太可能的。机构的投资经理们，如共同基金、对冲基金和养老基金，如传统保险/再保险公司和金融机构，他们不断地寻求着可供投资的新的资产种类——特别是那些可以使他们分散风险和增加收益的资产。将风险打包成资本市场产品，其产生的回报对投资者非常有吸引力；因为这样的风险与传统类型的资产所具有的风险往往无关，所以资产组合的进一步多样化成为可能。像早前指出的那样，ART 供给者使用金融/保险市场的比较优势构建最优风险和投资策略。这样的解决问题的方案开发出来，常常是经由经纪人、承保人和银行的合伙或联盟完成的，每一方都提供他们自己的专门技术，承担不同方面的风险或执行不同的任务；这种方法同时促进了交汇。① 图 9-3 总结了 ART 市场的主要构件。

① 在过去数年里，市场上出现了大量的混业交易，它们是合作策略的例子。例如，在 2001 年，加利福尼亚地震局从瑞士再保险公司获得了 $100M 的再保险单；而瑞士再保险公司又安排发行了 $97M 的浮动利率债券和 $3M 的优先股，以有效地减少合同中公司的风险。高盛（Goldman Sachs）公司利用自己在资本市场的知识和分销能力，通过私人渠道构建有价证券并向投资者发行。类似地，在 2001 年，Sovereign Risk 保险公司（ACE 保险公司和 XL Capital 保险公司的联合企业）为阿根廷抵押银行 Banco de Creditioy Securitizacion（BACS）发行的 $95M 抵押债券提供政治风险保险。由 Sovereign Risk 保险公司对债券的不能对付和不能转让提供保险，债券通过 Bear Steams 公司向机构投资者发行。

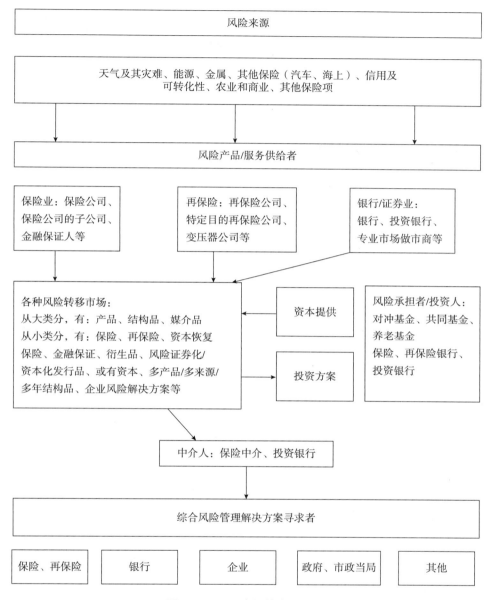

**图 9-3 ART 市场的主要构件**

# 促进交汇：产品和结构品

在市场和机构之间转移风险的产品是交汇的核心——包括保险/再保险合约和协议、资本市场的发行、衍生品，或有资本安排和企业整体风险解决方案。各种风险产品的开发和使用是由金融和非金融市场上的供给/需求条件推动的，推动力量还有法律、税收、风险管理和会计准则；① 这些因素基本上划定了市场价格的范围。如果价格或规则存在套利机会，通过使用不同的技术和工具就可以对风险进行转移和重新包装（不是每种风险都有可进行套利交易的特征；不能进行套利交易，风险就不大可能被转移）。如果存在套利机会，转移就会发生，这有助于模糊长期形成的各专业市场间的界限，有助于使他们更紧密地协作。从这一点上看，市场不再有所谓有金融特色的解决方案、不具金融特色的解决方案的界限清楚的区别；相反，市场变成了使用者可以任意进入的金融和非金融解决办法融合在一起的连续统一体。

像在第七章指出的那样，市场上有不同工具/结构品是进行转移的核心，包括保险合同、再保险协议、衍生品合约、资本市场发行品等。② 我们已经指出天气风险的保护可以通过保险、衍生品或债券完成。例如，一家公司寻求对酷热夏季的影响进行保护，他可以通过 CDD 保险合同进行，或通过衍生品进行。对于已经识别了和量化了的风险，直截了当的方法是机械地将风险打包成完全适合客户要求的形式。如果一家公司长期以来都在通过购买保险对其风险进行保护，并在会计、税收和法律方面作了相应的配合，那么对其用标准保险合约的形式提供天气保护大致来说是简单的事。当然，这些保护的提供者必须获准从事保险业务。所以与保险有关的保护是保险公司的业务（或投资银行的变压器分公司的业务），而不是非保险参与者的业务（如能源公司）。反过来，如果公司在处理衍生品方面驾轻就熟，又谙熟相关的衍生品会计和法律规定，公司就可能希望用衍生品形式进行天气风险保护。同样，这要求保护提供者获准从事衍生品合同业务，这时，银行金融机构和能源公司，当然还有保险公司从事银行金融业务的分支机构，就是供给者。在极少情况下，综合公司或联合投资公司既可用保险的形式也可用衍生品形式提供天气风险保护。这样的公司当然有竞争优势，虽然建立这样的优势是困难且常常是昂贵的；与组建复合产品媒介品有关的法律、法规和会计成本如果说不是禁止性的话，那也是一个障碍。

像第七章所指出的那样，组合性债券发行物对于风险转移是一个重要的手段；这样的债券在灾难性市场上是广泛应用的，在包括天气风险在内的其他适合进行保险的领域，应用也越来越多。通过允许风险自由地向全球投资者转移，有价证券在

---

① 例如，风险管理法律法规在很大程度上可能影响定价，进而影响行为。最少在理论上，进取的 ART 保险公司可以提供削减利率保险，保险定价基于特定的风险——它是否在搞多种经营、在一定时期内是否有某些损失会发生。这会使公司在债券或衍生品市场的风险解决方案方面获得竞争优势。没有进行多种经营而又被要求在没有损失的基础上进行经销或经营的机构，试图提供非保险解决方案方面就可能处于竞争劣势。

② 交汇也受到这样机构的推动，这些机构经常使用与其他行业有关的工具——如保险公司使用金融衍生品或金融机构使用信贷保险。例如，保险公司可以使用金融衍生产品帮助其管理财务风险。因为大多数保险公司本身就极可能是金融中介——经营大量的固定收益和资本证券投资组合，这些投资会产生利率风险、资本风险，可能还有外汇风险——他们需要将其风险向资本市场的机构转移（向零售衍生品市场转移——如果可以的话）。核心的保险风险累积起来后随之被处理，基础是大数和业务多样化；与此不同，系统的财务风险不能用同样的方式进行必要的处理，而必须进行套期保值处理。

非金融市场和金融市场之间提供强有力的连接纽带。虽然债券的发行为发行者、投资者和中介机构创造收益，但债券的发行可能是时间密集和劳动密集的工作，结果是，大额发行才最适合。像早先指出的那样，发行债券涉及起草特定的法律文件、建立特定目的媒介品（SPV）、聘用投资银行安排计划和发行、解决税收和市场规则问题，等等。为了经济上的可行性，一般不得不将发行量定在足够大的规模以使成本变得是可以接受的。① 发行天气债券、灾难债券和其他与保险有关的有价证券还需要做大量的努力建立风险模型、进行风险定价及进行应力测试。然而，这样一个建模步骤有助于强化保险市场和资本市场间的联系，有助于"标准化"风险量化观点。这使建立交易、结构品、市场和产品间风险等价关系变得更简单。② 或有资本产品（也叫风险流动性产品）——包括或有权益选择权和盈余债券——向保户输送额外的风险资本，但需基于"所需"。当向承保人进行的一系列索赔导致资本损耗时，公司可以通过行使或有资本合约下的权利，寻求资本补充。③ 通过或有权益选择权（也叫灾难性权益选择权），金融中介向保户出售一种选择权，当特定的扳机事件触发时（即当事先定义的事件/条件导致损失时），选择权可以行权；在选择权交易市场，保户事先支付权利金。如果选择权被执行，中介机构就向保户注入现金以恢复损失的资本（中介机构可以选择自己承担风险，也可以向第三者出售自己的或有选择权，或是在权益衍生品市场进行套期保值）。在交易中，保户向中介机构提供公司的增发股票。新发股票通常用可转换优先证券的形式发行，在数年时间里，这些证券可分期转换为股票。至于上面提到的其他结构品，或有资本产品在金融机构和资本市场的专门技术和资源上与传统的保险/再保险市场有力相交在一起。④ 或有资本解决方案的市场成长一直是强有力的，2000 年大约安排了 $ 7B 的交易。图 9-4 解释了或有权益选择权交易流程。

---

① 通过 SPD 进行的这种证券的发行可能是一件成本昂贵的事。事实上，有些市场监管者相信由于转移风险的价格太高，市场活动受到了负面影响。投资者可能，最少在理论上如此，不是去购买债券，而是去购买保险/再保险公司的新发股票（或分别资本化了的离岸子公司的股票）——给保险/再保险公司的新增业务或现存业务增加资本。但这种做法存在缺点：投资者在面临保险/再保险公司的信用风险之外依旧面临许多日常经营风险（而不是那些单独地限制于保险/再保险公司股票的风险）。

② 开发资本市场计划还要求有投资者和信用评级机构的教育能力和推销/推广能力。信用评级机构在授予信用级别前，对所评级的证券进行深入的商业模式、现金流量和潜在风险的评估。像我们曾经指出的那样，这项工作是劳动和成本密集的，所以满足投资者各种需要的大宗的、多部分构成的交易更适合。例如，一个交易可能其一部分是风险基本被保护了的低利率证券的交易，另一部分是风险完全外露的无保护的高利率证券（相当于 BB 级公司证券）的交易，两者作为一笔交易进行。

③ 保险/再保险理赔资金的来源依次为保险费、投资收益，最后是资本盈余。

④ 例如，RLI 公司，一家在加利福尼亚签发了过多商业地震保险单的公司，通过从中央再保险公司购买为期三年的灾难看跌期权保护了其临时资本需求。在 1994 年南部山脊地震临时枯竭了公司进入再保险市场的能力后，公司购买了 $ 50M 的选择权，在公司进入再保险市场的能力再次枯竭时，公司可以行权。行权时，中央再保险公司将支付 RLI 公司 $ 50M 现金，同时获得公司可转换优先股票，可转换优先股票可以分两期转换为 RLI 公司的普通股票。CEA 公司、Michelin 公司和许多其他公司也构造了类似的交易。

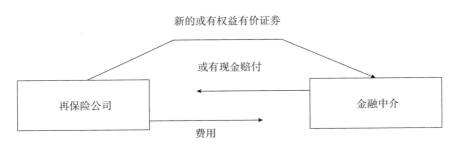

图 9-4　通过或有权益选择权进行的保护

　　像第七章指出的那样，在不同的市场上可以找到复合扳机结构品以提供用户化的风险管理解决方案。扳机结构品可以用于一大批适合保险的风险的管理，这有助于在行业/市场间进行风险转移并使参与者间的联系更紧密。例如，可以开发双扳机结构品给投保用户，使其可以回避固定收入投资品的、源自主要灾难和业绩不佳的损失。因为赔付款来自保险佣金，所以实际上是来自投资收益和资本盈余，所以再保险人害怕出现的情形是：大的灾难在引发大量索赔的同时，导致利率上升，也导致未进行套期保值的固定收益资本品的价值减少。再保险公司可以构建双扳机结构品，对两个触发事件同时发生的小概率情形进行保护。这个领域的产品的更多的例子是对天气/峰期发电或天气/储运损耗进行保护的复合扳机结构品；美国能源市场2000 年发生危机时，这些产品凸显出它们的重要性。适当地构建复合扳机结构品的保护，可以省去保险单/再保险单保护的年度重购和金融套期保值（例如，在前面的例子中提到的灾难恢复合同和短期国库券期货合约的套期保值）。但在复合扳机结构品取得市场、变成产品交汇的要素时，并不意味着这样的解决方案总是比这个"打包品"中各个组成部分成本之和便宜；在有些场合，从单一的保险计划和个别的金融衍生品合约得到的保护会更便宜。参与者必须了解在传统机制和 ART 机制间存在的价格套利情况的现状。

　　较早的时候，我们提到过企业风险管理解决方案的趋势是结合财务风险和非财务风险的管理技术以较低的价格构建合适和有效的保护。这个计划虽然相对来说还是较新的，但它概括了交汇的主题——它们都涉及建立跨市场的、跨产品的和跨机构的风险控制打包品。所以，由保险经纪指导的机构终端客户就可能要求一个单一的打包品，能对其天气、财产/人寿、利率和货币风险进行保护。协同工作的保险公司和投资银行就可能开发满足这种要求的计划，根据经纪公司和机构终端客户指定的行权价格和极限参数提供合适的合约；这样，成功的应用就将市场的各个方面结合在一起。企业结构品的例子很多。例如，Honeywell 公司就要求经纪公司 Marsh 和保险公司 AIG 根据其提出的企业单一的自留风险量和企业最大累积风险量开发多年风险保护计划，对包括财产/人寿和外汇风险在内的复合风险进行保护。同样，联合谷物生长者公司就将其财产/人寿保险和与收成量不足有关的用户化的风险保护（基于加拿大小麦交易所指数，而不是基于代理人天气指数）结合起来；结果是解决方案更便宜、更完整。相似地，西部天主教卫生机构（Catholic Health Care West）就将其股权投资风险的保护与全部财产/人寿保险结合起来，以确保超过一定量的股权投资上的损失可以导致其自己应承担的财产/人寿损失中的部分相应地减少。其他公司，如联合太平洋公司、Mead 等，也执行了或接受了保护范围广泛的风险保护计划。

在未来几年中，可供选择的风险转移市场很可能会加深、加宽，使风险产品和市场进一步一体化。因为风险产品的供给者和终端客户的利益在增加——这种利益可以是新的经营和收入机会，也可以是新的发行债券的机会或是新的投资机会，所以继续有相当大的商业动力推动这些曾经是迥然不同的市场进一步一体化。当保险公司、再保险公司和银行业彼此是合作而不是竞争时，情况更是如此。在某种程度上，经营环境得到了法律、税收、会计和监管法规有力的支持，所以大可以预期产品和市场会进一步一体化。

一体化的"终结游戏"可能最后取决于机构合并——即整个行业的合并，这时，保险业/再保险业集团和银行/投资银行合并成更大的金融联合企业，他们有能力给客户提供全套的风险管理产品和服务。有证据显示这种情况已经通过一些机构发生了，这些机构包括花旗集团（它通过旅行者公司提供保险，通过花旗银行/所罗门·史密斯·巴尼公司提供机构银行业务/资本市场服务）、Allianz/Dresdner、ING/Aetna 等。未来数年中，这个方向的进一步发展无疑会促进一体化，甚至会加速一体化进程。允许创造新的产品、引进新的参与者和新的资本/供给力量，一体化将继续使特定的市场领域受益，如天气风险管理市场。

# 参考文献

［1］Chicago Mercantile Exchange, Weather Futures and Options, CME Resource Center, 1999.

［2］Hunter, R., Preparing for Catastrophe, *Derivatives Strategy*, 1998.

［3］Hunter, R., Securitizing Insurance Risk, *Derivatives Strategy*, 1999.

［4］Paragon Reinsurance Risk Management Services, Paragon Catastrophe Price Index: Public Report 2000, 2000.

［5］Risk Publications, *Insurance Risk Supplement*, 1998.

［6］Risk Publications, *Insurance Risk Supplement*, 1999.

［7］Standard & Poor's, *Global Reinsurance Highlights*, 2000.

第四部分

# 风险的量化与风险控制

# 第十章　天气风险定价

Robert  Henderson

天气风险的定价要靠数个学科的交叉，粗略地提一下包括：金融衍生品定价、精算方法、时间系列和合约组合分析、气象学等。在所有交易的金融产品中，天气合约是独特的，它是利用大量详细数据分析过往情况的结果。丰富的历史数据既有助于天气定价，又可能是天气定价的障碍。例如，利用这些数据我们可以相对容易地演绎一份选择权在过去许多季节的赔付情况，这为估价提供了重要的信息和透明度。但与此同时，这种简单的分析可能是非常粗略的、误导人的、含混不清的。

在这一章里，我们讨论有关天气合约定价问题涉及的主要事项。我们认为定价是广泛存在的问题，从保险精算方法到衍生品定价方法。为了使我们的讨论有一个逻辑框架，我们首先引进一个通用定价公式，这个公式将定价问题中的主要要素联系在一起：合约赔付的统计、套期保值工具的可得性与成本、做市商的现有仓位和风险偏好。本章的天平倾向于对这个公式的详细解释。特别地我们将考察这个通用定价公式的两个特例：精算和市场（无套利）定价。这之后我们将论述孤立的单一合约的统计估计方法，考虑动态模型及其应用。然后，我们将探索各种合约价格间的关系，考虑如何在套期保值策略、定价和相关价值分析中利用这些关系。最后，我们将回顾现存天气风险和风险偏好对定价的影响。

本章的内容旨在鉴别和讨论那些对天气风险衍生品做市商或保险做市商的经营有重要影响的因素。我们从一个单一做市商的角度来考虑定价问题，无益于得到在理论上的均衡状态下市场价格应该收敛的水平。虽然得到均衡价格的想法本身看来是有价值的、是有趣的（见 Cao and Wei[①]），但我们将这个问题留给他人考虑，这样我们就可以更集中地考虑一个做市商面临的问题。

## 定价理论回顾

我们首先简要而笼统地回顾一下有关衍生品合约和保险合约的风险、回报、定

---

① Cao M., J. Wei, 2000, Equilibrium Valuation of Weather Derivatives, Working Paper, Financial Economics Network（http://www.ssm.com/fen/index.html）.

价等概念。金融衍生工具，从基于高流通资产的、交易活跃的产品，到基于未曾交易风险的、量身定做的保险产品，构成一个家族。定价问题直接与这个家族相对应，从无套利套期保值策略到精算分析。

为了理解如何将各种定价方法匹配起来，我们做一些合理的假设，并讨论一个非常普通的通用定价公式，我们在下面将要讨论的各种天气风险定价方法都作为特例包含在这个公式中。我们首先将一份衍生品合约或保险单的最后价格或赔付额 P 用如下公式表示：

$$P = E(P) + R(P) \tag{10-1}$$

式（10-1）中的期望赔付额 E（P）是赔付随机变量的平均值；是一个数值。风险赔付 R（P）是数学希望为 0 的一个随机变量，它具有合约赔付情况的所有风险特征。这种结构导致了合约在时刻 t 的报价或要价 $Price_{bid/offer}$（t）有如下的合理形式：[①]

$$Price_{bid/offer}(t) = D(t, T)\{E(P) -/+ F_{bid/offer}(R(P))\} \tag{10-2}$$

这里，D（t，T）是合约到期时刻 T 和合约定价时刻 t 之间的现值因子或贴现因子，$F_{bid/offer}$ 表示定价者风险偏好的函数。这个函数描述做市商的风险价值观，包括风险厌恶水平、风险测量方法等等。它给出了一个做市商承担风险时应如何得到补偿的规则。

关于式（10-2）有如下的直觉知识。因为 E（P）简单地就是时刻 T 的一个现金流量，所以可以用到期时刻是 T、本金是 D（t，T）E（P）的一次性还本付息的零息票债券估值。这种估值忽略不计信用成本、交易成本，并假设在借入或贷出上没有出价—要价的价差。这个假设是说出价—要价价差仅来自式（10-1）的第二风险项。我们还假设做市商是厌恶风险的，在确定的现金流量和不确定的现金流量间更喜欢前者。函数 $F_{bid/offer}$ 将 R（P）等价于时刻 T 的一个金额。这一假设使式（10-2）暗含如下假设：

$$F_{bid/offer} \geq 0, \quad F_{bid/offer} = 0 \tag{10-3a, b}$$

我们还应该明白，与期望赔付不同，风险赔付 R（P）对于做市商现有业务组合不是必需的。同样的交易可能增加风险，也可能减少风险，取决于现有仓位——CP。这种依赖关系可以明确地记为：R（P）→R（P，CP）。考虑到这种可能性，我们可以看出式（10-3a）只是讲了风险增加的情况。对于风险减少的仓位，我们有相反的条件：$F_{bid/offer} \leq 0$。

我们还应该考虑的是套期保值所有的风险还是套期保值部分风险的可能性。一个套期保值策略可能是静态的也可能是动态的，但无论哪种情况，开仓进行套期保值交易和持有套期保值交易仓位的成本都会影响定价。最后的赔付额 P 变成了套期

---

① 没有什么重要的理由说 Fbid/offer 不能依赖于 E（P）。事实上，在风险定价的效用函数公式里暗含着这种依赖性（Huang, C., R. H. Litzenburger, Foundations for Financial Economics, Englewood Cliffs, New Jersey: Prentice Hall, 1988）。但在这一章中，我们将集中于没有这种依赖性的 Fbid/offer 的选择。

保值策略 HS 的函数：P→P（HS）。所以其期望赔付和风险赔付也受影响，这使我们有：[1]

$$\text{Price}_{\text{bid/offer}}(t) = D(t,T)[E(P(HS)) -/+ F_{\text{bid/offer}}(R(P(HS),CP))] \qquad (10-4)$$

在式（10-4）中，套期保值策略是一个做市商直接控制的变量。做市商可能决定开仓，并持有仓位直到到期，再交易另一种合约；也可能为减少风险而调整现行交易仓位。可以利用的套期保值策略多种多样，每一策略都经式（10-4）暗含一个公平的合约报价或出价。

最后我们假设做市商在制定价格时总是选择可得到的最有效的套期保值策略。这相当于寻找这样的套期保值，它使出价最低、要价最高。在数学上就是：

$$\text{Price}_{\text{bid}}(t) = D(t,T)\left(\underset{\text{对所有HS}}{\text{Max}}\{E(P(HS)) - F_{\text{bid}}(R(P(HS),CP))\}\right) \qquad (10-5a)$$

$$\text{Price}_{\text{offer}(t)}(t) = D(t,T)\left(\underset{\text{对所有HS}}{\text{Min}}\{E(P(HS)) + F_{\text{offer}}(R(P(HS),CP))\}\right) \qquad (10-5b)$$

式（10-5a）和式（10-5b）是一个通用定价公式，它考虑了合约的细节和风险侧面、有关做市商的风险偏好和现行交易仓位的所有情况，还考虑了所有相关市场信息。它是一个全面的公式，但太笼统，用现有形式无法使用。但这个公式却提供了一个讨论更具体定价方法的框架，比如，讨论精算和非套利方法的框架。

让我们来考虑应用式（10-5a）和式（10-5b）的一个简单的例子。假设，一个做市商被要求就一年期的天气选择权报出买价和卖价，这种选择权的期望赔付和标准差分别是 μ 和 σ。假设做市商在其业务组合中并无其他仓位，且这种天气选择权是基于一个流通性极差的指数，所以根本不能进行套期保值。最后假设做市商的风险偏好是：用收益的标准差度量风险，风险厌恶水平要求用 α 的 Sharpe Ratio 形式补偿（在这章稍后我们将较详细讨论 Sharpe Ratio）。在这些假设下，我们可以推导出式（10-5a）和式（10-5b）的如下形式：

$$\text{Price}_{\text{bid/offer}}(t) = D(t,T)(\mu -/+ \alpha\sigma) \qquad (10-6)$$

价格基本上变成了期望赔付，加上赔付标准差的一个出价—要价价差比例项。这里，函数 $F_{\text{bid/offer}}$ 实际上与做市商处于哪一边（出价还是要价）无关：

$$F_{\text{bid/offer}} = \alpha\sigma \qquad (10-7)$$

风险偏好（RP）的作用通过 α 表示，风险赔付（R（P））的作用通过 σ 表示。

## 定价程序

在推导式（10-5a）和式（10-5b）的过程中导出了衍生品和保险合约的定价程序：

---

[1] 注意，即使是一个简单的、单一期限为 T 的合约，套期保值策略也可能在合约期间引发某些赔付，而不是在合约到期时。在这种情况下，我们应该将所有赔付现金流量，包括期望赔付和风险赔付，按 T 时刻的未来值理解。

（1）对合约进行数学化解释：将合约中指数在所有可能出现的水平上的赔付条款用数学语言进行描述。

（2）估算期望赔付和风险赔付情况：形成指数的统计学描述，并使用这一描述得到对合约自身的类似描述。

（3）对套期保值策略进行试算：考虑每一种可能的策略，计算其对期望赔付和风险赔付的影响。应用风险偏好函数 $F_{bid/offer}$ 计算策略对价格的影响。

（4）选择最优策略：选出使根据式（10-4）得到的出价（如果是买者的话）达到最低或要价（如果是卖者的话）达到最高的策略。

在实践中，极少用这样机械的方式遵循这一程序。例如，现有仓位和所有可能的套期保值策略的考虑通常就不是那么全面的，因为时间和其他方面有限制。尽管如此，我们还是可以将这些步骤看作是一个"理想"的程序，值得牢记于心。

# 精算与市场定价

在这一节，我们来详细地考察定价理论，我们考虑式（10-5a）和式（10-5b）［以后我们以（10-5）引用］所示的通用定价公式的两个特例。精算定价和市场或说无套利定价方法代表定价的两种极端情况。通常与保险估算有关的精算方法是在不能通过市场进行套期保值时应用的方法。一般与流通市场上的衍生品有关的无套利方法，是在针对同一风险有多种合约可以选择且允许用其他上市交易合约对目标合约进行估价时应用的方法。天气风险合约不能代替上市交易的资产，如有价证券或债券。但天气衍生品市场的存在和成长仍然为进行套期保值提供了相关的市场信息和技能。相应地，天气风险的定价方法也借用保险和衍生品定价方法。

## 精算定价

精算定价方法（或保险定价方法）是这样的方法，它仅计及赔付统计（或许还有做市商的现有风险仓位）、当所估价的风险合约（诸如通常由保险公司承保的财产、健康、人寿险等）在双向交易市场上没有上市交易时用来对风险合约定价。精算方法使式（10-5）变成如下特殊的形式：

$$\text{Price}_{bid/offer}(t) = D(t,T)\{ \quad E(P) -/+ F_{bid/offer}(R(P,CP)) \} \tag{10-8}$$

当没有可供考虑的套期保值策略时，定价问题变得简单了。做市商的工作是了解合约赔付的统计情况和它们与现有仓位的关系，然后利用式（10-8）估价。

这不是说精算定价方法简单。没有市场信息可供利用，做市商只能根据历史数据来估计风险仓位的统计值。即使我们使用前瞻或预测模型产生将来的统计值，这种模型也必须有后瞻部分，因为只能参照历史来校准模型；几乎总有这样的假设：过去是未来的上佳的指示器。

还有，式（10-8）中的精算价格高度依赖于做市商对 E（P）和 R（P）的估值，而这些值并不可以直接可以观测得到，必须根据一些模型进行估计。在确定一个价格，使做市商感到作为承担风险的回报这一价格是合理的这一方面，模型风险由于缺乏相关数据的统计风险而起决定作用。

最后，是选择函数 $F_{bid/offer}$，这个函数描述如何将合约的统计值和现有仓位安置为围绕合约数学希望值的出价——要价差，它完全取决于做市商。做这个选择要小心谨慎，以便与做市商的业务模式、资本规模、资本其他的投资机会和用途相一致。

## 市场定价

为了解释市场定价方法（或无套利方法），我们先来看一个使用远期合同的例子（所谓远期合同是约定将来在特定的时点、用事先约定的价格交易一份资产的合同）。考虑这样一份合同：从现在起一年内用 ＄XM 换£ 1M。作为使用美元的投资者，我们可以将英镑看作是资产。如果现在的汇率是 ＄1.5/£ ，那么英镑的现货价格就是这个汇率；£ 1M 现在的现值就是 ＄1.5M。进一步假设，我们可以自由地借入和借出美元（利率5%）和英镑（利率7%）（借出和借入利率相同）。有了这些信息后，我们就可以实际确定合理的、一年期内的英镑远期价格（这是我们同意的、从现在起一年期内购买英镑愿意支付的价格），且可以确信这个价格是唯一的，它不取决于我们关于未来交易价格的想法。在这个例子中，英镑的一年期远期价格是 ＄1.471963/£ ，得到这个结论的假设是：市场无套利机会，也就是说市场上不存在获得无风险收益的机会（超过无风险利率）。

得到这个结论的关键是理解：一份远期合约可以完全地用其他市场工具合成（在这个例子中就是借贷和外汇现货交易）；要不留套利机会，英镑的远期价格就必须等于合成品的远期价格。这等于说：对于一个多头远期交易仓位或空头远期交易仓位，都可以得到完全的套期保值。

为对一年期的以美元作价卖出英镑的远期交易进行套期保值，英镑的卖者可以简单地：

（1）用现时汇率买入£ 934579 ＝£ 1000000/1.07；

（2）为买入英镑用5%的利率借入 ＄1401869 ＝1.5（£ 934579）；

（3）将£ 934579 用7%的年利率借出（或存入银行）。

年末，远期合约的卖者将从英镑债务人处得到£ 1M。这项资金可以用来与另一个交易对手（英镑卖者将从这个对手处接收 ＄XM）清算远期合约。通过安排这一静态的套期保值，远期英镑卖者完全中和了汇率风险。进入远期合约市场招致的盈利/损失从一开始就是确定的（那就是到期时从远期英镑买入者处得到的美元 ＄XM

与欠美元借出者的＄1471693［或＄1401869* ＝1.05）Z之间的差］。值得再次强调的是：我们将英镑的远期价格定为＄1.471963/£时，并不过问有关汇率的任何观点、不管经济情况如何等。[①]

上面的例子解释这样的一件事，即存在一种套期保值策略，它可以使受保护的仓位完全回避风险，而且，我们导出的价格与做市商的风险偏好无关。用式（10-7）的语言来解释就是：我们找到了一个套期保值策略，HSperfect，它使结合起来的仓位的总风险赔付 R（P）为零。根据式（10-4），$F_{bid/offer}$也为零，我们有：

$$Price_{bid/offer}(t) = D(t,T)E(P, HS_{perfect})  \tag{10-9}$$

远期合同是一种非常简单的产品。我们也许会问：在给更复杂的衍生品——如选择权——定价时，无套利定价方法究竟有什么用？事实上，大多数选择权的定价是针对上市交易资产（如有价证券）的选择权进行的，且定价中关注无套利理由。[②]这些方法的基础在 Black-Scholes-Merton 于 1997 年[③]早期发表的一系列论文建立的根基上。Black-Scholes-Merton 证实了（在一些假设下）股票选择权的合理价格可以由股票的价格、价格的易变性、分红派息率和选择权合约自身的详细条款（如行权价格、期限等）确定。这个合理的价格与任何关于股票市场的牛市或熊市看法无关，这个价格对任何理性的投资者都是一个数。

Black-Scholes-Merton 所给的理由与我们在上面为远期合同所使用的理由相似。主要的不同点是，通过买或卖基础商品、借入和借出资金来形成静态套期保值是不可能的：必须使用对基础商品和借贷交易仓位定时进行重新平衡的动态套期保值。还有，恰当的动态套期保值策略不是明显的，它依靠对股票价格自身动态和统计值的理解。例如，如果我们卖出一份看涨选择权，我们可能用收入去买入一定量的股票（"delta"，即用收入的 delta 部分买股票），这在短期内将对冲我们的价格风险：如果股票价格上升，我们在选择权上的交易仓位将使我们受到损失；但股票交易仓位将使我们得到等量的价值。收入的其余部分成为现金存款，得到利息收入。随着时间的过去和股票价格的变化，我们必须重新平衡 delta 和现金存款的数量分配，但 Black-Scholes-Merton 告诉我们：我们可以做到这一点，而无须在卖选择权的收入之

---

① 注意，式（10-7）可以看作有这样的含义，关于 E（P）如果我们有足够充分的理由认为其与市场价格无关，我们可以不认可式（10-9）（例如，关于 1 英镑兑多少美元，如果我们有强烈的牛市观点，认为做英镑的多头/美元的空头没有什么风险，那么我们可以不认可一年期远期汇率是＄1.471963/£）。但如果情况确实如此，我们就应该承认我们的不认可是因为我们认可基础汇率（现汇汇率）是＄1.5/£。个人的强烈的观点不会改变现货价格和远期价格的相对价值。

② Hull, J. C., *Options, Futures, and Other Derivatives*, 3rd ed, Upper Saddle River, New Jersey：Prentice Hall（2000）；Baxter, M. and A. Rennie, *Financial Calculus*. Cambridge：Cambridge University Press（1996）；Duffie, D., *Dynamic Asset Pricing Theory*, Princeton：Princeton University Press（1992）；Harrison, J. M., D. M. Kreps, Martingales and Arbitrage in Multiperiod Securities Markets, *Journal of Economic Theory*, 1979：381-408.

③ Black, F., M. Scholes, The Pricing of Options and Corporate Liabilities, *Journal of Political Economy*, 1973：637-659；Merton, R. C., Theory of Rational Option Pricing, *Bell* Journal of Economics and Management Science, 1973：141-183.

外借入或借出任何现金；动态套期保值策略是自我资助的。所以 Black-Scholes-Merton 的选择权定价公式简单地就是一份处方：为进行自我资助的动态套期保值，应买多少股票、应将多少钱作为现金存款。

为了得到他们的结论，Black-Scholes-Merton 将许多东西理想化了（基础商品的收益是正态分布的、收益的易变性是不变的、基础商品的交易无成本、存款利率不变等）。然而，我们几乎可以取消所有这些限定，而无须改变核心的理由，无须在主要结论上做出妥协；这个主要的结论是，安排一个动态的自我资助的套期保值的成本，就是选择权的合理价格。

总结一下，无套利定价方法的适用情况是，通过交易其他的产品可以静态或动态地复制出合约的赔付情况。在这些条件和推导式（10-5）时所用假设下，合约的价格变成了市场变量和基础商品动态特性（如易变性）的函数。出价和要价收敛于一个与风险偏好无关的单一价格。但对于必须用动态套期保值方法进行套期保值的合约，就需要非常具体化的动态模型，以确保自我资助的套期保值策略确实复制合约的赔付情况而无价值的"漏损"。

## 天气风险定价

在天气衍生品场合，基础"资产"可能是气温或降雨量、降雪量、风力。基础商品是一个物理量而非上市交易的资产。与选择权到期时的股票价格一样，HDD 指数（或 CDD 指数等）在给定地点、给定时间周期内将会有的数值，我们可以用概率分布、平均值、标准差和其他的参数等术语建立统计学模型。但是，这些参数一般来说必须从历史数据和模型中导出，特别地不可能来自市场信息。

除了有限的情况，要想从基础商品的价格导出选择权的价格是不可能的；动态套期保值几乎不用——如果有人用过的话。所以合约的合理价格依赖于一个人关于期望收益的财富观，还依赖于持有多头或空头交易仓位的固有风险。合约的价值还依赖于风险偏好，因为某些参与者沽空期权，例如，会比其他人要求得到更高的权利金。

对于 HDD 和 CDD 指数的互换和期权，存在一个已经建立起来的、正在成长的双向交易市场，这个市场为气温风险的套期保值提供某些可能。稍后我们将看一看精算方法和市场方法间的"中间地带"是如何用来定价——在需要时。

## 天气合约期望赔付和风险赔付的估算

本节，我们考虑天气合约的期望赔付和风险赔付的估算问题，这是一个孤立于任何业务结果或套期保值策略之外的话题。我们首先考虑可用的、最简单的方法，叫作合约赔付的史迹分析（HBA）。HBA 可以应用于未加工的或趋势确定化的天气数据（像第十一章中我们详细讨论的那样）。然后，我们将介绍分布分析（DA），分布分析像 HBA 一样非常依靠历史数据，但在某种意义上它产生更加有力和更加有用的结论。这一节所描述的方法完全是精算方法，因为它们不依赖套期保值策略。在下节，我们将阐明，将 DA 推广到说明市场信息和静态套期保值策略也并非难事。

## 史迹分析

HBA 方法的中心假设是天气合约赔付的历史记录精确地描述了未来季节里可能发生的赔付的分布。在 HBA 中，期望赔付 E（P）取历史平均值。进一步，风险赔付 R（P）由围绕过去数年平均值的、回报的经验分布所代表。如果合约卖者以赔付的标准差衡量风险，那么像式（10-8）中的价格就由下式确定：

$$\text{Price}_{\text{bid/offer}}(t) = D(t, T)(\mu - / + \alpha\sigma) \tag{10-10}$$

这里，$\mu$ 是合约赔付的历史平均值，$\sigma$ 是赔付的历史标准差，$\alpha$ 是一个代表做市商风险忍受能力的正数。为解释这一过程，我们引进一个例子，这个例子在后面我们还将提到。合约是凤凰城 CDD 看跌期权，合约详情如下：

观测站：凤凰城（WBAN#23183）

期间：5 月 1 日到 9 月 30 日（包括）

赔付率：$ 5000/CDD

赔付上限：$ 1M

行权价格：3680CDDs

表 10-1 表示过去 10 年中 5~9 月 CDD 指数值和对应的期权赔付情况。

表 10-1　凤凰城历史上 5~9 月的 CDD 和看跌期权赔付额

| 年份 | CDDs | 期权赔付 |
|---|---|---|
| 1991 | 3690. 0 | $ 0 |
| 1992 | 3786. 0 | $ 0 |
| 1993 | 3691. 0 | $ 0 |
| 1994 | 3713. 5 | $ 0 |
| 1995 | 3548. 0 | $ 660000 |
| 1996 | 3779. 0 | $ 0 |
| 1997 | 3849. 5 | $ 0 |
| 1998 | 3480. 0 | $ 1000000 |
| 1999 | 3527. 5 | $ 762500 |
| 2000 | 3933. 5 | $ 0 |

像所有期权一样，价格是正数；要得到合约，期权的买者必须支付权利金，期权的卖者沽空期权也需要得到权利金。为确定合理的权利金水平，我们首先来看一看这类交易的10年史迹。如果过去10年里期权用这个价格交易，那么买卖双方平均而言就都不亏不赚。因为这个原因，10年史迹值就是天气合约交易中一个广泛使用的基准。这种HBA简单，但也带来一些问题，包括为什么估价基准是10年，而不是5年、15年或25年。图10-1解释了期权赔付的历史平均值如何依靠包含在平均值里的年数：例如，18年平均值是＄134583，51年平均值是＄598333，所以史迹值的分布范围很宽。

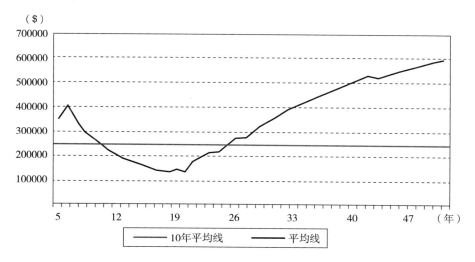

**图10-1　凤凰城5~9月行权价格为3680CDDs的CDD看跌期权
赔付额不同平均年限的历史平均数**

必须考虑HBA中两个矛盾的效果：从统计的观点看，数据点（这就是年份）越多越好，而不是越少越好；但越是近年的数据点可能越是比老的数据点有更好的相关性，所以在求平均值时应得到更大的权重。在某些情况下，忽略较老的数据、专心致志于使用少数几年的平均值，可能得到更精确的结果。求平均值时我们使用的年数越多，我们的结论在统计上就越有意义；直觉上，这有道理。

尽管我们不会用一两个数据去计算平均值，但我们需要确定10个数据是否足够。给历史平均值分派一个置信度的方法是计算标准误差值。使用N年的数据估算平均值（或平均数），这种估算的标准差的粗略估算是：

$$\text{Standard Error} \approx \sigma_{\text{历史赔付}} / \sqrt{N} \tag{10-11}$$

图10-2表示10年历史平均赔付和用加、减标准误差调整后的情况；两条标准误差线之间的部分定义为HBA的置信域。值得注意的是，即使算上标准误差，凤凰城的趋势看起来还是非常明显的，因为18年的置信域和50年的置信域没有重叠部分。$\sqrt{N}$因子主导着标准误差的特征，最小的标准误差是用最多的年限51计算平均

值时的误差。了解这一点比较有趣：在 HBA 中使用相对较长的历史数据依旧导致合理估价中存在较大的不确定性。

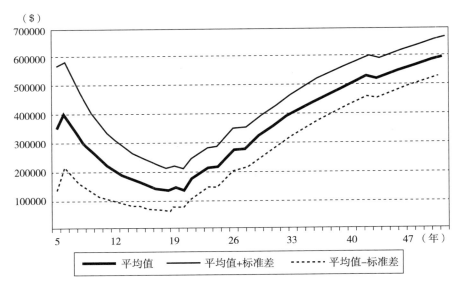

**图 10-2  凤凰城 5~9 月行权价格为 3680 CDDs 的看跌期权**
**不同年限平均历史赔付和标准误差**

标准误差分析说明使用更多年份的数据得到的平均值越有说服力。但使用更多年份的数据需要用到老的、相关性可能非常小的数据。这是事实，甚至仅关注观测站或观测仪器的更换这就是对的。首先，为使历史数据即时更换就必须调整数据，而任何调整都只能是大概的。其次，人们广泛相信[1]气温表现为数年和数十年的趋势。[2] 忽略原因（例如，全球变暖、地方都市化，或其他原因），趋势意味着现在的气温水平可能与长期历史平均值有很大的不同；显然，平均值所含年数越多，趋势对平均值的影响就越大。

图 10-2 显示最少有两个潜在的趋势。期权赔付的历史平均值随着计算平均值时所使用的年限从 18 年增加到 51 年（1950~1983 年）而增加；这也许是这段时间内变暖趋势的证据。自 1983 年起，期权赔付的平均值就一直处在一个增值轨道上，支持有一个变冷趋势的观点。对凤凰城 CDD 指数期权的直接 HBA 分析明显地导致

---

① Higgins, R. W., A. Leetmaa, V. E. Kousky, Relationships between Winter Weather Extremes, Climate Variability and Long-term Trends in the U. S. Part 1: Temperature, *Journal of Climate*, 14, Issue 3, February 2001; DeGaetano, A., 1996, Recent Trends in Maximum and Minimum Temperature Threshold Exceedances in the Northeastern United States, *Journal of Climate*, 9, pp. 1646-1657; Easterling, D. R., B. Horton, P. D. Jones, T. C. Peterson, T. R. Karl, D. E. Parker, M. J. Salinger, V. Razuvayev, N. Plummer, P. Jamason, C. K. Folland, Maximum and Minimum Temperature Trends for the Globe, *Science*, 211, pp. 364-367.

② 注意，在讨论有关部门降水和风的问题时，气温是一个要素，所以，我们并不期望这些元素也没有趋势。

宽大的值域。也许是因为某些更大的气温趋势的缘故，算得的史迹值对所使用的年数有强烈的依赖；值域从＄134583（18 年迹）到＄598333（51 年迹）。甚至使用 50 年数据计算平均值，我们也不能指望精确度会好于±＄63000，原因很简单，是仅使用 50 个数据点的统计局限性。最后，因为这些精确的估算及数据中存在的趋势或其他的时间上的不一致性，所以我们只能期望这些精确的估算能予人信心。

## 趋势确定化数据的 HBA

在第十一章中我们讨论各种历史数据的趋势确定化的方法。趋势确定化的目的是，通过清除一些对数据处理结果有决定性的、可以看成是围绕正常水平的"噪音"的代表的、来自过去年代的数据，来调整历史数据。通过趋势确定化得到一个数据系列，它的长期平均值是对将来数学希望值的估计，如此，HBA 就不再因趋势而发生偏倚了。这样，在 HBA 分析时，我们可以更放心地使用更多年限的数据。

图 10-3 表示基于趋势确定化的凤凰城 CDDs 的、行权价格为 3680 的凤凰城看跌期权的、修正后的 HBA 结果；趋势确定化方法是 3 次（立方）多项式方法。趋势确定化 CDD 的长期平均值——50 年——是 3612，标准差是 190。趋势确定化清楚地去除了历史平均值的大部分时间依赖性。图 10-2 中不同年限平均值的置信域现在有意义的重叠，这表明时间段不同的 HBA 之间不再具有意义的不一致。考虑到最长时间段置信域最窄，所以在这个方法中，取最长期的平均值作为我们对期望赔付的估计是有意义的。在这个例子中，作为结果的 51 年平均值是＄464225。

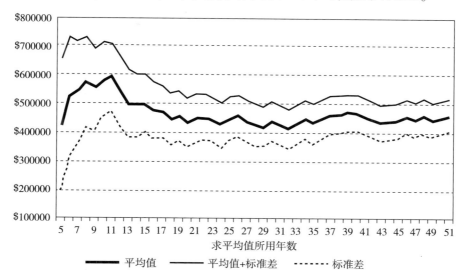

**图 10-3　经三次多项式趋势确定化的凤凰城 5~9 月行权价格为
3680 CDDs 的看跌期权的历史平均赔付和标准误差**

虽然使用趋势确定化的数据得到的历史平均值要一致得多，但 HBA 的结果对趋势确定化所用方法极端敏感。如下章我们将要谈到的那样。趋势确定化问题是天气衍生品定价的关键问题。还要注意到这一点，对于分析中的长期标准误差，趋势确定化不会减少多少。基于三次多项式趋势确定化数据，51 年的标准误差还是 ＄56267。甚至基于趋势确定化的数据，HBA 的精度也严重地受到可得数据数量的制约。在下一节中，我们会发现，利用分布分析我们可以在改善精度方面做些改进。

## 分布分析

即使我们假设：我们的趋势确定化数据与现实情况是完全一致的，忽略趋势确定化方法带来的任何误差或不确定性，HBA 在精度上也是非常有限的。我们估计过，例如，三次趋势确定化凤凰城 CDD 期权的 51 年平均赔付的标准误差最少是 ＄56267，所以，51 年史迹结果是：＄464225±＄56267。要想将误差减少到，比如，＄15000，式（10-11）告诉我们这需要大约 718 个历史赔付值，[①] 或 718 年的数据。显然，这是不切实际的。

如果我们对所讨论的指数的统计特征有好的了解，在我们的分析中我们得到的东西会多一些。例如，如果我们能够搞清楚指数值的概率分布类型，那么历史数据或市场信息就可以用来估算合适的平均值、标准差和其他参数，以完全确定这种分布。如果这是可能的，那么基于 HBA 方法得到的价格的精度就会得到极大的改善，因为掌握分布类型可以使我们在估计平均赔付时进行大量的仿真，而不是受制于 50 年的历史赔付数据。在许多情况下，经过分析就可以得到期权期望赔付，完全用不着仿真。进行分布分析的目的是找到最切合趋势确定化指数数据的概率分布，通过仿真或使用分析公式计算期望赔付和风险赔付。一般说来，使一个分布与历史数据相切合是一件不断试错的事；我们从少数几个合理的猜想开始，使其接受某些标准的测试，选取结果最好的猜想。在这一节我们集中介绍两个标准的测试，力矩计算（the Calculation of Moments）和分位点—分位点散布图（Quantile-Quantile（Q-Q）plotting）。估计分布方法的更全面的介绍，参看 Klugman 等的相关研究。

力矩测试涉及使分布拟合数据及计算力矩，以检查在分布是正确的假设下参数和力矩间关联性是否和我们预期的相类似。例如，在某些情况下，假设一个指数的分布是正态的，这是自然的事。正态分布 N（μ, σ）完全由它的平均值（μ）和标准差（σ）确定，所以这个分布的参数就是两个数。更高阶的力矩，如反称性和峰态，完全由这两个参数确定［事实上，正态分布的反称性和峰态（定义见词汇表）都是零］。测试正态分布拟合性的一个方法就是计算历史数据的反称性和峰态。如果它们确实离零"不太"远，这就是支持正态分布的一个证据。为了确定与零的距

---

① 51×（56.3/15）²。

离，表 10-2 总结了围绕度量正态分布的前四个力矩的数学希望值和标准差，假设是我们可以得到 50 个数据。表上的结果是通过 50000 次仿真算出的：每次 50 个数据，共 1000 次。

**表 10-2 在 50 个数据假设下正态分布经验力矩的平均值与标准差**

|  | 平均值 | 标准差 |
| --- | --- | --- |
| 平均值（μ） | μ | $0.14\sigma$ |
| S 标准差（σ） | 0 | $0.10\sigma$ |
| 反称性 | 0 | 0.34 |
| 峰态 | 0 | 0.68 |

如果我们可以得到 50 年的年度指数数据，那么表 10-2 表示我们应当重视所测量的反称性和峰态的重要性。例如，如果我们测定的峰度是 0.70，这离正态分布峰度的数学希望值 0 只有一个标准差的距离。但当我们测得峰度是 3 时，我们就应该考虑这是一个好的理由，使我们怀疑正态分布的适用性。

测试历史数据与特定分布拟合情况的另一个工具是 Q-Q 散布图。假设 X 代表我们要测试的随机变量（例如 5~9 月的 CDD 指数值）。应用这种方法时，我们首先形成一个历史结果数据的有序数列（$x_i$: I=1，…，N），这里 N 是数据年限，然后，对应 (N-i)/(N-1) 产生一个 cdf（$x_i$）的散布图，这里 cdf（$x_i$）是我们希望测试的分布的累积密度函数。这样，我们对应 (N-i)/(N-1)，比照理论概率 cdf（$x_i$），倒推出 X 大于 $x_i$ 的历史概率。如果历史数据遵循所提出的分布，那么，散布图将近似于一条斜率为 1 的直线。事实上，可以用这两列数据的相关性作为一种统计试验，测试历史数据对所提出分布的背离。[1] 下面的例子是一个应用 Q-Q 散布图的特例。

一旦指数分布类型被确定，下一步要做的是：估算为独一无二地确定具体分布所需要的所有参数。如果我们确定了是一正态分布，那我们就要用趋势确定化数据的长期平均值和标准差去估计 μ 和 σ。更一般地，甚至当分布的参数不是一对一地对应于力矩，我们也可以计算历史力矩，然后选择匹配这些值的合适的分布的参数值。可以替代这种匹配的一种方法是使用极大似然法。[2] 用极大似然法，我们找到那些参数值，这些参数值对应的分布预言：观测到实际发生的历史数据的概率最大。

DA 的最后一步是按提出的分布模拟指数和合约赔付情况，或应用合适的分析公式。仿真，通常称为蒙特卡洛仿真，涉及从所提出的分布中产生大量的样本（指

---

① Rice, J. A., *Mathematical Statistics and Data Analysis*, 2nd ed, Belmont, Cal：Duxbury Press1995：330.

② Hamilton, J. D., *Time Series Analysis*, Princeton：Princeton University Press, 1994.

数值），然后计算指数每种情况取值下的期权赔付。期望赔付 E（P）简单地说，就是这些仿真结果的平均值。风险赔付 R（P）的特征，如标准差或更高阶的力矩，也可以用同样的仿真计算。一旦认出了分布，我们就再也不会受制于指数的 50 个或 100 个取值了——通过极大数量的蒙特卡洛仿真，我们可以得到统计精度，达到随心所欲程度的结果。

例如，在正态分布的指数的情况下，我们无须进行仿真，因为对于大多数简单的期权类型都可以找到不变的表达形式。基于一个平均值是 $\mu$ 标准差是 $\sigma$ 的指数的看涨或看跌期权的赔付——赔付额无上限——的数学希望是：

$$E_{normal}(\mu,\sigma;\phi,N_0,K) = N_0\Big[\frac{\sigma}{\sqrt{2\pi}}e^{\frac{-(K-\mu)^2}{2\sigma^2}} + \phi(K-\mu)N(\phi(K-\mu)/\sigma)\Big] \tag{10-12}$$

这里，$N_0$ 是赔付率，K 是行权价格，$\phi$ 在看涨期权的情况下是 1，在看跌期权的情况下是 $-1$，N（·）是标准正态分布 N（0，1）的累积分布函数。

有赔付上限的看跌或看涨期权可以记为无赔付上限的一个多头和一个空头看跌期权或看涨期权的叠加。如果上限是 L，那么看涨/看跌期权的数学希望值精确的是：

$$E_{normal}(\mu,\sigma;\phi,N_0,K,L) = E_{normal}(\mu,\sigma;\phi,N_0,K) - E_{normal}(\mu,\sigma;\phi,N_0,K+\phi\frac{L}{N_0})$$
$$\tag{10-13}$$

类似地，我们可以导出期权赔付的方差是：

$$\sigma^2(\mu,\sigma;\phi,N_0,K,L) = \tag{10-14}$$

$$N_0^2 \left\{ \begin{array}{l} \Big\{\frac{\sigma(u-K)}{\sqrt{2\pi}}e^{\frac{(k-u)^2}{2\sigma^2}}\big[2\Phi(\frac{K-u}{\sigma})-1\big] + \big[(u-K)^2\Phi(\phi\frac{K-u}{\sigma})+\sigma^2\big] \\[2ex] \Phi(-\phi\frac{K-u}{\sigma}) - \frac{\sigma^2}{2\pi}e^{\frac{(k-u)^2}{\sigma^2}}\Big\} + \Big\{\frac{\sigma(u-(K+\phi LS))}{\sqrt{2\pi}}e^{\frac{(k+\phi LS)-\mu)^2}{2\sigma^2}} \\[2ex] \big[2\Phi(\frac{(K+\phi LS)-u}{\sigma})-1\big] + \big[(u-(K+\phi LS))^2\Phi(\phi\frac{(K+\phi LS)-u}{\sigma})+\sigma^2\big] \\[2ex] \Phi(-\phi\frac{(k+\phi LS)-u}{\sigma}) - \frac{\sigma^2}{2\pi}e^{\frac{((K+\phi LS)-u)^2}{\sigma^2}}\Big\} - 2\Big\{\frac{\sigma[u-K]}{\sqrt{2\pi}}e^{\frac{(K+\phi LS-u)^2}{2\sigma^2}} + \big[(u-K) \\[2ex] (u-(K+\phi LS))+\sigma^2\big]\Phi(-\phi\frac{K+\phi LS-u}{\sigma})\Big\} + 2\Big\{\big[\frac{\sigma}{\sqrt{2\pi}}e^{\frac{(K-u)^2}{2\sigma^2}}-(u-K) \\[2ex] \Phi(\frac{K-u}{\sigma})\big]\big[\frac{\sigma}{\sqrt{2\pi}}e^{\frac{(K+\phi LS-u)^2}{2\sigma^2}}-(u-(K+\phi LS))\Phi(\frac{K+\phi LS-u}{\sigma})\big]\Big\} \end{array} \right.$$

解释 DA 的最好的方法是针对早前讨论过的 5~9 月的凤凰城 CDD 的例子走一遍

所有的步骤。在这个例子中，一个关键的注意点是：5~9月的 CDD 指数实际上是 153 天 CDD 数值的总和。在统计学上一个重要的成果是中心极限定理，这个定理告诉我们，在一定的技术条件下，[①] 随机变量的足够多的取值的总和服从正态分布，这样，假设趋势确定化[②]的 5~9 月的凤凰城 CDD 指数服从正态分布，就是有道理的。测得的线性的趋势确定化的 5~9 月的凤凰城 CDD 指数的反称性和峰态分别是 -0.45 和 0.88。从表 10-2 我们可以看到，当数据是 50 个时，测得的反称性和峰态的标准差分别是 0.34 和 0.68。对于 5~9 月的凤凰城 CDD 指数来说，测得的反称性和峰态与 0 之间的差异在从统计学上看不算大。图 10-4 表示针对凤凰城 CDDs 指数的基于所提正态分布的 Q-Q 散布图。线性拟合性相当好，相关系数是 0.9922，这比以 90% 的置信度否定正态分布的水平 0.9807 大出许多。[③] 又一次，将线性的趋势确定化的 5~9 月的凤凰城 CDD 指数拟做是服从正态分布的，这看起来也是合理的。[④]

一旦我们假定是正态分布，我们需要的参数就是平均值和标准差。在上面的例子中，线性的趋势确定化的 5~9 月的凤凰城 CDD 指数的平均值和标准差分别是 3888 和 213。现在，我们可以使用正态分布计算期望赔付 E(P) 和风险赔付 R(P)。将 $\mu = 3888$、$\sigma = 213$、$\varphi = -1$、$N = 5000$、$K = 3860$、$L = 1000000$ 代进式（10-13），令 $D(t, T) = 1$ 以忽略贴现问题，得到的期望赔付是 ＄81461。存在这个数学希望值的标准差的解析表达式，答案是 ＄228846。如果我们应用式（10-10）对这个期权定价、作为例子取 $\alpha = 10\%$，我们发现 Pricebid/offe = ＄81461±10%（ ＄228846）= ＄81461±＄22885。这样，我们的出价是 ＄58576，要价是 ＄104346。这个出价—要价差太大了。在本章稍后我们将看到通过套期保值策略或事先存在的风险仓位，这个价差可以变窄。

假设通过 DA 鉴别出了正确的分布，那么要表明在计算期望赔付和风险赔付方面，DA 比 HBA 精确并非难事。甚至当 DA 分布仅是近似的时候，只要它获得了历史分布的本质特征（比如，低阶力矩），就有充分的理由优先用 DA 而不是 HBA。经常可以得到计算数值的解析公式；数学希望值和风险值变成了少数几个参数的函数，这使得数值的来源更透明。对风险管理非常重要的对参数和力矩的敏感性也可以容易地计算出来。另外，如果我们可以将衍生品的价格表示为少数几个参数的函数，那么使用市场数据、绕开参数的市场暗含值就成为可能；这使我们可以估计不同套期保值策略的成本（下面我们详细讨论市场暗含参数）。我们还可容易地调和预报信息。

---

① Greene, W. H., *Econometric Analysis*, 3rd ed, Upper Saddle River, NJ：Prentice Hall, 1997.

② 回顾一下，适当的趋势确定化可以消除历史数据的时间依赖性或确定性特征。正是趋势确定化数据才有不依赖时间的稳定的统计特性，因此我们也才可以试图将某一分布与其拟合。在前瞻趋势确定化方法中（参看第十一章），人们可以将这种方法的历史预测误差与某一分布拟合。

③ Rice, J. A., *Mathematical Statistics and Data Analysis*, 2nd ed, Belmont, Cal：Duxbury Press, 1995：330.

④ 如果我们希望计及指数分布的重要的不对称度和峰度，我们也许可以应用 Edgeworth 扩充，以将这里的结论一般化（Pilipovic, D., *Energy Risk*, New York：McGraw-Hill, 1998：146）。

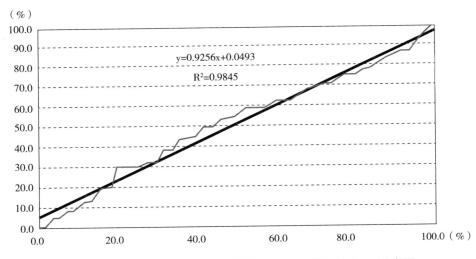

$$y=0.9256x+0.0493$$
$$R^2=0.9845$$

图 10-4　趋势确定化的 5~9 月的凤凰城 CDD 指数的 Q-Q 散布图

## 使用预报信息

HBA 和 DA 都依赖于这样的一个观念：将来的天气要么如过去，要么如我们利用历史天气数据所作的预期。无论我们是在计算历史平均值或标准差，还是在使用这些数据描述未来天气分布的特征的时候，这一假设都暗含在那里。按传统的看法，描述未来天气分布的特征不能算是预报，但可以将其看作是统计预报，因为它们指定了各种可能出现的结果的概率。但是对于某些合约，我们期望可以通过利用来自动态预报（动态预报反映当前的天气和气候条件，并通过模型作事前预计）——如 NWS 发表的预报——的信息改善这些分析——如利用 NWS 发表的预报。受惠于动态预报信息的最明显的例子是短期气温合约（即两周以内的合约）。可以证明，在短时间内动态预报比统计预报精确，而且基于具体数值；换句话说，对具体某一天的动态预报包含预测的最高气温和最低气温。

试图提前数月预测天气形态的长期或季节性预报也非常有用。这类预报一般是说季度的平均气温较之历史平均气温是偏暖或偏冷的。虽然与短期预报相比，这些预报的精确度是值得怀疑的，但非常明显的事实是柜台交易的天气市场（OTC）十分关注这些预报，例如，EDD 互换水平经常偏向 NWS 季节性预报的方向。

季节性预报信息可以糅进 DA 或 HBA 中。在 DA 中，可以直接调整为指数分布的平均值，而在 HBA 中预报的倾向可以直接用作历史气温。在两种场合都必须注意要结合预报的置信度。实际上，基于历史的统计预报和季节性动态预报都有其不确定性。利用历史预报数据可以对短期预报的不确定性进行有意义的估计。有些季节性预报在预报时附有置信度。[①] 不要将预报当作确定的东西，更明智的做法是，用置信度作为预报的概率权重，以得到更真实的未来分布图景。但最好是在一个动态模型里做这些事，它可以产生每天的气温曲线，可以为预报调整这条曲线；在下面一节里，我们讨论这种模型。

# 动态模型

动态模型是这样的模型，它具体指明基础资产或指数各个时点的特征。比较而言，上面讨论的 DA 方法是静态的，它的目标是得到一个指数的统计特征，这些特征对于一个特定的时间是正确的，也就是合约期满时是正确的。本章前面提到的 Black-Scholes-Merton 模型是动态模型的例子。期权定价公式的导出，部分源自基础资产现货价格服从对数正态随机漫步的假设：

$$dS_t / S_t = \mu dt + \sigma dZ_t \qquad\qquad (10-15)$$

这里 $S_t$ 是时刻 t 基础资产的价格，$dS_t$ 是时间间隔（t，t+dt）内价格的变化，$\mu$ 是漂移率，$\sigma$ 是回报的发散性，dZt 服从方差为 dt 的正态分布，即 dZt ~ N（0，$\sqrt{dt}$）。进一步，当 t≠t′时，dZt′独立于（不相关于）dZt。这个模型暗示将来基础资产的价格服从对数正态分布，也解释了股票的价格如何从当前的确定的值演变为将来的随机值。我们可以将这一点与上面的 DA 分析进行对比，在那里我们假定了一个分布，但在 EDD 指数如何从开始时的零演变为最后具有某平均值和标准差的正态分布变量，我们未做任何假设。

到目前为止，在讨论的定价方法中还无须具体确定一个天气合约指数的动态，但最少有四种情况需要用到动态模型。

## 动态套期保值下的定价

当我们计算一个伴有动态套期保值策略的金融品仓位的期望赔付和风险赔付时，我们需要假设基础变量是服从某动态过程的，例如服从式（10-15）的动态过程。要求减少或消除衍生品仓位的风险的动态套期保值策略是动态过程的函数，而不仅是基础资产价格的终端分布的函数；例如，要得到 Black-Scholes-Merton 期权的价格，仅知道股票的价格服从对数正态分布是不够的，更重要的还要假设式（10-15）中的对数—回报服从 Browman 随机漫步过程，散发度是常数。不同的动态过程可以

---

[①]　（美国）国家海洋和大气局（NOAA）的气候预测中心在其网站上提供超过情况的概率。这是国家气象局（NWS）的官方预报。见 http：//www.cpc.ncep.noaa.gov/products/fore-casts/。

因各自的原因得到完全相同的终端价格分布，这是事实。所以，可能的情况是：具体指定了一个模型，这个模型产生正确的终端价格分布（对数正态分布的股票价格或正态分布的 HDD），但它建议的衍生品套期保值策略是错误的，进而得到的衍生品价格也是错误的。

## 路径依赖型合约的定价

即使我们的定价方法是精算的，即使我们忽略套期保值成本，我们也可能希望用动态模型计算某些合约的期望赔付和风险赔付。这种情况一般是当合约的赔付依赖一个指数在多于一个时点的取值时，也就是说当赔付是路径依赖型的时候。这类合约的价值不仅依赖指数在各个时点的分布，而且依赖不同时点指数值之间的相关性。路径依赖型合约的简单例子是有总赔付上限的多年系列期权。下面的例子解释这种期权的期望赔付依赖不同年份指数值之间的相关性。

考虑一个基于 EDD 的两年系列看涨期权。假设我们的模型估计这个指数的数学希望值和标准差分别是 1000 和 250。期权的执行价格第一年和第二年都是 1125，赔付率是 $5000，总赔付上限是 $2M。换句话说，第一年的期权是一个标准期权，赔付率是 $5000，赔付上限是 $2M。第二年的期权，赔付率依旧是 $5000，但赔付上限是 $2M 减第一年的期权赔付，以便使整个期权的赔付不超过 $2M。这个期权类似但不完全是一对有着同样行权价格和赔付率，赔付上限是 $1M 的单一年度期权。

在正态分布模型下，我们可以计算两个单一期权的期望赔付。利用式（10-13），我们得到每个期权是 $190300，或说一对期权是 $380600。我们可以分别使用正态模型对它们定价，因为它们不是路径依赖型的。但两年的单一赔付上限期权是路径依赖型的：它的数学希望值不仅依赖第一年和第二年的独立的分布。直觉告诉我们，这个值要比 $380600 大，因为 $2M 的总赔付上限的限制性比两个赔付上限是 $1M 的限制性要小。但在建立一个更加全面性的模型之前，我们无法进一步计算期望赔付。

对每年的 EDD，考虑一个简单的动态模型：[1]

$$X_{t+1} = c + \phi X_t + \sigma \varepsilon_t \tag{10-16}$$

这里 $X_t$ 代表每年的 EDDs，t 是时间年数，$\varepsilon_t$ 是正态分布变量，~N（0，1）。容易推出：如果 $c = 1000$（$1-\phi$），$\sigma^2 = 62500$（$1-\phi$），$X_t$ 的数学希望值和标准差分别是 1000 和 250，对所有 t 一样（也就对所有年份）。这意味着我们有一个自由参数 $\phi$，它代表不同年份的 EDD 之间的相关性。我们可以取许多不同的 $\phi$ 值计算（用仿真或解析公式）期权的预期赔付值。表 10-3 是计算结果。

从表 10-3 中可以看出，每年的平均值和标准差相同，但期权的预期赔付值则

---

[1] 这个模型是 AR（1）模型，是第十一章趋势确定化讨论中提到的 ARMA（p，q）模型的一个特例。

不同。如果各年间的相关性较低，则赔付期望值较高。这有道理，因为第一年的高赔付很有可能紧跟一个第二年的低赔付，这样合约持有人从一个赔付上限是 $2M的合约得到的利益要大于从两个赔付上限是 $1M 的合约得到的利益。

表 10-3　路径依赖型期权年间相关性及对应的期望赔付

| 相关性（φ）% | 期望赔付 |
| --- | --- |
| −100 | 480000 |
| −80 | 480000 |
| −60 | 478000 |
| −40 | 476000 |
| −20 | 471000 |
| 0 | 464000 |
| 20 | 454000 |
| 40 | 441000 |
| 60 | 425000 |
| 80 | 405000 |
| 100 | 383000 |

## 有多个基本变量的指数合约的定价

一个合约是不是路径依赖型的，与人看问题的角度有关。说明这一点的一个简单的例子是普通的基于 EDD 指数的无赔付上限的看涨期权。这个期权的赔付与 Max（S-K，0）成比例，这里 S 是合约期间 EDD 指数值，K 是行权价格。这种赔付仅依赖 EDD 的一个值，所以不是这个变量的路径依赖型函数。但另一方面，我们可以将 EDD 指数改写为每日 EDD 的总和：

$$S = \sum_{t=t_1}^{t_2} S_t \tag{10-17}$$

这里 $S_t$ 代表日期 t 的 EDDs，$t_1$ 和 $t_2$ 是合约期间的第一天和最后一天。就每日 EDDs 而言，合约赔付就是路径依赖型的：知道了每日 EDD 分布并不是就给了我们足够的信息，使我们可以计算合约的期望赔付和风险赔付。如果我们要用每日的 EDD 来表示这些值，那我们就需要每日指数的动态模型。

虽然应用每日指数动态模型对天气合约定价比应用基于年度指数的 DA 要复杂，但恰当地应用每日指数动态模型将保证我们可以用一致的方法对基于相关指数的不同合约定价。例如，假设式（10-17）中的 $S_t$ 是一个动态模型，那么我们可以计算所有 HDD 期权的期望赔付和风险赔付，并保证 11 月至次年 3 月合约的定价方法与

3 月合约的定价方法是一致的。如果每期指数有独立的模型，那么要保证这种一致性就是很困难的事。

## 天气合约组合的风险评估

如果所有的估价和管理都是静态的，也就是在合约初期就做了套期保值，且保护范围是整个合约期的风险，那么可以直接对合约的基础指数使用模型以定价和计算敏感性和风险度。但如果对风险进行周期性的或每天的监控（参看第十四章），会得到更好的风险管理效果。当合约组合包含各种到期合约时，这一点尤其真实。在这种情况下，必须评估在任意时间段上的风险情况。为了评估比合约期限短的时间段内的风险，就必须用动态模型处理组成指数的每日数据。在文献中，有些基于气温的合约的动态模型已经讨论过。大众的选择是：① 平均回归随机气温模型：

$$dT_t = (\theta+\beta T_t) \, dt+X dZ_t \tag{10-18}$$

这个模型是连续时间模型，但可以容易地因应每日气温离散化。这里 $T_t$ 是时刻 t 的气温，$dT_t$ 是时间段（t，t+dt）内气温的变化，$dZ_t$ 服从 $N(0, \sqrt{dt})$ 分布，$\theta$、$\beta$ 和 $X$ 是参数，有可能与时间有关，要用历史数据加以调校。一旦完成了参数调校，这样的气温模型就可以用来计算基于气温指数的任何合约的期望赔付和风险赔付。这包括标准的 CDD 和 HDD 合约，还有关键天结构品或更罕见的路径依赖型合约。上面已经概括地介绍了使用诸如式（10-18）的动态模型的好处；使用动态模型的缺点是它在计算价格和风险值时需要用仿真或其他数值方法。这些计算方法比解析法要慢，在设计算法时要求更多的专门知识。

使用式（10-18）类的动态模型的主要的问题是对其进行调校时非常复杂。为了妥善地拟合历史数据，必须假设参数 $\theta$、$\beta$ 和 $X$ 依赖于时间。为得到可接受的拟合，许多参数必然会产生这种时间依赖性。尽管如此，式（10-18）类的动态模型也不足以使我们可以得到气温特征的强烈的时间和地理依赖性。一天或一周的气温与另一天或另一周的气温的相关性是指数标准差的主要原因，但这种相关性又较高地依赖地理和季节。能产生逼真的指数统计值的动态模型必须展示精确的相关性特征，且需要比式（10-18）更复杂的公式。这样的关于天气的时间序列模型的描述非常复杂，超出了本章的范围。

---

① Dischel, B., At last: A Model for Weather Risk, Energy and Power Risk Management, 1999; McIntyre, R., S. Doherty, An Example from the UK, Energy and Power Risk Management, 1999; Dornier, F., M. Queruel, Caution to the Wind, *Energy and Power Risk Management*, 2000.

# 相对价值和套期保值成本

前几节定价考虑都是针对单一的合约孤立进行的。在本节和下一节，我们考虑市场观测价格和做市商的风险仓位对定价的影响。天气合约的市场观测价格用两种方式影响定价过程。第一，市场价格很可能反映了历史天气数据没有包含的信息。这些信息可能有预报信息、供求力量、观测站变更数据或其他会使我们错误地解读原始历史数据的信息。做市商很可能对市场中其他人如何对类似的风险定价感兴趣；这些观察可能会使做市商认识到模型没有反映的情况和应考虑的因素。市场价格可以提示对天气交易仓位进行套期保值的成本。如果考虑合约从前交易过，且从前的交易价格被认为代表现在的可交易价格，那么这个信息就非常重要。做市商可能给合约出很高的价格以便在盈利水平平掉仓位。第二，尽管执行完全的套期保值不太可能，但利用相关合约得到部分风险的套期保值却是可能的。在这种情况下，套期保值可能是静态的，也可能是随着时间的延伸、市场条件的变化根据需要需重新权衡的套期保值。无论在哪一种情况下，建立套期保值仓位的成本都将影响做市商为得到想要的回报而必需的出价或要价。

本节我们集中讨论市场价格如何通过套期保值成本影响价格确定。天气市场演变到今天这个阶段，我们可能仅能观察到 HDD 和 CDD 普通期权和互换的市场价格。更奇异的气温结构品，基于降水、降雪和风的合约，很少发生交易（它们也通常是为终端客户定做的结构品）。这些合约的成交价格通常是观测不到的（即使它们被观测到了，但它们在类似的水平上再次用于交易的可能性微乎其微）。我们还讨论基于单一基础资产的普通 EDD 合约间的相对价格的估计方法。相邻气象站间的相对价格问题、单一气象站但互相重叠的指数间的相对价格问题，很有趣，但超出了本节的范围。

在前面的例子中我们指出过，HDD 和 CDD 经常是服从正态分布的，或最少在趋势确定化后如此。如果情况确实如此，那么指数的统计描述就可以用平均值和标准差来概括。如果我们有模型或趋势确定化方法可以给我们提供这两个数值，那我们就有了计算期望赔付和风险赔付统计值（如标准差）所需的所有信息。相反，期权和互换的市场价格可以观察得到，那就可以导出指数平均值和标准差的市场含义值。例如，考虑一个互换，行权价格是 K，赔付率是 N，赔付上限是 L。在指数服从 $N（\mu，\sigma）$ 正态分布时，我们可以计算互换的期望赔付。如果我们假设互换的合理的行权价格是使期望赔付为零的价格，那么容易看出，必然的行权价格精确的是 $\mu$——基础资产分布的平均值。这使我们可以从市场的互换水平 $k_{swap}$ 推导出市场含义的平均值：

$$\mu_{mkt} = k_{swap} \tag{10-19}$$

如果我们希望利用市场上已有的互换对一个期权仓位进行套期保值，那么我们需要为期权和互换计算出一个 delta 值（参看第十四章）。这个 delta 值告诉我们，当基础资产的期望值增加一个单位时，合约的价值变化的数量。对于正态分布模型，delta 值是：

$$\Delta_{normal}(\mu_{model}, \sigma_{model}; \phi, N_0, K, t, T, L) = \frac{\partial E_{normal}(\mu_{model}, \sigma_{model}; \phi, N_0, K, t, T, L)}{\partial u_{model}}$$

$$= \Delta_{normal}(\mu_{model}, \sigma_{model}; \phi, N_0, K, t, T) - \Delta_{normal}(\mu_{model}, \sigma_{model}; \phi, N_0, K + \phi \frac{1}{N_0}, t, T) \tag{10-20}$$

对于赔付无上限的期权，这个 delta 值是：

$$\Delta_{normal}(\mu, \sigma; \phi, N_0, K, t, T) = \phi N_0 D(t, T) N(\frac{\phi(\mu - k)}{\sigma}) \tag{10-21}$$

因为一个互换合约简单的是一个多头看涨期权/空头看跌期权，式（10-20）和式（10-21）同时告诉我们如何计算互换的 delta 值。

在合约基于流通的上市资产，如有价证券——的衍生品市场上，期权的 delta 值代表我们为对由于股票价格的变动带来的期权的短期变化进行套期保值，必须持有的股票的数量。在动态套期保值策略中，delta 值是一个关键项。对于天气合约，用这种方法进行动态套期保值也许不可能。但由式（10-20）定义的 delta 值提供了一个通向合理静态套期保值的指南。这是因为对于正态分布指数，我们可以证明为了使加上了互换仓位的期权的方差最小化，delta 值就是我们必须套期保值的数量。注意，如果我们利用互换对期权仓位进行套期保值，那么我们在给期权定价的时候就要计及 jumkt 的值，办法是调整期权的理论价值，调整量是因 delta——套期保值引发的任何额外的套期保值成本或好处。

考虑以下的例子。在春天，凤凰城几个 5~9 月的互换合约以 3740 到 3749 的价格成交。我们假设互换的市场价格是 3745，在对多头或空头凤凰城 5~9 月合约进行套期保值时我们可以用同样的价格进行交易。假设我们的趋势确定化的模型产生的 $\mu_{mkt} = 3800$，$\sigma_{model} = 213$，我们还被问及我们在 CDD 看跌期权上的要价。在正态分布的假设下，利用式（10-13）得到：期权期望赔付值是 \$159527。如果我们卖出看跌期权，我们实际在做凤凰城 CDD 多头，我们可以通过卖出 CDD 互换，对期权仓位的风险进行部分套期保值。从式（10-20）我们算得的空头期权仓位的 delta 值是 \$1100，空头互换仓位（行权价格是 3745，赔付率是 \$5000，赔付上限是 \$1000000）的 delta 值是 - 3182。对期权仓位的最好的互换套期保值是：做价值是 \$1728（\$1100×\$5000/\$3182）的互换空头。然而，当我们估计平均值是 3800 而以价格 3745 卖出互换时，我们的期望损失是 \$60500 [ \$1100×（3800-3745）]。要计及这个套期保值成本，我们就必须以这个数向上调整我们的要价，这将使我们的解析期望值从 \$159527 调整到 \$220027（\$159527+\$60500）。

一个有趣的事实是：如果使用市场平均值对期权进行定价，而不是用模型导出的平均值，即：

$$E_{normal}(\mu_{model},\sigma_{model};\phi,N_0,K,t,T,L)\rightarrow E_{normal}(\mu_{mkt},\sigma_{model};\phi,N_0,K,t,T,L) \quad (10-22)$$

那么，新的期权价值将大约是我们模型期权价值加上按市场价格水平进行的互换套期保值的成本（或减去套期保值收入）。这样，在一个可观测、可交易的指数互换市场面前，我们可以有理由认为期权的价格变得独立于指数平均值 $\mu_{mkt}$ 的模型估计。这类似于有价证券期权市场的情况，在那里，期权的价格仅依赖于基础资产的市场远期价格，与资产所有人关于有价证券价格未来增长的观点无关。

为了将式（10-22）应用于凤凰城 CDDs 看跌期权的例子，我们使用式（10-13）计算期望值，得到指数分布的参数是 $\mu_{mkt}=3745$，$\sigma_{model}=213$；得到的期权的价值是 $227466。这非常接近上面算出的近似值（ $220027）。差异的来源是式（10-22）的办法仅当 $\mu_{mkt}$ 和 $\mu_{model}$ 之间的差异变得较小的时候才计及 delta 套期保值成本。

到目前为止，我们仅考虑了互换水平对期权定价的影响。我们也可以考虑从期权的市场价格中我们能得到什么信息。我们已经看到了互换水平暗示指数平均值 $\mu_{mkt}$ 的市场价值。我们可以利用期权的价格得到市场含义的标准差 $\sigma_{mkt}$，这并不令人惊奇。我们可以从观测到的期权价格用下式定义 $\sigma_{mkt}$：

$$E_{mkt}=E_{normal}(\mu_{mkt},\sigma_{mkt};\phi,N_0,K,t,T,L) \quad (10-23)$$

这里，$E_{mkt}$ 是期权的市场价格，$\mu_{mkt}$ 是基于互换水平的市场含义的平均值，$\phi$，N，K，t，T 和 L 是期权特有的参数。注意式（10-23）是一个方程，它不是明显地用期权的价格表示 $\sigma_{mkt}$。相反，我们必须通过调整 $\sigma_{mkt}$ 求解式（10-23），直到 $E_{mkt}=$ $E_{normal}$。使用标准的求根算法，如 Newton-Raphson，[①] 我们可以解出这个方程。考虑 $\sigma_{mkt}$ 的含义是有趣的。如果可以观测大量的基于同一指数的不同的期权在市场上交易，而且都暗示 $\sigma_{mkt}$ 的同样的价值，那么，我们就有一个这个参数的可靠的市场价格估计。进一步，如果我们打算卖出基于同样指数的期权，那我们应该为我们可以对其风险进行套期保值而感到安慰——如果通过直接支持这个期权不能套期保值的话，那么就通过买或卖其他的期权来近似地进行套期保值。在这种情况下，对期权进行套期保值的成本用 $E_{normal}(\mu_{mkt},\sigma_{mkt};\phi,N,K,t,T,L)$ 可以很好地逼近。

虽然市场含义的标准差是一个有用的基准，但它仅是一个基准而已，因为我们很难观测到基于特定指数的大量的各种期权的交易。还有，虽然 EDD 互换市场经常在一个狭小的价格范围内交易，但期权市场并非如此。这就是说，从不同的交易导出的 $\sigma_{mkt}$ 暗含的价值一般会散布在一个较大的范围内。结果是，最好将 $\sigma_{mkt}$ 看作是期权间相对价值的度量，而不是套期保值成本的度量。

我们考虑另一个例子。假设我们关心的是凤凰城 5~9 月 CDD 3680 看跌期权的定价问题（赔付率是 $5000，赔付上限是 $1000000）。再假设我们观测到了另两个

---

① Press, W. H., S. A. Teukdsky, W. T. Vetterling, B. P. Flannery, *Numerical Recipes in C: The Art of Scientific Computings* 2nd ed, Cambridge: Cambridge University Press, 1992.

凤凰城 5~9 月 CDD 期权在市场上进行的交易（两个的赔付率都是 $5000，赔付上限都是 $1000000）：一个是 3700 看跌期权，成交价格是 $280000；一个是 3780 看涨期权，成交价格是 $200000。从上面的例子我们看到凤凰城互换的市场含义 $\mu_{mkt}$ = 3745。利用这个数值和式（10-23），我们可以确定暗含的 5~9 月 CDD 标准差对于看涨期权而言是 150 CDDs，对于看跌期权是 242 CDDs。暗含标准差这样大的范围，并非少见。它可能反映了几个现象，包括市场对看跌期权的一侧的需求、市场的某种观念——互换水平周边分布更多地"被扭向"下面一侧，或简单地——交易中一侧比另一侧好。使用 $\mu_{mkt}$ = 3745，标准差 150 和 242 对 3680 看跌期权定价，得到的结果分别是 $153000 和 $254000。考虑到 3680 看跌期权的风险情况非常接近 3700 看跌期权，我们得到的最好的市场价格是 $254000。[①]

这一节我们已经看到了市场信息如何影响天气合约的定价。重要的一点是定价模型——如我们用来对 EDD 合约定价的正态分布模型——在理解市场信息方面是一种关键工具。正态模型通过两个指数参数将合约详情反映于价格中：$\mu$ 和 $\sigma$；如此使得利用市场信息推导这些参数的市场含义值成为可能；这些值反过来又可以被用来对其他未交易的合约定价。由于天气衍生品市场的流通性相对而言不是很好的特点，我们关于市场含义参数值的讨论有些是理论上的。但它还是为我们评价相对价值提供了有用的思路。对于那些可以得到市场价格的情况，它们提供了合约定价中计及套期保值成本的简便方法。

## 已有仓位和组合的影响

本章前面我们提到过合约仓位的风险赔付依赖于合约仓位的赔付统计，还依赖于做市商已有的资产组合或已有的仓位，我们将风险赔付计为 R（P，CP），以表示我们的这一观点，这里 CP 代表已有的仓位。已有的仓位代表了做市商对合约指数价值的风险敏感性，与单是在合约上开个仓不同。这种敏感性可能是直接的，如做市商在基于同指数的合约上已有仓位时；也可能是间接的，如做市商在基于任何其他相关或无关的指数的合约上已有金融品仓位时。这种敏感性可能遍及诸如天气衍生品类的金融品，也有可能是盈利/损失对天气敏感度的结果（例如，在零售或能源公司的情况下）。

考虑定价公式（10-6）中 CP 非零的情况。我们可以将方程推广为：

$$\text{Price}_{\substack{bid \\ offer}} = D(t,T)(\mu \mp \alpha(\sigma(\pm P, CP) - \sigma(CP))) \tag{10-24}$$

这里，标准差 $\sigma$ 是合约赔付 P 的函数，也是已有仓位 CP 的函数。这个公式算出的价格确保做市商维持其整个资产组合的风险成本 $\alpha$。我们还有：

$$\sigma(P, CP) = \sqrt{\sigma(P)^2 + \sigma(CP)^2 + 2\rho(P, CP)\sigma(P)\sigma(CP)} \tag{10-25}$$

---

① 事实上，3680 看跌期权在市场上的确以 $285000 交易过，这暗示标准差是 285 CDDs。

这里，$\sigma$（P）和 $\sigma$（CP）是合约赔付和已有仓位的标准差，$\rho$（P，CP）是赔付和已有仓位的相关系数。

注意，因为 $-1<\rho<1$，所以 $\sigma$（P，CP）既可能比原来的风险 $\sigma$（CP）大，也可能小。式（10-24）中 $\alpha$ 的比例项系数代表资产组合风险的增量，早前我们是用 R（P，CP）表示的。如提过的那样，当这个数是正的时候，$F_{\text{offer}}^{\text{bid}}$ 为正，当这个数是负的时候，$F_{\text{offer}}^{\text{bid}}$ 为负。一份合约是减少风险还是增加风险，决定因素是：合约和 CP 的相关系数以及 $\sigma$（P）和 $\sigma$（CP）的相对数量。

在精算定价的场合，尽管交易对手可能用同样的方式计算风险，可能有相同的风险偏好，并且均选择不对已有仓位进行套期保值，但他们在合约的公平价格方面未必意见一致；因为交易的每一方的风险仓位都可能因相反的交易得到改进，因而交易可能发生。

考虑下面的例子：东北煤气供应商找到天气衍生品交易商，询问纽约中央公园 11 月至次年 3 月 HDD 指数互换合约的价格。因为自身业务的原因，煤气供应商是 HDD 指数多头，寒冷冬季带来的收益比温暖冬季带来的收益高。供应商的分析显示对公司而言有效的赔付是多头 HDD 指数每度 \$20000，11 月至次年 3 月 HDD 指数的标准差是 335；对应地，由于气温变化导致的收益变化的标准差是 \$6.7M（335×20000）。供应商计划进行赔付率是每度 \$20000 的套期保值，赔付上限定得足够大，远离行权价格，以至于互换的 delta 大致上等于 1［进一步，我们假设贴现因子 D（t，T）大致等于 1］供应商和交易商同意，11 月至次年 3 月 HDD 指数服从平均值是 3877，标准差是 335 的正态分布；双方都用标准差量化风险，用 Ct = 10% 将标准差转化为等量的回报。供应商可以应用式（10-24）计算盈亏平衡的要价，并确定其行权价格是 3843.5［3877-10%×（335）］。因为交易可以减少终端用户的风险，所以终端用户也可以用期望值以下的价格卖出合约。交易商应用同样的公式计算其出价。但交易商已有天气合约组合，且会将任何新增交易仓位的风险累计进其组合中。假设已有仓位组合的标准差是 \$25M，11 月至次年 3 月 HDD 指数与这一组合不相关。建立 HDD 指数多头仓位增加的风险成本是：

$$\alpha(\sigma(P,CP)-\sigma(CP)) = 10\%(\sqrt{\$25m^2+\$6.7m^2}-\$25m)$$
$$= 10\%(\$0.88m) = \$88000$$

交易商对互换的盈亏平衡的行权价格出价是：3872.6 HDDs（3877-\$88000/\$20000）。这样一来，交易商会将低于 3872.6 的任何行权价格认为是有利可图的价格，而终端用户用任何高于 3843.5 的价格卖出 HDD 指数都会高兴。终端用户和交易商不同的风险仓位使他们有可能同意某一行权价格对双方而言都是有利可图的价格。

# 风险偏好和不确定价格

在前面几节中，我们集中讨论了通用定价公式（10-5）中的期望赔付 E（P）和风险赔付 R（P，CP）的估计方法。我们讨论了静态和动态的套期保值策略，讨论了原始风险，讨论了这些因素如何影响期望赔付和风险赔付。式（10-5）中的最后一个组成部分是做市商的风险偏好函数 $F_{bid/offer}$。

风险的度量和定价是一个复杂的课题。它是定价过程中最主观的部分，也许还是最不为人认识的部分。银行、资产管理经理和保险公司一直致力于寻找风险及其回报的度量方法，以便处理定价、风险管理、资金安排、激励补偿等问题。其他许多机构刚开始还是能体会到对风险进行精确的度量和估价方法的好处。下面是一些度量和表示风险偏好的更广为推荐的方法：

## 斜率和标准差

也许最为人所知的对风险回报进行定价的方法是斜率法。[1] 斜率法常常用来将一份风险投资与另一份风险投资进行比较；用这个方法时，斜率最高的投资被认为是最优先考虑的投资。斜率最简单的表达式是：

$$\text{Sharpe Ratio} = \frac{\mu - r}{\sigma} \tag{10-26}$$

这里，$\mu$ 是期望投资回报，$\alpha$ 是回报的标准差，$r$ 是无风险回报（这里假设其为常数，人们可以通过购买美国国库券得到这一水平的回报）。所以斜率简单地说就是超额回报除以超额回报的标准差。将做市商的目标斜率定为 $\alpha$，定义 D（t，T）为无风险回报率贴现因子，我们可以根据式（10-5）和式（10-26）推出：

$$\text{Price}_{\frac{bid}{offer}}(t) = D(t,T)(\mu \mp \alpha\sigma) \tag{10-27}$$

这里，$\mu$ 是合约的期望赔付，$\sigma$ 是赔付的标准差。这意味着：

$$F_{\frac{bid}{offer}}(R(P)) = \alpha\sigma \tag{10-28}$$

令目标斜率是对与标准差成比例的平均值所作的一个出价或要价调节。式（10-27）可以概括平均值和标准差是套期保值策略和已有风险仓位的函数的各种情况［例如式（10-24）］。

将风险等于标准差的主要的好处之一是标准差相对而言容易估算和理解。坏处是这是风险的一个对称度量：不确定所得受到同样比率的不确定损失的惩罚。如果

---

[1] Sharpe，W. F.，Mutual Fund Performance，*Journal of Business*，1966：119-138.

数值是正态分布的，这不是问题；如果分布不是对称的，如期权仓位的情况，我们还是倾向于使用对下部风险的惩罚大于对上部风险的惩罚的风险度量方法。还有，标准差包括了盈利和损失分布的大致宽度，但它对尾部的形态不敏感：在风险定价时，低概率极端损失与较高概率的中等情况的损失等同起来了。

一般说来，如果假设两种情况下标准差相等，那么，应该对前一种情况收取更多的费用。

## 基于 VaR 的回报（RoVaR）

风险价值法（VaR，在第十四章中我们将详细讨论）是一组资产市场风险的标准度量法。例如，一个 99% 的 VaR（或 $VaR_{99\%}$）代表这样的经济损失水平，这个水平在假设为对仓位进行套期保值时我们以 1% 的概率期望可以超过它。在我们的讨论中，损失定义为与期望赔付相比多出的损失。RoVaR 与 Sharpe Ratio 相似，除了以下这一点：作为对风险的度量，VaR 代替了标准差。忽略资产组合的影响，可以推出类似式（10-27）的定价公式，但对某些"VaR 成本" $\eta$ 要用 $\eta$-VaR 代替 $\alpha\sigma$。数学上就是：

$$F_{\frac{bid}{offer}}(R(P)) = -\eta VaR_x(\pm P) = -\eta(C_{\pm P}^{-1}(1-X) - E(\pm P)) \tag{10-29}$$

这样，风险赔付 R（P）的特征就包含在赔付 c.d.f. 的反面，$C^{-1}$（·），做市商的风险偏好由 $F_{\frac{bid}{offer}}$ 风险厌恶参数 $\eta \geq 0$ 表示。将风险等同于 VaR 的好处之一是 VaR 是从分布的损失一侧计算的：这意味着损失方面的大的易变性受到惩罚，而不是收益方面的大的易变性。但 VaR 也有自己的问题。计算起来可能有困难，它的数值估计的精确度一般比标准差的估计低。还有，一个 x%VaR 以低于（1-x%）的概率忽略了损失，结果是基于这种度量法的风险定价方法不考虑这些低概率损失的风险。

## 险事均衡化

险事均衡化变换[1]有一个好处：忽略风险赔付的上部，仅考虑损失一侧。还有就是，它将成本分摊在所有损失上，而不管这些损失发生的概率是大还是小。用式（10-24）的话说，风险的险事均衡化成本可以表达为：

$$F_{\frac{bid}{offer}}(R(P)) = \int_{-\infty}^{0} dp\left\{\left[\frac{C_{\pm p}(P)}{C_{\pm p}(0)}\right]^{1/\rho} - \frac{C_{\pm P}(\rho)}{C_{\pm P}(0)}\right\} \tag{10-30}$$

这里，$C_{+/-p}$（p）是合约多头/空头仓位的 c.d.f.。c.d.f. 包含着风险赔付 R（P）的信息。做市商的风险偏好以 $F_{\frac{bid}{offer}}$ 的形式和风险厌恶参数值 $\rho \geq 1$ 表示。$\rho$ 取值

① Wang, S., Insurance Pricing and Increased Limits Ratemaking by Proportional Hazards Transforms, *Insurance: Mathematics and Economics*, 1995：43054.

越大，表示越厌恶风险，相应地出价——要价差就大。这类似于斜率法中的 $\alpha$、RoVaR 法中的 $\eta$。

值得注意的重要的一点是：这一节中给出的风险成本计算公式是应用于单时间轴的。跨两个连续时间段的期望收益可以相加，但风险一般不能相加。如果两个时间段里的收益是相互独立的，收益变量可以相加，但标准差不能相加。克服这个困难，可以将风险的度量定义为时间轴的函数。例如，如果我们规定式（10-26）中斜率是年度的，那么，公式中的收益和标准差也就是一年的。对于某时间段 $T-t$，年平均斜率就可以定义为：

$$\text{Annualized Sharpe Ratio} = \frac{\mu - r}{\sigma \sqrt{T-t}} \tag{10-31}$$

我们可以将式（10-28）修改为：

$$F_{\frac{bid}{offer}}(R(P)) = \alpha \sigma \sqrt{T-t} \tag{10-32}$$

有趣的是，这个公式意味着出价——要价差随着时间接近合约到期日越来越大。我们用两个例子结束这一节。第一个例子考察的是一个简单的情况：一个做市商为了得出期权的价格，在优化其两个可能的套期保值策略时，将会如何利用其风险偏好函数。第二个例子解释期权价格可能较其期望赔付偏高的原因。

第一个例子中，我们回顾一下早前叙述过的假设：我们考虑的是卖出一份 CDD 期权，我们知道在指数是正态分布的假设下期权的期望赔付是 \$159500，但如果我们进入 OTC 天气市场对一份互换进行套期保值，那么额外成本是 \$60500。我们现在试图在给出风险偏好和两个套期保值可能性的条件下，确定看跌期权的最好的可能要价。我们假设风险偏好可以用式（10-27）表示，这样 $F_{\frac{bid}{offer}} = \alpha \sigma$。我们考虑的两个套期保值可能性没有什么用，仅是通过利用一份互换对期权 delta 进行套期保值。

我们可以应用式（10-14）证明看跌期权赔付的标准差是 \$313200。所以在做市商不进行套期保值的假设下看跌期权的最好的出价是：

Offer（no hedge）= \$159500 + $\alpha$ · \$313200

另外，作为 delta——套期保值，用 \$1238 卖出互换将花我们 \$60500，但这可以将仓位的标准差减少到 \$156200。所以，如果我们进行套期保值，我们可以出价：

Offer（swap hedge）= \$220000 + $\alpha$ · \$156200

从这些结果我们可以看到，如果风险厌恶度非常低（小于 $\alpha$），那么，最好不对空头互换进行套期保值，因为"无套期保值"的要价低于"互换套期保值"的要价。但是，如果风险厌恶度足够高，"互换套期保值"下的要价就比"无套期保值"下的要价低。令这两个要价相等，我们得到临界值 $\alpha = 43\%$，在这个值之上最好的策略是进行套期保值。①

在第二个例子中，我们探讨基于观测到的期权价格的非对称风险度量的结果。我们又一次考虑最后例子中的凤凰城 CDD 看跌期权。假设如前——不进行套期保值，期权的双向价格是：

$$\text{Price}_{\frac{\text{bid}}{\text{offer}}} = \$159500 \mp \alpha \cdot \$313200$$

忽略 $\alpha$ 的值，出价和要价的平均值（市场中间价）简单的就是 $\$159500$——期权的期望赔付。现考虑应用 95%VaR 法进行风险定价的结果。不难得到，期权的指数值最后超出付费范围的概率大于 5%。类似地，期权指数值达到其赔付上限 $\$1M$ 的概率大于 5%。因为我们将损失定义为对期望值的负偏离，所以我们可以得到结论：

$$\text{VaR}(P) = \$0 - \$159500 = \$159500 \text{ 和 VaR}(-P)$$
$$= -\$1000000 + \$159500 = -\$840500$$

显然，对于空头期权合约——不是多头期权合约——VaR 相当大；这意味着做期权空头的风险要大些。RoVaR 定价法考虑了这一点，它给要价的价差大于给出价的价差：

$$\text{Price}_{\frac{\text{bid}}{\text{offer}}} = \$159500 \mp \left\{ \begin{array}{l} \eta \cdot \$159000 \\ \hline \eta \cdot \$840500 \end{array} \right.$$

最后市场中间价是：

$$\text{Price}_{\text{mid-market}} = \$159500 + \eta \cdot \$340750$$

因为 $\eta > 0$，所以对任意 $\eta$，市场中间价大于 $\$159500$。这解释了一个一般的结果——如果做市商对损失风险的收费大于对收益风险的收费，那么，精算出的期权的价格就会从其期望值向上偏离。观察 OTC 天气衍生品市场，你可以发现这是事实：期权成交价格倾向于用大于由互换水平和历史 EDD 标准差显示的期望值。根据式（10-23），我们可以说，这意味着标准差比历史标准差大。$\eta$ 合理的值是 5%；在这种情况下，凤凰城 CDD 看跌期权的市场中间价格向上偏离 $\$17000 \sim \$176500$。

在这一章中我们考察了对天气风险进行定价时必须考虑的许多事项——无论是对天气衍生品定价还是对保险品定价。我们已经搞清楚了决定价格的四个主要因素：合约赔付的统计特征、已有的仓位、可用的套期保值策略、风险偏好。我们已经看到保险精算方法和金融衍生品方法都可以应用，有时也可以同时使用。

天气风险市场史进展到这一阶段时，通常还是用精算方法处理风险的，因为要构造预测曲线、揭示市场波动性，就需要市场价格信息，而这时市场还缺乏流动性，使我们无法观察市场信息。随着天气市场的成长和深化，强化数据和趋势确定化数

---

① 注意，如果我们仅仅容许所描述的两个套期保值策略，这些结果是有效的。如果我们容许对期权 delt 进行部分套期保值，那么我们一般会得到更优化的套期保值策略。为了稳定最优化的套期保值策略，我们也许需要定义更复杂的风险偏好函数。

据的方法可能得到发展，最后市场会聚合于一个窄小的领域，那就是对于给定的时间段和地点，求出天气指数的期望值。也许市场会因使用各种各样的趋势确定化方法和定价模型的人数的增加而继续扩张。在这种情况下，某些指数的流通性足以产生可观察的预测曲线，作为供需达到了这个水平的结果，流通性也许改善了；到了这一步，市场将开始类似某些较成熟的衍生品市场（例如，有价证券、利率、外汇市场）。做市商的注意力将从精算方法移向市场方法，因为上市合约的足够大的供给量将给合约价格间的相关性施加严格的约束。

在这一章中，为精确地表达我们的观点，许多讨论是用数学语言进行的。但我们也注意到，风险偏好作为风险成本的主观度量，在天气风险定价中可能起重大作用。量化一个仓位的风险期望和回报期望，也许是可能的；但确定与收益对应的风险的相对价值不一定非要用数学方法——可能是这样的方法，它主要依赖于公司的观点、公司的风险承担能力和公司的业务需要。

# 参考文献

［1］Baxter, M., A. Rennie, *Financial Calculus*, Cambridge：Cambridge University Press, 1996.

［2］Black, F., M. Scholes, The Pricing of Options and Corporate Liabilities, *Journal of Political Economy*, 1973：81.

［3］Cao M., and J. Wei, "Equilibrium Valuation of Weather Derivatives", Working Paper, Financial Economics Network, http：//www.ssrn.com/fen/index.html, 2000.

［4］DeGaetano, A., "Recent Trends in Maximum and Minimum Temperature Threshold Exceedances in the Northeastern United States", *Journal of Climate*, 1996.

［5］Dischel, B., At last：A Model for Weather Risk, *Energy and Power Risk Management*, 1999.

［6］Domier, F, M. Queruel, Caution to the Wind, *Energy and Power Risk Management*, 2000.

［7］Duffie, D., *Dynamic Asset Pricing Theory*, Princeton：Princeto On University Press, 1992.

［8］Easterling, D. R., et al., Maximum and Minimum Temperature Trends for the Globe, *Science*, 277.

［9］ Greene, W. H. , *Econometric Analysis.* Upper Saddle River, New Jersey: Prentice-Hall, 1997.

［10］ Hamilton, J. D. , *Time Series Analysis*, Princeton: Princeton University Press, 1994.

［11］ Harrison, J. M. , D. M. Kreps, Martingales and Arbitrage in Multiperiod Securities Markets, *Journal of Economic Theory*, 1979.

［12］ Higgins, R. W. , A. Leetmaa V. E. Kousky, Relationships between Winter Weather Extremes, Climate Variability and Long-term Trends in the U. S. Part I: Temperature, *Journal of Climate*, 2001.

［13］ Huang, C. , R. H. Litzenburger, *Foundations for Financial Economics*, Englewood Cliffs, Newjersey: Prentice Hall, 1988.

［14］ Hull, J. C. , *Options, Futures, and Other Derivatives*, 3rd ed. Upper Saddle River, New Jersey: Prentice Hall, 2000.

［15］ Klugman, S. A. , H. H. Panjer. G. E. Wilmot, *Loss Models: From Data to Decisions*, New York: John Wiley, 1998.

［16］ McIntyre, R. , S. Doherty, An Example from the UK, *Energy and Power Risk Management*, 1999.

［17］ Merton, R. C. , Theory of Rational Option Pricing, *Bell Journal of Economics and Management Science*, 1973.

［18］ Pilipovic, D. , *Energy Risk*, New York: McGraw-Hill, 1998.

［19］ Press, W. H. , S. A. Teukolsky, W. T. Vetterling, B. P. Flannery, *Numerical Recipes in C*: The Art of Scientific Computing, 2nd ed, Cambridge: Cambridge Univeristy Press, 1992.

［20］ Rice, J. A. , *Mathematical Statistics and Data Analysis*, 2nd ed, Belmont, California: Duxbury Press, 1995.

［21］ Sharpe, W. F. , Mutual Fund Performance, *Journal of Business*, 1966.

［22］ Wang, S. , Insurance Pricing and Increased Limits Ratemaking by Proportional Hazards Transforms, *Insurance: Mathematics and Economics*, 1995.

# 第十一章　数　据

Robert Henderson Yu Li Niraj Sinha

像第十章所讨论的那样，数据的可得性对于天气保险和衍生品的有效定价和风险管理是至关重要的，没有相当数量的相关的、高质量的数据，估价和管理天气风险将是不可能的。本章我们考虑与该主题有关的一些事项，包括有关气温、降雪量、降雨量和其他自然环境变量等气象数据的全球来源。

## 数据来源

### 美国天气数据

美国第一手天气数据资料来自北卡罗来纳州的 Asheville 国家气候数据中心（NCDC）。该中心是国家环境卫星、数据及信息服务机构（NESDIS）下的三个国家数据中心之一，而 NESDIS 又是国家海洋大气管理局下的在线办公室之一（国家海洋大气管理局——NOAA——接受美国商业部的领导）。除 NESDIS 外，NOAA 还管理着数个在线办公室和项目办公室，包括国家天气服务机构（NWS）、国家海洋服务机构和国家海上渔业服务机构等。除 NCDC 外，另外两个数据中心是国家地理数据中心（NGDC）和国家海洋数据中心（NODC）。

气象站

在美国有 12000 多个活跃的气象站，它们收集每小时的和日常的天气数据；NWS 的职员运作大约 300 个这样的气象站（它们是最重要的或排在第一系列的气象站）；其余的，大部分是 NWS 组织的合作（Coop）气象站网络的组成部分。该合作计划有很长的历史，现充当着美国气象数据收集工作的骨架。[①] Coop 站通过一些志愿者操纵，这些志愿者由 NWS 人事部培训；这些气象站的设备依照 NWS 标准鉴定

---

① Thomas Jefferson 早在 1797 年就预想了这样一个计划；事实上，一些著名的天气观测者——如 Jefferson、Benjamin Franklin 和 George Washington——的记录，依然可以找到。志愿者网络在 1890 年正式形成。

和维护。除了 Coop，陆军、海军、联邦航空局（FAA）、海岸巡逻队、海军陆战队、气象局和其他机构还有其自己运作的气象站。从各地收集来的数据由 NCDC 加工和管理，以便进一步分发。

气象站的编号

气象站有很多办法识别，包括 Coop 识别码、WBAN 识别码、WMO 识别码、FAA 地标和 NWS 地标。

Coop 识别码

参与合作计划的所有气象站都有六位识别码。识别码的前两个码表示气象站位于什么地方，后四位号码根据该州的字母顺序排列。

WBAN 识别码

许多气象站用五位数字 WBAN 识别码。WBAN 识别码的采用始于 1950 年，作为建立气象站的数字编码系统的第一个主要的努力的一部分。[①] WBAN 识别码根据气象观测地理位置编码且永不改变（甚至该站在关闭之后在相同的地点重开编码也不变）。WBAN 和 Coop 识别码是两个应用最广泛的气象站的识别码，并且已经成为美国大多数天气合约的组成部分。

WMO 识别码

世界气象组织（WMO）编制 WMO 识别码，用于国际间天气数据交换、气象站资料处理和鉴别。识别美国境外的气象站，WMO 识别码是其主要手段。

FAA 地标（FAA LI）

FAA 对用作为导航目的的所有气象站编制地标（多达 4 个字母），这些地标也是呼叫信号或呼叫符号［FAA 的地标也是国际民用航空组织（ICAO）的美国地标］，因为 FAA 是 ICAO 在美国的代表，所以 ICAO 地标由 FAA 编码和管理。

NWS 地标（NWS LI）

NWS 给气象站编码以方便自己的通信（3～5 个字母）。在大部分主要机场，NWS LI 地标与 FAA LI 地标相同。NWS LI 中三个字母的第一个字母表示城市/镇的名字，剩下的两个字母表示州的名字。[②]

来自 NCDC 和 NWS 的数据

尽管 NCDC 提供非常广泛的天气数据，但我们只专注与天气风险管理事务有关的一小部分数据。NCDC 合作站数据包括历史上 1948 年至 1997 年的气温（每日的最高气温和最低气温）、降雪量、积雪深度、降雨量等每日数据。表 11-1 包括了数据库中的重要的天气要素的说明。联合的在线订阅（COS）提供日最高气温、最低气温、降雨量、降雪量、积雪厚度、天气种类（例如雾、多云、冰雹和降雨等）、

---

① 许多 WBAN IDs 始于零，必须通过电脑软件处理为字母数字以不失去前导零。

② 第一个是州的第一个字母，第二个阿拉伯数字代表以相同字母开头的州目录中的那个州的排序。例如，Alabama 的气象站的后两个字母为 "Al"，Arizona 的气象站的后两个字母为 "A2"，Arkansas 的气象站的后两个字母为 "A3" 等。

大气压和风速等数据；COS 提供 1996 年 7 月以前的每个月的日常数据。大部分气象站的未编辑 NCDC 数据可以在 24 小时后提供。NWS 的天气预报中心（CPC）通过他们的网站提供精确的最高气温、最低气温和大约 1400 个气象站的降雨量；[1] CPC 也通过他们的网站提供 7~8 天的大约 2000 个气象站的预报[2]［注意，从商业提供者那里也可以得到的过去的实际气温和 12 天预报的数据，例如从风险管理解决方案公司（EMS），我们下面会详细讨论这一点］。

表 11-1　NCDC 数据库主要天气要素说明

| 要素 | 度量单位 | 描述 |
| --- | --- | --- |
| TMAX | 华氏度数 | 日最高气温。24 小时内的最高气温——24 小时结束在观察时刻 |
| TMIN | 华氏度数 | 日最低气温。24 小时内的最低气温——24 小时结束在观察时刻 |
| PRCP | 英寸，小数点后两位 | 日降水量。24 小时内的读数——24 小时结束在观察时刻；精确到 0.005 |
| SNOW | 英寸，小数点后一位 | 日降雪量，包括冻雨。24 小时内的读数——24 小时结束在观察时刻；精确到 0.05 |
| SNWD | 英寸 | 积雪厚度。观察时候的值；精确到 0.5 |
| WTEQ | 英寸，小数点后一位 | 雪深水当量。仅在主要站有读数。1963 年 10 月开始对 2 英寸及以上的积雪生效 |

　　注：1967 年 6 月底之前，观察时刻是 6：00am 或 6：00pm；从 1967 年 7 月开始到 1981 年底，观察时刻是 6：00am；从 1982 年 1 月开始，实际观察时间是指定的（多数情况下，尽量接近 12：00am）。

　　资料来源：NCDC.

## 国际天气数据

　　获得美国以外的天气数据经常是困难的和昂贵的。在许多场合下，数据是不可靠的、没有包含足够的历史情况，不是现存的，并且不易获得。实际上，缺乏充分的国际天气数据仍将是在全球范围内推广天气风险管理产品的主要挑战。[3]

　　尽管 NCDC 能够为许多国际气象站提供气温和降雨量数据，但它受到范围和成

---

　　① www.cpc.ncep.noaa.gov/products/analysis-monitoring/cdus/prcp-temp-tables/dly-globl.txt.

　　② www.cpc.ncep.noaa.gov/products/analysis-monitoring/cdus/prep-temp-tables/mrffox.txt.

　　③ 存在改善天气数据的全球性需要。许多市场，如南美洲和亚洲的一部分，因为历史数据的缺乏，还没有被积极地锁定为天气风险产品的目标市场。美国天气风险产业的成长在很大程度上是因为可以从 NCDC 不受限制地获取数据。美国天气风险产业的增长大部分归因于源自 NCDC 的数据可无限制地得到。在欧洲，人们越来越认识到，信息，包括天气数据的公开的获取途径是关键。如果天气衍生品/天气保险产业要增长，缺乏天气数据处理的一致性必须在国际间认真对待；WRMA 本身已经注意到存在对天气数据和普通数据的测量和发布标准的单一的全球交换机构的需要。

本的限制。因此，许多用户必须依靠所在国家的国家气象组织。例如，英国气象站的数据可以从英国政府的气象办公室获得。[①] 加拿大的数据可以从加拿大环境规划地署处获得（例如，加拿大日常气候数据服务处提供包括日常气温和日常降雨量数据）。[②] 法国的气象资料信息可以通过法国气象部的法兰西气象局获得。[③] 皇家荷兰气象院最近免费提供天气数据。尽管日本气象社（JMA）[④] 从全国各个城市聚集日常天气信息，但它通过天气新闻公司（WNI）出售它的数据。[⑤] 由英国气象办公室和雨伞经纪人公司合资组建的天气交易网站为整个英国和欧洲大陆的各个城市提供数据。其他国家的气象机构也提供各种各样的数据。

### 私人数据销售商

就像第四章中指出的，过去几年里出现的某些私人卖主帮助提供另外的信息；随着产业的成长，可望出现更多卖主。两个大的卖主已经确定了坚固的市场地位，他们是风险管理解决方案（RMS）/地球卫星公司和应用保险研究公司（AIR）。RMS 同地球卫星公司合作，提供经过处理和强化的美国 200 个主要气象站的日常最高气温和最低气温数据。RMS 已经使欧洲和德国的一些气象站对美国数据产生了兴趣和需求，现在为其提供数据；且正在添加欧洲其他国家的数据。[⑥] AIR 也为许多美国气象站提供经处理的和改造的数据。就像以上指出的，WNI 是唯一经授权出售由 JMA 收集和处理的气象资料的代理机构。

## 数据的净化和调整

从 NCDC 和其他来源（除了 RMS 和 AIR）获得的数据是未经过处理的，这意味着可能丢失了观测数据以及存在各种各样的错误。为了使数据用来估价和风险管理，它们必须经净化——也就是，必须修复错误和遗漏。天气数据有各种错误。气温数据最常见的观测到的问题有空白（遗失数据）、最低气温高于最高气温、不合理的最高气温和最低气温读数（例如，200℉的最高气温或−150℉的最低气温）、错误标志或遗失数据（例如，−99999，M）、气温后面的星号（例如，65*）小数点之后的

---

① www. metoffice. com.

② www. mse−sme. ec. gc. ca/climate/products−se−rvices/climate−products/digital−products−e. cfm.

③ www. meteo. fr/meteonet.

④ www. kishou. go. jp/english/index. html.

⑤ www. wni. com.

⑥ 正如在第四章提到的，RMS 同样使得购买者可以使用 Climetrix 系统进行估值和风险管理天气衍生品。

零等。与降水量、风速等有关的数据可能也有其独特的问题。

一般我们考虑两种可能的方法净化天气数据。一种是气象学方法，涉及使用临近气象站的数据并计算它们间的相关系数。在给定相关系数和气象站距离后，就能开发一个加权平均填补方案。[①] 另一种是时间系列方法，用给定气象站的数据建立一个时间系列模型，通过这个模型将有问题的数据点填补上。用这个方法时，遗失或损坏的数据首先从数据库里边分离出来，以便正确地确定该时间系列模型的参数。然后，使用同样的参数重新推出有问题的数据的值。虽然可以编写一个计算机程序来扫描数据错误，但复杂的是如何重植这些数据。如果单一错误数据由优良数据包围，添补不会太难，且不会导致在大部分天气合约估价上的差别。如果数据的起始数据被遗失或弄错，一个简单的添补就可能不充分。

为帮助阐明数据净化过程，我们来考虑通过简化的添补技术过程对假定的气温数据序列的净化（注意，这里的计算是对净化技术的简单说明，不是确切的技术）。在将我们的注意力转移到表 11-3 之前（原始数据和净化后的数据），我们描述一下表 11-2 中观测到的数据问题和解决方案。

表 11-2　观测到的数据问题和解决方案

| 观察到的问题 | 解决办法 |
| --- | --- |
| 1/24/1953，Tmax 小于 Tmin | 处理时更正 |
| 10/9/1998，Tmin 是 0，但前后两天是 51 | 取前后各一天的最高最低气温差，求平均值得到 6.25，用当日最高气温减此数得到当日最低气温 47.75 |
| 11/3/2000，Tmax 观察值后打了星号 | 处理时去掉星号 |
| 11/18/2000，Tmax 等于 138，不对 | 取前后各两天的最高最低气温差，求平均值得到 19.75，用当日最低气温加此数得到当日最高气温 38.75 |
| 1/22/2001，Tmax、Tmin 都缺失 | 估计。取前后各两天的最高最低气温值，得到平均值 19.125，平均温差是 19.75，其估计当日高气温 Tmax = 19.125+0.5×19.75 = 29，最低气温 Tmin = 19.125−0.5×19.75 = 9.25 |
| 3/27/2001，Tmax、Tmin 处都是缺失数据符号"−99999" | 估计。方法同上 |
| 4/2/2001，Tmax、Tmin 处都是缺失数据符号"M" | 估计。方法同上 |

----

① Barnes，S.，A Technique for Maximizing Details in Numerical Weather Map Analysis，*Journal of Applied Meteorology*，1964（3）：396-409.

**表 11-3 原始历史数据和经净化的气温数据样品**

| 日期 | 原始最高气温 | 原始最低气温 | 清洁后的最高气温 | 清洁后的最低气温 |
|---|---|---|---|---|
| 1/17/1953 | 19 | 5 | 19 | 5 |
| 1/18/1953 | 41 | 17 | 41 | 17 |
| 1/19/1953 | 39 | 29 | 39 | 29 |
| 1/20/1953 | 39 | 24 | 39 | 24 |
| 1/21/1953 | 33 | 21 | 33 | 21 |
| 1/22/1953 | 32 | 20 | 32 | 20 |
| 1/23/1953 | 37 | 19 | 37 | 19 |
| 1/24/1953 | 37 | 50 | 50 | 37 |
| 1/25/1953 | 50 | 23 | 50 | 23 |
| 1/26/1953 | 24 | 12 | 24 | 12 |
| 1/27/1953 | 23 | 8 | 23 | 8 |
| ⋮ | ⋮ | ⋮ | ⋮ | ⋮ |
| ⋮ | ⋮ | ⋮ | ⋮ | ⋮ |
| 10/1/1998 | 67 | 44 | 67 | 44 |
| 10/2/1998 | 55 | 38 | 55 | 38 |
| 10/3/1998 | 56 | 39 | 56 | 39 |
| 10/4/1998 | 61 | 38 | 61 | 38 |
| 10/5/1998 | 56 | 36 | 56 | 36 |
| 10/6/1998 | 56 | 25 | 56 | 25 |
| 10/7/1998 | 54 | 45 | 54 | 45 |
| 10/8/1998 | 58 | 51 | 58 | 51 |
| 10/9/1998 | 54 | 0 | 54 | 47.75 |
| 10/10/1998 | 55 | 51 | 55 | 51 |
| 10/11/1998 | 57 | 52 | 57 | 52 |
| 10/12/1998 | 53 | 37 | 53 | 37 |
| 10/13/1998 | 56 | 32 | 56 | 32 |
| ⋮ | ⋮ | ⋮ | ⋮ | ⋮ |
| ⋮ | ⋮ | ⋮ | ⋮ | ⋮ |
| 10/30/2000 | 43 | 33 | 43 | 33 |
| 10/31/2000 | 43 | 38 | 43 | 38 |
| 11/1/2000 | 48 | 40 | 48 | 40 |
| 11/2/2000 | 56 | 42 | 56 | 42 |
| 11/3/2000 | 60 [*] | 29 | 60 | 29 |

| 日期 | 原始最高气温 | 原始最低气温 | 清洁后的最高气温 | 清洁后的最低气温 |
|---|---|---|---|---|
| 11/4/2000 | 52 | 33 | 52 | 33 |
| 11/5/2000 | 45 | 39 | 45 | 39 |
| 11/6/2000 | 44 | 37 | 44 | 37 |
| : | : | : | : | : |
| : | : | : | : | : |
| 11/12/2000 | 52 | 42 | 52 | 42 |
| 11/13/2000 | 48 | 42 | 48 | 42 |
| 11/14/2000 | 48 | 42 | 48 | 42 |
| 11/15/2000 | 49 | 38 | 49 | 38 |
| 11/16/2000 | 47 | 31 | 47 | 31 |
| 11/17/2000 | 52 | 34 | 52 | 34 |
| 11/18/2000 | 138 | 19 | 38.75 | 19 |
| 11/19/2000 | 42 | 17 | 42 | 17 |
| 11/20/2000 | 39 | 19 | 39 | 19 |
| : | : | : | : | : |
| : | : | : | : | : |
| 1/20/2001 | 28 | 11 | 28 | 11 |
| 1/21/2001 | 20 | 10 | 20 | 10 |
| 1/22/2001 | | | 29 | 9.25 |
| 1/23/2001 | 34 | 10 | 34 | 10 |
| 1/24/2001 | 34[#] | 6 | 34 | 6 |
| 1/25/2001 | 33 | 10 | 33 | 10 |
| 1/26/2001 | 28 | −6 | 28 | −6 |
| 1/27/2001 | 27 | 0 | 27 | 0 |
| : | : | : | : | : |
| : | : | : | : | : |
| 3/25/2001 | 38 | 23 | 38 | 23 |
| 3/26/2001 | 35 | 11 | 35 | 11 |
| 3/27/2001 | −99999 | −99999 | 38 | 18 |
| 3/28/2001 | 40 | 23 | 40 | 23 |
| 3/29/2001 | 39 | 15 | 39 | 15 |
| 3/30/2001 | 36 | 21 | 36 | 21 |
| 3/31/2001 | 34 | 29 | 34 | 29 |
| 4/1/2001 | 32 | 27 | 32 | 27 |

| 日期 | 原始最高气温 | 原始最低气温 | 清洁后的最高气温 | 清洁后的最低气温 |
|---|---|---|---|---|
| 4/2/2001 | M | M | 38 | 27.75 |
| 4/3/2001 | 37 | 30 | 37 | 30 |
| 4/4/2001 | 49 | 25 | 49 | 25 |

就像上文提到的，该计算纯粹是说明性的。前提是任何一天的气温更接近该天前一天或后一天的气温，而不是更接近该星期的前一个星期的气温或后一个星期的气温。自然地，我们可以使用前后两天或六天的平均值和散布值（一边一天或三天）——不是四天，计算均方根误差，以预测那个气象站遗失的数据，并确定最好的方法。如果大块数据遗失，估值就变得不准确。如果遗失的大块数据是靠近数据库的开端，我们可以考虑排除块的末端之前的所有的数据。如果它在数据库的中间部分，比如，如果包含 1948~2000 年的观测资料的数据库中 1976 年的一个月的数据遗失了——我们可以使用 1976 年前后（在这里是 1975 年和 1977 年）的相同月份的数据来添补。我们也可以为气温数据建立一个时间序列模型［就像第十章中描述的 ARMA（p. q）模型］并用其进行数据净化。一旦该时间模型的参数通过使用优良数据估计出来了，相同的参数就可以用来为存在问题的日期估计气温。

数据问题可能包括降水读数。虽然我们遇到的错误与气温问题中的错误同类（例如空白、标志、负值、不合理数据等），但净化程序则相对困难得多。气温是一个连续变量，天与天间有极强的相关性。但降水不是一个连续变量，因为任何给定的一天可能降雨/降雪也可能不降雨/降雪。所以，零读数可能是实际值，也可能是一个错误读数。

还有，降水必须至少通过两个要素来定义：一个是要确定是否下了雨/下了雪；另一个是要确定下了多少雨/下了多少雪。这些要素在邻近天的读数也许是正相关的，但如果说不是不可能的话，它也是困难的——纯粹由其他日期的信息给给定日期的降水一个有意义的说法。另外，虽说为净化数据我们可以使用邻近参考气象站的数据来推断大致的气温，但降水的极端地域化特征可能使这种方法不适用。不过，从邻近的几个气象站的数据来推断降水的发生及数量可能是估计降水量最好的办法。

除了上面提到的问题之外，数据质量受到气象观测仪器位置变化、高度变化的影响。另外，观测技术的改进导致观测仪器的变化并进而引起收集到的数据的质量发生变化。这些事项通常通过使用各种数据强化方法来处理，本章以下部分将要讨论到这一点。

# 气象数据中的不一致性

在估价天气风险产品时，无论关于分布的假设是什么，基础指数的无偏和一致估计是关键。但天气数据的不一致性却使得进行无偏和一致估计困难重重。

有两种影响气温指数时间序列的不一致性类型。第一种是气候上的不一致性，它包括长期的（全球变暖）、地区的（厄尔尼诺南部震荡、北大西洋震荡、急流）和地方的（都市化）趋势。通常，气候上的不一致性导致受影响区域的天气模式的变化。第二种不一致性是非气候的，涉及由于气象站位置和使用仪器变化引起的测量的变化。表 11-4 是一个非气候不一致性的例子，包含了备有证明文件的凤凰城蓝天国际机场气象站位置变化的日期和相关记述。

表 11-4　凤凰城蓝天国际机场（WBAN 23183）气象站变化记述

| 日期 | 记　述 |
| --- | --- |
| 12/19/1952 | 地面测温地址向东南移 0.8 英里、增海拔 6 英尺 |
| 1/1/1953 | 中继站东移 01′、增海拔 7.2 英尺 |
| 1/1/1958 | 中继站减增海拔 7.2 英尺 |
| 5/29/1958 | 地面测温地址向西南移 0.3 英里、增海拔 5 英尺 |
| 12/20/1960 | 地面测温地址增海拔 8 英尺、湿温自动记录仪服役−中继站东 3900 英尺 |
| 7/1/1971 | 机场名称改为凤凰城空港机场 |
| 1/1/1973 | 变地址分类，从 WBAS 到 WSO |
| 9/19/1975 | 地面测温地址减海拔 5.9 英尺、湿温自动记录仪西南移 2800 英尺 |
| 1/1/1978 | 地面测温地址减海拔 5.9 英尺 |
| 1/25/1978 | 移地面测温地址西南 3000 英尺，减海拔 2 英尺；湿温自动记录仪升 2 英尺 |
| 12/31/1981 | 变地址分类 |
| 3/1/1994 | ASOS 服役（地址分类变为 ASOS−NWS）；移中继站，北 01′、东 02′；增海拔 2 英尺；地面测温地址移，北 01′、东 02′、减海拔 6 英尺 |
| 3/10/1994 | Blind 测试日 |
| 1/1/1995 | 加 k 入呼叫号 |
| 2/6/1997 | 变机场名为凤凰城蓝天国际机场 |

# 数据调整目标

本章下面将要讨论用趋势确定化技术来处理气候不一致性。调整技术——是这一节核心——用来处理由非气候不一致性导致的气温数据的人为的不连续性。例如，如果气象站位置变化引起了气候数据观测的差异，那么在该变化前的观测数据应该经过调整以反映当前的测量装置。在处理数据调整事务时，重要的是谨记变化的是天气的测量而不是天气本身。

图 11-1 反映了由气象站位置的变化或观测仪器变化导致的观察到的气温系列数据的水平上移。调整数据的目的是处理观测到的数据中的人为的不连续并且使得气象站变化之前的观测值等于当前设备测量下的真实水平。这样的调整能使我们得到更有意义的远期估计和标准偏差估计。图 11-2 解释了没有经过调整时数据存在的各种偏差：观测到的平均数低于真实的平均数、观测到的离散值高于真实的离散值、人为的"升温"趋势——如果分析是根据观测到的数据进行的话。

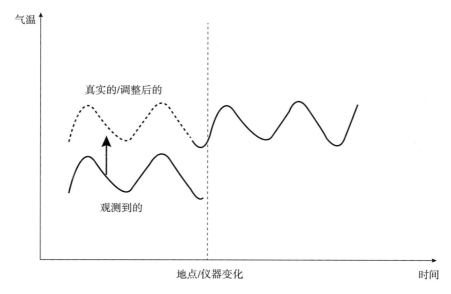

**图 11-1　气温时间序列调整**

## 调整方法

一个理想的方法应该恢复真实的气温时间序列，而不受非气候不一致性影响。

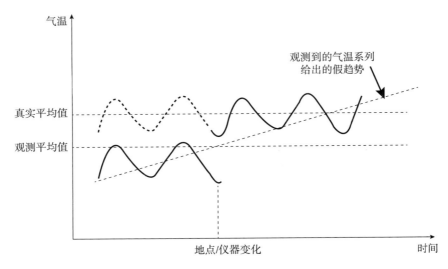

**图 11-2　非气候不一致性统计结果**

但实际上，这项任务经常由于气象站的变化对观测气温的影响与气候不一致变化的影响（例如全球变暖和厄尔尼诺现象）交合在一起而变得非常困难。

存在无正式文件记录的气象站变化，由此带来的不确定性使问题变得更加复杂。一种方案是使用最近的气象站的数据，并根据加权平均气温指数来估算真实的气温时间序列。大部分现存的调整方法是下面公式描述的回顾模型的变异：

$$\hat{T}_{target,\,t} = c + f\left(\sum_i \omega_i T_{i,\,t}\right),\ t < t^*$$

$$s.\,t.\ \rho\,(T_{target,T_i}) \geqslant \bar{\rho}$$

$$and\quad d_{(target,i)} \leqslant \bar{d} \tag{11-1}$$

这里 $\hat{T}_{target,t}$ 是 $t$ 时刻目标气象站气温指数的估值，$c$ 是一个常数，$f$ 是可以取不同形式的函数，$T_{i,t}$ 是 $t$ 时刻第 $i$ 个参考气象站的气温指数，$\omega_i$ 是第 $i$ 个参考气象站的权重，$t^*$ 是位置和仪器变化的时间，$\rho\,(T_{(target},\,T_i))$ 是目标气象站和第 $i$ 个参考气象站之间的气温指数的相关系数，$\bar{\rho}$ 是用来确定参考气象站的相关系数阈值，$d_{(target,i)}$ 是目标气象站和第 $i$ 个参考气象站之间的距离，$\bar{d}$ 是用来确定参考气象站的距离阈值。

式（11-1）的基本假定是由于地理位置的临近，参考气象站的气温指数与目标气象站的气温指数紧密关联；更重要的是，气候不一致性对所有这些城市的气候模式有相似的影响，所以在估算时，它们都是可控制的。虽然在式（11-1）中的观念直观地引人入胜，但在实施中依然存在一些主要的挑战。第一，参考气象站的选择（也就是，选择 \*\*p 和 \*8ri）和它们的相对权重经常是主观的。第二，参考气象站它们可能本身就受到位置和测量仪器变化的影响。第三，气象站变化的时间 $t^*$ 的确定，因气象站的变化无文字记录而变得困难。有两个方法选择 $t^*$。第一种方法是使用备有证明气象站变化文件的气象站的变化时间作为无证明文件的气象站的变化时间 t*。[1] 第二种方法是通过数据提取和统计测量来鉴别数据序列中的潜在的不连续点，并从这些不连续点中选择 t*。[2] 结果是不同的调整方法经常得出明显不同的结果。[3]

为阐明该过程，我们将式（11-1）应用到一个例子中，我们来调整凤凰城蓝天国际机场（WBAN23183，经度 111°59′W，纬度 33°26′N）观测到的气温数据；像表 11-3 所说明的那样，该机场确实有过一些变化，是复习数据技术的很好的例子（注意，该例子意在示范那些数据调整的基本技术和程序；设计和测试完整的数据调整模型超出了本书的范围）。

参量 t* 确定为 1994 年 3 月 1 日，那时发生了最后一次主要的有证明文件的气象站变化。距离阈值定在 1/3 的经度和纬度范围（大约 23 英里），相关系数阈值定在用净化过的数据计算的 0.9。最后，参考气象站的权重 $\omega_i$ 定为参考气象站和目标气象站间的相关系数。

$$\rho(T_{target},\ T_i) \Big/ \sum \rho(T_{target},\ T_i)$$

$\omega_i$ 的选择简单而且有直观的含义：它看重与目标气象站高度相关的气象站，而不看重相关性低的气象站。为了简化，我们也可以假设式（11-1）中的常数项 c 是 0，那么：

$$f\left(\sum_i \omega_i T_{i,\,t}\right) = \sum_i T_{i,\,t}$$

表 11-5 总结了该例子的基本的假设。

**表 11-5 数据调整假设**

| 参数 | 值 |
| --- | --- |
| $\overline{d}$ | 1/3 纬度/经度（大约是 23 英里） |
| $\overline{\rho}$ | 0.9 |
| $\omega_i$ | 加权相关系数 $\rho(T_{target},\ T_i) \big/ \sum\limits_i \rho(T_{target},\ T_i)$ |
| $T^*$ | 3 月 1 日，1994 |
| C | 0 |

使用上面确定的 * d 和 p * ，两个参考气象站被鉴别为变化后的气温数据与凤凰城的气温数据高度相关。一个是 Chandler Heights（经度 111°41′W，纬度 33°12′N），

---

[1] Karl, T. R., C. N. Williams Jr., An Approach to Adjusting Climatological Time Series for Discontinuous Inhomogeneities, *Journal of Climatology and Applied Meteorology*, 1987.

[2] Easterling, D. R., T. C. Peterson, A New Method for Detecting Undocumented Discontinuities in Climatological Time Series, *International Journal of Climatology*, 1995 (15): 369-377.

[3] Alien, R. J., A. DeGaetano, A Method to Adjust Long-term Temperature Extreme Series for Non-Climatic Inhomogeneities, *Journal of Climate*, 2000.

另一个是 Tempe ASU（经度 111°56′W，纬度 33°25′N）。表 11-6 是使用 1994 年 3 月 1 日以后的净化 RMS 数据计算的三个气象站的相关系数矩阵。

**表 11-6　受鉴别的参考气象站和目标气象站的最高气温和最低气温的相关系数矩阵**

| Tmax/Tmin | Phoenix | Chandler Heights | Tempe ASU |
|---|---|---|---|
| Phoenix | 1.0000/1.0000 | 0.9843/0.9758 | 0.9828/0.9782 |
| Chandler Heights | 0.9843/0.9758 | 1.0000/1.0000 | 0.9737/0.9657 |
| Tempe ASU | 0.9828/0.9782 | 0.9737/0.9657 | 1.0000/1.0000 |

随机检验表明在气象站变化时刻 $t^*$，长期变暖趋势有一个中断。图 11-3 是凤凰城 3 月 HDD 指数；可以看到自 1994 年，有一个变冷趋势，无论是从 HDD 时间序列还是从五次多项式趋势线来看都是如此。其他网站的气温指数（例如，5～9 月 CDDs）的时间序列表现了类似的模式。该降温趋势可能完全归因于凤凰城的气候变化，并且，如果它对天气测量的影响是非实质性的，那么该趋势也与气象站的变化无关。然而，降温趋势可能是不真实的，可能仅仅是因为气象站变化导致了不连续。因此，在调整气温数据系列之前，我们需要测量是否在气温中存在明显的由气象站变化导致的不连续。难点当然是在考察不连续性时找到天气模式和趋势的变化。

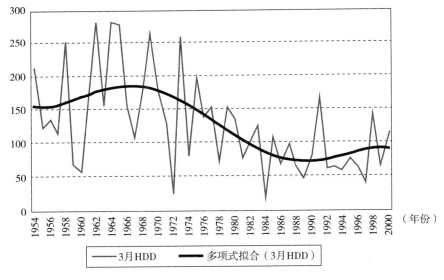

**图 11-3　凤凰城 3 月 HDDs，1954～2000 年**

假设气候不一致性在时刻 $t^*$ 的一个短的时间段内对目标气象站和参考气象站的气温有类似的影响（因它们的地理位置接近）。我们使用一种 chow 测试法[①]来检验是否存在由气象站变化导致的明显的不连续性。以下式（11-2）是用于 CHOW 测

---

① Creene, H. W., Econometric Analysis, Upper Saddle River, NJ: Prentice Hall Inc., 1997.

试的回归模型：

$$T_{target, \, t} = a + b \left( \sum_i w_i T_{i, \, t} \right) + \varepsilon_t \tag{11-2}$$

这里，$t \in [t^* - \bar{t}, \, t^* + \bar{t}]$，$\bar{t}$ 是所选测试子周期的长度，$T_{target, t}$ 是目标气象站观测到的气温序列，$*$ 是参考气象站的加权平均气温序列。

根据式（11-2），一个大的不连续将导致常数 $\alpha$ 在气象站变化前后有很大的变化。表 11-7 计算和记录了使用凤凰城日最高最低气温数据不同 $\bar{t}$ 下测试结构变化的 F 统计值。[①] 结果显示我们可以在任何置信水平下拒绝没有大的不连续的 0 假设（HO：没有大的不连续性）；测量的时间越长，我们的结论就越有说服力。

表 11-7　不同 $\bar{t}$ 下的 F 统计

| $\bar{t}$ | F（Tmax） | F（Tmin） | 临界值（99%） |
|---|---|---|---|
| 1 个月 | 19.14 | 31.00 | 7.1 |
| 2 个月 | 61，70 | 119.27 | 6.9 |
| 3 个月 | 159.27 | 245.25 | 6.9 |

根据 1994 年 3 月 1 日气象站的变化导致了大的不连续性的事实，我们用式（11-1）中描述的方法整理了数据序列。图 11-4 是 3 月 HDDs 的调整过的数据序列和未调整前的数据对比。

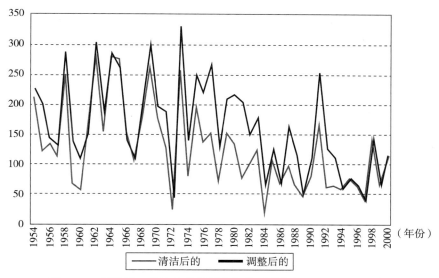

图 11-4　凤凰城 3 月清洁的数据和调整后的数据（1954~2000 年）

---

① 通常用作检验结构性变化的 F 统计比较受限制的和不受限制的回归分析的拟合性。通常，F 统计值如下计算：$\dfrac{W_1 / V_1}{W_2 / V_2}$。这里 $W_1$ 和 $W_2$ 分别是自由度为 $V_1$ 和 $V_2$ 的随机变量。

# 趋势确定化

　　以上介绍了非气候不一致性的数据调整，现在我们转向趋势确定化方法以处理气候不一致性问题。在随机时间序列中识别趋势是一件明显困难的事情；[1] 在天气领域，这就像跟在经济和其他学科中一样，这也是事实。但是，当我们估价天气合约时，我们必须依靠历史数据，而这些数据经常存在明显的趋势。不幸的是，如果趋势存在，它经常存在于围绕趋势的天气波动中。另外，一般地，一个趋势通常拥有一个有限的生命，过后，将会出现新的趋势或者根本没有趋势。趋势可能是几种互相矛盾的作用的结果，每种作用都拥有自己的活力和寿命。特别地，城市化作用不可能无限期地持续，因为它们是与最终会平稳下来的城市增长情况相对应的。有些人认为气候从总体上讲呈现十年期的循环或其他"短期"趋势，它们可能叠加在地方和长期趋势特征之上。[2]

　　不幸的是，气象模型太原始、太不精确了，以至于要想通过环境、人口、温室气体排放、太阳循环等基本的地方和全球变量来预测气温趋势是不可能的。例如，仍然有一些关于全球变暖程度的争论[3]——而这只是任何特定区域的趋势特性中的一个组成部分。地方特征是我们在对基于特定气象站的合约定价时所关心的，而它却是更加难以了解的。知道了这些事实，我们可能被说服不要去为趋势建模，也不要试图在定价中计及趋势。如果是否存在地方气温趋势——更不要说是什么趋势了——有疑问，那么最好依赖 EDDs 或合约赔付的简单历史平均值。在放弃该努力之前，让我们考虑一下图 11-5 所示的凤凰城 5~9 月 CDDs 的历史记录，这有助于解释为什么建立趋势分析模型是值得的。

　　51 年 CDDs 的历史平均数大约是 3423。在确定这是否是 CDD 互换合理的行权价格时，直观的建议是我们应该倾向于在 3423 购买该互换而不是出售它。凤凰城CDDs 一直存在一个显著的上升趋势，从这个趋势看 2001 年夏季 CDDs 的"正常"水平（没有预测信息的期望水平）可能更接近 3700 而不是 3423。事实上，十年平

　　① Pollock, D. S. G., Data Transformations and Detrending in Econometrics, Chapter 11 in the book *System Dynamics in Bionomics* and *Financial Models*, edited by C. Heij, J. M. Schumacher, B. Hanzon and C. Praagman, New York: John Wiley, 1997.

　　② Alexandersson, H., and A. Moberg, Homogenization of Swedish Temperature Data. Part I: Homogeneity Test for Linear Trends, *Inti. Journal of Climatology*, 1997 (17): 25-34; Lands-berg, H. E., *The Urban Climate*, New York: Academic Press, 1981; DeGaetano, A., Recent Trends in Maximum and Minimum Temperature Threshold Exceedances in the Northeastern United States. *Journal of Climate*, 1996 (9): 1646-1657.

　　③ Albritton, D., et al., A Report of Working Group I of the Intergovernmental Panel on Climate Change: Summary for Policymakers, Geneva: IPCC Secretariat, 2000. See also: NCDC site on global warming: http://www.ncdc.noaa.gov/ol/climate/globalwarming.html.

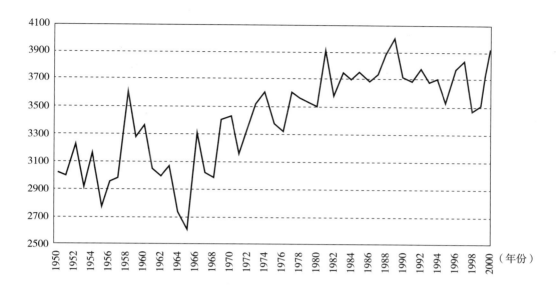

**图 11-5  凤凰城 5~9 月 CDDs，1950~2000 年**

均水平大约是 3700；还有，在互换市场，交易的行权价格范围是 3740~3749。虽然市场受季节性预测的影响是可能的，但同样可能的是市场可能表现出对凤凰城变暖趋势的信心——不再将长期平均值 3423 作为代表。

忽视明显的凤凰城趋势特点看起来是不合理的。特别地，这个趋势在第十章分析过的为凤凰城 CDD 期权寻找各种史迹价值方面是一个重要因素。尽管这个趋势的气象学动因不太可能精确地确定，但依然有一些从混乱的数据中提取趋势的标准统计技术。这些技术大多仅仅需要历史记录，而不必依赖因果假设。

一般地，趋势提取方法可以看作是一种努力，试图把一个数据集分解为两个明显的部分：一个确定性的趋势和围绕这个趋势的随机噪声。我们可以用下式来表示这种分解：

$$Y(t) = T(t) + \varepsilon(t) \tag{11-3}$$

这里 Y 是数据，T 是它的确定性（也就是可预测的）部分，$\varepsilon$ 是噪声部分，t 是时间（为讨论的需要取年）。从这个意义上讲，趋势提取或趋势确定化是在对基本过程建模和进行统计预测方向上的一个步骤。许多趋势确定化方法是通过调谐参数进行的，通过调谐参数确定历史数据中有多少是趋势 T（t）的成分、有多少是噪声 $\varepsilon$（t）的成分。根据我们的定义，一个更高的调谐参数将数值的更多部分归因于趋势项。一些有代表性的方法包括：

1. 多项式拟合

用这种方法，我们将数据集与一个时间多项式函数拟合：

$$T(t) = a_0 + a_1 t + a_2 t^2 + \cdots + a_n t^n \tag{11-4}$$

通常 $a_i$ 的选取原则是：使围绕趋势线的数据点的平均平方差最小化。多项式拟合方法允许在趋势程度和方向上的变化。在多项式趋势确定化方法中，调谐参数为n。一个明显的问题是超精确危险：使用更大的n可以得到更好的数据拟合，但是在一些点上我们的趋势估计只是在简单地再造数据集的噪声；所以n的选择是关键。

最简单的多项式拟合例子是线性趋势拟合（n=1），拟合的是通过数据点的相应集合的一条直线。式（11-4）变为：

$$T(t) = a_0 + a_1 t \tag{11-5}$$

直线的斜率（$a_1$）描述了这个趋势的大小。该方法使用简单，但仍然需要选择计算趋势的年数。最后的趋势方程（也就是$a_0$和$a_1$）一般还是依赖所选取的年数。

2. 移动平均值

在移动平均值逼近中，我们取T（t）为过去和将来数据点的平均数。这样，对于m阶移动平均值，p=2m+1，我们有：

$$T(t) = \frac{1}{P}\sum_{i=-m}^{m} Y(t+i) \tag{11-6}$$

移动平均法使用p个数据点的滚动窗口来创造一个穿过数据集的平滑的趋势曲线。p的值越大，该曲线就越平滑，对新的数据该曲线就越缺乏代表性。在这个方法中，调谐参数为1/p。与多项式拟合一样，关键的事情是调谐参数的选择。随着p递减（或1/p增加），趋势线与数据的拟合会更精确，但在某种程度上我们有将围绕趋势线的正常波动列入趋势的危险。

3. 低通滤波器

低通滤波器是一种转换技术，应用它将数据中的低频率（就是变化缓慢）趋势部分从高频率噪声部分隔离出来。我们也说这个趋势函数是正弦和余弦函数的和的形式。

光透视理论[1]告诉我们对任意T个观测到的数据点的集合Y（t），t=1，…，T，我们都能够对j=1，…，M.M=（T-1）/2（假设这里T是奇数）找到μ、$\alpha_j$、$\delta_j$，使：

$$Y(t) = \mu + \sum_{i=1}^{m}\alpha_j Cos(\omega_j(t-1)) + \sum_{i=1}^{m}\delta_j sin(\omega_j(t-1)) \tag{11-7}$$

这里频率$\omega_j = 2\pi j/T$。这意味着我们总是能够将观测到的时间系列分解为常数（系列的平均值，μ）加上2M个正弦函数和余弦函数的加权和。系数为：

$$\alpha_j = \frac{2}{T}\sum_{t=1}^{T}\gamma(t)Cos(\omega_j(t-1)), \quad j=1, 2, \cdots, M \tag{11-8}$$

$$\delta_j = \frac{2}{T}\sum_{t=1}^{T}\gamma(t)Sin(\omega_j(t-1)), \quad j=1, 2, \cdots, M \tag{11-9}$$

低通滤波器的一个例子是Hodrick-Prescott滤波器，[2]它被经济学家广泛地用来作为数据趋势确定化的非模型工具。另外一个非常简单的例子是方波滤波器，它为

---

[1] J. D. Hamilton, *Time Series Analysis*, Princeton：Princeton University Press，1994.

[2] D. S. G. Pollock.

提取趋势简单地将超过某临界值 $\omega^*$ 以上的所有频率去掉。例如，如果我们拥有51个年度数据点，那么 $\omega_1 = 2\pi/51 = 0.123$ 年$^{-1}$ 和 $\omega_2 = 4\pi/51 = 0.246$ 年$^{-1}$。如果我们选择 $0.123 < \omega^* < 0.246$，那么趋势估计变为：

$$T(t) = \mu + \alpha_1 Cos(\omega_1(t-1)) + \delta_1 Sin(\omega_1(t-1)) \tag{11-10}$$

这样我们已经选择了将超过大约 $1/\omega_1 \cong 8$ 年时间范围内观测到的任何变化列入趋势。方波滤波器的调谐参数是 $\omega^*$。明显地，$\omega^*$ 的值越大，导出的趋势就越拟合数据的特性。

4. 动态模型

处理趋势问题的大多数复杂方法是基于数据系列的动态（或"时间序列"）模型方法。迄今讨论的三种方法对数据的确定性部分 $T(t)$ 强加了一种形式，但几乎忽视了那些剩余噪声提供的丰富的信息。

应用动态模型，我们试图通过引进递推函数和反馈机制来复制数据的所有重要的统计学特性（例如，数据的概率分布函数和自相关函数），以同时解决确定的变化和随机变化的形式问题。这类模型的一个例子是 ARMA（p, q）（自回归移动平均数模型）：

$$Y(t) = c + \varepsilon(t) + \phi_1 \gamma(t-1) + \phi_2 \gamma(t-2) + \cdots + \phi_P \gamma(t-p) +$$
$$\theta_1 \varepsilon(t-1) + \theta_2 \varepsilon(t-2) + \cdots + \theta_q \varepsilon(t-q) \tag{11-11}$$

这里 c 是常数，也可以推广为某种关于时间 t 的函数 c (t)。噪声项 $\varepsilon$ (t) 被指定为拥有平均值0和方差 $\sigma^2$，彼此不相关。它们也可能指定为服从 N（0，$\sigma^2$）的正态分布。非常复杂的过程都可以用这种办法来建模。一旦阶次值 p 和 q 被选定，就可以使用数据点 $Y(t-N), Y(t-N+1), \cdots, Y(t-1)$ 来估算参数 $(c, \phi_1, \phi_2, \cdots, \phi_p, \theta_1, \theta_2, \cdots, \theta_q)$。一般方法用极大似然估计法，[1] 也可以用最小方差估计法。给定了最优化模型，式（11-11）就在 t-1 时刻得到 Y（t）的期望值 $E_{t-1}[Y(t)]$，它形成趋势线上的一个点。能够重复计算 Y（t+1）、Y（t+2）、$\cdots$，一直算下去。

注意，对所有的 I，令 $\theta_1$，$\theta_2$，$\cdots$，$\theta_q = 1/p$，$\theta_1 = 0$，就得到一条拖曳移动平均模型。该模型是以上描述过的趋势移动平均方法的前瞻版本。在这种情况下，我们已经指定了模型参数大先验值，回避了任何最优化过程（尽管我们可以优化 p 的值）。我们也能够将 p 选得任意小以避免承担趋势化过分具体的危险。不同于移动平均方法，历史残留预测误差的标准差不能通过任意地降低 p 值使其任意小。

像式（11-11）的动态模型有前瞻性优点——仅使用 t-1 年及此前的数据就可以产生 t 年的趋势估值，这一点很重要。围绕趋势线的历史数据的统计，提供围绕推断趋势线的将来数据的合理的和无偏的统计估计，这里存在通过超具体化模型低估围绕趋势线的标准差的约化危险。我们可以采用它与多项式拟合、移动平均线和低频过滤器方法进行比较，这些方法的危险是将噪声的一部分吸收为趋势。无论用

---

① J. D. Hamilton.

哪种方法，如果调谐参数的选择使趋势包含了太多的特性，那么就可能低估了围绕趋势的噪声量（例如标准差）。[1] 更进一步，动态模型允许它们自行回顾测试。我们可以比较不同模型的围绕趋势线的史迹误差，如果哪一个的史迹误差更接近假设的分布——典型的是正态分布，就可以认为它比其他模型好。像式（11-11）的动态模型同样对气候变量建模和基于日气温的统计是有用的，我们以下详细讨论这一点。

复杂的动态模型尽管更加精确，但在估价方面是耗时的。如果包括很多参数，要进行估计就必须有更长的数据集。另外，可能会出现一些不明确的因素，因为必须选择模型的形式。不过，可以对史迹($Y_{actual}(t)-Y_{model}(t)$)进行各种各样的测试以验证所选模型是否合适。[2] 为了处理趋势确定问题，我们可以用不同形式来表示天气数据，但这没有什么意义。如果我们关心特定合约的价值，那么我们大致上可以对历史合约赔付、指数值（如 5~9 月的 CDDs），或季节性或年度性的气温读数进行趋势确定。

合约赔付通常是非线性的，且赔付上限有效地截去了重要的信息。另外，要保证独立地进行了趋势确定化的不同的合约在定价时不出现不一致（即像第十章描述的那样，违反无套利约定）是困难的。因为这些原因，对指数值进行趋势确定化要比对合约赔付进行趋势确定化好。为指数（如 5~9 月 CDDs）建模或进行趋势确定化，保证了我们对基于该指数的合约的估价是一致的。但是，基于 5 月 CDDs 或 7 月平均气温的合约也与该指数有关。要对所有天气合约进行一致的估价，可取的办法是对用来计算 CDDs、HDDs 和其他指数的更基础的元素，比如 Tmax 和 Tmin——建模和进行趋势确定化。那就是说，为气温和气候变量建立完全的动态模型太复杂，超出了本书的范围。如果我们只是关心单个合约的价值，例如，凤凰城 CDDs 期权的价值，那么对基础指数建模就够了。

图 11-6 通过描述凤凰城 5~9 月 CDDs 曲线和穿过 51 个数据点的最优线性趋势线来解释线性趋势确定化的概念。这个例子中，线性趋势方程为：

$$T(t)=2958.5+18.6(t-1950) \text{ CDDs}$$

这里 t 是公历年数。注意，线性趋势线是否有意义并不总是明了的。一个可用的方便的检验是线性趋势项 $a_1$ 的 t-统计值。t-统计值定义为估计的系数值和估计的标准差的比值。在凤凰城 5~9 月的 CDDs 线性趋势为每年 18.60 的情况下，t-统计值为：t-统计值 = 18.60/2.05 = 9.07

换句话说，51 年趋势估计是每年 18.60 CDDs，标准差是每年 2.05 CDDs。我们可以得到结论：这个例子中的长期趋势是非常有意义的。为了趋势确定化数据序列以符合 2000 年的情况，我们简单地对 2000 年前每年的数据加上 18.60 CDDs。这样四年趋势线修正为：

---

① 处理这个问题的标准方法是对趋势项进行显著性检验。一般的检验是 t-检验和 F-检验。要了解这些检验的更多的知识参考 Montgomery, D. C., E. A. Peck and G. G. Vining。

② J. D. Hamilton.

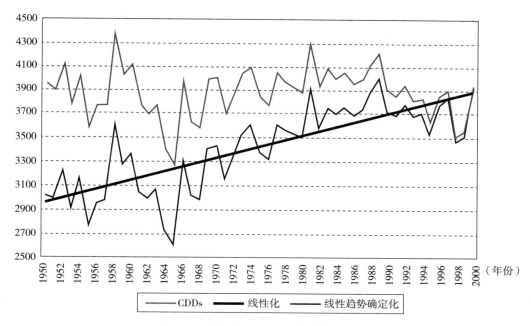

图 11-6 凤凰城 CDDs 的线性趋势确定化

| Year | CDDs |
|------|------|
| 2000 | 0.00 |
| 1999 | 18.60 |
| 1998 | 37.20 |
| 1997 | 55.80 |

我们可以注意到图 11-6 中趋势确定化数据序列也存在某种明显的趋势。那就是，存在明显的每年 24CDDs，标准差为 5.4（t-统计值4.4）的变冷（就是负的）趋势。用我们用于长期趋势的相似的方法，从数据中去掉那些"次要"的趋势是可能的，但是为简化起见我们将它们忽略掉。

使用第十章引进的史迹分析定价方法，我们用趋势确定化数据再次研究凤凰城 CDDs 看跌期权的例子。计算 10～51 年的历史平均赔付，我们得到 $52000（32 年）～$168000（10 年）的一个范围。使用原始数据，范围是 $134000～$598000。趋势确定化降低了看跌期权的史迹价值，这是两种作用的结果：历史 CDDs 水平已经向上调整证明了显著的气温变暖趋势（较 3423 的原始平均值，51 年的趋势确定化平均值是 3888）；CDDs 的标准差减少了［当消除了一个趋势时，历史标准差一般会下降（例如，基于未调整的 CDDs 序列，51 年的标准差是 349，在趋势确定化之后标准差降至 213）］。趋势确定化同样戏剧性地减少了史迹数据的分布范围，从 $464000～$116000。

### 趋势确定化的敏感度

以上我们描述了趋势确定化的各种方法。每一种方法都得出一个拥有平均值和标准差（和高阶统计值）的趋势确定化的数据序列，这些平均值和标准差（和高阶统计值）可以用来估计这些统计量的将来价值，当然也可以用来估计天气合约的期望赔付。不同的趋势确定化方法可能得到非常不同的统计量和价格的估计值，注意到这一点很重要。表 11-8 总结了凤凰城 CDDs 从 1 次（线性）到 5 次（5 次方程）的多项式趋势确定化得到的趋势确定化后的平均值和标准差。

**表 11-8　趋势确定化的凤凰城 5～9 月 CDDs 的统计**

| 多项式阶数 | 平均值 | 标准差 | 平均赔付 |
| --- | --- | --- | --- |
| 1 | 3888 | 213 | 91103 |
| 2 | 3829 | 211 | 126044 |
| 3 | 3612 | 190 | 464225 |
| 4 | 3613 | 190 | 460890 |
| 5 | 3755 | 181 | 149389 |

5 次多项式趋势确定化的 CDDs 期望值的范围是 276（3888-3612）。这个范围比任何 CDDs 标准差的估值都大，显然是看跌期权趋势确定化史迹价值范围宽大的主要原因。应用以上提到的其他趋势确定化方法只是进一步扩大期望值的范围。从不同的趋势确定化方法得到的范围可能扩大的指数值的期望值的范围是天气合约定价的关键事项。该事项不只是与气温和气温指数有关，还与其他天气变量有关，如降水量、降雪量和风速。因为不同的做市商可能用不同的方法对待数据趋势，所以让市场各方交叉于一个单一的价格并进行交易，常常是困难的。缺乏单一的、可接受的数据调整和趋势确定化方法，可能是妨碍天气合约市场流动性的主要的定价事务方面的原因。

最后，一个趋势确定化方法应该通过其多么有效地把历史数据分解成一个趋势和一些相对无特征的噪声来评价。如果该方法是前瞻的，那么对于回顾检验它有可修补的好处。回顾检验能够产生围绕趋势线的噪声的统计值的合理估计，后者可以用来产生围绕当前趋势水平的不确定性的估计。然而注意到如下这一点是很有趣的：究竟哪一种方法最好并非总是清楚明白的，因为两三种不同的方法产生的回顾检验可能证明是非决定性的。在这种情况下，对同样的情况，不同的方法可能仍然导致相当不同的结果；但却类似地在一个合适而广泛的地点和合约特征范围内应用。因此就存在一种可能：对任何给定的价格，两个不同的做市商有相当不同的看法，双方按其定价和交易策略都是有利可图的。关键点是一个给定的做市商要一贯地应用一个方法，且勤勉于估计由所选方法引入的风险。

看表 11-8，注意，当我们提高趋势确定化方法中应用的多项式的阶次时，CDDs 标准差的估计就会单调下降。在趋势多项式中允许的项越多，趋势线就越拟合历史数据序列，围绕趋势线的噪声的标准差就会越小。随着调谐参数变大，该现象是典型的回顾方法。

## 趋势确定化方法标准

不同的情形可能需要不同的趋势确定化方法。例如，我们对 50 年指数数据进行趋势确定化可以不用对 50 年日气温数据进行趋势确定化的方法。但在比较不同的方法时，还是有几个标准可供我们应用。

■ 定价一致性。趋势确定化方法可以始终如一地应用于所有的天气合约。方法不应引起不同合约间定价的不一致性（有时叫作"套利机会"）。

■ 回顾或前瞻方法。我们已经讨论了前瞻模型可能是更可取的，因为它们引导自身向后测试，且不太容易将噪声列入趋势。

■ 非零参数的统计显著性。使用某种回顾方法时，如多项式趋势确定化，系数的统计显著性检验有助于避免将太多噪声归入趋势（也就是将调谐参数设得太高）。显著性检验也能够应用于前瞻模型中的系数。上面应用的 t-检验是一个例子（详情参考 Montgomery，D. C.，E. A. Peck 和 G. G. Vining 的研究）。

■ 残差与模型一致。这个标准适用于动态模型。回顾检验能够产生噪声 $\varepsilon(t)$ 的历史数据序列。如果模型选得合适，噪声应该有模型指定的特征。例如，如果 $\varepsilon(t)$ 的历史平均值显著地异于零，那么所选择的模型就不会产生正确的趋势。

■ 趋势确定化结果对假设的敏感度。我们已经看到在所有趋势确定化方法中都包含一些武断的选择（例如，在多项式趋势确定化方法中我们必须选择阶数 n）。即使我们通过 t-检验那样的统计检验来去匆匆作出选择，我们还必须选择一个置信水平，在这个水平上，接受参数对趋势的加层。趋势确定化方法对这样的假设越不敏感越好。

我们已经描述了最重要的天气数据来源及主要相关事项，包括数据质量、围绕这些数据的时间不一致性等。就像我们在第十章中看到的，历史数据的完整、数据的正确解读是定价问题的基础。历史数据的完整性和它正确的理解是估价问题的本质。我们将会在十四章阐明数据的适当应用是风险量化和管理的关键因素。鉴于这些原因，高质量天气数据的广泛传播、将这些数据用于估价和风险管理问题的标准技术的发展将会成为天气市场发展中的关键要素。

# 参考文献

［1］ Alexandersson, H. , A. Moberg, Homogenization of Swedish Temperature Data. Part I: Homogeneity Test for Linear Trends, *International Journal of Climatology*, 1997.

［2］ Albritton, D. , et al. , A Report of Working Group I of the Intergovernmental Panel on Climate Change: Summary for Policymakers, Geneva: IPCC Secretariat, 2000.

［3］ Alien, R. J. , A. DeGaetano, A Method to Adjust Long-term Temperature Extreme Series for Non-Climatic Inhomogeneities, *Journal of Climate*, 2000.

［4］ Barnes, S. , A Technique for Maximizing Details in Numerical Weather Map Analysis, Jowrnal *of Applied Meteorology*, 1964 (3): 396-409.

［5］ DeGaetano, A. , Recent Trends in Maximum and Minimum Temperature Threshold Exceedances In the Northeastern United States, *Journal of Climate*, 1996 (9): 1646 -1657.

［6］ Easterling, D. R. , T. C. Peterson, A New Method for Detecting Undocumented Discontinuities in Climatological Time Series, *International Journal of Climatology*, 1995 (15): 369-377.

［7］ Greene, H. W. , *Econometric Analysis*, Upper Saddle River, New Jersey: Prentice Hall, 1997.

［8］ Hamilton, J. D. , *Time Series Analysis*, Princeton: Princeton University Press, 1994.

［9］ Karl, T. R. , and C. N. Williams Jr. , An Approach to Adjusting Climatological Time Series for Discontinuous Inhomogeneities, *Journal of Climatology and Applied Meteorology*, 1987.

［10］ Landsberg, H. E. , *The Urban Climate*, New York: Academic Press, 1981.

［11］ Montgomery, D. C. , E. A. Peck, G. G. Vining, *Introduction to Linear Regression Analysis*, 3rd ed. New York: John Wiley, 2001.

［12］ Pollock, D. S. G. , Data Transformations and Detrending in Econometrics, Chapter 11 in C. Heij, J. M. Schumacher, B. Hanzon and C. Praagman (*eds*) . System Dynamics in Economics and Financial Models, New York: John Wiley, 1997.

# 第十二章　法律、法规事项

## Adele Raspé Esq

这一章我们考虑与天气风险管理产品有关的法律、法规事项。我们首先略述一下最普通的天气产品，包括天气保险、柜台交易市场（OTC）天气衍生品和交易所挂牌交易的天气衍生品。[①] 然后我们来讨论与天气合约有关的法律事务，描述和解释文本的标准格式。虽然我们的讨论主要是根据美国的市场实践进行的，但本章的第三部分我们还是看一看英国、部分欧洲大陆国家和日本是如何处理天气衍生品和保险的法律法规事务的。最后，我们将讨论天气产业可能的发展，重点是面对天气产业，法律、法规和法律文件方面的挑战。

## 天气衍生品和天气保险

在第七章，我们指出天气风险保护可以以衍生品和保险的形式获得。一个标准的天气衍生品（看涨或看跌期权）是根据基础天气变量的值和变化情况向买方提供的金融保护；天气保险以类似的方式发挥作用。两种情况下，都是买方付给卖方费用，而卖方同意根据约定的天气意外事故的发生情况向买方赔付一定价值的货币。

但天气衍生品和保险之间还是存在不同之处的。同下面我们将要进一步详细讨论的那样，一份天气保险单，就像其他保险产品，是受到严格管制的。比较而言，一份柜台交易的天气衍生品，只要其符合一定的要求，那么就像商品期货现代化法所修正的那样，它就不受商品交易法（CEA）的管制。另一重要差异与衍生品和保险费用的税收和会计处理有关。虽然天气衍生品权利金的处理在美国税法下受到检查，[②] 根据国内税收法第 162 条，保险单保险金的支付属正常和必要的商业费用，

---

① 天气风险削减品产业的飞速增长已经促进了许多创新的结构化的天气衍生品、保险和再保险产品的发展。基于本章的目的，我们只讨论天气产品最普通的形式，讨论条文、协议和确认书的标准形式，以及由这些产品文本产生的法律、法规问题。通过本章的学习，读者可以对与使用天气风险削减产品有关的法律、法规问题有一般的了解。但因每个交易的特有性质，建议读者咨询合适的法律、财务和税收顾问。

② 见 WRMA 网站（www.wrma.org）中关于天气衍生品的美国税收处理的详细讨论。

因此可以扣除。① 国际上其他地方对天气衍生品和保险在管制、税收和会计准则上也不同。② 另一个明显不同的特征是衍生品保护不利天气变化而不管进行交易的公司是否真正遭遇损失。③ 如果证实了清单上描述的天气事件确实在有关监测站发生了，那么拥有衍生品的公司将得到赔付。比较而言，投保者则必须显示并证明该损失属于保险合同中明确写明的保险范围。为了得到保险合同下的赔付，投保者必须遭受与基础天气环境有关的实际损失。④ 早在 2000 年纽约保险局的总顾问办公室就指出天气衍生品不能等同于保险。特定地，总顾问声明，因为"发行者有义务向购买者赔付而不管购买者是否遭遇损失""不管天气合约的赔付的数量还是赔付的触发机制都与购买者的损失无关"，所以，天气衍生品不是纽约保险法第 1101 条中规定的保险。⑤ 该观点强调了"可保权益"的观点——天气衍生品和保险之间的基本区别之一。每个州的法律对"可保权益"（或可保风险）概念的定义不同，有一个定义指出它是"仅当投保人受到金钱财产方面的损失才有的权益"。⑥ 对天气衍生品行权的一个实体，不需要出示财产的可保权益，它只是需要受到天气波动的不利影响即可。

# 天气保险文本

　　一个希望提供天气保险作为天气风险削减工具的实体，必须首先起草保险单，保险单必须满足保险单签发地所在州的法律关于"保险"的定义。保险公司一旦签发了保单，有两种方法承担风险：基于核准的保单和基于盈余线的保单。在这一节我们讨论一份合约如果要成为保险合约必须包含的内容。然后我们使用纽约州的要求作为一个例子来讨论基于核准的保单和基于盈余线的保单。最后，我们讨论在天气保险提供者破产的情况下投保人可能获得的补偿。以下描述的概念是一般的标准，各州之间可以不同（各国之间也可以不同）；希望着手进行天气保险计划的实体，应该与精通保险法律的专业人士和所涉州和国家保险部门联系。

① 在提议的规则中，美国国税局正考虑修改金融规则 1.1221-2 节下的套期保值规则。被提议的规则拥有两个作用：①改变标准，将合适的套期保值从"风险减少"改为"风险管理"；②扩展套期保值交易的定义使其包括除利率、价格变化或货币合同之外的所有交易（例如，天气衍生品）。

② 例如，百慕大正在日益被用作达成衍生品交易的法定地区。因为 1998 年保险法认定涉足"指定投资合约"的当事人不是在百慕大开展保险业务且因此不需要许可，所以活动增加了。Appleby, Spurling, Kemp, The Brief, internal publication, 1999.

③ Kramer, A., W. Pomierski, Taxing Mother Nature, *Hart Energy Markets*, 1999: 38.

④ Capital Markets, Derivatives and (Re) Insurance, *Global Reinsurance Magazine*, 1998.

⑤ New York Insurance Department, OGC Opinion No. 2-15-00 (2000).

⑥ *BlackD's Law Dictionary*, 5th edition. West Publishing: St Paul, Minnesota (1979).

在美国，保险业务受各州法规管制,[①] 天气保险合同必须符合可适用的州法律规定的要求。[②] 依照我们讨论的目的，我们只提及纽约保险法；为了适应其他州的法律，必须注意每个州的可适用法律下保险的定义。[③] 在纽约保险法第 1101 条（a）（1）款中，"保险合约"定义如下：

任何协议或其他交易，其中一方当事人——"保险公司"——有义务给予另一方当事人——也就是投保者或受益人——金钱上的利益，条件是发生投保者或受益人权益在事件发生时受到或可望受到不利影响的意外事件（加以强调）。

"意外事件"在纽约保险法第 1101 条（a）（2）款中定义为"任何发生的事情或失败，这种事情或失败是，或被当事人设定是超出了任何一方当事人控制的范围"。因此，为了使合约成为纽约保险法下的天气保险，必须有三个元素：承保者对投保人给予金钱的义务；偶然或意外事件的发生；被保险事件发生中物质的、属保险范围的权益。一份提供由天气情况引发的赔付的保单应该满足定义的第一个要求。如果一份保单证明：与详细说明的天气变化关联的定量价值超出了投保者的控制，那么该保单应该满足"偶然事件"的条件。但参与签订保单的当事人（或准备签订天气保单的双方）分别应注意"损失证明"要求和保险公司的审计职责。为了满足纽约保险法下承保范围要求，我们必须注意第 3401 条，该条定义了承保范围："任何法律许可的和真实的处于保护中的经济权益，或免于灭失、毁坏或金钱损坏的财产。"在天气合约下，前提是实际的经济损失。必须十分注意天气变化和保户的经济影响间的量化的财务关系。

即使天气保单满足州对"保险的"要求，还有对不同种类的保险提供者具体的许可要求——他们的活动受制于保险部门的管制。[④] 这里有两种承保者承保保险合

---

① Coldman, M., M. Pinsel, N. Rosenberg, A Regulatory Overview of the Insurance Industry's Use of Over the Counter Derivatives, *Derivatives Magazine*, 1996：203.

② 此外，州法不理会关于保险管制的联邦法。根据 McCarran-Ferguson 法 15 U. S. C. 1012（a）节，"保险业务……应该服从几个州的与这种业务有关的管制或课税的法律。"15 U. S. C. 1012（a）节。

③ 根据加利福尼亚保险法，"保险"定义为一份"合约，通过它一方保证赔偿另一方起因于偶然或未知事件的损失、伤害或负债。"加州保险法第 22 节。"任何偶然或未知事件，不管是过去的还是将来的，它可能加害一个拥有可保权益的人或给他制造可保险的债务，它都受制于"加利福尼亚保险法第 250 节。在加利福尼亚，"可保权益"定义为"任何在财产中的权益，或相关事务，或其中的负债，具有这样的性质：预期的危险可能直接加害投保人"。加利福尼亚保险法第 281 节。在佛罗里达州，保险被定义为一份"合约，约定对可确定的偶发事件一方保证赔偿另一方或支付或允给指定数量或可决定的利益。"Fla. Stat. Ch. 624. 02. 。佛罗里达保险法同样要求"任何财产保险合约或财产中权益合约或产生于财产的权益的合约，除非为了在可保范围内的东西上在损失发生的时候有可保权益的人的利益，这些合约不能作为合法的保险合约"。Fla. Stat. Ch. 627. 405（1）。此外，任何"可保权益"是"任何真实的、合法的和实质的、由保险提供安全或保护的经济利益，免于损失、毁灭或金钱损害或损伤。"Fla. Stat. Ch. 627. 405（2）。根据得州保险法，保险定义为得州的"基本保险、溢额损失保险、再保险、盈余线保险和任何其他转移和分配风险的根据得州法律可以决定为保险的安排。"得州保险法第 21. 54 条。在得州，认可签署"针对……天气或气候条件的保险"的需要。得州保险法第 5. 52 条。

④ 关于 50 个州、哥伦比亚区特区、托管地保险法律要求的极好的信息来源是 McCracken, M., et al., *FC& S Licensing, Countersigning & Surplus Lines Laws*。

约的途径：基于核准的（许可的）保单和基于无核准的或基于盈余线的保单。对于核准的保单，天气保险者向州有关保险部门报备保单表格和计划的费用支付方法。根据不同的州，在保单获得批准前，可能还须提交附加文件和信息。一旦天气保险单经州有关保险部门核准，保险公司就可以在那个州使用核准的保单和核准的费率签发天气保单。

不喜欢通过一州又一州核准程序的保险公司可以选择签发基于盈余线的保单。盈余线公司在各州经营。虽然标准的保险公司必须满足各州强制的资本要求，但盈余线公司没有资本要求，向他们支付的费用也不受州担保基金的保护。① 为了基于盈余线签发保单，非核准的保险公司必须是盈余线经纪人，且必须遵循相关州的法律强加的要求和约束。例如，在纽约保险法下盈余线保险公司必须遵循至少 8 种要求。② 其中主要的、在签发盈余线保单前必须满足的要求是，经纪人必须举出最少三条理由，说明将风险置于基于盈余线的保单好于将其置于核准市场。换句话说，如果核准的保险公司能够按有盈余线保险公司同样的条件签发保单，那么该州就可以拒绝基于盈余线的保单的签发。

再保险安排作为参与天气保险市场的另外一种手段也浮现出来了。③ 建议天气风险市场中的参与者咨询对有关州/国家的保险法律非常熟悉的专业律师的意见，以确保遵循该州/国家的法律。

## 破产和天气保险单

因为美国保险公司受州的管制，而不是联邦，所以提供天气保险产品的保险公司申请破产时适用的是州破产法（而不是联邦破产法）。一般地，适用的是保险公司住所所在州的破产法。然而，如果保险公司核准在数个州经营，那么确认哪个州的法律适用就变得复杂了。在保险公司破产的事件中，一州可以执行三种权力中的

---

① 例外是新泽西州拥有独立的盈余线担保基金。

② 例如，在纽约，各种法律必须严格遵循，包括：①在向盈余线市场出售风险前，经纪人必须出示 3 条倾向性理由，说明向盈余线市场出售比向许可的市场出售要好。但如果风险类型出现在出口商品目录上，那么无须倾向性理由。②经纪人必须在保单满期后保持所有的记录 5 年。③经纪人只能使用合格的非核准保险公司，该保险公司指定了诉讼服务监管人、满足规则 41 最小财务要求和索赔事务要求、不受任何外国政府或它的地方政府的控制——它们向这样的保险公司提供不公平的竞争优势。④规则 41 中用 10 点粗体红色字体表示的提示必须出现在所有的溢额损失保单中："这份保险单由未得到纽约州许可的保险公司签发，它不受纽约州监管，如果保险公司破产，它得不到纽约州保险基金的保护。该保险单可能不受适用于保单的、保险部门颁布所有保险法规的管制。"以下措辞必须出现在临时契约、备忘录或其他证明文件上："这不是保险单，所涉保险公司没有得到纽约州的许可，且受纽约州管制。在保险公司破产的事件中，这不受纽约州安全基金的保护。"⑤溢额损失保险经纪人必须于 10 天内报告保证金要求情况。⑥禁止非核准保险公司做广告。⑦生命、意外伤害和健康、养老金、退休金、专项保险和适用纽约汽车计划的私人旅行者汽车险不能由未被核准的保险公司保险。⑧在纽约优惠税单和稀缺证明都不许使用。

③ 例如，当再保险管制不是很严时，不受陆上规则管制的百慕大保险公司就能够向陆上再保险公司转让保险单。

一种，包括监管（最不活跃的州卷入）、接收/重组（更活跃的州卷入）或清算（最活跃的州卷入）。在保险公司破产被清算中，保险公司应付款项的所有者、债权人、保险单持有者，他们在财产分配中的优选顺序由该州可适用的破产法规定。作为个人的投保者在破产财产分配中是否比大公司优越，由相关州的破产法规定。根据破产的性质或严重状态，州政府也可能动用其担保基金。与联邦政府提供给面临交易对手破产危险的天气衍生品的交易者的优惠的"安全港"待遇不同（在以下详细讨论），天气投保者的待遇依赖于适用的州法律提供的特定的破产保护。

# OTC 天气衍生品文本

因为天气衍生品在形式上与其他金融衍生品相似，大部分外国和美国公司利用多元通货、跨国国际互换经营者协会（ISDA）主协议[①]1992 版作为他们的天气衍生品合约文本。尽管 ISDA 主协议可以用于简单的和复杂的天气衍生品交易（例如第六章、第七章讨论的那些交易），但我们还是将讨论限制在最普通的形式上，限制在 ISDA 主协议的明细表的典型选择上。另外，对于已经执行了 ISDA 主协议的当事人，这里也提供一些增补内容。

## ISDA 主协议

因为刊行的 ISDA 主协议在 1992 年经过了修订以便向各种 OTC 衍生品交易提供一般条款和条件，所以天气衍生品参与者已经能够将协议结构作为暗含于他们交易确认书中的主要条款和条件。除了处理在任何合法合约中发现的问题（例如，代理、转让、赔付、管理法规、通知、费用等）外，刊行格式还提供违约和终止条款、破产终止事件中的清仓净额结算和清算权。[②] ISDA 主协议[③]被认为是由多个部分组成的：

（1）ISDA 主协议刊印格式；

（2）ISDA 主协议明细表；

（3）ISDA 条款词典［即 2000 ISDA 定义和 1993 商品衍生品定义（由《2000 增

---

① 在 1987 年，ISDA 为利率和货币互换公布了两个标准的主协议；到 1992 年底，认可 ISDA 主协议可以适用于许多 OTC 衍生品。Gooch, A., L. Klein, *Documentation for Derivatives*, 3rd edn, London: Euromoney, 1999: 27.

② 本章中定义的术语，如果未有特别定义，它们均按在 ISDA 主协议定义。

③ 根据联邦破产法第 560 节，为了获得安全港，所有 ISDA 主协议的组成部分，根据 ISDA 主协议 1（c）节，都可认作是一份协议。

补》补充）〕；

　　（4）信用支持附件；

　　（5）批文。

　　典型的天气衍生品交易要求执行 ISDA 主协议、ISDA 主协议的明细表①（这里当事人可以选择在 ISDA 的主协议中事先规定的条款）和信用支持附件（或任何其他的信用支持文件，如担保、信用证——取决于当事人的信用情况）。

　　尽管刊行的 ISDA 的主协议为当事人提供进行一个或多个天气衍生品交易的结构，但它不能满足所有当事人在起草、谈判和进行交易前必须尽到的应有勤勉的要求。每一个参与者都有义务分析他的交易对手，以保证其拥有进行衍生品交易的法定资格和权力。在 ISDA 主协议下，法人实体的种类在破产/破产权方面有着重要的意义，像以下将要讨论的那样。

## 交易 ISDA 主协议的经营资格和授权

　　一般地，在进行任何交易前，刊行的 ISDA 主协议中的、与经营能力和授权有关的代理能力必须得到肯定的确认。公司型参与者在其章程或组织文件中必须写明有交易 ISDA 主协议的权力（即根据公司章程，公司是有权力交易衍生品的有效的现存的公司）且得到了交易 ISDA 主协议的合法授权（即遵循了所有法律或许可或其他合法或协定的约束）。② 如果交易者是市政部门或其他政府代理机构、保险公司、退休基金或投资基金，那就必须仔细考虑实体从事衍生品交易的法定资格。③ 许多实体的权力受其组织文件或法律或法规的限制。我们总是建议当事人就政府部门或其他特别对手有无交易衍生品的资格和授权咨询顾问的意见。

　　当事人也通过 ISDA 主协议明细表附加的主要的/非可靠的陈述来处理法定资格和权力问题。或许是作为对银行家信托投资案例的反应，④ 大部分当事人添加这样的陈述，声明每一个人都是代表自己个人进行活动，每一个人都选择不依赖其他当事人的建议或陈述，每一个人都依赖自己的法律、法规、税收和财务顾问，每一个人都基于"面对面"的商议进行交易。另外，天气衍生品交易者，当其中之一是美国实体或在美国之外活动，应该能够就他们属于 2000 年商品期货现代化法

---

　　① 双方当事人通常选择将 2000ISDA 定义和 1993 商品衍生品定义（由 2000 增补案增补）合入明细表。

　　② 当与"非传统的"交易者进行交易时，如市政当局、超国家团体、受管制实体、养老基金或托拉斯和合伙企业，在向 ISDA 主协议明细表加入陈述时，可能需要特殊的注意和准备。

　　③ 例如，加利福尼亚州柑橘县辩称，作为市政当局，它参与的衍生品交易是越权的或超出它的范围，因此是无效的。"柑橘之县" v. Merrill Lynch & Co., Inc.（In re County of Orange）（No. SA 94-22272JR）（1995），柑橘县辩称其与 Merrill Lynch 交易的衍生品交易超出了它的能力范围，因此无效，原因在于该交易违反了加利福尼亚政府法的要求，该法要求它"保持所有的属于该县的资金的安全"。

　　④ See Proctor & Gamble Co. v. Bankers Trust Co., 925 F. Supp. 1270（1996）, where the court discussed whether Bankers Trust acted solely as a principal, dealing with（not for）Proctor & Gamble on an arm's length basis.

（CFMA）① 中的例外提出异议。在 2000 年 12 月当 CFMA 被签署为法律之前，衍生品交易者制作声明时依据的是期货交易业务法 1992 标题 Ⅴ［17C. F. R. 35. 1 节（b）（2）和 35. 2］：“每个当事人向另一个当事人阐明他是商品期货交易委员会（CFTC）法规监管下的合格的互换参与者，互换合约不会依靠或通过多边协议执行设施进行协商和交易。”根据标题 Ⅴ，一个参与者简单地标注为“互换”参与者。②CFMA 使所有有关商品——包括衍生品——的交易授权的法律确认实行了现代化，得到了强化。③CFMA 已经升级了法律术语，参与者现在包括从事期权、看涨期权、看跌期权、地板期权和套保期权的人。在 CFMA 之下，“例外商品”排除在 CEA 之外——如果除了其他要求，衍生产品交易的协商仅在“合格的合约当事者”之间进行，且交易不通过“交易设施”执行的话。④像它的前任一样，CFMA 也提供“合格的合约参与者”实体的清单。虽然保险公司、金融机构、员工利益计划和经纪人可以得到“合格的合约参与者”资格，但 CFMA 限定了作为“合格的互换参与者”，如为风险管理的目的⑤而进行衍生品交易的实体，其总资产须在 $5M 以上。⑥

在任何天气衍生品交易中，参看一下 CFMA 下的“合格的互换参与者”清单以确认给定的交易对手是否能够诚实地制作这样的陈述是明智的。大多数公司列入“合格的合约参与者”定义的 Ⅴ 小节，如果他们是满足如下条件的股份公司、合伙企业或所有人：①总资产超过 $10M；②净资产超过 $1M 且参与的协议与其经营业务有关或是为了进行风险管理；③根据该协议，拥有这样的义务：义务的履行由金融机构、保险公司、投资公司或其他法定实体开出的信用证、维持良好书（keep-well）、支持函和其他协议担保。⑦ 根据标题 Ⅴ 的陈述：互换协议不会依靠或通过“多边协议执行设施”进行；所以 CFMA 下天气衍生品交易的参与者也可能要这

---

① 虽然可以参考正文内容，但附录二给出了详细的 CFMA 的条文。

② 当它在 1992 年 10 月被美国国会通过后，期货交易实施细则在修正 CEA 行为和取代各州法律下的赌博法起到了重要作用。期货交易实施细则标题 5 对“互换协议”提供了无须复合 CEA 要求的豁免。还有，一些州的赌博法调整范围太宽以至于搞不清互换或其他 OTC 衍生品是否违反了特殊州法律。例如，纽约赌博条文，纽约刑事法 225. 00（2）节规定：

一个人卷入了赌博——当他就将来不确定的、他不能控制或影响的事件，基于一份合约或他了解当某种结果出现时他将接受什么，打赌或冒金钱风险。对那些天气保险从业者或当事人，重要的是注意到纽约已经制作了关于赌博规定的判例法例外——当交易这种合约是为了其合法的经营目的时。所以，当当事人有真实的利益（如，在将来事件的结果中有可保权益）时，这些是合法的。

③④ *MW & E Newsletters*, *On the Subject*, Congress Makes Sweeping Changes to the Regulation of Futures and Over-the-Counter Derivatives Transactions and Trading Facilities, 2001.

⑤ 7U. S. C. Sectionla（12），如附录 2 注释。

⑥ 在“合格互换参与人”先前的定义下，对个人的美元限额较高。

⑦ 7U. S. C. Sectionla（12）（A），附录 2。

样陈述：已协商或打算协商的衍生品交易将不会在"交易设施"上执行。①

## 破产和 ISDA 主协议

　　根据美国破产法，当当事人一方破产或无力执行某一合约时，未破产当事人不能终结其与破产当事人的合约，而要服从破产法中自动暂缓条款。② 但对"互换参与者"③ 交易的"互换协定"④ 有例外。根据破产法第 560 节，美国破产法的自动暂缓条款可能不禁止互换参与者终止互换合约。⑤ 当交易的一方不能履行天气衍生品合约时，未破产的一方可以中止与破产方的合约，且可以出清⑥所有仓位。未破产的天气衍生品交易的一方不受美国破产法自动暂缓条款的管制，该方所接受到的任何与破产清算有关的支付——无论是在破产前还是在破产后——都不再被破产管

---

　　① U. S. C. Sectionla（33），附录 2。"交易设施"在 CFMA 下定义为多媒体物质的或电子的交易系统，此系统开放给许多参与者"出价"或"要价"［7U. S. C. Section la（33）（A）］。"交易设施"的定义排除了双边电子交易设施或设施中只有单独一个实体交易者，它作为做市商且只有该设施下的出价和/或要价的交易设施［7U. S. C. Sectionla（33）（B）］。同样排除的还有这样的设施：允许交易双方在双向沟通的基础上达成交易而不是在"预定的、非自由决定的、自动交易配对和执行算法"的多边出价和要价的基础上达成交易［（7U. S. C. Section la（33）（B）］。所以大部分由能源做市商建立的电子天气交易设施可能不会判定为"交易设施"，原因在于在那些系统里做市商是交易的唯一的出价或要价方。

　　② 根据自动暂缓条文，一个实体避免了强制执行破产债务人资产的主张。

　　③ "互换协议"定义为"（A）协议（包括所涉合并的条款和条件），这些协议是利率互换协议、基差互换、远期利率互换、商品互换、利率期权、远期外汇协议、即期外汇协议、利率帽协议、利率底协议、利率套保期权协议、货币互换协议、交叉汇率互换协议、外汇期权、任何其他类似协议（包括上述任何协议的任何期权）；（B）上述协议的任何合并；或（C）上述任何协议的主协议及其增补"。11 U. S. C. 101 Section（538）. 虽然没有明确列出，大部分人同意基础天气衍生品交易的主协议属于美国破产法的"互换协议"的例外。此外，2001 年的金融合约平仓改进法——该法咨询了工商行政法的小组委员会——改进了美国破产法，拒绝某些互换或平仓协议下强制平仓的自动暂缓。正如介绍的，互换的定义改进如下："（1）任何协议，包括所涉合并条款和条件，这些协议指利率互换、期权、期货，或远期协议——包括利率底、利率顶、利率套保期权、交叉—汇率互换和基差互换；……商品指数或商品互换、期权、期货，或远期协议；或天气互换、天气衍生品或天气期权。"（添加了强调）美国破产法当前的这个修改，尽管该修正不是作为法律的形式（但在美国国会众议院散发供讨论），强化了天气衍生品交易应否豁免于美国破产法 560 节的自动暂缓条文的争论。

　　④ "互换当事人"定义为"一个实体，它在请求归档前的任何时候，与债务人有未完成的互换协议"。11 U. S. C. Section 101（53C）. 简单地，如果公司在债务人破产前与其订立了"互换"协议，那么它将被认为是互换参与者。

　　⑤ 刊行 ISDA 主协议的每 1（c）部分、主协议本身、ISDA 主协议的明细表和所有的交易确认书，根据 560 节，都被认为是一个互换协议。

　　⑥ 必须区分清仓甩卖平仓（Close-out netting）和有选择的平仓（on-going netting）。希望执行交易的有选择的平仓的当事人必须做出这样的选择："ISDA 主协议的 2（c）部分的（ⅱ）段不被应用。"在 ISDA 主协议的明细表中做出这样的选择使当事人可以选择两个或更多的交易，这些交易的平仓量将根据这个时间内同一货币的所有应付额做出决定，而不管这些数量对于相同的交易是否足够和是否应支付。另外，清仓甩卖平仓，根据 ISDA 主协议的 6（e）节，发生在"早期终止事件"上——如其下的定义。当两个当事人之间存在适当的主协议时，在当前法律下，与破产方有各种不同交易的非破产方，能否根据 ISDA 主协议平仓证券、商品、远期合约、回购协议和互换，这还不清楚。2001 年金融合约平仓改进法第 7 节包含交叉商品平仓条文，该条文使这种规则变得具有可实施性且扩展了该条文适用的交易范围。该法案的通过将允许交易者间的不同产品的平仓（参见 "Bankruptcy Bill Seen as Boon to Derivatives Market"，Deriva-tives Week，April 2, 2001, No. 13）。

理人申报为债权人的财产。

为了获得根据美国破产法提供给互换协议的利益，天气衍生品交易的当事人应该验证与其交易的实体的组织的性质。如果对手是保险公司——例如，未破产当事人的权利就应该服从州破产法（就像在本章前面阐明的那样）。如果对方是一家美国银行，那么未破产一方得到的保护与根据美国破产法提供给互换参与者的保护类似。[①] 当与非美国实体协商天气衍生品交易时，一些外国的法律不把 ISDA 主协议和暗含条款当作一个协议，因此，对无力偿还协议的保护可能不适用。[②]

## ISDA 主协议的明细表

虽然 ISDA 主协议的刊行文本提供天气衍生品交易的标准条款和条件，但它也允许客户化，可以向参与者提供各种选择。因为明细表记录了参与者选择的客户化的条款，所以如果明细表与刊行的 ISDA 主协议不一致，那么明细表的条款优先。[③] 典型的选择包括指定支付方式/方法和添加附加终止事项（如信用降级）。[④]这些条文是否应包含在 ISDA 主协议的明细表中，取决于各个参与者和具体交易考虑。

天气衍生品交易者在明细表中做的一个重要选择是如果发生违约或终止事件如何赔付的方式；参与衍生品交易的当事人既可以选择损失赔付方式也可选择基于市场报价赔付方式。损失方式允许非违约当事人根据整个 ISDA 主协议、中止的交易或中止的一组交易，合理地确定其真实的总损失或总所得。[⑤] 市场报价赔付方式的赔付量根据天气衍生品市场中处于领导地位的经纪人的报价决定。[⑥] 选择损失方式的当事人之所以选择损失方式常常是因为他们认为寻找 4 个天气市场中的领导商人来提供市场估价可能是一件困难的事。[⑦] 而选择市场报价方法的当事人却认为当 ISDA 主协议与缺少经验的终端用户交易时市场方法更适用。天气衍生品交易者一般会磋商的另一个选择是与附加终止事项相关的。像第十四章中将要详细讨论的那样，参与者通常考虑他们交易对手的财务能力；所以，许多天气交易者在 ISDA 主协议的明细表中加入具体的不利变化或足够的担保条款。为了使不利变化触发扳机成为一个客观的标准，一些交易者将信用等级降级或不能将资产、资产净值或财务比率维持在一定水平作为协议终止触发扳机。[⑧] 与其他商品衍生品交易不同，只进行天气衍

---

① 美国银行受 FIRREA 和 FDICIA 破产条文管制，Kramer and Harris，1995：253。

② 为确定是否其他国家将应用 ISDA 主协议中的平仓条文，我们可以参考由 ISDA 提供的、来自它在 20 个国家的法律顾问的一般法律。

③ ISDA 主协议的 1（b）部分。

④ 这些附加条文如果没有在当事人之间签订的 ISDA 主协议明细表中作说明，它们就增加到确认书中。

⑤⑥ 1992 ISDA 主协议的用户指南（1993 版），纽约：ISDA（1993）.

⑦ Brungardt，J.，B. Rapoza，*Weather Derivatives*，Blackwell Sanders Peper Martin，1998.

⑧ Johnson，C.，Liquidity and the ISDA Master Agreement，*Derivatives Week*，2001：7.

生品交易的交易者①一般不会在明细表中添加第六部分；明细表的第六部分通常是关于如果发生了妨碍商品价格或指数价格确定的事而出现市场混乱和混乱恢复的事项。像以下将要详细讨论的那样，确认的 WRMA 表提供了当原始资料难以获得时可利用的替代性数据和指数。

## 信用支持附件和信用支持文件

正如以上提及的，天气衍生品交易的所有当事人都必须考虑对手的信誉。所以，信用支持附件和任何指定的信用支持文件都成为天气衍生品交易的至关重要的因素。信用支持附件，根据纽约法律，② 是交易者间商定的保证协议。③ 特别地，信用支持附件允许对信用风险——随贸易的市场风险敞口的变化而变化——进行监视（根据挂牌的保证金或担保品）。信用支持附件的第 13 段允许天气衍生品交易者为担保品的交易程序对信用支持附件的刊行文本做一定的选择和修改。交易一方可能公布的保证金，根据信用支持附件，可以定义为"合格的抵押物"，特别是当它的形式是现金、美国国库券、高质量证券或信用证的时候。交易者必须考虑支持方的经营和财务的实际情形并修改信用支持附件，以反映他们的保证金交易程序。信用支持附件也设立了一个"临界值"。④ 根据信用支持附件，临界值是一个限制，在其之上，当事人一方必须揭示附件中指定的保证金，临界值也是基于根据信用支持文件指定的最大货币限制确定的。常用信用支持文件包括担保、信用证和保证债券。⑤ 所以，如果交易者提供数量不超过 $10M 的保证书，那么，根据信用支持附件，临界值就定为 $10M。对于超过 $10M 的风险增加部分，根据信用支持附件交易者被要求揭示其指定的保证金或抵押物。最普通类型的信用支持文件是保证书。在起草或审视母公司的保证书时，重要的是验证该保证书对此前达成的所有交易和保证书生效时达成的所有交易都予以保证。法律顾问应该与信用部门紧密合作以决定保证书的质量，包括信用限制和终止权利。当应用级别降低或风险触发扳机触发了的时候，另一方的信用风险管理官员必须向法律顾问发出警报。

对已经签署了一份 ISDA 主协议并希望从事天气衍生品交易的双方当事人，他

---

① 天气衍生品交易以及其他类型的衍生品交易的 ISDA 主协议的当事人可能会考虑修改 ISDA 主协议的 14 部分中"指定交易"的定义。不太清楚的是天气衍生品交易是否属于那种指定交易——即交易违约引发对 ISDA 主协议 5（a）（v）部分违约的交易。

② 本章只涉及双边，信用支持附件的纽约表式。

③ 如同证券合约，抵押担保品的天气交易者将给予其他当事人"抵押担保物"的第一优先担保物权。See the granting language under Paragraph 2 "Security Interest" of the Credit Support Annex.

④ 在根据 ISDA 主协议明细表定义信用支持文本时，当事人应该列出信用支持附件以便根据美国破产法 546 部分将给"互换协议"下转移者的保护提供给天气衍生品当事人。11U. S. C. A. Section 546（g）（1993）.

⑤ 不同于信用证，担保书一般不会作为 ISDA 主协议下的信用支持文本被接受，因为存在担保人根据债券的取消、赔付和其他条文而不支付的巨大风险。信用证被认为是更加可以接受的信用支持形式，原因在于更高的确信程度——发证行将根据要求支付；不奇怪，信用证比担保书昂贵。

们必须签署 ISDA 主协议明细表的一份书面修订文本。为了进行天气交易，指定交易的定义必须修改以包括所有的天气衍生品交易；这就保证了——最少如此——对任何天气交易的违约都引发对 ISDA 主协议的违约。根据天气衍生品交易所涉及的数量的多少，先前同意用市场报价方法的当事人可能修改 ISDA 主协议以反映损失计算方法，因为在天气衍生品市场找到 4 个客观的处于领导地位的经纪人来提供市场估价可以被证明是困难的或花费时间的。最后，明细表关于市场混乱和恢复的第六部分也必须修改以反映明细表中指定的市场混乱事件不能应用到天气衍生品交易中的事实（但适用于其他衍生品交易）。当官方的数据得不到时，在 WRMA 批准书（在以下讨论）中阐明的恢复方法会支配天气衍生品交易。

## WRMA 确认书

由商定的明细表修正的 ISDA 主协议为每个在两个当事人之间达成的独特的天气衍生品交易提供一般条款。每个独特的交易由"批准书"确认。[①] WRMA 为已经涉足 ISDA 主协议的双方当事人开发了标准形式的确认书，包括 HDD 和 CDD 有帽期权、HDD 和 CDD 套保期权、HDD 和 CDD 地板期权和 HDD 和 CDD 互换的确认书。[②] 附录三中列举了这些形式的样本。

WRMA 确认书包含五个部分。第一部分是背景或架构，当事人引用一份以前签署的 ISDA 主协议或 ISDA 主协议刊行文本所提供的一般条款和条件，[③] 当事人通常也会引用 2000 ISDA 定义和 1993 商品衍生品定义（由《2000 增补》文本增补）以便得到使用衍生品交易标准嵌入条款的好处，包括但不限于计算期、计算代理商、交易日等。[④] WRMA 确认书的第二部分描述天气交易条款。第三部分提出会计信息和通信指示。第四部分是结束——要求代表对手方签署确认书的人的确认和同意，同时也提出不确认方[⑤]回顾审核和及时反应的责任。

---

[①] ISDA 主协议定义确认书是证实一个或更多交易将接受 ISDA 主协议管制的"当事人之间交换的文本和其他确认证据"（每一个都是一份"确认书"）。Recital, page 1 of ISDA MasterAgreement.

[②] 典型的 HDD 或 CDD 天气衍生品交易不受美国的联邦法和州证券法管制。Rogdon, M., "Over-the-Counter Weather Derivatives and Catastrophe Derivatives," Morgan, Lewis & Bockius Presentation, October 20, 1999.

[③] 在参与交易前没有签署 ISDA 主协议的当事人经常将刊行 ISDA 主协议合并进确认书以进行 ISDA 主协议明细表中出现的选择。

[④] 在本书出版前，ISDA 还没有出版关于天气衍生品的定义。因此，WRMA 样板必须定义像 HDD 和 CDD 这样的条款、描述某些产业准则，像调整、公约和测量次数。

[⑤] 像其他衍生品确认书，一方当事人充当确认方当事人而另一当事人充当非确认方。

## WRMA 确认书条款

　　如上所述，WRMA 确认书的第二部分包括由交易者相互间通过录音电话①协商达成的，并记录在成交单和经纪人确认书中的交易条款。在 WRMA 确认书的这一部分，当事人定义交易的基本条款（但不限于）：期权的卖方或买方或交易的固定款额付款人或浮动款额付款人、交易日、有效日和终止日、权利金、权利金支付期、计算期、行权价格或固定款额、浮动或赔付率（例如，每 CDD 或 HDD 多少货币量）。

　　除了定义金融条件外，WRMA 确认书的第二部分还确定决定和校正天气数据的天气产业标准。WRMA 确认书提供了基于指数站的气温计算。指数站通常是通过谈判确定的地点，在确认书中用机场位置 WBAN 或 WMOID（像第十一章中描述的）指定。指数站的气温读数用来确定交易的浮动款额；用来确定浮动款额的数据由 NCDC 网站提供。如果在任一特定日期天气数据没有在 NCDA 网站报道，那么数据将从地区气候数据中心（RCDC）或任何接替者网站获得。② 如果 NCDC 和 RCDC 都不发布指数站的天气数据，那么标准的 WRMA 确认书就根据"恢复方法"③ 标题下的条款，指出用来确定遗失数据的程序。如果得不到天气数据，恢复方法提供调整方法——根据指定的替代天气测量指数站（在确认书叫"恢复站"）④ 的气温数据计算。如果恢复站不能用来计算天气数据的调整值，那么标准 WRMA 确认书提供了"备用恢复站"——通常是交易双方同意的公布天气数据地点。所有天气数据的调整计算都服从 WRMA 确认书中阐明的标准通用公约。最后，确认书提供赔付调整方法——如果天气数据报告机构因天气情况影响测量站（但不是通常的位置）而调整已报告过的天气数据。每份 WRMA 确认书提供 95 天修正或"校正"期。根据校正期，如果 NCDC 天气数据在计算期末的 95 天中改正或调整，或如果一方临时一定要考虑 RCDC 数据，那么所有的天气数据计算都将根据改正的数据校正，参与者之间应有的赔付量也做对应调整。

---

　　① 依照纽约法（依照 ISDA 主协议管理美国衍生品交易的法律），电话记录可以作为证明协议的证据。依照纽约普通合同法 5-701（b）部分，商品的购买和销售协议是"合格的金融合约"。"合格的金融合约"不需要以书面的形式以方便实施——得有"足够证据"说明合约已经达成或在此前的书面合同工中当事人同意达成了协议（通过电话、电子信息交换或其他形式）。协议已达成的"足够证据"可能是电子记录、电话、电脑或其他沟通形式。它也包含当事人的书面确认——在协议达成后五日内制作，或当事人送出确认书后接收方接收后三日内送出方未接收到反对意见。所以，依照纽约法，关于商品互换或期权的口头理解，在当事人结束了电话交谈的时候，就已经是一个有约束力的协议（假如交易的实质性条款被记录下来的话）。

　　② 区域气候数据中心的官方网站：www.nws.noaa.gov/regions.shtml。
　　③ 恢复数据条款涉及计算期中的任何"遗失数据日"——该日不能得到指数站的官方数据。
　　④ WRMA 也为天气衍生交易提供恢复气象站清单。

# 成交文件——场内交易的天气衍生品

像第七章中指出的那样，天气衍生品也通过场内交易进行市场交易——如果说交易不活跃的话。[①] 1999 年 2 月 CME 宣布正式批准交易天气期货和天气期货期权，1999 年 9 月开始交易 HDD 和 CDD 合约。通过 CME 的第二全球交易系统（Globex2 Trading System），参与者可以交易标准的、依法局限于在将来的日期买/卖 HDD/CDD 指数值的合约。为了交易，参与者必须首先签署 CME 标准的条款和条件。因为交易是通过独立清算经纪人实行的，所以参与者和经纪人间还必须签一份经纪账户协议。CME 的两个好处是价格透明和违约保护。通过使用第二全球交易系统，所有的交易者都可以得到国际自动交易系统上的价格。不像 OTC 场外交易的天气产品——其中交易者受制于另一方的信誉，CME 结算所充当每笔交易的一方当事人，所以没有参与者受制于对手的信誉风险。CME 要求天气参与者签署履约保证书，约束参与者赔付任何交易损失。

# OTC 衍生品文件的全球标准

天气衍生品和天气保险由全球的做市商和终端用户使用。根据参与者注册地或交易发生地所在国家的法律的不同，结构品、参与者和交易文件也不同。在这一节，我们讨论在英国、欧洲大陆和日本与天气衍生品和保险交易有关部门的法律法规事务。当与非美国交易者交易 OTC 衍生品或协商一份国际天气保险合同时，咨询对当地情况了解的法律、法规、税收和财务顾问的意见是重要的事。本章前面讨论过的涉及资格、授权和破产的许多方面的情况，在与非美国实体进行交易前，必须加以处理。

## 英国参与者

英国有三类主要的市场参与者：保险公司/再保险公司；发电厂或电力供应商——主要因自己业务的缘故从事天气风险削减产品交易；银行/投资银行——只是

---

[①]　正如第七章中指出的，在 2001 年 7 月，LIFFE 开始发布欧洲气温指数——主要是伦敦、巴黎和柏林的。当利益群体累积到临界规模时，天气合约就可望被引入；与合约有关的文本也会同时被引入。

将从事天气风险削减产品交易作为其替代风险转移活动的一部分。

　　衍生品文本

　　在英国，通常将 ISDA 主协议（多元货币、跨国）用作天气衍生品合约文本。ISDA 主协议和相关天气衍生品确认书都受英国法管制。英国没有开发像 WRMA 一样的天气衍生品确认书；实际上，大部分交易者使用由大的天气风险做市商开发和公布的形式；结果是，前面描述的 WRMA 形式在英国没有被广泛地采用。

## 欧洲大陆

　　参与者

　　法国、德国和其他欧洲国家的天气衍生品参与者分为三大群体：保险公司/再保险公司；发电厂或电力供应商——主要因自己业务的缘故从事天气风险削减产品交易；银行/投资银行——只是将从事天气风险削减产品交易作为替代的风险转移活动的一部分。

　　衍生品文本

　　像英国一样，欧洲大陆的各个国家采用 ISDA 主协议（多元货币、跨国）用作天气衍生品合约文本。这样的协议和相关天气衍生品确认书都受英国法管制。在法国，ISDA 主协议（多元货币、跨国）和法国银行协会（AFB）主协议都用 OTC 天气衍生品交易文本。因为法国法律要求法国实体间的交易仅受法国法的管制，所以 AFB 主协议必须用在法国交易者间的天气衍生品交易中。[①] 可能受纽约法或英国法管制的 ISDA 主协议，在交易双方只有一方是法国实体的情况下，是天气衍生品文本的主要形式。在德国，Rahmenverstrag 主协议用在德国的交易者间。德国积极追踪网罗立法以跨网交易各种产品，包括根据 ISDA 主协议的天气衍生品。

## 日本

　　参与者

　　在日本，一些明显的机构群体从事天气衍生品业务。包括银行（作为附属业务）、保险公司（作为附属业务，也作为资产管理业务）、证券公司（根据证券交易法第 4 段第 34 条，得由首相批准）、商业社团（没有限制）和个人。尽管参与者的范围很广，但大部分的参与者是保险公司、再保险公司和能源公司。

　　衍生品文本

　　在日本，ISDA 主要文件的英文版要比日文版更多地用在天气衍生品上；大部分

---

　　① 对于天气衍生品交易，在其覆盖的风险、指数、信息供应者、参与者、支付货币和银行往来账都是法国的情况下，AFB 主协议就应该是管制文本。Nouel, G., "Weathering the Storms（Part II）," Capital Markets & Derivatives France, 2001.

根据 ISDA 主协议签订的天气交易受纽约或英国法管制。日本市场还没有开发标准的天气衍生品确认书。

# 全球法律和法规事务

## OTC 天气衍生品管制

英国

在英国，天气衍生品被认为是"差异合约"，所以受到投资合约那样的管制。因为基于管制的目的天气衍生品像其他金融合约一样受到同等对待，所以它们受英国金融服务法规管制。目前，天气衍生品由证券期货管理局（SFA）和其受权组织根据 1986 年金融服务法管制（FSA）。[1] 根据 1986 年金融服务法，没有经过适当授权而经营"投资业务"是刑事犯罪，可以处以无上限的罚金或入狱。[2] 期货和期权（包括像天气衍生品和灾难期权这样的金融工具）由 1986 年金融服务法管制。交易天气衍生品的实体[3]必须得到参与交易的许可或授权，或豁免于得到许可；天气衍生品参与者，如果是终端用户并为处理自己账户而参与交易，则豁免于得到许可。

另外，参与天气衍生品交易的能源公司、能源运输公司或能源供应公司（煤气和电力）受到的管制要少一些。

欧洲大陆

从管制的角度看，欧盟的建立产生了衍生品管制的联邦层次和加盟国层次。根据投资服务指南（an Investment Services Directive），一个实体如果由加盟国当局依法许可经营某种业务，那么该实体就可以在整个欧盟经营同样的业务。但这种"护照"条文不能应用于天气衍生品。所以，要交易天气衍生品，一个实体必须得到跨国资格。对"护照"条文中遗漏了天气衍生品和商品，一直有某种承认，但对该条文的修改很可能要花上几年的时间去考虑、批准。

日本

从监管的角度看，天气衍生品不是根据日本法律提供的；[4] 事实上，从待遇上

---

① 2000 年金融服务与市场法将代替 1986 年金融服务法，且 FSA 将管理银行、经纪人/交易者和在英国注册的保险公司。

② Booth，A.，The Fine Line between Investment and Insurance-the Authorisation of an Intermediary，*ART work*，Lloyd's ART publication，2000.

③ Board Notice 585 提出了对于 SFA 细则修改，并提供了天气衍生品的有价值的定义。它定义天气衍生品属于金融服务法明细表 1 的第 9 段的投资——这里有问题的指数或其他因素是气候变量。

④ 天气衍生品的合法特征的提供者是 Mitsui，Yasuda，Wani & Maeda，Japanese counsel to ISDA。

看，天气衍生品与信用衍生品共用一把"伞"。根据日本银行法第 15 条、第 14 条第 2 段第 10 款，银行法实施细则第 6 条第 1 段第 13-2 款，信用衍生品交易定义如下：

与指定为本金的财产量有关的交易——凭此，当事人双方互相承诺按双方同意的方式，基于反映一个人信誉等情况的利率或价格支付货币；交易——凭此，当事人双方互相承诺按双方同意的方式，基于与个人信誉有关的事件的发生情况支付货币；其他类似交易。

根据这一条款，天气指数和个人（特定的或一般的）信誉之间的联系是必需的。根据日本刑法第 185 条，套期保值活动或合法的商业交易，如天气衍生品的交易，不被视为赌博或投机交易。[①]

## 天气保险管制

### 英国

英国保险公司如果提供天气保险保护，就必须遵循 1982 保险公司法第 16 节建立的准则。根据第 16 节，保险公司许可的活动是"与保险业务有关的业务或保险业务"。[②] 类似于美国，英国保险法规也要求终端用户证明他有属于保险范围的财产方面的"可保险利益"。在英国，保护财产（保险）和保护收入流（衍生品）的监管者是不同的。另外，保险公司在英国可以构建衍生品类的交易，且不会被管制者认为是在进行投资业务。[③] 所以，英国保险公司可以从事互换和期权业务——只要这样的交易是其日常库存操作的一部分，但这样的保险公司可能不会用互换的形式签署风险转移合同。[④]

### 欧洲大陆

为了确定天气风险削减产品是否像保险，欧洲联盟中的衍生品参与者被要求应用"可保权益"或"损失证明"测试。例如，在法国，一份保险合同通过以下四种标准确定：适合保险的风险、保险费、赔偿和保险"技术"。[⑤] 所以，为了使合约从监管当局立场看是保险合约，存在资产保护中的可保权益且损失必须是可以证明的。

### 日本

在日本，因为日本保险公司能够出售天气衍生品，所以天气保险法规基础就相当广阔；实际上，日本保险公司能够交易各种基于天气的各种衍生品合约。

---

① 根据刑法第 185 条，赌博的定义如下：基于随机事件进行金钱赌博或打赌的个人应该受到不超过 1000 元的罚金。但是如果赌物只是临时娱乐的某些东西，那么以上定义不适用。根据刑法第 35 条，合法或合规的业务交易是例外。

② 65Booth，A.，September 2000.

③ Booth，A.，How to Deal in the Weather，*Insurance Day*，2000.

④ 金融服务和市场法成为法律后，16 部分的禁令将可能保留。A. Booth，September 2000.

⑤ Nouel，G.，op. cit.

# 将来可能的发展

为了天气市场的继续扩大，需要解决几个法律/法规问题。例如，OTC 和交易所交易的天气衍生品和天气保险产品的法规和文本必须重新审视、修订、修改以反映标准和客户化的交易。虽然 ISDA 主协议作为衍生品主要的合法文本，但它与天气衍生品产业的发展不同步。[①] 尽管 ISDA 在 2000 年改进了 1993 天气衍生品定义，它依然没有出版天气衍生品的定义；对天气衍生品还没有条款和条件（像有价证券和商品那样）。所以，天气衍生交易的当事人必须在每份确认书中处理许多标准惯例问题（如公认程序和恢复站）。另外，刊行的 ISDA 主协议在其"指定交易"中没有明确列出天气衍生品。虽然近来英国立法机构定义了天气衍生品，但美国还没有启动对涉及天气的破产安全港条文的法律修正程序。

WRMA 在统一天气衍生品文本方面跨进了一大步。例如，在 2001 年的第二季度，它改进了其标准的衍生品确认书，并且建立了电子标准化委员会以开发天气风险市场一般电子协议和标准。然而，WRMA 确认书的形式在海外没有被广泛采用。ISDA 主协议下的天气衍生品的细则和文本一直是根据应用于能源和商品衍生品的参数确立的；按最近的市场成长情况，要独立分类是晚了。一个可能的办法是 ISDA 和 WRMA 汇集天气衍生品交易者使用的现存的标准文本，组建一个产业工作小组以统一天气衍生品的应用文本。

最后，美国天气保险分州管制有可能推迟了作为非传统产业的天气衍生品的成长。在美国，对组成保险的东西的普通定义标准，像保险期、保险费、行权价格、取消期和天气数据资源等，将减少设立可保权益的最初障碍。随着新产品开发和保险、资本和商品市场的聚合，替代风险机构将需要新的管制和文本标准。虽然，ISDA 主协议是衍生品的标准，但还是需要为包括保险和投资参与者在内的替代机构开发新的标准协议。当替代机构变得更为大众所知，保险、资本市场的一般化和以 ISDA 为基础的交易就必然得到发展，以方便处理风险、损失和争议解决。[②] 当天气风险削减产品融合到使保险、资本和商品市场出现和使用需要配额共享交易机制的时候，资本融通、证券化结构品、进一步——法律、法规和会计等问题都亟待解决。及时地解决这些问题将是保护市场发展不失去原有动力的关键。

---

① ISDA 当前组成了工作组处理将天气作为其文本中的衍生品产品问题。

② Southey, V., A Need for Protocols in ART?, *Asia Insurance Review*, 1999.

# 参考文献

［1］ Appleby, Spurling and Kemp, The Brief, internal publication, 1999.

［2］ "Bankruptcy Bill Seen as Bcwn to Derivatives Market", *Derivatives Week*, April 2, 2001, No. 13.

［3］ *Black's Law Dictionary*, 5th edition, St Paul, Minnesota: West Publishing (1979).

［4］ Booth, A., How to Deal in the Weather, *Insurance Day*, 2000.

［5］ Booth, A., The Fine Line between Investment and Insurance—the Authorization of an Intermediary, *ARTwork*, Lloyd's ART publication, September 2000.

［6］ Brungardt, J., B. Rapoza, Weather Derivatives, Blackwell Sanders Peper Martin Publication, 1998.

［7］ Capital Markets, Derivatives and (Re) Insurance, *Global Reinsurance Magazine*, 1998.

［8］ Goldman, M., M. Pinsel, A Regulatory Overview of the Insurance Industry's Use of Over-the-Counter Derivatives, *Derivatives Magazine*, 1996.

［9］ Gooch, A., L. Klein, *Documentation for* Derivatives, 3rd edition, London: Euromoney Publications (1999).

［10］ ISDA, *User's Guide to the* 1992 *ISDA Master Agreements*, 1993 edition. New York: ISDA (1993). Johnson, C., "Liquidity and the ISDA Master Agreement", *Derivatives Week*, April 30, 2001.

［11］ Kramer, A., A. Harris, Derivatives and Legal Risks, *The Review of Banking and Financial Services*, 1995.

［12］ Kramer, A., W. Pomierski, Taxing Mother Nature, *Hart Energy/ Markets*, 1999.

［13］ McCracken, M., et al., FC&S *Licensings* Countersigning and Surplus Lines Law, *Cincinnati : National Underwriter Company*, 2001.

［14］ *MW & E Newsletters, On the Subject*, Congress Makes Sweeping Changes to the Regulation of Futures and Over-the-Counter Derivatives Transactions and Trading Facilities, 2001.

［15］ New York Insurance Department, OGC Opinion No. 2-15-00 (2000).

［16］ Nouel, G. , Weathering the Storms (Part II) , *Capital Markets and Derivatives France* , 2001.

［17］ Rogdon, M. , Over-the-Counter Weather Derivatives and Catastrophe Derivatives, Morgan Lewis and Bockius Presentation, 1999.

［18］ Southey, V. , A Need for Protocols in ART, *Asia Insurance Review* , 1999.

# 第十三章 会计和税收处理方法

## Scott Edwards

公司现在必须应答各种利益持有者——股东、债权人和证券分析师等，并因此而对管理实际的和认识到的财务实力和财务表现的需要变得敏感。不管好坏，公司的市场价值总是与季度和年度财务表现相关。正如人们所预料的，财务和会计问题深陷其中；事实上，特定公司采用的会计处理方法对了解和估价公司有重要影响。例如，采用财务会计标准委员会（FASB）财务报告标准#133（SFAS 133，以下详细讨论），许多公司会遭受市场价值急剧萎缩的痛苦，因为他们持有的以套期保值为目的的衍生工具的损失将置于资产负债表的损失项；即使公司没有改变他们在 SFAS 133 实施前使用的套期保值技术方法，这种情况也会发生。这些事实的结果是，经理要理解不同会计选择和它们对真实和认知的财务结果的潜在影响，这一点非常重要。本章我们将探讨影响在天气风险市场中活跃的公司的财务事项。我们考察根据美国公认会计原理（GAAP）、美国税务会计法、国际会计标准委员会（IASB）规则如何对天气衍生品和天气保险产品进行会计处理。

## GAAP 会计处理方法

FASB 已经由美国证券及交易委员会（SEC）授权为美国国内的业务颁布会计规则。所有受 SEC 管制的实体的财务报告必须依据 GAAP 予以披露。最近时期就某些金融工具如何依据 GAAP 有大量的争论。① 特别地，争论已经集中在哪一种金融工具应该用按合理的价值入账——或按现货交易中自愿的双方愿意交易这种金融工具的价格入账，而不是按强制平仓价或清算出售价入账。② 因为 FASB 相信合理价值是金融工具最适当的度量，所以焦点已经集中在金融工具的合理的入账价值上。③

---

① 各种金融工具怎样依照 GAAP 处理，可以从 FASB 的网站：www.fasb.org 获得各种观点。

② 依 SFAS 107 定义。

③ 注意，本章中的讨论是当前的出版时间的讨论，随着讨论的继续会变化。当前的规则应该是在实施前证实过的。

# SFAS 133

在 1998 年 6 月间，FASB 签发了 SFAS 133 "衍生工具和套期保值活动的会计计账标准"，这是以前众多办法中最复杂的会计标准之一。的确，已证实 SFAS 133 太复杂以至于 FASB 不得不延迟其生效期一年、签发两个附加相关标准、① 成立衍生工具小组，以使公司有充足的时间和适当的指导来正确地遵循该规则。SFAS 133 是计划来取代广为人知的标准——GAAP 前些年颁布的衍生工具指南的。如我们所期望的那样，SFAS 133 在天气风险缓解产品的会计处理中扮演着主要角色。

## 衍生工具的定义

SFAS 133 定义衍生工具是任何具有以下特征的金融工具或合约：①一个或多个基础产品，一个或多个赔付额或赔付条款，或两者兼备。②没有初始净投资或初始净投资比期望其他种类的合约对市场因素的变化有类似反应所需的初始净投资少。③净额结算，用合约之外的金额按净额结算原则实时结算，或为资产的交割作一安排使接收者所处位置与净额结算下没有本质的不同。SFAS 133 的衍生工具的定义故意扩大了——它有效地设计来包括各种类型的衍生品合约。实际上，该定义足够广泛，既包括天气衍生品又包括和天气保险合约，因为这两种合约都拥有基础商品（气温、降水、风等）、少的初始净投资（衍生品权利金或保险费用），且通常以现金结算。但是，如以下解释的那样，不打算包括进 SFAS 133 范围中的合约，通过第10 段中排除。

## SFAS 133 和天气保险合约

SFAS 133 第 10 段将某些保险合约从标准范围排除，它说："FASB 报告中类型属于以下范围的合约不受 SFAS 133 的管制：FASB 报告 No. 60——保险公司的会计和报告、No. 97——保险公司关于某些长期合约和从投资销售中已实现的收入和损失的会计和 No. 113——报告和短期、长期合约再保险的会计和报告。"这意味着如果合约适合保险合同的 GAAP 定义，它就不受 SFAS 133 管制；因此，天气保险合约不包括在 SFAS 133 中。

---

① SFAS 137 和 SFAS 138，从讨论的角度看，由 SFAS 137 和 SFAS 138 修改的 SFAS 133 将全部引用为 SFAS 133。

SFAS 133 的第 277 段至第 283 段详细地解释了 SFAS 133 范围中不包括保险合约的 FASB 的理由且谈及未来的会计目标。衍生工具和保险合同最重要的区别是后者给投保人赔付仅当作为鉴别的可保事件的结果（而不是价格的变化），保单持有人招致了债务，或特定资产或债务的价值有不利变化使投保人处于风险中。[①]

## SFAS 133 和天气衍生品

SFAS 133 的第十段排除了某些非交易所交易的合约，包括基础商品的结算根据该合约要依赖气候和地理变化的合约。因此，场外交易（OTC）天气衍生品不受 SFAS 133 要求的管制；而像在芝加哥商业交易（CME）这样的交易所内交易的天气衍生品属于这个标准范围。

SFAS 133 的第 252 段解释了 FASB 排除基于气候和地理变量的 OTC 衍生品的原因。特别地，FASB 一直没有考虑添加与实物基础商品关联的衍生品合约，直到新近在开发 SFAS 133 的过程中才考虑此事。因此，令人关注的是公司没有足够的机会来考虑与这类合约有关的会计含义和潜在的度量方面的困难。

## 交易所交易的天气衍生品的会计计账

如上所述，交易所交易的天气衍生品的会计计账要跟 SFAS 133 一致。SFAS 133 要求在其范围内的所有衍生工具在其资产负债表认可为资产或负债——看其根据合约是权利还是义务。所有衍生工具按合理价值入账——合理价值的变化及时在收入账户得到认可（除非衍生工具在合格的套期保值关系中指定——在这种情况下应用以下注明的特别会计规则）。

套期保值记账

SFAS 133 颁布与 GAAP 一致的适用于所有套期保值活动的会计准则。任何 SFAS 133 的例外工具都不能被看作是套期保值交易中的套期保值工具。因为这个原因，天气保险合约和 OTC 天气衍生品合约可能不被指定为 GAAP 下的套期保值工具。只有交易所交易的天气衍生品可以被指定为套期保值工具并因此获得 SFAS 133 下的特别账单。交易所交易的天气衍生品可以被用来对这些风险进行套期保值：入账认可的资产，或负债的合理价值或未入账认可公司票据的合理价值的变化风险（合理价值套期保值），或入账认可的资产，或负债的现金流量的可变性的风险，或预测交易（现金流量套期保值）。

普通套期保值标准

为使套期保值关系有资格记入套期保值账户，SFAS 133 要求某些标准必须满

---

① SFAS 133，281 段。

足。这些标准包括正式文本、套期保值关系的有效性①和书面选择权的特定细则。非衍生工具，② 如 SFAS 133 定义的（即天气保险合约和 OTC 衍生品合约），可能不被指定为天气风险回避工具。

正式文本

在保值之初，SFAS 133 要求有正式的、同期的套期保值关系的文本和某些关键的套期保值策略因素的文本。文本必须包括风险管理目标和进行套期保值的策略（包括套期保值工具的鉴别、保值项目、所回避风险的属性和如何评估保值效果）。

保值关系的效力

SFAS 133 要求在套期保值之初和套期保值期间，套期保值关系是高效的。用来评估效力的方法必须在套期保值之初备有证明文本，效力必须经常评估——如财务报告或业绩报告（最少每季度一次）。

书面期权的特殊规则

书面期权可以在某些有限情况下用作套期保值工具。③ 对于取得套期保值工具资格的书面期权，套期保值对象和书面期权的组合提供的潜在的收入（组合工具合理价值向有利方向变化的结果）至少同损失风险（组合工具合理价值向不利方向变化的结果）同样大。因此，大部分有帽期权不符合资格用套期保值账户处理，因为上部由书面看涨期权限制，而下限根本没有受到保护。书面看涨期权的套期保值机会局限于作为结构上是嵌入的看涨期权的套期保值工具（如带有天气看涨期权的抵押债券或一些复杂能源合约）。

合理价值套期保值

为了取得合理价值套期保值会计处理资格，套期保值对象必须是已入账认可的资产或债务或未入账认可的公司票据，④ 呈现出的合理价值变化的风险正是套期保值要回避的风险——它能够影响报告的收入。当非金融资产或债务被套期保值时（像大部分的交易所交易的天气衍生品的情况），指定的套期保值风险必须是全部资产或负债的合理价值的变化，且必须反映套期保值对象的实际定位。因此，如果一实体使用巴尔的摩天气合约来回避华盛顿特区的天气风险，它不可以假定巴尔的摩天气合约对回避华盛顿特区天气风险是有效的。它必须能够独立地确定合理价值的变化应归因于华盛顿特区的天气风险。

SFAS 133 第 22 段略述了合理价值套期保值的记账。套期保值工具（衍生品）

---

① 尽管 FASB 从来没有定义术语"高有效性"，但产业实践已经将其定义为套期保值对象和套期保值工具间的相关性达到 80% ~ 125%。

② 有些以外汇命名的金融工具可能被指定为套期保值工具，但是它们超出了本书的范围。

③ 如果净权力金以现金（或以优惠利率或其他条件）的形式收取，那么同时期权的联合被认为是书面期权。

④ 公司票据必须代表特定会计标准禁止认可的资产或负债，且必须将双方绑在一起。该票据必须注明所有重要条款，包括交易的数量、固定价格和交易时间。任何不适合该定义的未被认可的资产或负债不被指定为套期保值关系中的套期保值对象。公司票据可能不被指定为套期保值对象，如果当交易发生时产生的资产或负债已按合理价值入账、合理价值的变化也及时在收入账户上报告了。

入账时，用合理价值——其合理变化及时在收入账户账认可。可归因于所回避的风险的、套期保值对象的合理价值的变化，连同对其携带价值的补偿，在收入中及时入账认可（见表13-1）。套期保值对象携带价值的记账方法同套期保值对象。例如，如果套期保值对象贬值，分期清偿或作为货物销售成本的一部分，那么属于 SFAS 133 的携带价值的调整用同样的方式处理。如果合理价值套期保值是完全有效的，套期保值工具上的收入或损失就可以完全弥补可归因于所回避风险的套期保值对象的损失或收入。

**表 13-1　简化的合理价值套期保值记账矩阵**

| | 合理价值记入资产负债表 | 合理价值的变化记入 | | |
| --- | --- | --- | --- | --- |
| | | 从有效性测试中排除 | 无效部分 | 有效部分 |
| 衍生品 | 合理价值 | 收入账户 | 收入账户 | 收入账户 |
| 对冲保值对象 | * | N/A | 收入账户 | 收入账户 |

注：*对冲保值对象在按对冲保值记账法开始记账时按其携带价值记入资产负债表，其后要记入因本对冲保值想要回避的风险的缘故而发生的合理价值的变化和非 SFAS 133 调整等。

任何发生的差异都应是套期保值效力缺乏的反映，并应在当前收入中入账认可。对特定的套期保值关系的套期保值无效性的度量必须与实体的风险管理策略、事先书面记录的套期保值效力评估方法是一致的。

如果套期保值关系不再满足套期保值标准或公司选择终止套期保值关系，套期保值账户也要终止，套期保值对象携带的任何基础调整都必须按与 GAAP 相一致的方法记入从前保值对象的名下。

合理价值套期保值记账案例

为了举例说明合理价值套期保值的记账，考虑以下案例。假定一公司决定使用交易所交易的天气衍生品合约对有天气风险的资产进行套期保值。表13-2 说明衍生工具和套期保值对象的合理价值变化的适当的会计科目。

**表 13-2　合理价值套期保值**

| 日期/<br>（交易序号） | 衍生品<br>合理价值 | 对冲保值对象的<br>合理价格 | 衍生品合理<br>价值的变化 | 对冲保值对象的<br>合理价格因本对<br>冲保值想要回避<br>的风险而发生的<br>变化 | 在收入账户<br>认可的净效果 |
| --- | --- | --- | --- | --- | --- |
| 1/1/01 | 0 | 100 | — | — | |
| 1/31/01（1） | 10 | 89 | 10 | （11） | （1） |

续表

| 日期/<br>（交易序号） | 衍生品<br>合理价值 | 对冲保值对象的<br>合理价格 | 衍生品合理<br>价值的变化 | 对冲保值对象的<br>合理价格因本对<br>冲保值想要回避<br>的风险而发生的<br>变化 | 在收入账户<br>认可的净效果 |
|---|---|---|---|---|---|
| 2/28/01（2） | 20 | 80 | 10 | （9） | 1 |
| 3/31/01（3） | 30 | 71 | 10 | （9） | 1 |
| 4/30/01（4） | 40 | 60 | 10 | （11） | （1） |

　　该案例解释了合理价值套期保值的重点。衍生工具和套期保值对象的合理价值的总变化一直通过收入科目入账——只要套期保值存在。只要衍生品和套期保值对象的合理价值的变化不是 100%地相关，这就产生了净利润和损失（P&L）影响。因此，合理价值套期保值减少，但不会消除 P&L 的波动性。

| 套期保值对象 | | 衍生工具 | | P&L | |
|---|---|---|---|---|---|
| 100 | 11（1） | （1）　10 | | （1）　11 | 10　（1） |
| | 9（2） | （2）　10 | | （2）　9 | 10　（2） |
| | 9（3） | （3）　10 | | （3）　9 | 10　（3） |
| | 11（4） | （4）　10 | | （4）　11 | 10　（4） |
| 60 | | 40 | | 40 | 40 |

假定：

（1）没有衍生品价值的任何部分都将从效力测试中排除。

（2）管理层指定作为套期保值对象的合理价值的总变化的合理价值套期保值。

现金流量套期保值

　　为了取得现金流量套期保值会计处理资格，套期保值对象必须是经过入账认可的资产或负债或预见的交易。①

　　呈现出的现金流变化的风险正是套期保值要回避的风险——它能够影响报告的收入。当非金融资产或债务被套期保值时（像大部分的交易所交易的天气衍生品的情况），指定的套期保值风险必须是全部资产或负债的现金流量的变化，且必须反映套期保值对象的实际定位。因此，像上面讨论的合理价值套期保值的情形一样，使用巴尔的摩天气合约来回避华盛顿特区的天气风险，同样要求应归因于华盛顿特区的天气风险的合理的量的变化被独立确定。

---

　　①　预期交易是这样一种交易，其发生与公司票据无关。套期保值预期交易必须被描述得足够具体，从而当交易发生时，交易是否是套期保值交易是清楚的。预期交易可能不被指定为套期保值对象，如果当交易发生时产生的资产或负债已按合理价值入账，那么合理价值的变化也及时在收入账户上报告了。

第 30 段略述了现金流量套期保值的记账。套期保值工具（衍生品）入账时，用合理价值——其合理变化可归因于在现时收入中通过其他综合收入账户（OCI）入账认可的套期保值关系的有效部分和通过收入账户入账认可的无效部分。积聚的与套期保值交易相关的 OCI 调整进平衡表，反映以下项目中较小者：

（1）从套期保值之初累计的衍生品交易的收入和损失，减此前按 SFAS 133 从累积的 OCI 分摊进入收入账户的衍生品交易的收入或损失。

（2）衍生工具上从套期保值之初累积的收入或损失的一部分——这部分对于弥补套期保值交易的预期的将来现金流的累积变化是必须的，减此前按 SFAS 133 从累积的 OCI 分摊进入收入账户的衍生品交易的收入或损失。

对任何套期保值工具上的残存收入或损失或为了使 OCI 调整进入前面指明的资产平衡表（见表 13-3）获利或损失在收入账户中入账认可，这是必然的。

表 13-3 简化的现金流置套期保值记账矩阵

| | 合理价值记入资产负债表 | 合理价值的变化记入 | | |
| --- | --- | --- | --- | --- |
| | | 从有效性测试中排除 | 无效部分 | 有效部分 |
| 衍生品 | 合理价值 | 收入账户 | 普通收入账户 | OCI** |
| 对冲保值对象 | 携带价值* | N/A | N/A | N/A |

注：* SFAS 133 并不改变根据 SFAS 133 现金流量对冲保值记账模型对对冲保值对象的记账。

** 对冲保值对象影响收入账户时，资产负债表将会重新分摊 OCI 记入收入账户。

积聚的 OCI 数量重新分类进入同期收入账户——所谓同期是指套期保值预期交易影响收入账户的时期。如果套期保值交易的结果是获得资产或招来负债，那么积聚 OCI 的所得或损失就应该在相同的期间重新分摊，或在获得的资产和招致的负债影响收入账户的期间分摊。

如果套期保值关系不再满足套期保值标准或公司选择终止套期保值关系，那么套期保值账户将终止，OCI 中的任何数量被重新分摊记入同期收入账户——所谓同期指套期保值预期交易影响收入账户的时期。

现金流量套期保值做账案例

现金流量套期保值记账比合理价值套期保值记账要复杂得多。正如先前提到的，可能通过 OCI 入账认可的套期保值工具合理价值的变化，依赖套期保值对象上累计的收入或损失。为说明该过程，我们考虑另一个案例（见表 13-4）。再一次，我们假设交易所交易的天气衍生品合约用来对有天气风险的资产套期保值。我们假设公司决定对该资产未来现金流量因天气风险而变化的风险进行套期保值。

**表 13-4　现金流量套期保值**

| | A | B | C | D | E | F | G |
|---|---|---|---|---|---|---|---|
| | 衍生品合理价值期间变化 | 衍生品合理价值累积变化 | 套期保值对象未来现金流量现值因所回避的风险而发生的期间变化 | 套期保值对象未来现金流量现值因所回避的风险而发生的累积变化 | 在OCI中的减缓的累积量 | 调进OCI | 在收入账户认可的所得/（损失） |
| 1/1/01 | — | 0 | — | — | 0 | 0 | – |
| 1/31/01（1） | 10 | 10 | （11） | （11） | （10） | （10） | – |
| 2/28/01（2） | 10 | 20 | （9） | （20） | （20） | （10） | – |
| 3/31/01（3） | 10 | 30 | （9） | （29） | （29） | （9） | 1 |
| 4/30/01（4） | 10 | 40 | （11） | （40） | （40） | （11） | （1） |

注：第一步，确定衍生品的合理价值的变化和套期保值交易的现金流量的现值的变化（列 A 和 C）。

第二步，确定衍生品的合理价值的累积变化和套期保值交易的现金流量的现值的累积变化（列 B 和 D）。

第三步，确定第二步中两个数字绝对值较小者（列 E）。

第四步，确定绝对值较小者期间变化（列 F）。

第五步，调整衍生品以反映合理价值变化，通过步骤四中确定的数字调整 OCI。如果必要平衡账户，通过对收入账户调整。

| 套期保值对象 | | 衍生工具 | | P&L | |
|---|---|---|---|---|---|
| | | （1）　10 | | （4）　1 | 1（3） |
| | | （2）　10 | | | |
| | | （3）　10 | | | |
| | | （4）　10 | | | |

假定：

（1）衍生品价值的任何部分都包括在效力测试中。

（2）在以上期间内没有数额 OCI 分摊进入收入账户。

表 13-4 解释了对衍生品工具和套期保值对象的期望现金流量的变化适用的会计分录。

关于该案例的许多项目是值得强调的：如果价值的变化导致累积过量套期保值，那么 P&L 事件将会发生；先前从累积过量套期保值仓位产生的 P&L 活动可以被后来的不足套期保值减少；如果价值的变化导致累积不足套期保值，那么没有 P&L 事件发生，因为衍生品的合理价值的全部变化都将分摊进入 OCI——没有来自普通 GAAP 的套期保值对象账户的变化。

披露（Disclosures）

SFAS 133 适用于天气衍生品的披露规则可分为三种类型：定性的披露，处理使用衍生工具的目的和策略问题；定量的披露，对一个实体的套期保值目标是否能达到提供一个标志；与 OCI 和累计其他综合收入账户相关的披露。

### 定性的披露

为帮助财务报表使用者理解一个实体的衍生品活动的性质、评估这些活动的结果、估计它们的重要性和估计它们对财务报告的影响，定性的披露是必须的。一个实体被要求披露套期保值策略（如合理价值套期保值和现金流量套期保值）、它持有或发行衍生工具的目标、理解这些目标所需背景、实现这些目标的策略和它的风险管理政策。对以套期保值为目的而持有的衍生品，一个实体应该揭露风险的性质和来源、它对待风险的哲学。对以投机为目的而持有的衍生品，实体应该指出衍生品活动的目的。

### 定量的披露

SFAS 133 也要求不同的定量披露，根据衍生工具是否指定作为合理价值套期保值或现金流量套期保值的一部分而定。

对于指定且获得资格作为合理价值套期保值工具的衍生工具，披露必须包括：

■ 代表套期保值无效性的报告期间由收入账户认可的净所得或损失。

■ 从套期保值效力估价排除的衍生品的收入或损失。

■ 净获利或损失在收入报告中何处报告的描述。

■ 当进行了套期保值的公司票据不再判定为是合格的合理价值套期保值时，收入账户认可的净所得或损失的数量。

对已指定且获得资格作为现金流量套期保值工具的工具，披露必须包括：

■ 代表套期保值无效性的报告期间由收入账户认可的净所得或损失。

■ 从套期保值有效性估价中排除的衍生品的收入或损失——如果有的话。

■ 净获利或损失在收入报告中何处报告的描述。

■ 一个描述，内容包括：导致重新向收入账户分摊的交易或事件，在 AOCI 中报告的所得和损失，在报告日存在的、可望在未来 12 个月中分摊进入收入账户的获利或和损失的净值估计。

■ 最大的时间长度，在此期间实体对预期交易的未来现金流量的不确定性进行套期保值，这里预期交易与基于存在的金融工具的可变利息的支付有关。

■ 作为现金流量套期保值中断的结果，重新分摊进入的收入账户的所得和损失量（假设原始的预期交易不会发生的概率很高）。

### 附加的 OCI 相关披露

除以上的披露外，实体必须揭示——作为 OCI 中独立的一类——指定的，且获得资格作为现金流量套期保值工具的衍生工具的、在综合收入账户报告的净所得或净损失，一个实体还应该分别披露衍生品收入或损失的开始和结束及任何分摊进入收入账户的净额。

# EITF 99-2

新兴事件特别工作组（EITF）发布号 99-2 "天气衍生品的记账" 颁布了针对所有 OTC 交易的天气衍生品的 GAAP 记账细则。虽然 EITF 没有被授权修改 GAAP，但它就特定事项解释现存 GAAP。[①] EITF 99-2 澄清了 FASB 报告的 5、107 和 133。因为 EITF 澄清了现存 FASB 报告，所以所有按 GAAP 起草财务报告的实体必须遵循其结论。

*交易活动*

所有以交易或投机为目的的天气衍生品合约应该按合理价值记账，其合理价值变化在收入账户报告。如果一个实体预定一份合约，目的是从或基于气候或地理环境的转移或变化的风险上获得利润，那么它就被认为在预定以交易或投机为目的的合约。EITF 99-2B 列略述了为确定一家公司是否从事交易活动应考虑的附加因素，它包括但不限于如下情况：公司的主要业务没有被称为天气衍生品中的一个变量的、特定的与天气有关的风险；天气衍生品的交易量超过公司主要业务固有风险；天气衍生品价值的变化预期在一个不是减缓其相关天气风险的方向上运动；公司开发和利用自己的财产模型来估价它所提供的或交易的天气衍生品；赔偿和/或业绩测量限定为天气衍生品的短期结果；公司内部用 "交易策略" 术语进行沟通、交易用实体的名字进行，或职员被称为交易员或在交易或风险管理活动中有经验；管理层报告认同合约仓位、合理价值、风险，等等，或净市场仓位的估价定期进行；或公司的行政机构类似于银行或交易公司（后台作业和前台作业分离），或活动基于书面计划和/或文件。

*非交易所交易活动*[②]

进行非交易所交易的远期类型（如天气互换）或买入期权类型的交易的实体应该对使用 "内部价值法" 的合约负责。内部价值法，根据之前的累积行权分布情况得到期望结果，将其与期间的真实结果的差乘以合约价格（如每 HDDs 多少美元），得到一个数量。这就是内部价值，任何为看涨期权合约支付的权利金都应该以合理和系统的方式分期偿还。对于非交易所交易的天气期权空头，期权应该以合理价值入账，合理价值变化在收入账户报告。

为帮助说明该过程，我们考虑以下实例（见表 13-5）：ABC 煤气分销商使用温

---

[①] 来自 SEC 的代表观察 EITF 的考虑并周期性地评议 EITF 的结论。

[②] 只有满足 SFAS 133 下衍生工具定义的合约才有资格适用套期保值记账方法。如果合约不属于 SFAS 133 的范围，就不存在支持套期保值记账方法的其他权威的 GAAP。因此，既然非交易所交易的天气衍生品是特别地排除于 SFAS 133 的要求之外的，这样的合约也就不合资格适用套期保值记账方法。

值互换合约对温暖天气风险进行套期保值。合约要求无净值初始投资，要求在 11 月 1 日至 3 月 31 日期间累积 HDDs 少于 4500 时向 ABC 作赔付。根据合约，赔付额等于 $ 10000 乘以高于或低于 4500HDD 的累积 HDDs 数。

表 13-5　内部价值法记账

|  | 11 月 | 12 月 | 1 月 | 2 月 | 3 月 | 合计 |
|---|---|---|---|---|---|---|
| 平均历史气温 | 48℉ | 33℉ | 26℉ | 26℉ | 42℉ |  |
| HDD 行权分布 | 500① | 1000 | 1200 | 1100 | 700 | 4500 |
| 实际 HDD | 600 | 700 | 1700 | 1700 | 500 | 5200 |
| 比平均气温高（低） | （100） | 300 | （500） | （600） | 200 | （700） |
| 累积高（低） | （100） | 200 | （300） | （900） | （700） |  |
| 累积实际 HDD | 600 | 1300 | 3000 | 4700 | 5200 |  |
| 当期所得（损失）入账 | （$1M） | $3M | （$5M） | （$6M） | $2M | （$7M） |
| 累积所得（损失） | （$1M） | $2M | （$3M） | （$9M） | （$7M） |  |

天气保险合约记账

天气保险合约记账遵循其他保险合约记账同样的程序。特别地，合约不按合理价入账、在合约生命期间没有获利或损失入账认可——除非它们满足 SFAS 5 获利和损失偶然事件的要求。应付保险费立即支付，可保事件一经发生，应立即入账认可。

# 美国税务会计处理

对天气风险产品的税收会计规则是复杂的。虽然对天气保险的税收规则非常简单，但天气衍生品的税收处理在归类方面是困难的，因为天气衍生品不与基础资产或财产相关联（即没有人"拥有"天气）。现行美国税收法经常根据纳税人持有的基础财产的性质来区别普通所得/损失和资本所得/损失。

## 天气保险合约的税收处理

对天气保险合约，根据美国国税局（IRS）法第 162 节，保险费可作普通扣除。因为保险合约的赔付是基于投保人遭受可保损失的附带赔付，所以保险赔付所得是作为可保损失补偿，因而不会有真实的税收效果。

---

① （基础气温−平均气温）×月中的日数＝月 HDDs 估计值。（65−48）×30＝510，为方便说明，近似地取 500。

交易所交易的天气衍生品的税收处理

美国交易所交易的天气衍生品（芝加哥商业交易所交易的 HDD 和 CDD 合约）产生的所得或损失，根据美国国税局法第 1256 节，从美国税收目的看，属于资本利得或损失。第 1256 节规定，来自受管制的期货合约和非有价证券期权的所得和损失必须根据市价评估规则每年报告一次，不管纳税人如何。市价评估规则要求所有年终持有的第 1256 节合约纳税，规则是：认为在税收年的最后一天所有合约都按合理价格平仓了。这样，所有持有的或年内终止（通过到期、执行或出售）的第 1256 节的资本利得或损失就都得到入账认可。年内所有第 1256 节利得或损失都被假定为 40％短期或 60％长期，而不管纳税人实际持有工具的时间。

非交易所交易的衍生品

当前，对怎样处理非交易所交易的天气衍生品的税收问题，没有确定的答案。由于这个不确定性，确定纳税人持有的天气衍生品是否被判定为纳税套期保值就很重要。美国国税局法第 1221 节解释了判定为纳税套期保值的要求。

纳税套期保值处理

通常，第 1221 节要求纳税人对套期保值交易产生的收入、扣除、获利或损失的时间与套期保值对象的情况相匹配。如果一个实体减少了有关普通财产价格变化或汇率波动风险的交易，那么它可以选择一个交易作为套期保值。[①] 套期保值书面文本必须在纳税人进行套期保值交易的当天准备好。通常文本依照 SFAS 133 准备就足够了，但有例外——如果文本指出套期保值同是为 GAAP 和税收目的行的。

第 1221 节范围问题影响天气衍生品。第 1221 节定义"套期保值"交易是：在纳税人交易或经营的正常过程中进行的交易，主要目的是减少与普通财产有关的价格变化或汇率波动的风险，或减少与纳税人所借债务，或已发生的或要发生的纳税人的普通债务有关的利率变化或汇率波动的风险。第 1221 节明确指出，如果交易不满足它的要求，资本资产利得和损失就不能作为普通所得和损失，因为该交易看上去将更像回避商业风险的保险，或该交易起低成本的套期保值功能的作用，或为了相似的目的。[②] 因此，尽管天气风险可以为公司提供低成本的套期保值，但它们是否被判定为税收套期保值中的套期保值工具还是不清楚的。

非套期保值交易

如前所述，对于没有指定为套期保值交易的一部分的 OTC 天气衍生品，还没有清楚的税收指南。参考美国税法的各个部分，天气衍生品的处理可以作为资本利得和损失处理，也可以作为普通所得和损失处理。但税法出台时未预计到有天气衍生品，天气衍生品与其他有税法指南的金融工具也不完全类似。直到美国国会通过与天气衍生品相关的新的税法时，最谨慎的立法程序才打算就给定事实和环境情况下

---

① 普通资产是指不会产生资本利得或损失的资产。
② 第 1221 节-2（a）（3）部分。

哪些选择权可以算纳税选择权，咨询税收专业人士的意见。

# 国际会计标准

　　历史上，每个国家都建立了自己的会计标准。近年来，国际会计标准委员会（IASB）出台了几个会计报告，目的是建立所有国家都采用的标准。为此目的，IASB 和 FASB 开始了比较两个管理实体的会计指南的计划，只要有可能，就试图弥补国际会计标准（IAS）和 SFAS 间的分歧。

IAS39

　　IAS39 "金融工具：认可与度量" 颁布了 IASB 提出的衍生工具的会计标准。虽然 IAS39 适用于保险公司，但它并不适用于保险合约的权利和义务。因此，天气保险合约的会计指南是由公认的保险人全国规则制定机构的会计原则管制的。[①] IAS39 第 1（H）段规定 IAS39 应该适用于所有金融工具除了需要根据气候或地理变量进行赔付的合约。[②] 第二段规定：要求根据气候、地理或其他物理变量进行赔付的合约一般用作保险契约（那些基于气候变量的合约有时称作天气衍生品）。在这种情况下，所给赔付是基于企业的损失额。保险合约下的权利和义务不在该标准的范围内……委员会承认一些合约下的赔付与企业的损失无关。虽然委员会考虑过将这些衍生品保留在标准的范围内，但它的结论还是需要进一步的研究来开发区别 "保险型" 和 "衍生品型" 合约的可操作的定义。因此，天气衍生品的会计指南依然受公认的保险人全国规则制定机构的会计原则管制。未来几年里 IASB 将对天气衍生品和天气保险合约的会计处理提供进一步的指南——这非常可能。

　　由于天气风险市场处于新生期，天气保险和衍生品的会计和税收处理规则经常是矛盾的、不存在的或值得审议的，且将不断变化。也就是说，我们能够像以下那样总结当前的状态：对于美国 GAAP，天气保险合约主要作为可能收入的成本，而可能收入仅认可到可能的、可估计的程度；交易所场内交易的天气衍生品以合理价值入账，其合理价值的变化在当前收入账户上认可；非交易所交易的天气衍生品可能按合理价值或内在价值入账——取决于交易情况，价值变化在当前收入账户认可。从美国税收情况看，规则有点很不明确：交易所交易的天气合约服从 "调至市场" 规则，要求纳税人交纳有关合约合理价值变化的资本利得/损失税；OTC 交易的天气衍生品的税收处理税法还没有管。关于国际标准，情况也是如此。正如指出的，IAS 仍然处于初始阶段，还没有对天气风险管理合约的处理制定专门的指南。因此

---

① 一个为保险合约的记账方法而启动的独立的 IASB 计划正在进行中，但还没有结果发表。

② 但 IAS39 不适用于其他嵌入天气相关合约中的衍生品类型。

天气风险产品的供应者和终端客户可以期望在将来有进一步的定义和解释；这样的变化在帮助拟清财务处理方法方面很关键，还可以向参与者提供他们需要的财务舒适性。

# 参考文献

［1］ International Accounting Standards Board，*International Accounting Standards*，London：IASCF（2001）．

［2］ Financial Accounting Standards Board，SFAS 133，Norwalk：FASB（1998）．

［3］ Financial Accounting Standards Board，SFAS 137，Norwalk：FASB（1998）．

［4］ Financial Accounting Standards Board，SFAS 138，Norwalk：FASB（1998）．
U. S. Gole，Title 26，Washington D. C. ：Internal Revenue Service（1999）．

# 第十四章　风险控制

## Erik Banks Robert Henderson

　　这本书的前三部分我们的讨论主要集中在天气风险管理的业务方面。在这一章中，我们糅合了动态天气结构和控制问题，它们是任何审慎的内部风险管理计划的一部分。特别地，我们将注意力集中在信用风险和市场风险的内部控制上。大部分的参与者，无论是供给者还是终端用户都敏锐地意识到风险控制的重要性，并且投入资源来开发和执行有力的风险管理计划。

　　首先，我们定义一下信用风险和市场风险。信用风险是如果对方不能履行其在合同中承诺的义务而可能发生损失的风险；根据交易的结构和市场或指数的变动，一个机构能够意识到如果对方违约损失的大小。市场风险定义为：如果控制着一个交易、交易组合或整个业务的基础市场以不利的方式变动时可能发生损失的风险。根据机构面临的风险的种类（例如，单向风险、易变性风险、基差风险等）和任何补偿性套期保值的功效，市场风险能够计算出来。为了控制来自信用和市场风险的潜在损失，机构一般都会拟定风险控制程序，包括风险敏感性交易、界限确定和风险监控与报告等方面的独立的鉴定、审查和批准等。

　　在大部分的情况下，信用和市场风险管理过程构成就一项业务的风险动态提供客观意见的独立控制职责。为了避免任何可能的利益冲突，这些职责一般通过专职人员、财务或高级管理人员报告，而不是由业务人员或交易管理人员报告。为了确保整体上的完整性，内部或外部的审计人员应该进行风险控制过程的检查。这有助于确保控制功能独立发挥作用，确保风险活动管制政策和程序就位且在运用中。

# 信用风险

　　信用风险的独立审查和控制一般集中在两个有区别又有联系的方面：对方信用分析和产品风险计量。

## 对方信用分析

对方信用分析涉及由于给予其信用额度而评估潜在交易对手的财务状况。这样的分析一般由负责审查和批准信用风险的独立信用部门执行。在许多机构中（不管是供应者还是终端客户），信用官员同时进行微观和宏观分析。从微观上观察，信用官员分析目标对方的财务报告，包括它的资产负债表、现金流量表和收入表（还有相关注释和管理层的观点）；这提供对方偿还合同债务（包括考虑中的任何与天气相关的结构品）的财务能力的指标。对方分析经常通过与对方经营环境（例如，产业、地域和/或国家）相关的宏观研究来补充说明。这帮助信用官员理解经营环境的动态如何随着时间的推移增进或恶化对方的财务表现。

一旦完成了有关微观和宏观分析，通常信用官员会给对方一个信用等级。等级可能根据所有者的等级定（用表示一个机构如何鉴别、管理和报告其信用风险的刻度表示）或根据国家/国际评级机构所定等级定（如由标准普尔、穆迪投资者服务、FitchIBCA 和其他机构维持的等级）。通过给对方定信用等级，信用官员能够更加容易地确定应该给予的信用量、应该考虑的最大期限和应该收取的最小的信用金（在以下详细讨论）。虽然，信用极限的建立始于内部信用等级的指定，但它一般会由其他关键投入因素修订，如对方的核心财务指标（例如，公司有价证券或资产基础的大小）和机构本身的公司范围的风险规则（例如，对方愿承担的特定等级风险的总量、最大风险/回报比，等等）。信用额度的最长期限的确定也是一个重要的成果。虽然不同机构经营参数不同，但一个机构给投资级的对方无担保信用额度长达数年，这不是不常见的事；次投资级的对方，其偿还财务的能力减少了，经常接收更多的限制性条款，包括最长交易期限限制在几个月。在一些情况下，次投资级的对方得不到任何无担保授信，且必须对其所有债务提供担保。做法常常是羁押现金、高等级固定收入证券（主要是政府债券）或大的信誉卓著的银行开出的信用证等形式的担保品。在极端情况下，面临明显失败可能的次投资级对方的所有业务可能被全部取消，即使有担保的业务也可能被消除，因为破产程序可能使担保信用提供者陷入复杂的法律程序中。除了帮助确立信用/期限极限，信用等级还使信用官员可以非常容易地管理风险组合；这有助于减少风险累积到不可接受的水平的机会。

正如第十二章中所提到的，通常的情况是，在评估过程中，信用官员同法律部门紧密合作来考虑信用范围的合法尺度；这可能包括信用等级降级的触发器、担保品和利率等。[①] 一旦信用官员对对方进行了分析、给定了等级并且确定了适当的信用和期限界限，那些负责执行天气交易的人遵照核准的界限作业，这是标准惯例；建立事先确定的界限消除了为每笔交易寻找信用批准的需要。只有在限制极有可能

①　例如，如果天气结构品是以衍生品形式交易的，而不是保险形式交易的，通常交易的双方会签一份 ISDA 主协议。正如第十二章中指出的，该合约包含了重要的信用考核，包括交叉违约限额（该数额指明了，在 ISDA 下所欠债务额/到期债务可以被要求快速偿还和被未违约方强制清仓前，需要达到的违约规模）、阈值——超过了这个值一方或双方就必须增加担保品（以 ISDA 信用支持附件定义的形式），等等。通过签署 ISDA 协议，天气衍生品的当事人（和协议覆盖的其他商品或金融衍生品）保留了在对方违约时要求对方提前全额偿还和对整组交易平仓的能力；这使信用风险的管理基于净额而不是总额，特定交易被破产部门"摘了樱桃"类的风险消失了。

被打破的情况或合约期限超出了对对方的正常指南，才有可能发生咨询信用官员意见的事。如果需要附加的信用额度，信用官员可能会考虑预防措施，如定价信用风险、将费用转移给客户、购买信用违约保护，等等。

如第四、五章所指出的那样，来自不同产业和国家的众多的对方活跃在天气市场。供应者——承担天气交易风险的中介和做市商、只要交易达成了他们就承担了风险或转移了风险——包括保险和再保险公司、有专业部门天气交易的商业和投资银行、专家做市商和能源公司。终端用户可能包括来自不同商业领域的公司，包括能源、零售业、娱乐业、农业和建筑业等。投资者——他们有可能对通过衍生品、与衍生品连接的结构品或保险者合同提供风险容量感兴趣——包括套期保值基金、商业银行、投资银行、保险公司和再保险公司。所有这些机构都可能作为潜在的天气衍生品或保险交易的对方出现，他们必须用一个机构的统一的信用标准进行分析。

图 14-1 解释了对方信用分析的一般程序概况。该过程是周期性重复的连续循环的一部分，周期或许是一个季度、半年或一年，取决于对方的实力、产业状况和公司规则。

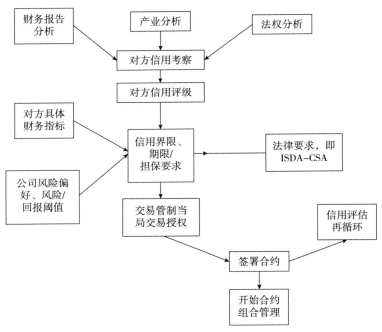

**图 14-1　考察对方的一般程序**

## 产品风险量化

对于信用官员，审核天气保险或衍生品交易的潜在风险，以确认如果对方在将来的某一天违约，潜在的重置成本有多大，这是日常工作。[①] 这个风险数据通常只有在交易开始时要求提供，以表示可能发生的最糟糕的情况——如果对方违约的话；这使交易参与者可以做出合理的、超额的信用决策。因此，重置价或调至市价扮演日益重要的角色。虽然在交易发生之前量化潜在的信用风险对于作恰当的超额决策和风险管理是基本的，但它一般不会给出精确的信用损失概念——当取最坏情况的参数值时。实际信用损失只有当两个独立的事件发生时才发生：交易的对方违约、进行的交易对未违约方有正的价值。为了使交易对未违约者有用，必须满足两个条件：未违约当事人必须拥有多头仓位（例如，他必须已经从保险公司或做市商那里购买了保险合约或衍生结构品）、被违约仓位在违约时是正值的。如果未违约方拥有空头仓位，他就不能指望对方履约（假设担保交易的任何费用已经交付了）；同样，如果交易在违约时不是正值的，未违约方也不可能指望一个破产的对方能进行财务履约。所以只有当对方违约的交易对未违约方有正的经济价值时，才能形成信用损失。图 14-2 解释了来自互换多头的信用风险和导致的上部损失/无损失情况。

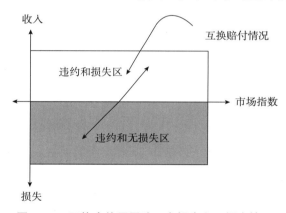

**图 14-2　互换中信用风险、有损失和无损失情况**

为了确定一个机构可能遭受的信用风险究竟有多大，我们要考虑哪种类型的交易会产生风险，然后确定这种交易能够产生的风险的大小。

根据以上的讨论我们知道天气保护能够以衍生品或保险的形式构成。能够给机构带来风险的交易包括以衍生品或保险形式构成的多头看涨（买）期权和看跌期权保护，还有互换。空头（卖）看涨期权和看跌期权保护不会产生风险（一旦从对方那里收取了权利金，一般是交易日以后的 3 到 5 个交易日）。让我们考虑一个空头期权仓位。如果机构 A 向机构 X 出售看涨期权并且收到权利金，则 X 有来自 A 的风险。从 A 的角度看，如果 X 破产，它不遭受任何损失，因为它没有任何财务支付。

---

① 在交易基于金融资产的衍生品合约时，潜在风险的确定可能特别复杂，原因在于，不同于借贷，合约的名义金额并不全处在风险中；如果交易总额不处在风险中，那么调节仓位风险的失败就会导致说大话。这个又可能导致信用风险的管理不善，包括拒绝有商业意义的交易。为了量化潜在的风险，机构通常不得不对基础参考资产的特性进行估计。

值得注意的是如果它没有提前收到权利金，而权利金早已支付或已按时支付（这很少见但并非不可想象），A 就有来自 X 的风险，风险额是应收权利金。作为比较，X 买入期权，有来自 A 的风险。它已经提前支付 A 权利金，期望将来某个时刻可以得到期权合约的潜在收益。如果 A 违约，X 会失去权利金和与长期期权仓位相连的价值，它遭受的损失是进入市场重新建立仓位的成本。实际发生的成本与违约时期权的重置成本或 MTM 成本有关。[①] 从结构的观点，这种分析对衍生品和保险都成立。例如，在购买 CDD 保险单时，投保人向保险人支付年度保险费并且期望天气扳机被触发时并带来损失时获得经济赔付。在这种情况下，投保人期望保险人履行其义务并提供经济补偿。在某种程度上，如果保险公司违约且不能够履行其义务，投保人就形成了信用损失。[②] 图 14-3 总结各种违约假定下多头/空头 CDD 仓位的现金流量。

在第七章中我们讨论了天气互换，它可以看成是两边的行权价格相等的一个多头看跌期权和一个空头看涨的结合期权，或一个多头看跌期权和一个空头看涨期权的结合（也就是一个套保期权）。从信用风险的角度看，我们主要对产生机构信用风险的结构感兴趣，即互换的独立成分。尽管互换本质上是一个复合仓位——既有多头又有空头，我们还是可以略去空头、集中讨论多头产生的风险上。所以，多头互换的信用风险等于零权利金的多头看涨期权的经济性，而空头互换等价于零权利金看跌期权。所以机构关心期权的可以走进正值、创造价值和风险的那一部分，而另一部分——要求一个从一个机构向其对方的潜在的赔付——则被忽略。

值得注意的是，在第七章和第八章中介绍的各种策略如鞍形期权、枷形双向期权、标准/不对称套保期权等，都可以用相同的方式分析（即分析集中在交易的多头部分进行）。在鞍形期权和伽形双向期权场合，我们知道只有一个方向的交易（看跌或看涨）可能发生赔付；相应地，从两个方向谈风险是多余的）。

了解了哪种类型的衍生品和保险交易携带信用风险后，我们来考虑它们能产生的信用风险的数额。天气交易至少拥有两个独特的将它们与其他基于价格、利率或指数的金融交易区分开来的特征；两者都有效地给可能产生的风险量封了顶（与金融资产的交易形成对比）。

首先，支配交易的基础天气变量（例如，气温或降雨量）的变化受自然控制。不同于有价证券的价格、商品的价格或汇率——举例气温或降雨量指数不受某些自然边界的限制而连续地上升或下降。[③] 虽然股票 ABC 的价格理论上能从其当前水平

---

① 交易能否在 MTM/恢复成本水平恢复，取决于违约时基本市场状态/流动性、对方违约的性质，等等。真实的替换成本可能超过按各个市场非常时期的实际替换成本估计的成本。

② 这假设投保人拥有可保风险，且已经证实了基于 CDD 合约的损失；还假设投保人没有接收任何来自保险保证基金的保护。

③ 某些金融资产的价格，像利率，也呈现出"中间恢复的特性"，该特性导致它们在一定时期被吸引向某些长期平均数返回。但说所有金融资产的价格是中间恢复的，就不一定是真的（例如，有价证券的价格在理论上就可以无限制地上涨），而那些中间恢复的价格经常是在长期如此（例如许多年或几十年）而不是短期（例如幅度为 3~6 个月的特定天气）。

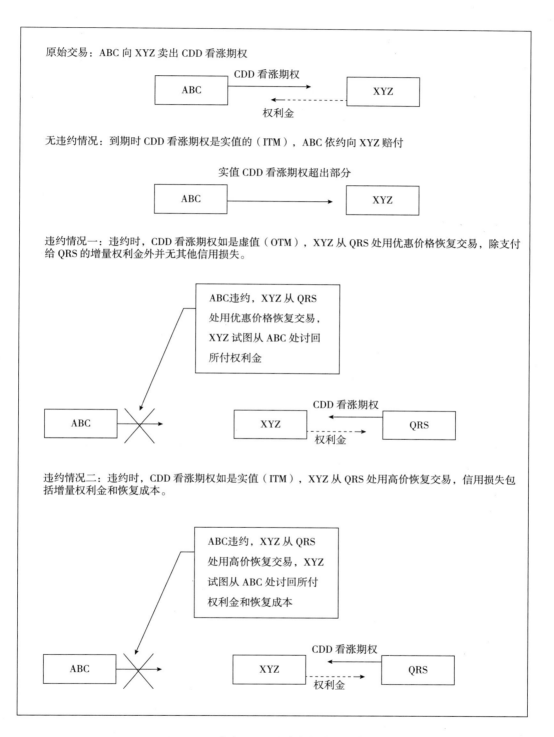

**图 14-3　来自 CDD 看涨期权的信用风险**

上升到它的原值的若干倍，但给定地区的夏天气温不可能超过某一特定水平——地球的自然平衡阻止了连续性无限制的上升（比如说，从华氏 90 度到 110 度、到 130 度等）。其他天气参数情况也是如此。结果是，风险不可能积聚到超过某些自然确定的界限，而不管感觉到的参考指数的"不确定性"有多大。我们在市场风险部分将详细讨论这一点。

信用风险也由大部分天气合约会有的最大赔付额封顶。因为标准交易最大赔付额限于合约中指定的数额，所以信用风险不可能积聚到超过那个数额。① 例如，如果公司从保险公司购买最大赔付额为 100 万美元的降雨量保险单，而指数超过赔付点的最大理论赔付值达 150 万美元，这时信用风险仍然限制在 100 万美元以下。无论是单季合约还是多季合约，情况都如此。因为多年天气合约是按季结算和重置的，所以赔付进而风险量不可能随着时间累积（唯一的例外可能是超季度累计的多年合约——但这非常少见）。只有在交易没有契约顶额限制的情况下，风险调整才是必须的（尽管那样，以上提到的自然限制可能足以对最大赔付和风险封顶）。

不管所考量的天气产品交易的具体形式如何，将与同一对方交易的所有天气交易的风险放在一起管理，一般是合适的；对于活跃的天气衍生品做市商，情况尤其如此。结合在一起的合约的信用风险受到平仓和相关性两方面的影响。当签订的是 ISDA 主协议（或适当的多头确认书）且权力当局承认平仓的概念，那么信用风险的平仓是适用的。考虑一个例子：银行 ABC 有与公司 QRS 的价值 200 万美元的多头 CDD 互换，还有与同一公司的价值 –100 万美元的空头 HDD 互换——该 HDD 交易对 QRS 而言有 100 万美元的价值。如果 QRS 违约，且假设正确地执行了平仓协议，ABC 只有资格从 QRS 索赔 100 万美元，而不是 200 万美元。因此，ABC 的信用官员应该根据净合约的影响和后果考虑全部合约的风险。没有平仓协议，或对在特定权限内实施平仓规则缺乏信心，这时要求信用官员忽略平仓的"风险减少"效果，而按对其有利原则简单地盯着最大风险。

合约组合信用管理的第二个内容是可能存在于一组合约中的相关性；在许多情况下，合约间的相关性能够减少最大的可能赔付额，进而减少信用风险。在天气市场中，一个机构有可能交易相互间可以有效地补偿（或至少是减少了所有合约都发生赔付的概率）的多个合约。例如，这样的一种情况：ABC 从 QRS 处购买了 3 份基于三个不同城市的 HDD 期权。在运行了计算历史相关性的程序后，它发现最坏的历史情况是（根据 30 年或 50 年数据）3 份合约中 2 份赔付；历史上没有 3 份合约同时发生赔付的情况。在这个假定下，ABC 可能希望通过合并历史相关性的效果——这导致信用风险的减少——来管理其信用风险组合。通过使用相关性，机构可以有效地产生信用风险价值（CVR），类似于市场风险组合管理中经常产生的东西（以下解释）。信用风险价值能够调整到各种统计置信水平；95%和99%的置信水平是非

---

① 在这个意义上，天气期权可以被认为是天气期权差额。

常典型的。显然，不同机构可能采用关于合约组合相关性处理的不同"保守性"水平——从完全忽视它们到完全合并它们。

## 信用储量和资本费用

近年来，信贷机构其信用服务成本对信用定价变得普遍起来。这确保了他们向对方提供稀缺资源——信用额度——可以得到补偿。定价可以这样进行：针对交易组合，交易者在签订一笔交易时另外造一个内部"影子"信用储备/资本费用；或明确地将信用成本定价于各个交易中。该过程趋向于主要由做市商应用，他们在天气衍生品市场的买卖双方都很活跃，有大量的供需方客户。但在某种程度上，终端用户从保险公司购买天气保险单，希望保险公司的信用质量成为正在商议的价格中的因素，这种方法同样适用。

在定价信用成本时，通常集中在信用损失的两个不同种类上：预期信用损失和非预期信用损失。预期信用损失（ECLs）顾名思义是在正常经营的情况下期望出现的平均信用损失。相反，非预期信用损失（UCLs）是没有预期的以任何频率发生的信用损失；它们是被比作低频率、高严重性的灾难性事件，在很一段长的时间内难得发生一次。

ECL 按三个不同变量的分布计算：违约概率、预期违约恢复金和交易风险。违约概率是交易的对方不能履行合约义务的可能性。概率分布大部分是根据机构自己的内部信用等级和损失数据，或从公共信用等级评估机构（它们积聚了数十年的信用等级和违约数据，因此可以提供对象的综合观察）维持的违约或损失信息构造的。拥有精练的分析能力和计算能力的一些机构，对有特定信用等级的对方进行更加复杂的违约轨迹仿真。预期违约恢复金是在破产程序结束时可能收到的数额。如同违约概率，预期违约恢复金分布也能够根据机构自己的预期违约恢复金历史数据、公共信用级别评估机构的数据或仿真方法构造。为了简便，恢复金经常当一个常数处理，常数的大小根据破产中财产主张力的强弱分优先担保的、优先无担保的、优先从属、初级从属等。交易风险分布能够从上面讨论的各个单独交易的量化得到。这三个分布可以使信用损失的主分布得以创造，如图 14-4 所描述。分布的平均值填入 ECL。

一旦获得 ECL，其结果数据就可以用来明确地估价交易的信用成本；该费用可以经客户或供给者同意融入最终定价。ECL 也可以被称为内部信用储备；一旦交易入账，ECL 建议的金额就另行提出，直到交易结束（或直到某间歇点——当全部增加的多头/空头交易都被审查、储备水平被重新校正时）。当交易结束了，基于 ECL 的储备重新释放回机构的损益表。通过计算 ECL，且明显地或含蓄地使用它来对交易的信用风险估价，机构可以为信用风险的前摄管理开发附加工具。考虑以下例子：银行 ABC 与 BBB 信用级的公用事业公司交易 HDD 互换，最大赔付金额为 1.5 亿美元。作为 BBB 级信用，公用事业公司的 6 个月违约概率大约是 0.75%；根据历史数据，违约恢复金预期为 55%。所以，ECL 或对该交易的相应信用储备/费用等于 $5000 [0.75%×（1-55%）×$1.5M] 多一点。[①]

正如以上指出的，UCL 代表极端的信用损失情况。因为这种损失预期极少发生，所以其保护以信贷资本而不是信用储备的形式提供；实际上，资本的作用就是向机构提供足够的运作缓冲垫来吸引"最差情况"产生的损失。为了决定为一笔交易或一组交易应设立的、适当的风险资本的数量，首先必须计算最坏情况的信用损失（WCCL）。如同 ECL，WCCL 可以从联合信用损失分布导出。其后，UCL 作为 ECL（分布的平均数）和选择来作为 WCCL 的点之间的差计算出来。WCCL 能够通过校正交易风险或赔付概率来计算，以反映极端的情况而不是平均发生的情况。这样做的一个办法是定义统计置信水平（例如，95% 或 99%），然后通过置信水平因子提取标准差。一旦 UCL 计算出来了，用于支持交易（或交易组合）所需的有关信用资本就能确定下来。

图 14-4 解释了信用损失分布和相关的 ECL 和 WCLL。像上面所指出的，主信用损失分布是从交易风险分布、违约概率分布和预期违约恢复金分布推导出来的。

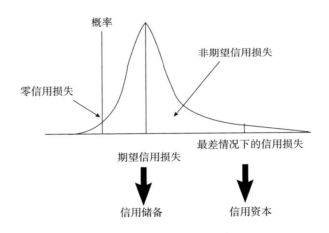

**图 14-4 信用损失分布、ECL 和 WCCL**

有了 ECL 和 UCL 工具，交易者能够估计不同的、可归因于竞争性交易的风险调节回报。例如，通过计算 ECL 和 UCL，交易者能够检验不同大小、不同风险和回报情况的两笔交易的风险调节利润特征，选择最好的一笔交易。这样可以更有效地使用资本、用更大的机会最大化风险调节回报，进而最大化股东价值。

---

① 应该注意，6 个月违约比率不等于年度违约比率的 1/2；所以，简单地将年度违约率分成两半是不够的。必须用独立的 6 个月违约数据，以确保准确性。

# 市场风险

术语"市场风险"通常用于指可归因于资产市场价格水平变化的经济影响的风险，资产包括那些与有价证券、债券（利率）、信用差额、外汇汇率和商品有关的资产。但当我们在天气风险管理教材中引用"市场风险"时，我们扩展了讨论范围。在天气行业，市场风险关联到天气指数的期间的和最终的价值——天气指数是所定合约的基础商品。同样关联到缺乏完全透明和流动性强的市场——它严重地限制了我们根据市场变量给衍生品和保险合约定价的能力。相应地，这些合约的价值和风险通常通过使用模型来监控。"调控模型"而不是"调控市价"的估价方法给方法本身带来了一些风险问题。根据这些事实，我们定义市场风险包括可归因于模型选择、天气市场价格水平、流动性、利率，当然还有像气温和降雨量这样的天气变量的经济影响的风险。我们首先来考虑天气变量带来的风险的测量和管理。

## 天气风险

天气合约组合持有者面对的最明显的风险是合约所依天气指数的价值造成的风险。这不会令人惊讶，因为天气风险市场的目的就是促进风险从一个当事人到另一个当事人转移。例如，EDD 看跌合约（不管是保险还是衍生品）的卖者就有这样的风险：EDD 的实际数量足够低，以至于期权赔付额高于收到的权利金。相反，保护的购买者有这样的风险：看跌合约赔付额可能低于所付权利金（假设该保护没有用来弥补另一风险仓位）。EDD 互换的两个交易者承担相似——虽然相对的风险。

尽管进行这种交易在金融资产上会出现类似的风险管理问题，但两者之间存在着某些重要的不同。大部分天气合约基于"举止端庄"指数拟定，如季度总值或平均数。最通用的气温合约基于季度的 EDD，它是大量的日温值（Daily Degree Days）的总和。非零日温值与日平均气温和某参考值——典型的是华氏 65 度——之间的差成比例。结果是，它们秉承了气温的风险特性，有围绕季度平均值的分布，也限制在一个合理的范围。将许多温值加总形成季节指数进一步减缓了风险：大多数 EDD 指数接近于正态分布、不会出现"肥尾巴"、跳跃风险或作为金融市场特色的随机易变性。降雨量合约经常基于关键天指数，例如，给定期间降雨日天数总数。虽然原则上讲，关键天的数量少至零、多至期间所含天数，但通常可能出现的数值要小得多。在任何情况下，风险都是有限的，因为指数本身限制在两个极端可能性之间。

正如本章前面所指出的，几乎所有的天气合约都附有赔付上限。这意味着市场的大部分集中在看涨和看跌期权的差额上——赔付上限定在指数平均值的 1~1.5 个标准差的范围内，而不是无担保的看涨或看跌期权。即使指数显示 3 或 4 个标准差的移动，风险当事人的损失不会大于指数温和波动时的损失；实际上，保护的出售者对下部损失设置了限制。这些合约可以与那些在金融衍生市场中交易的合约相比较。例如，股票看涨期权签发者面临潜在的无限的损失，因为股票将变得很贵而没有上界。对于那些进行无套期保值保护的外汇远期合约交易的人来说，情况也是这样；潜在的损失可能不是无限的，但可能是大的、难以量化的。现金市场上通货不足可能使利率变得奇高；商品市场上供应不足会有相同的效果。在任何这类情况下做空都是危险的。

风险量化极其重要。在这些场合，风险度量就是搞清楚价格偏离它的期望值或"正常"属性有多远。金融市场可能遭受极端的、在历史上少有或没有的价格波动。例如，在 1987 年 10 月中的大跌中，道·琼斯工业平均指数在一天内下跌了 508 点或 22.6%。先前 25 年的日回报的标准差是 0.86%；所以，这次大跌等于 26 个标准差的移动。从天气市场中举一个例子。纽约中央公园 5~9 月 CDD 的平均值和标准差大约分别是 1100 和 190。26 个标准差事件对应 6040 CDD 或整个季度的平均气温是华氏 104 度。如果这确实发生了，来自天气合约的金融风险根本就是毫无意义的问题。

金融和天气风险的另一个差异是时间的影响。为说明问题，考虑一只股票，它的价格变化服从 Black-Scholes-Merton 假设的几何随机漫步。[①] 假设初始股票价格是 100，年度波动范围是 20%。表 14-1 解释了股票价格围绕平均值的标准差是将来月数的函数；随着时间的流逝，该标准差无边界地增长。还有，股票价格在将来某时间内的真实平均值并不清楚。我们可以将这一特征与降雨量指数作比较。这时，指数的标准差根本不是时间的函数（如果我们忽略预报信息减少标准差的可能性）；这甚至对将来几年内指数的定价依然是真实的。大部分天气指数的特性在很大程度上是固定的：统计特征，如平均值和标准差，可以从历史中观测到，且在许多年内不会有明显的变化。所以，量化天气风险通常要比量化金融风险容易得多。

表 14-1 股票价格为 100、年度波动 20% 时的标准差

| 月数 | 股票价格标准差 |
| --- | --- |
| 1 | 5.8 |
| 2 | 8.2 |
| 3 | 10.0 |
| 4 | 11.5 |

---

① Merton, R. C., Theory of Rational Option Pricing, *Bell journal of Economics and Management Science*, 4 (Spring 1973); Black, F. and M. Scholes, "The Pricing of Options and Corporate Liabilities", *journal of Political Economy*, 81 (May-June 1973).

续表

| 月数 | 股票价格标准差 |
|------|----------------|
| 5 | 12.9 |
| 6 | 14.1 |
| 7 | 15.3 |
| 8 | 16.3 |
| 9 | 17.3 |
| 10 | 18.3 |
| 11 | 19.1 |
| 12 | 20.0 |

　　尽管天气风险比金融风险"举止端庄"，但它的测量和管理还是复杂的。虽然气候条件和天气统计相对于其他大部分市场风险是稳定的，但正确地识别指数平均数、标准差和更高阶力矩的最好估计依然是一个挑战。缺乏一个流动性好的市场，这要求交易者、分析师和风险经理们来估计这些值，而不是从市场中获得。该问题跟我们在试图估价天气合约时考虑的问题是一样的。天气风险的度量遇到了我们在第十章讨论过的趋势确定化和估计分布的问题。用作定价的史迹分析、分布分析和动态时间序列模型同样可以用于风险管理和度量。的确，选用一种方法来定价、选用另一种方法进行风险管理，会导致不一致性；从关于将赔付分解为期望赔付和风险赔付的讨论和从各种风险度量如标准差和 VaR 的讨论中可以清楚地看到这一点。天气风险定价中的重要的一步是合约、合约组合或策略的风险赔付或非期望赔付度量。使用来自第十章的术语，我们可以写出在时间、和时间 $t_2$ 之间的天气合约或合约组合的价值变化，如下：

$$\delta P(t_1, t_2) = E(\delta P(t_1, t_2)) + R(\delta P(t_1, t_2)) \tag{14-1}$$

　　这里我们将价格变化分解为期望变化 E（·）和非期望或风险变化 R（·）。后一项定义为合约或合约组合的天气风险。如第十章的讨论，风险变化总量的两个公测度是它的标准差和 VaR；标准差是均值方差期望值的平方根。依照定义，风险变化的期望值为 0；所以，它的标准差等于价格平方的期望值的平方根。如果风险部分是正态分布的，那么标准差大约是风险价值量的 1.25 倍。VaR 像第十章中解释的那样，是损失的估计——这个值我们以给定的百分比预期会超过它；所以，95% VaR 就是我们以 5% 的概率预期损失会超过 VaR。[1]

　　考虑持有 EDD 互换的风险。我们假定 1000 的互换水平等于作为我们的 EDD 分布的平均值的估计，标准差是 250，且指数正常分布；该互换拥有 $5000 的赔付率和 100 万美元的赔付上限。我们可以模仿指数水平产生我们的 P&L 分布的直方图。

---

　　[1]　jrion, P., *Value at Risk: The New Benchmark for Controlling Derivatives Risk*, New York: McGraw-Hill (1997); JP Morgan, *RiskMetrics Technical Document*, 3rd ed, New York, 1995.

图 14-5（a）和图 14-5（b）显示了累积和概率密度函数。为了做出比较，我们在图 14-6（a）和图 14-6（b）中显示了一份多头看涨期期权（行权价格 1200 美元，赔付率 5000 美元，赔付上限 100 万美元）的风险情况；在图 14-7（a）和图 14-7（b）中显示了一份空头看涨期权的情况。这些图中的分布提供了一份合约到期时的风险情况的完整图像，包含计算风险测度——如标准差和 VaR——所需要的所有信息。在表 14-2 中，我们解释了从针对所有三个交易的模拟中得到的标准差和 95% VaR 值；注意，尽管 VaR 空头交易的标准差高出很多，但利润和损失（P&L）的标准差与多头和空头交易的标准差相同。

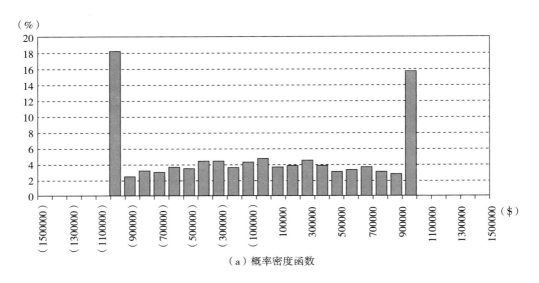

（a）概率密度函数

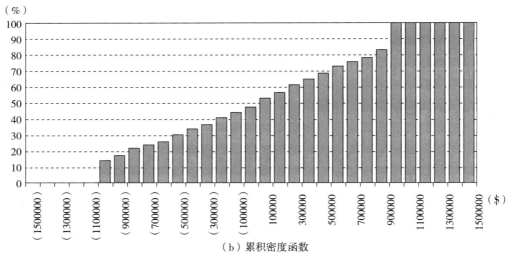

（b）累积密度函数

**图 14-5 多头互换和空头互换的 P&L**

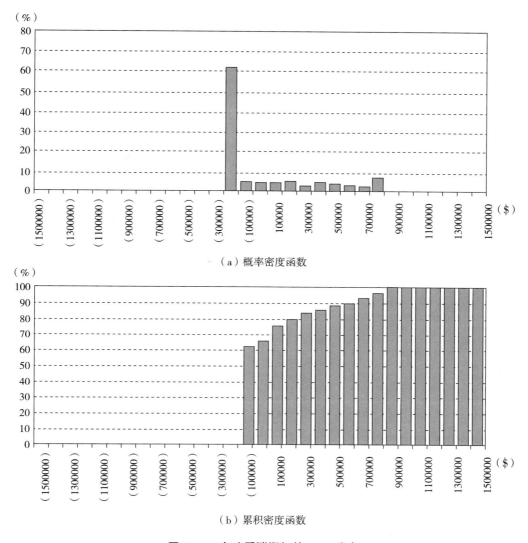

（a）概率密度函数

（b）累积密度函数

**图 14-6　多头看涨期权的 P&L 分布**

**表 14-2　互换和期权头寸的风险测置**

| 交易部位 | P&L 标准差 | 95%VaR |
|---|---|---|
| 多头/空头互换 | ＄761239 | （＄1000000） |
| 多头看涨期权 | ＄311495 | （＄166671） |
| 空头看涨期权 | ＄311495 | （＄833329） |

　　图 14-5 至图 14-7 显示的 P&L 的分布是针对单个合约的。但在大多数情况下，我们对定量一个组合的风险更感兴趣，而不是单个合约。给定基于不同指数的几个合约，使用仿真技术对整个合约组创造一个分布是有可能的。在指数都是正态 EDD

的情况下，我们可以按正态随机变量模拟每个指数；① 必要的输入包括指数的平均值和标准差以及连接这些变量的相关矩阵。

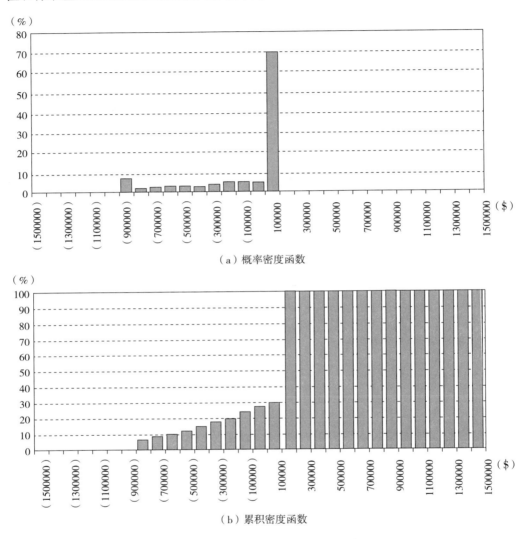

（a）概率密度函数

（b）累积密度函数

**图14-7　空头看涨期权的 P&L 分布**

通过识别基础指数的分布和分布参数及模拟，产生天气合约最终赔付的概率分布是一件简单的事。但在一些情况下，我们可能需要为短于组合中某些期限的时间范围产生这样的分布（例如，计算 VaR）。这是一个富有挑战性的问题，该问题使得模拟将在时间段内成为现实的那部分指数的随意性成为必须的事。对于那个时间段到合约到期日之间的时间段，我们要求以已经发生了的事实为条件，描述指数特性。要恰当地做到这一点，使用指数的动态模型是很方便的（通常是描述一天时间

---

① Fishman, G. S., Monte Carlo, New York：Springer-Verlag, 1996.

内指数如何演变的模型）。

## 敏感性分析

　　VaR 和组合合约标准差尽管有用，但是对于某些目的而言，它们是关于风险的太粗糙的描述。考虑一个合约组合，它由夏天 CDD 期权合约和由来自美国各个地点的 CDD 指数的风险的互换合约组成。组合的 VaR 和标准差甚至 P&L 概率分布本身，都没有给我们任何面临的风险的标示——芝加哥的 CDD 是否达到了比期望值更高的点，或纽约的 CDD 与波士顿的比是否来得低。

　　为了跟踪地理上的局部风险，计算组合对不同可能结果的反应是必须的。该计算能够采用假设分析的形式，其中，我们假定季节性气温的特定模式，并且确定在该假设已经成为现实的假设下组合的表现。对假设有用的指南是历史本身，而有用的风险度量是合约组合在特定时间内已经出现的最糟糕的情况。为了与当前气候环境和仪器保持一致，这样的假设分析应该在调整过的和趋势确定化数据的基础上进行（如第十一章所描述的）。

　　敏感性分析是更加严密的估算风险的集中程度的方法。想法是通过每次改变一个变量值来了解合约或合约组合对特定变量的灵敏度。在定量局部风险时有用的一个敏感度是组合关于特定指数的 delta（$\delta$ 或 $\Delta$），合约的 delta（$\delta$）值是假设指数平均值变化一个单位时的合约的期望赔付值的变化量。[1] 例如，通过计算组合中每个合约关于指数的 delta（$\delta$）值并求和，我们可以识别特定指数中的风险集中程度。如果不合理最坏情况下的一个合约组合，具有低的 P&L 标准差和模拟的 VaR，但有关于波士顿 CDD 的大的正 delta（$\delta$）值、关于纽约 CDD 的大的负 delta（$\delta$）值，那么组合的风险在来自波士顿的风险和来自纽约的风险之间，从风险的全球度量看，风险有可能不明显。

　　一大串 delta 仓位可能不太容易让人吸收和理解；所以，把相关仓位集合成组是有用的。例如，如果我们发现某个地区——如俄亥俄州山谷——的气象站，它们每日和每季 EDD 之间存在非常高的相关性，我们可能选择相加该地区不同气象站的delta（$\delta$）值形成加总来自该地区风险的地区 delta（$\delta$）值。为简化起见，成组可以完全根据地理进行。更早的方法是应用主成分分析。[2] 主成分分析识别形成所考虑风险基础的一小组变量。例如，一个地理区域可能有 35 个气象站，这样就有 35 个5~9 月度的 CDD 指数。但主成分分析可能显示只需要 3 个或 4 个变量就可解释围绕平均值的 CDD 波动的绝大部分。这些变量应该是多达 35 个独立指数的线性组合，

---

　　① 我们可以定义敏感度——如 delta——为合约价格的变化（包括除期望价值之外的风险成本）；为简单起见，我们不在这里处理它。

　　② Montgomery, D. C., E. A. Peck and G. G. Vining, *Introduction to Linear Regression Analysis*, 3rd ed, New York: John Wiley, 2001: 369.

风险管理应该基于导出的 delta（$\delta$）值。

一般针对衍生品计算和监控的其他敏感度包括 Vega，gamma（$\Gamma$），rho（$\rho$）和 theta（$\theta$）。这些"希腊字母"的计算根据基础指数的特性和实用的定价模型进行。在某些情况下，必须计算变量变化前后的合约价值且获取其差。在指数是正态分布的情况下，存在对季节性 EDD 经常是有用的、简单的解析公式。如果我们记贴现因子为 D（t，T），按连续复利利率为算，D（t，T）= $e^{-r(T-t)}$，我们有：

$$\Delta_{normal} = \frac{\partial E_{normal}}{\partial \mu} = \phi ND(t, T) N\left(\frac{\phi(\mu-k)}{\sigma}\right) \tag{14-2a}$$

$$\Gamma_{normal} = \frac{\partial E_{normal}}{\partial \mu} = \frac{\phi N_0 D(t, T)}{\sigma\sqrt{2\pi}} e^{\frac{-(\mu-K)^2}{2\sigma^2}} \tag{14-2b}$$

$$Vega_{normal} = \frac{\partial E_{normal}}{\partial \sigma} = \frac{\phi N_0 D(t, T)}{\sqrt{2\pi}} e^{\frac{-(\mu-K)^2}{2\sigma^2}} \tag{14-2c}$$

$$\rho_{normal} = \frac{\partial E_{normal}}{\partial \gamma} = -(T-t) E_{normal} \tag{14-2d}$$

$$\theta_{normal} = \frac{\partial E_{normal}}{\partial \gamma} = rE_{normal} \tag{14-2e}$$

在季节性 EDD 衍生品的情况下，delta 在"希腊字母"中占有特殊位置。这是因为，即使在动态套期保值不实际的流通性不好的市场，用静态套期保值（持有至到期）对 delta 进行套期保值也是一个减少组合波动性、地区基差风险的实际办法。

其他敏感库在管理组合合约的天气风险中也是有用的。gamma（$\Gamma$）是对指数平均价值变化的 delta 的敏感度。对于指数平均的小的变化，delta 捕获合约价值的变化。对于大的变化，gamma 是计算合约价值变化的更精确的工具。从合约价值的泰勒展开式可以推出这是指数平均值的函数：

$$\delta V = V(\mu+\delta\mu) - V(\mu) = \Delta\delta\mu + \frac{1}{2}\Gamma\delta\mu^2 + O(\delta\mu^3) \tag{14-3}$$

这里 $\mu$ 是指数平均数，V 是衍生品合约价值，$\delta\mu$ 是指数平均值的变化，$\delta V$ 是合约价值发生的变化，$O(\delta\mu^3)$ 代表三阶及三阶以上项对 $\delta\mu$ 的贡献。

Rh0（$\rho$）是合约价值对利率变化的敏感度，本章后面会详细讨论。但对大部分期限小于几年（一般少于 1 年）的天气交易来说，相对于天气风险利率风险是很小的。THETA（$\theta$）是对应时间变化的期权价值的变化——假设其他因素如指数平均值、标准差和利率都是不变常数时。从式（14-2e）中我们可以看出：如果其他的变量都是常数，那么时间流逝的效果仅与贴现因子和时间价值有关。然而，随着时间的流逝，新的信息（累积温值或已经出现的或没有出现的关键日数量）调整指数平均数；指数标准差也在该期间衰落。尽管平均值的变化不能通过动态模型预知，标准差的衰落是能够预知的。因此，在动态模型中，指数标准差变为时间的递减函数：$\sigma \to \sigma$（t）在这种情形下，THETA 得到了说明衰变的项：

$$\theta_{normal} = \frac{\partial E_{normal}}{\partial t} = rE_{normal} + \sigma \frac{\partial \sigma}{\partial t} \Gamma_{normal} \qquad (14-4)$$

该公式与非套利定价理论中的或有索赔偏微分方程类似。但注意，这里没有 delta（筹资成本）项。[①] 因为 $\partial \sigma < \partial t < 0$，且对于大部分期权 $\Gamma > 0$，对 theta 的这份贡献是负的。当指数的标准差衰落时，期权的价值下降——假设指数平均值是常数。注意，如果期权存在赔付上限，情况可能不是这样，因为它们实际上是期权差额。如果平均值接近于行权价格，有帽期权的多头仓位有正的 gamma，但若平均值接近赔付的封顶水平，gamma 值为负。

对于基于交易所交易的基础商品——如货币——的期权，theta 由标准差衰落的后果和 delta 套期保值筹资成本决定。在天气指数的情况下，互换可以用来套期保值或复制 delta，但是不存在筹资成本。当常数项消失时，theta 的最重要驱动因素是指数标准差的衰落。因而，为了测量 theta，就必须有一个模型，它可以提供随着时间流逝衰落的合理估计。基于分布或史迹分析的定价模型不是为这样的目的而建立的：他们提供的仅是期权价值的静态情况。为了频繁地监控 theta（当然还有 P&L），最好是使用一个可以产生指数平均数、标准差和其他主要变量的每日曲线的动态模型。

Vega 是当指数标准差变化一个单位时期权价值的变化。天气合约的 vega 与 gamma 成比例：我们可以从 14.2b-c 确定 vega=$\sigma\Gamma$。但，vega 对量化标准差估计风险可能有用。当期权的价值是调至市场而不是调至模型时，或有明显的机会可用期权对一组合约进行套期保值时，vega 变得更加重要。在这样的场合，来自标准差或"易变性"的期权价格的风险可能是显著的。我们将在下一节讨论这些市场驱动的风险。

## 天气市场风险

前面我们已经指出，天气合约组合有风险源自天气本身的特性。持有一个仓位，直到到期，其间所有的风险都是我们要考虑的——的确如此。但，如果我们需要考虑套期保值策略（可能包括到期前平仓合约或进行针对原始仓位的其他交易）的成本，那么天气风险变量——如指数平均值和标准差——的市场价格在合约组合的最终经济表现中是决定因素。

当合约组合是动态地管理时，delta 和 vega 有了新的重要性和意义。市场互换价格水平不仅由历史数据驱动还由季节性预测和供求驱动。例如，宣告太平洋中心赤道地区海水表面气温异常，就可能导致市场用厄尔尼诺年可能性增加的方式定价，

---

① 对于基于交易所交易的基础资产——如股票——的期权，theta 的一个成分是 delta 套期保值的筹资成本。在天气指数的情况下，互换能够用来套期保值或复制 delta，但没有筹资成本。

这样，冬季 HDD 互换价格水平就会下降。特别地，在 EDD 市场上可能出现卖方的过量供应，因为许多能源公司的自然仓位是空头。合约或组合水平的 delta 量化市场驱动的互换价格水平的风险。

Vega 还是市场价格风险的重要度量。正如在第十章提到的，EDD 期权趋向于按市场暗含的、高于大部分历史测量值的标准差交易。在那里的讨论中，我们观察到，这可能发生是因为市场参与者掌握着做空期权而不是做多期权的超额风险权利金；这是合理的，因为期权卖方会比买方失去更多。为承担期权风险，市场要求的涨价的数量不一定是常数。像任何其他市场价格一样，标准差或"易变性"的价格是波动的，依赖于市场中可获得的相关供给和需求。如果市场出现公司竞相承担天气风险的特征，我们可以期望暗含标准差会下降；如果套期保值者非常活跃，且市场上没有足够的市场风险容纳能力吸收所有风险，那么风险的市场价格，进而市场暗含的标准差就上升。

天气市场风险也可能呈现更复杂的形式。例如，基于正态分布指数的负值看涨期权和看跌期权有同样的期望价值。但市场对看跌期权的需求，或市场认为下部有更高的风险，这都可能将期权的市场价格歪曲到这种程度：这种关系不再保持。delta 和 vega 都不能单独捕获这个风险。为了处理这个问题，我们可以计算组合对期权市场定价变动的敏感度。这样的假设分析——如果计划得好——能够警告交易者和风险管理者注意从移动因素敏感度看不明显的风险。

流动性风险——没有机会用合理成本在市场上进行套期保值的风险，是另一种在行业特别流行的风险。计算流动性风险的一般方法是在更长时间范围内计算 VaR。极端但有用的情况是测量有关合约或合约组合到期时的 VaR。

## 利率风险

正如前面指出的，衍生品合约通常基于可交易的基础商品。例子有股票、债券、货币和商品。在这种情形下，衍生品价值部分的是由用现货仓位进行 delta 套期保值的成本驱动的。利率风险 [或 rho（$\rho$）] 是因要持有 delta 仓位而需要的筹资成本产生的。基于天气指数的衍生品没有这个风险。天气指数"现货"和"远期"平均价是一样的，互换价格水平没有理由依赖于利率水平。

衍生品有利率风险的第二个原因是货币的时间价值的结果：将来的正的现金流量不低于现在同样的现金流量。贴现的影响与利率成比例。在这点上，天气衍生品与其他衍生品没有什么区别。普通期权总是拥有正的价值，因此有负的 rho。回忆一下式（14-2d）：

$$\rho_{normal} = \frac{\partial E_{normal}}{\partial r} = -（T-t）E_{normal}$$

我们看对利率变化的敏感度是距离到期的时间和合约期望价值的乘积；在大多

数情况下，这个风险是很小的。例如，价值为 250000 美元的一年期期权的 rho 为 −250000，或利率变化每一个基点（bp，0.01%）价值有 25 美元的变化。12 个月 Libor 的一天变化的标准差大约为 6bp，转化为 P&L 日标准差是 150 美元的 rho。

## 模型风险

当获得合约或合约组合的市场报价是不可能或不实际时，就需要用模型来将可得到的市场和历史信息转化为价值的合理估计。这是许多 OTC 衍生品——当然还有不能模仿其他交易所交易合约的保险合约——的标准情况。必须由历史信息而不是市场信息驱动的估价值和风险管理是一个简单的度的问题。即使在非常流动的市场中，像外汇市场，也需要模型来估价一些其交易不是经常可以观测到的合约的价值（例如深度负值期权、奇异结构品或期限超长的期权）。在这种情况下，存在着用来估计价值的模型不能精确地估计合约的市场价值或估计用其他挂牌交易工具动态地复制仓位的成本的风险。合约或风险的流动性越差，估价就越易受模型错误设定的影响。

所以，在管理天气组合合约时，模型风险是一件重要的事。在市场发展的这一阶段，流动性和透明度的缺乏使我们必须依赖模型来监控风险和 P&L。在使用分布分析进行估价的场合，我们有模拟分布和实际（无法观察的）分布不同的风险。如果模型分布是精确的，我们还有选择不精确平均值、标准差等的风险。如果我们使用动态模型测量价值和风险，我们有模型错误设定的风险，包括模型结构（例如，应该包括的某些因素没有包括在内）方面的错误设定和模型所选参数值的错误设定（例如，给定日期的气温和一周后气温之间的相关性）。

在天气定价和风险管理方面，最重要的模型风险也许是与趋势确定化有关的风险。像第十章和第十一章中讨论的那样，合约价值及与合约价值相关的风险可能对所使用的趋势确定化方法是非常灵敏的。在 EDD 期权的情况下，我们估计的平均值和趋势曲线明显地依赖于趋势确定化方法。另外，如果我们平均值的估计不好，那么像 delta 和 vega 的敏感参数就不准确。如正值期权比深度负值期权拥有更多的 vega 和 delta；一份期权是正值的期权还是负值的期权依靠我们对指数的合理平均值的估价。

估价和对其他风险因素敏感度的度量都受到模型风险的影响。针对这个风险问题，计算对模型假定和参数的敏感度是明智的。模型参数可以在一个合理的范围内变化，P&L 及风险效果能够计算出来。为了调查来自估价模型结构的风险，常常需要试几个模型并比较结果；在趋势确定化分析中，这特别有用——因应用不同的方法，指数平均值的可能的范围可能很宽。

## 风险管理实务和程序

天气、市场和模型风险包含了我们放弃的风险回报的一半，需要像测量和监视

P&L 那样予以足够的重视。天气做市商或保险公司一般都必须持有大量的风险以开展经营。收益率依赖于承担风险获取的期望超额收益和围绕预期收益的波动。因此，对这些风险执行一个严格的评估、报告和反应程序是重要的。图 14-8 说明这个程序的主要方面。

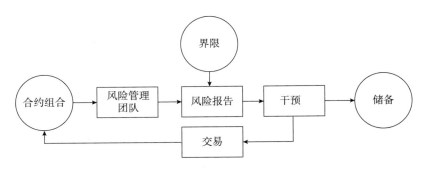

**图 14-8　市场风险管理过程**

市场风险管理程序由几个关键的部分构成：

■ 风险度量。包括计算对基础天气指数价值变化的敏感度［包括最终值、短期内（例如，一天的潜在变化）］。可能要按合约、地域或主要成分使用 delta。另外，对诸如指数标准差、指数间相关性等其他主要风险因素的敏感度也可能被计算出来。风险的全球性度量包括季节性和短期（1 天~1 周）时间范围内的合约组合的标准差和 VaR 的计算。假设分析——常由天气历史诱导——是识别没有被其他风险度量突出的风险的关键。为了分离出模型风险，可以推广假设分析到包括模型假设中的变化。

■ 风险报告。合约组合风险敏感度的完整的清单可能非常长。结果是，选择度量标准很重要——要如实地代表合约组合的风险，要简单、要足够透明可供交易者和风险管理者使用。总结地区 delta 和 vega 风险、短期和季节性 VaR 和历史最差情况的报告是常见报告。标准化的报告很重要，因为它们可以使风险管理者追踪组合成分和风险情况的变化。但要处理像预测厄尔尼诺冬季或两个指数间的相关性"中断"这类专业问题，专业报告也很重要。

■ 风险界限。风险界限是风险管理过程中一个重要的方面。界限应该设置能合理地限制风险的规模和集中度。当界限被接近或打破时，它们会引起交易者和风险管理者的注意，会导致对风险的更加详细地考虑和讨论。所以界限可以用作需要处理的风险的早期警告信号。常用界限包括那些限制总 delta 或 vega 风险、每日或短期 VaR 和特殊交易策略大小的界限。对于针对季节性组合的天气组合界限，VaR、标准差、历史最差情况表现等是有用的。

■ 风险拨备。在交易流通性不好的产品的业务中，有一个惯例是：针对报告的 P&L，建立和维持一个储备。当调至模型或调至市场的 P&L 被认为是近似值时，从

P&L 提取现金储备是合理的。在这样的情况下，与组合的标准差或 VaR 成比例的储备是有用的；该储备可能反映资本费用，但也能够计及观测到的交易中的风险的市场价格。在后一种情况下，我们可以建立一个储备、调整 P&L 以计及这样的事实——组合的价值是不确定的，按期望价格把组合推入市场是不可能的。风险储备也能刺激交易者为潜在交易的风险适当地记账和计费。

　　■ 组合调整。给定风险报告关于界限、风险偏好和交易目标的结果，天气组合经理可能会决定调整他们的基础仓位。交易者可能会审视市场寻找可以减少组合 VaR 的交易，在某些情况下为新的交易制造机会。在其他情况下，不需要的集合或基差风险可能被识别出来。不管动机如何，重新权衡组合的"战斧"应该且一般会左右组合持有人所作的估价。增加组合风险的仓位应该要求额外的回报，而减少组合风险的仓位应该打折定价，以增加获得风险减少仓位的概率。

　　任何公司——提供者或终端用户——采用和遵循信用和市场风险管理程序，这是根本。信用和市场风险的有效控制有助于确保良好的经营环境——这对整个产业大有益处。

# 参考文献

［1］ *Derivative Credit Risk*，London：Risk Publications，1995.

［2］ Fishman，G. S.，*Monte Carlo*，New York：Springer-Verlag，New York，1996.

［3］ Jorion，P.，*Value at Risk*：*The New Benchmark/for Controlling Derivatives Risk*，New York：McGraw-Hill，1997.

［4］ J. P. Morgan，*RiskMetrics Technical Document*，3rd ed，New York，1995.

［5］ Montgomery，D. C. E. A. Peck，G. G. Vining，*Introduction to Linear Regression Analysis*，3rd ed. New York：John Wiley，2001.

第五部分

# 附　录

# 附录一　天气风险案例分析

Martin Malinow

## 案例分析一：零售商

一家美国冬季外衣分销商，占据主要市场份额，有响亮的商标、无长期债务。在经历了连续三个较正常年份温暖的冬季后，它面临一个困难的问题。那就是对于这个单季收入占全年收入 80% 的公司来说，公司管理层、股东和有价证券分析师都不再能容忍其放任天气风险自流。事实上，在由主要分析师撰写的一份产业报告中，公司被单独挑出来，说是"对天气极度敏感的一只股票，根据它过去三年收入的不稳定性，这只股票不值现在这么高的市盈率。"分销商 CFO 临危受命，被董事会委派来"解决收入不稳定问题""给华尔街信心：这不再是个问题。"

公司与天气风险管理公司 ABC 取得了联系，后者帮助它分析问题且寻找解决方案。ABC 首先列出该外衣公司的历史财务业绩和对应的天气变量数据，发现第四季度收入和气温——特别是按第四季度每日气温计算的用户化的外套指数（CoDD）——有很强的相关性。华氏 55 度基线与每日最高气温的差累积起来形成 CoDD，就像是由天气驱动的那部分客户需求的代理者。

接下来，确定每 CoDD 会给公司带来多大的风险。ABC 进行了更进一步的统计分析，为 5 个主要的都市市场设立了不同的风险水平——每个都市由一个国家气象服务站代表。为了计算出公司的总风险，ABC 改进了指数，办法是将各个都市地区的 CoDD 指数加权后放进一个篮子里。权重是各个都市销售量占总销售量的百分比。

这确保公司获得它地理多样化上的利益，因为指数捕获了这样的效果——一个地区的寒冷冬天由另一个地区温暖冬季平衡。在最后的分析中，ABC 确定外套零售商暴露于全国指数的风险是每 CoDD $50000，潜在最大损失是 $25M。

CFO 想对温暖天气带来的销售损失进行保护，但同时享受由寒冷天气推动的销售增长所带来的收益。为了实现这一点，他必须将天气保险费用永久性放进公司年度预算中。但他知道如果这样做可以消除时常出现的非预期收益波动的幽灵，董事会和有价证券分析师都会接受这个预期的预算调整。ABC 开发了一份保险合同，该保险合同给外套零售商提供了 CoDD 保护地板，使其可以在 5 年保险期限内最少总体上实现预算。在公司第二季度董事会前，CFO 完成了保险申请，细化了所需保护的分析和类型；一旦董事会批准了 CFO 的天气风险套期保值计划，ABC 就会按指明的价格签发保单。表 A1-1 包含了合约条款摘要。

**表 A1-1　CoDD 看跌保险合同条款摘要**

| 位　　置 | Seattle Tacoma International Airport（WBAN #24233）−15%<br>New York Central Park（WBAN #94728）−25%<br>Boston Logan International Airport（WBAN # 14739）−15%<br>Chicago O'Hare International Airport（WBAN #94846）−30%<br>Minneapolis−St. Paul International Airport（WBAN # 14922）−15% |
| --- | --- |
| 期　　间 | 11 月 1 日~12 月 31 日（包括） |
| 指　　数 | 累积外套指数（CoDDs） |
| 赔 付 率 | $ 50000 每 CoDD |
| 保额上限 | $ 25M |
| 类　　型 | 看跌保险单 |
| 行权价格 | 1160 CoDDs |

　　在接下来的一个冬季，当气温连续第四年高于正常年份时，来自保单的赔付变得非常有意义。当整个冬季服装产业遭受损失时，公司的 CoDD 保单触发了行权价格，产生了赔付，产生了稳定的收入，公司业绩在同行中出类拔萃。

# 案例分析二：天然气批发商

　　风险来自影响收入的两个因素的公司可以使用双触发扳机风险管理策略。这两个因素可能都是与天气有关的，如气温和降雨，也有可能一个与天气有关，另一个与天气无关。为了说明后者，我们考虑天然气批发商的案例，该批发商有一个客户是管制地方分销公司（LDC）。天然气批发商有一份向 LDC 供应天然气的合约，时间是从 11 月到来年 3 月底，价格是固定的——每百万英国热量单位（MMBtus）4 美元。LDC 每天必须最少用 20000MMBtus，且还拥有一种购买的权利——不是义务：只要平均气温低于华氏 32 度，基于需求原因，LDC 可以以相同的价格再购买 20000MMBtus。

　　通过这个合约，天然气批发商向 LDC 出售了两个相关的期权：一个是关于天然气价格的，另一个是关于 LDC 最终使用量的。这两个期权有关，因为当平均气温低于华氏 32 度、公用事业公司要求更多的天然气时，批发商仅有来自较高价格的风险。如果市场价格高于 4 美元/MMBtus、LDC 没有要求额外的供应，批发商不会有财务损失；批发商只有当价格高于 4 美元/MMBtus 的合约价格时才有来自寒冷天气和更多需求的风险。如果 LDC 要求更多的天然气、市场价格又低于 $4.00/MMBtus，那么商人可以简单地从批发市场上购买额外天然气且以有利可图的价格转卖给公用事业公司。批发商的风险——来自超过合约指定的天然气价格和最低气温——总结于表 A1-2。

表 A1-2 天然气批发商的风险

| | 低于 $4.00/MMBtus 的用气 | 高于 $4.00/MMBtus 的用气 |
|---|---|---|
| 气温≥32℉ | I. 无影响 | II. 无影响 |
| 气温<32℉ | III. 正面影响 | IV. 负面影响 |

情况 IV——天然气价格高于 4 美元/MMBtus 和气温低于华氏 32 度——代表天然气批发商 4 种情况中最差的情况。此外，因为气温和天然气价格正相关，所以情况 IV 的后果会很严重。这种正相关性使情况 III 不太可能发生，或好处有限——最好情形。为对情况 IV 进行套期保值，批发商可以购买一组基于天然气价格的每日看涨期权和一列基于气温的每日看跌期权。但这样做极有可能导致过量套期保值，因为公司需要保护的是一种情况（IV），而公司实际保护的情况可能是三种（II、III 和 IV）。一个更加有效的套期保值替代办法是购买一列每日双扳机期权，这种期权仅在天然气价格高于 4 美元/MMBtus 且气温低于华氏 32 度时才发生赔付。这个期权的每日赔付公式可总结如下：

$$Max（0，天然气价格-\$4.00）\times [1000MMBtus\ Max（0，32℉-平均气温）]$$

$$（A1-1）$$

表 A1-3 天然气/平均气温看涨期权的简要条款

| 地点 | 芝加哥 O'Hare 国际机场（WBAN #94846） |
|---|---|
| 天然气指数 | Gas Daily Chicago City Gat |
| 期间 | 11 月 1 日至次年 3 月 31 日 |
| 每日增量 | Max（0，Gas Price-$4.00）×[1000×Max（0，32℉-Tavg）] |
| 类型 | 看涨期权 |
| 行权价格 | $0 |
| 赔付上限 | $10M |

表 A1-3 是简要条款。在以上的例子中，天然气的价格从《天然气日报》（一份天然气行业的重要日出版物）得到，平均气温从芝加哥机场报道，该机场是 LDC 服务区域的适当的气象站。1000MMBtus 这个常数是温值每增加一单位天然气的增加量，它是批发商相信的当气温下跌到低于冰冻下时每下跌一华氏度 LDC 会要求的增量。我们非常清楚：如果天然气的价格在 4 美元/MMBtus 以下或气温在华氏 32 度以上，没有套期保值赔付。

# 案例分析三：电力公用事业公司

在芝加哥注册的电力公用事业公司正为即将来临的夏天作预算。它拥有 3000MW 的发电能力，但是在高气温期间它经历过 3450MW 的需求（负荷达到的水平）。为了购买这个增加的 450MW，它必须到能源批发市场上买，那里现货的价格可能超过公司的发电成本和公司能够向其零售客户收取的费用率（已经被封顶）。因为这使公用事业公司产生负边际利润，所以公司必须构建一个适当的天气风险管理方案。

为了确定天气套期保值合适的赔付率，公用事业公司必须分离销售量和边际利润，像公式（A1-2）所解释的：

$$（销售量/温值）×（\$边际利润/销售量）= \$边际利润/温值 \qquad （A1-2）$$

为了确立销售量，公用事业公司分析了过去的负荷/气温数据，确定：在最高气温超过华氏 90 度的夏季日子，负荷会超过公司的容量。更明确一点，公用事业公司已经识别出负荷和气温间的 30MW/每华氏度的线性关系（在保护风险的这一部分时，公用事业公司只对回避它的峰值风险感兴趣，峰值每天出现 16 小时）。

在边际利润这方面，公用事业公司知道负荷（由气温驱动）和批发价格的关系是非线性的，因为价格在最近的其他酷热的日子里经历过极其严重的尖峰形态。公司估计当超过临界阈值 90℉ 时，价格在超过 100 美元/MWh 的假定基础之上的部分是最高气温（Tmax）差异平方的函数，或：

$$价格 = \$100/MWh + \$（Tmax-90℉）2，对于 Tmax>90℉ \qquad （A1-3）$$

结合销售量和边际利润，公司得到了它每日盈利能力的风险情况。为了减轻该风险，公司购买了定制的天气保险合同，该保险合同覆盖了高气温条件下能源的估计成本。具体说，该合同是这样设计的——按下列公式计算季节性赔付总额中每日增量：

$$（Max（0，Tmax-90℉））×30MW/℉×16 小时×[ \$100/MWh + \$（Tmax-90℉）^2/MWh ] \qquad （A1-4）$$

例如，如果日最高气温是 95℉，保险合同的日增量是 \$300000（即 \$300000 =

$$[(95℉-90℉)\times30MW/℉\times16Hours\times(\$100/MWh+\$(95℉-90℉)^2/MWh)]。$$

图 A1-1 解释了保险每日增加的赔付与气温增量的关系。表 A1-4 突出了交易的条款摘要。

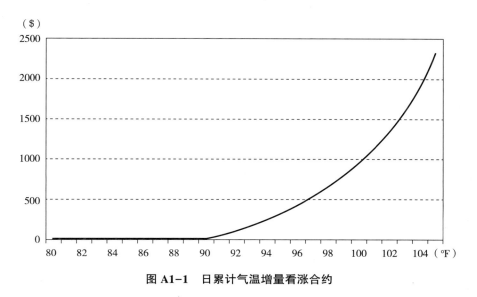

**图 A1-1　日累计气温增量看涨合约**

**表 A1-4　日气温增量看涨保险合同条款摘要**

| 地点 | 芝加哥 O'Hare 国际机场（WBAN#94896） |
|---|---|
| 期间 | 6 月 1 日~8 月 31 日 |
| 指数 | 日累计气温增量 |
| 日增量 | Max｛0，（Tmax-90℉）｝×480×[100+（Tmax-90℉）$^2$] |
| 类型 | 看涨 |
| 行权价格 | $0 |
| 保险赔付上限 | $50M |

夏季结束时，公用事业公司可以索赔每日保单增量的总和，以此来补偿因高温导致的利润损失——最高赔付额是 5000 万美元。

# 案例分析四：建筑公司

建筑公司赢得了密苏里州堪萨斯城的新公路的重点工程。该工程的条款包括保证从现在起三年内竣工、每提前一天奖励 100000 美元、每逾期一天罚款 100000 美元。公司在该工程上未得到任何天气正常化的约定，这意味着它没有宽限期。从以往的经验看，公司知道降雨、降雪和冷气温是耽误竣工期的主要原因。公司已经鉴别出导致延期的每种不利天气的具体条件：

■ 日降雨量超过一英寸

■ 日降雪量超过二英寸

■ 平均气温低于 22℉

在分析了历史天气数据后，公司确定：平均起来，以上情况每年出现 30 次[不重复计算，即，超过 2 英寸的降雪和平均气温低于 22℉同时发生只算一次事件，或不利建筑日（ACD）]。公司将这些信息加入它的施工进度表，认为：如果三年间天气"正常"，它能够按期完工。公司寻找保护以防合约期间 ACDs 超过 90 天。从风险量化的观点看，如果以上假定中的任何一个出现，公司知道工程的财务业绩将受到 $100000 的影响，这个数就成为保单中每 ACD 的价格。从公司历史分析中，公司感觉不错：它的总风险不超过 $7M，这个数也就变成了保单的赔付上限。

因为公司希望对所有的罚金进行保护，但任何奖金都要获得，所以公司决定购买 ACD 看跌保单，价值 120 万美元。因为 120 万美元等于 12ACDs，所以项目经理知道该工程新的盈亏平衡日期是 9 月 1 日前 12 天或 8 月 20 日——考虑了奖/罚条款和保险费用后，他还确切地知道天气影响的最坏情况相当于误期 12 天。

表 A1-5 包含了 ACD 卖出期权保险合同的简要条款。

**表 A1-5　ACD 看跌保险合约摘要**

| 地点 | 堪萨斯城国际机场（WBAN#03947） |
|---|---|
| 期间 | 9 月 1 日~9 月 1 日（未来三年） |
| 指数 | 不利建筑日指数（ACDs） |
| 赔率 | $100000/ACD |
| 保险赔付上限 | $7M |
| 类型 | 看跌保单 |
| 行权价格 | 90ACDs |

# 案例分析五：高尔夫球场经营者

由于降雨，迈阿密的高尔夫球场经营者看到了它的收入——由场地租费、高尔夫课程费、服装销售和食物及饮料销售额等构成——整年里摇摆不定。通过前些年历史的数据分析，经营者确定了：高尔夫球员平均每天带来 200 美元收入。根据历史惯用模式，经营者估计这相当于每个降雨日（RED）＄30000 的损失。在设计指数时，经营者定义降雨天为日降雨量超过 1/4 英寸的任意一天。经营者已经确定：在过去的十年中，迈阿密平均每年有 62 个 RED。公司很乐意保留"正常"天气的风险——62REDs，但对超过部分寻求保险保护。结果，公司购买了看涨保单——以 62REDs 为行权价。经营者为此支付了 ＄150000（相当于 5REDs）。表 A1-6 总结了交易条款。

表 A1-6　RED 看涨保险合同条款摘要

| 地点 | 迈阿密国际机场（WBAN#12839） |
| --- | --- |
| 期间 | 1 月 1 日~12 月 31 日 |
| 指数 | 累计雨天指数（REDs） |
| 赔率 | ＄30000/RED |
| 保险赔付上限 | ＄500000 |
| 类型 | 看涨保单 |
| 行权价格 | 62REDs |

图 A1-2 是 1948~2000 年迈阿密 REDs 的数量。

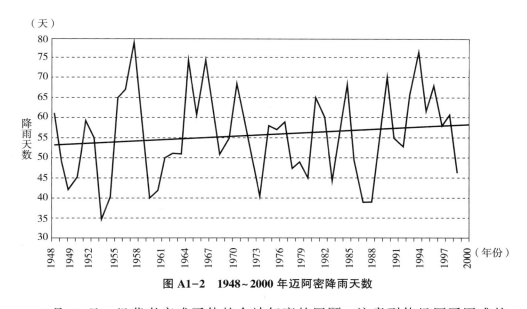

图 A1-2　1948~2000 年迈阿密降雨天数

　　1 月 10 日，经营者完成了他的会计年度的回顾，注意到他经历了困难的一年，因特别多雨的天气他的收入减少了 20%。从 NCDC 降雨量数据确定这一年有 75 REDs 或大于 10 年平均数的大约 21%。他向承保人提出 ＄390000［＄300000＝（75-62）×＄30000］的索赔要求，10 天内他收到了这笔钱。

# 附录二　商品期货现代化法

以下各节形成 2000 商品期货现代化法（CFMA），应与第十二章中出现的合法资料一起阅读。

## 7 U. S. C. 1A（12）节

HR 5660 IH（12）合格合约参与者

术语"合格的合约参与者"指（A）自营的（i）金融机构；（ii）由州管制的保险公司，或由国外政府管制并受制于委员会确定的类似的规则的保险公司，包括这类保险公司的受管制附属机构或成员机构；（iii）受 1940 投资公司法（15 U. S. C. 80a±1et seq.）下的规则管制的投资公司，或扮演类似角色或承担类似功能、受外国类似规则管制的外国人（不管投资公司的每个投资者或外国人本身是否是合格合同参与者）；（iv）满足如下条件的商品联营公司（I）总资产超过 $ 5000000；（II）由受本法管制的人设立和经营，或受外国类似法规管制的外国人设立和经营（不管商品联营公司的每个投资者或外国人本身是否是合格合同参与者）；（v）满足如下条件的法人、合伙人、所有人、组织机构、信托公司或其他实体：（I）总资产超过 $ 10000000；（II）债务根据协议、合约或交易得到担保，或由信用证或维持良好同意协助书、支持函或其他来自以下实体的协议支持：在款（I）或条（i）（ii）（iii）（iv）或（vii）或（c）小段中描述的实体；或（III）（aa）净资产超过 $ 1000000；（bb）签署与其经营相关的协议、合约或交易，或签署协议、合约或交易意在管理与其拥有的资产或招致的债务有关的，或与其在经营中非常可能拥有或招致的资产或负债有关的风险；（vi）受 1974 职员退休收入安全法（29 U. S. C. 1001 et seq.）管制的职员收益计划、政府雇员收益计划或外国投资者扮演相近角色或尽到如同国外规定所要求的职责。（I）总资产超过 5000000 美元；（II）投资决策的制定通过；（aa）投资顾问或需要 1940 的投资顾问活动所需规则或这个活动的商品交易顾问；（bb）外国投资者扮演相近角色或尽到如同国外规定所要求的职责；（cc）金融机构；（dd）条款（ii）中描写的保险公司或保险公司的成员或隶属机构；（vii）（I）政府实体（包括美国、州和外国政府）或政府实体的政治区域；（Ⅱ）跨国或国家集团的政府实体；（Ⅲ）在条款（Ⅰ）或（Ⅱ）中描述的实体的机构、代理机构或部门，排除不包括某些机构的条款，该机构包括实体、机构、代理部门或涉及条款中的（Ⅰ）或（Ⅲ）的部门，除非（aa）实体、机构、代理机构或部门是条款（ⅰ），（ⅱ）或 la（Ⅱ）（A）部分中描述的个人；（bb）拥有的或投资的在投资中的以自由决定基数 25000000 美元或更多的实体、机构、中介或部门；（cc）记录在条款（Ⅰ）通过 2（c）（2）（B）（ⅱ）片段的（Ⅵ）列表的实体提供的或一同参加的合同、合约或交易；（ⅷ）（Ⅰ）易受 1934（15 U. S. C. 78a et seq.）在证券交易活动下管理的经纪人或交易者或外国投资者扮演相近角色或尽到如同国外规定所要求的职责，排除经纪人或交易者或外国个人是自然人或所有者，经纪人、交易者或外国个人不应该考虑成为合格的合约当事人除非经纪人或交易者或外国个人同样满足条款（ⅴ）和（ⅺ）的要求；（Ⅱ）涉及金融或证券活动的注册经纪人或交易人的合伙人，其中注册人制作并保持 1934（15 U. S. C. 78o±5（b），78q（h））证券交易活动的 15C（b）或 17（h）下的纪录；（Ⅲ）投资银行控股公司 1934（15U. S. C. 78q（ⅰ）的证券交易活动的 17（ⅰ）中定义的）；（ⅸ）需要在这个活动下接受管理的期货代理商后外国个人扮演相近的角色或尽到对与该外国管理的相近职责，排除期货代理商或外国个人是否是自然人或所有者，期货代理商或外国个人不应该考虑为合格的合约当事人除非期货代理商或外国个人同样满足条款（ⅴ）和（ⅺ）的要求；（x）在这个活动下受管理的场内经纪人或场内交易者，这个活动是关于发生在或通过注册实体的设施任何交易，免除的商会或其中任何成员，"或其中这些正常交易"；（ⅺ）一个人，其拥有总资产超过（Ⅰ）10000000 美元或（Ⅱ）5000000 美元并且参加为了管理风险的合同、合约或交易，该风险是由个体拥有的资产或出现的负债或相当可能由个体拥有的资产或出现的负债相关的风险；（B）（ⅰ）条款（ⅰ），（ⅱ），（ⅳ），（ⅴ），（ⅷ），（ⅸ）或（A）小段的（X）或（C）小段中描述的个人，其行为如经纪人或以他人名义执行同样中介功能——这里他人指小段（A）或（C）中提到的人；或（ⅱ）受 1940 投资顾问法规则管制的投资顾问，受本法管制的商品交易顾问，或扮演类似角色或承担类似功能、受外国类似规则管制的外国人，或在小段（A）的（ⅰ），（ⅱ），（ⅳ），（ⅴ），（ⅷ），（ⅰ）或（x）或小段（C）中描述的人——他们给小段（A）或（C）中描述的人充任投资经理或受信托者，或由这样的人授权代理其进行交易（但是不包括经纪人或以他人名义执行同样中介功能人）；或（C）委员会根据其金融或其他资格认定其资格的任何其他人。

# 7 U. S. C. 1A（33）节

（33）交易设施。（A）一般定义。术语"交易设施"指这样的人或人群：设立、维护或提供物质的或电子的设施或系统，在这个设施或系统里，许多参与者可以通过接受其他参与者在这个设施或系统里向许多参与者公开的出价或要价来进行协议、合约或交易的签署或买卖。（B）例外。术语"交易设施"不包括（ⅰ）这样的人或人群：他们设立、维护或提供电子设施或系统，使参与者可以就双边交易条款进行双边协商并达成交易——交易是当事人之间交换信息的结果，而不是在事前确定的自动配对成交系统里多方出价和多方要价作用的结果；交易设施不应因清算由或通过该人或人群达成的交易的衍生品结算机构的压力而被认为是交易设施。

# 附录三 天气风险管理协会确认书

本附录包含了第十二章提到的 CDD 有帽期权、CDD 套保期权、CDD 地板期权、CDD 互换、HDD 有帽期权、HDD 套保期权、HDD 地板期权和 HDD 互换。

## CDD 有帽期权

日期

[对方当事人姓名]

[地址]

[城市，州]

注意：[　　]

传真号码：[　　]

电话号码：[　　]

RE：天气交易——合约编码 . #####

亲爱的先生：

本文件的目的是确认在［对方当事人姓名］（"对方当事人"）和［经销商］（"经销商"）之间在交易日达成的交易的条款和条件（该"交易"），本文件构成以下指明详情的 ISDA 主协议中的"确认书"。

（1）本确认书受我们之间达成的 1992 ISDA 主协议管制，并增补 1992 ISDA 主协议，形成 1992 ISDA 主协议的一部分——这里 1992 ISDA 主协议指（日期）前多次增补过的最后文本（本次修改后的文本叫"协议"）。所有包含在协议中的条文都管制本确认书，除非有以下明确的修改。

包含在 1991 ISDA 定义和 1993 ISDA 商品衍生品中的定义（"定义"），按国际互换和衍生品协会（ISDA）的公布形式，都融合在本确认书中。如果定义与本确认书不一致，本确认书优先。如果 1991 ISDA 定义与 1993 ISDA 商品衍生品定义不一致，1993 ISDA 商品衍生品定义优先。

（2）交易条款。本确认书关联的具体交易条款如下：

交易类型：　　　　　　制冷指数（"CDD"）有帽期权

赔付率：　　　　　　　[＄＄＄＄]/CDD

交易日期：　　　　　　[交易日期]

生效日期：　　　　　　[日期]

终止日期：　　　　　　[日期]

权利金支付具体约定：　[经销商]/方当事人] 应该支付 [对方当事人/[经销商]

商]

[＄＄＄＄＄]，在交易日后的两个营业日内。

计算期：　　　　　　　始于且包括生效日，止于且包括终止日。

支付日期：　　　　　　在计算期内的浮动额可以确定后的第 5 个营业日，但如果适当、如果国家气候数据中心（"NCDC"）在计算期结束后的 95 天内对计算期内的任何一天的已报告的日最高气温和日最低气温进行了任何调整，合适的一方将对应付额进行一次性调整。

"NCDC"指国家气象数据中心，是国家海洋和大气管理中心的一个单位，或它的附属机构，它通过 NWS 报告气温信息。

固定款额付款人：　　　[[经销商]/方当事人]（期权的购买者）

浮动款额付款人：　　　[[经销商]/时方当事人]（期权的出售者）

行权价格：　　　　　　[#####] CDD

浮动数量：　　　　　　依照以下详细程序针对有效计算期间的每一天计算出的 CDD 的总和。

每天的 CDD 等于（ⅰ）和（ⅱ）中的较大者，（ⅰ）指数站的日最高气温和日最低气温 [华氏] 度数的非四舍五入平均值减 [65]，这里日最高气温和日最低气温测量时间为：从且包括当地时间 [该日上午 12：01] 到且包括 [第二天上午 12：00]，测量由国家气象局（"NWS"）测量，测量结果由 NCDC 报告；（ⅱ）零。由 NWS 测量、NCDC 报告的日最高气温和日最低气温应该在计算 CDD 前依照如下规则四舍五入：如果小数点后的第一位数字是 5 或大于 5，那么整数部分加一；如果小数点后的第一位数字小于 5，那么整数应该保持没有变化（"四舍五入法则"）。

"NWS"指国家气象局，国家海洋和大气管理局的分支机构或代理机构，后者是负责为全美国、它的属地、临近的水域和海域提供天气和洪水警告、公共预报和咨询意见的组织。

| | |
|---|---|
| 指数站： | ［市，州］，［飞机场名称］，［WBAN］，［WMO］ |
| 恢复气象站： | ［市，州］，［飞机场名称］，［WBAN］，［WMO］ |
| 备用恢复站： | 如果恢复站不能够用来产生必要的调整，那么该调整应该根据双方同意的、在计算期间及相关调整期都发布官方数据的气象站的数据进行（由 NCDC 报告的数据不应该由当事人四舍五入）。该气象站应该用 WBAN 识别码（或其他识别码）明确指定，将用作进行调整计算的第二种方法。 |
| 恢复方法： | 如果指数站计算期间的任意一天的官方数据无法得到，或指数站的地址有明显变化，就要用到恢复方法。由于编辑、质量控制、地址的变化（不是地址的显著变化）、和/或有关报告机构装备的仪器而造成的对数据的修改，都不保证要应用恢复方法。 |

（ⅰ）术语定义：

"调整"指调整期间指数站的日最高气温（如果无法得到的气温是日最高气温）和/或日最低气温（如果无法得到的气温是日最低气温）减去恢复站的对应气温的算术差（保留小数点后两位数）的平均数。以下"四舍五入法则"将应用于调整：如果小数点后的第三个数字是 5 或大于 5，那么小数点后的第二个数字应该加一，如果小数点后的第三个数字小于 5，那么小数点后的第二个数字应该保持不变。

"四舍五入法则"——当用于报道的日最低或日最高气温这种可能的情况时，应该是（ⅰ）如果参照的是华氏气温，气温应该四舍五入为整数：如果小数点后的第一位数字是 5 或大于 5，那么整数部分加一，如果小数点后的第一位数字小于 5，那么整数应该保持没有变化；（ⅱ）如果参照的是摄氏气温，气温应该四舍五入为保留小数点后两位：如果小数点后的第三个数字是 5 或大于 5，那么小数点后的第二个数字应该加一，如果小数点后的第三个数字小于 5，那么小数点后的第二个数字应该保持不变。

"遗失数据日"指计算期间的任意一天，这一天指数站的官方数据无法得到。

"遗失数据计算日"指生效遗失数据日的同月同日。

"地址显著变化"指经度或纬度的变化大于或等于 1 分，或海拔高度的变化大于或等于 1 米。在美国，所有的"地址显著变化"的通知由 NCDC 独家通过 www. ncdc. no-aa. gov/ol/climate/stationlocator. html 网页提供，如果网页地址变化，由它的替代网页提供。

闰年例外：如果遗失数据日是 2 月 29 日，该遗失数据计算日应该被考虑为 3 月 1 日。

（ⅱ）如果计算期间少于 12 个连续日的期间内的气温数据无法得到，那么调整将为每一个遗失数据日计算，计算时使用的调整期是第一个生效遗失数据日前 15 天和最后一个遗失数据日之后的 15 天。如果遗失数据日的前后 15 天内在恢复站和/或指数站存在遗失数据日，那么向遗失数据日前后顺延，直到在每一边找到 15 天，在这 15 天内指数站和恢复站都有有效气温数据为止（这 15 天必须出自 25 天），调整期为这两个 15 天。

（ⅲ）如果有日最高气温和/或日最低气温数据的遗失，而上面（ⅱ）中所述方法又不能应用（如，连续 12 天或更多天的数据遗失了），那么计算每一个遗失数据日的调整，就用过去三年里遗失数据日前——包括遗失数据日——15 天调整期和遗失数据日后 15 天调整期的气温数据。如果在这三年里，找不到数据，那么就再扩展三年。如果遗失数据日的前后 15 天内在恢复站和/或指数站存在遗失数据日，那么向遗失数据日前后顺延，直到在每一边找到 15 天，在这 15 天内指数站和恢复站都有有效气温数据为止（这 15 天必须出自 25 天），调整期为这两个 15 天。

（ⅳ）调整（不管正数或负数）应该加上 NCDC 报告的恢复站在指数站遗失数据日的相关气温（无论日最高气温或日最低气温），以此作为指数站该日的气温。得到的日最高和/或日最低气温应该按如下办法四舍五入：如果小数点后的第一位数字是 5 或大于 5，那么整数部分加一，如果小数点后的第一位数字小于 5，那么整数应该保持没有变化。

（ⅴ）如果调整不能使用来自恢复气象站的可得数据计算，调整就应该用备用恢复站代替恢复站，使用以上同样的方法计算。

（ⅵ）如果在赔付额计算出来后、计算期终止后满 95 天前，NCDC 公布了调整值被计算日期的官方数据，那么官方数据应该比任何利用恢复站数据计算的调整值都优先。

（vii）在单一季节合约期间，如果发生了显著地址变化，恢复站技术方法就应该用于始于变化发生日、止于季节终点的所有日期。

如果在多季度合约期间发生了显著地址变化，恢复站技术方法就应该用于始于变化发生日、止于变化发生日所在季节终点的所有日期。对所有其他将来的季节，合约的双方应该协商出解决问题的条款。

数据资源：　　　　用来确定浮动数量（在某种程度上要求恢复站的数据）的数据应该来自 NCDC 的官方网站 http：//www. ncdc. no-aa. gov，或其替代网站；但是，如果任何特定日的数据没有在这个网站上报道，那么该日数据应该来自合适的区域气候数据中心网站 http：//www. nws. noaa. gov/regions. shtml 或其替代网站；进一步，如果：（i）NCDC 数据在计算期结束后 95 日内更正了或调整了（ii）数据临时来源于地区气候数据中心，那么这些新的、调整过的或更正过的数据应该来自 NCDC 的官方网站 http：//www. ncdc. noaa. gov。尽管这样，但只要区域气候数据中心和 NCDC 没有为指数公布数据，那么"恢复方法"就应该用来确定遗失的数据。

行权数量：　　　　该数量等于（i）浮动数量超过（ii）行权价格的部分（如果是正值的话）。

赔付额：　　　　　不管合约中是否有条款反对，只要浮动数量大于行权价格，浮动数额支付方就应该向固定数额支付方支付一笔美元，数额是（i）赔付率和（ii）行权数量的乘积，这笔钱将在生效赔付日到期和应付，但最大数额不应超过 [ $ $ $ $ $ ]

（3）会计细节：

向 [经销商] 支付：

支付：　　　　　　[具体指定]

给账户：　　　　　[具体指定]

账户号/CHIPS UID：　　[具体指定]

Fed. ABA No.：　　　[具体指定]

向对方当事人支付：

支付：　　　　　　请通知

给账户：　　　　　请通知

账户号/CHIPS UID：　　请通知

Fed. ABA No.：　　　　请通知

注意事项：　　　　　　请通知

（4）陈述：

[经销商]和对方当事人都表示从交易日起自己（i）面临这笔交易所反映的这类气温的各种风险和（ii）进行这笔交易纯粹是为了补偿或管理这种风险。

请及时签署这份确认书以确认上面正确地提出了我们达成的交易的条款，并请在上面开始时提到的日期后两个营业日内通过传真给[..................]将其返还给我们，并知会：[..................]。

[经销商]很高兴与您达成这笔交易。

您忠实的

（经销商名称）：_____

签署者姓名：_____

职务：_____

自该日期确认：

[对方当事人名称]：

签署者：_____

姓名：_____

职务：_____

# CDD 套保期权

日期

[对方当事人姓名]

[地址]

[城市，州]

注意：[　　]

传真号码：[　　]

电话号码：[　　]

RE：天气交易——合约编码.#####

亲爱的先生：

本文件的目的是确认在[对方当事人姓名]（"对方当事人"）和[经销商]（"经销商"）之间在交易日达成的交易的条款和条件（该"交易"），本文件构成以下指明详情的 ISDA 主协议中的"确认书"。

（1）本确认书受我们之间达成的 1992 ISDA 主协议管制，并增补 1992 ISDA 主协议，形成 1992 ISDA 主协议的一部分——这里 1992 ISDA 主协议指（日期）前多次增补过的最后文本（本次修改后的文本叫"协议"）。所有包含在协议中的条文都管制本确认书，除非有以下明确的修改。

包含在 1991 ISDA 定义和 1993 ISDA 商品衍生品中的定义（"定义"），按国际互换和衍生品协会（ISDA）的公布形式，都融合在本确认书中。如果定义与本确认书不一致，本确认书优先。如果 1991 ISDA 定义与 1993 ISDA 商品衍生品定义不一致，1993 ISDA 商品衍生品定义优先。

（2）交易的条款。本确认书关联的具体交易条款如下：

| | |
|---|---|
| 交易类型： | 制冷指数（"CDD"）套保期权 |
| 帽赔付率： | ［＄＄＄＄＄］/CDD |
| 地板赔付率： | ［＄＄＄＄＄］/CDD |
| 交易日期： | ［交易日期］ |
| 生效日期： | ［日期］ |
| 终止日期： | ［日期］ |
| 计算期： | 始于且包括生效日，止于且包括终止日。 |
| 支付日期： | 在计算期内的浮动额可以确定后的第 5 个营业日，但如果适当、如果国家气候数据中心（"NCDC"）在计算期结束后的 95 天内对计算期内的任何一天的已报告的日最高气温和日最低气温进行了任何调整，合适的一方将对应付额进行一次性调整。 |
| | "NCDC"指国家气象数据中心，是国家海洋和大气管理中心的一个单位或它的附属机构，它通过 NWS 报告气温信息。 |
| 帽浮动款额付款人： | ［［经销商］/对方当事人］ |
| 帽行权价格： | ［#####］CDD |
| 地板浮动款额付款人： | ［［经销商］/方当事人］ |
| 地板行权价格： | ［#####］CDD |
| 帽和地板浮动数量： | 依照以下详细程序针对有效计算期间的每一天计算出的 CDD 的总和。 |
| | 每天的 CDD 等于（ⅰ）和（ⅱ）中的较大者，（ⅰ）指数站的日最高气温和日最低气温［华氏］度数的非四舍五入平均值减［65］，这里日最高气温和日最低气温测量时间为：从且包括当地时间［该日上午 12：01］到且包括［第二天上午 12：00］，测量由国家气象局（"NWS"）测量，测量结果由 NCDC 报告；（ⅱ）零。由 |

NWS 测量、NCDC 报告的日最高气温和日最低气温应该在计算 CDD 前依照如下规则四舍五入：如果小数点后的第一位数字是 5 或大于 5，那么整数部分加一，如果小数点后的第一位数字小于 5，那么整数应该保持没有变化（"四舍五入法则"）。"NWS" 指国家气象局，国家海洋和大气管理局的分支机构或代理机构，后者是负责为全美国、它的属地、临近的水域和海域提供天气和洪水警告、公共预报和咨询意见的组织。

指数站： [市，州]，[飞机场名称]，[WBAN]，[WMO]

恢复气象站： [市，州]，[飞机场名称]，[WBAN]，[WMO]

备用恢复站： 如果恢复站不能够用来产生必要的调整，那么该调整该根据双方同意的、在计算期间及相关调整期都发布官方数据的气象站的数据进行（由 NCDC 报告的数据不应该由当事人四舍五入）。该气象站应该用 WBAN 识别码（或其他识别码）明确指定、将用作进行调整计算的第二种方法。

恢复方法： 如果指数站计算期间的任意一天的官方数据无法得到，或指数站的地址有明显变化，就要用到恢复方法。由于编辑、质量控制、地址的变化（不是地址的显著变化）、和/或有关报告机构装备的仪器而造成的对数据的修改，都不保证要应用恢复方法。

（1）术语定义：

"调整" 指调整期间指数站的日最高气温（如果无法得到的气温是日最高气温）和/或日最低气温（如果无法得到的气温是日最低气温）减去恢复站的对应气温的算术差（保留小数点后两位数）的平均数。

"四舍五入法则"——当用于报道的日最低或日最高气温这种可能的情况时，应该是（ⅰ）如果参照的是华氏气温，气温应该四舍五入为整数：如果小数点后的第一位数字是 5 或大于 5，那么整数部分加一，如果小数点后的第一位数字小于 5，那么整数应该保持没有变化；（ⅱ）如果参照的是摄氏气温，气温应该四舍五入为保留小数点后两位：如果小数点后的第三个数字是 5 或大于 5，那么小数点后的第二个数字应该加一，如果小数点后的第三个数字小于 5，那么小数点后的第二个数字应该保持不变。以下 "四舍五入法则" 将应用于调整：如果小数点后的第三个数字是 5 或大于 5，那么小数点后的第二个数字应该加一，如果小数点后的第三个数字小于 5，那么小数点后的第二个数字应该保持不变。

"遗失数据日"指计算期间的任意一天，这一天指数站的官方数据无法得到。

"遗失数据计算日"指生效遗失数据日的同月同日。

"地址显著变化"指经度或纬度的变化大于或等于 1 分，或海拔高度的变化大于或等于 1 米。在美国，所有的"地址显著变化"的通知由 NCDC 独家通过 www.ncdc.noaa.gov/ol/climate/stationlocator.html 网页提供，如果网页地址变化、由它的替代网页提供。

（2）如果计算期间少于 12 个连续日的期间内的气温数据无法得到，那么调整将为每一个遗失数据日计算，计算时使用的调整期是第一个生效遗失数据日前 15 天和最后一个遗失数据日之后的 15 天。如果遗失数据日的前后 15 天内在恢复站和/或指数站存在遗失数据日，那么向遗失数据日前后顺延，直到在每一边找到 15 天，在这 15 天内指数站和恢复站都有有效气温数据为止（这 15 天必须出自 25 天），调整期为这两个 15 天。

（3）如果有日最高气温和/或日最低气温数据的遗失，而上面（2）中所述方法又不能应用（如，连续 12 天或更多天的数据遗失了），那么计算每一个遗失数据日的调整，就用过去三年里遗失数据日前——包括遗失数据日——15 天调整期和遗失数据日后 15 天调整期的气温数据。如果在这三年里找不到数据，那么就再扩展三年。如果遗失数据日的前后 15 天内在恢复站和/或指数站存在遗失数据日，那么向遗失数据日前后顺延，直到在每一边找到 15 天，在这 15 天内指数站和恢复站都有有效气温数据为止（这 15 天必须出自 25 天），调整期为这两个 15 天。

闰年例外：如果遗失数据日是 2 月 29 日，该遗失数据计算日应该被考虑为 3 月 1 日。

（4）调整（不管正数或负数）应该加上 NCDC 报告的恢复站在指数站遗失数据日的相关气温（无论日最高气温或日最低气温），以此作为指数站该日的气温。得到的日最高和/或日最低气温应该按如下办法四舍五入：如果小数点后的第一位数字是 5 或大于 5，那么整数部分加一，如果小数点后的第一位数字小于 5，那么整数应该保持没有变化。

（5）如果调整不能使用来自恢复气象站的可得数据计算，调整就应该用备用恢复站代替恢复站，使用以上同样的方法计算。

（6）如果在赔付额计算出来后、计算期终止后满 95 天前，NCDC 公布了调整值被计算日期的官方数据，那么官方数据应该比任何利用恢复站数据计算的调整值都优先。

（7）在单一季节合约期间，如果发生了显著地址变化，恢复站技术方法就应该用于始于变化发生日、止于季节终点的所有日期。

如果在多季度合约期间发生了显著地址变化，恢复站技术方法就应该用于始于变化发生日、止于变化发生日所在季节终点的所有日期。对所有将来的季节，合约的双方应该协商出解决问题的条款。

数据资源：　　用来确定浮动数量（在某种程度上要求恢复站的数据）的数据应该来自 NCDC 的官方网站 http：//www. ncdc. no-aa. gov，或其替代网站；但是，如果任何特定日的数据没有在这个网站上报道，那么该日数据应该来自合适的区域气候数据中心网站 http：//www. nws. noaa. gov/re－gions. shtml 或其替代网站；进一步，如果：（ⅰ）NCDC 数据在计算期结束后 95 日内更正了或调整了（ⅱ）数据临时来源于地区气候数据中心，那么这些新的、调整过的或更正过的数据的应该来自 NCDC 的官方网站 http：//www. ncdc. noaa. gov。尽管这样，但只要区域气候数据中心和 NCDC 没有为指数公布数据，那么"恢复方法"就应该用来确定遗失的数据。

行权数量：　　对（a）帽部分，该数量等于（如果是正值的话）（ⅰ）帽和地板浮动数量超过（ⅱ）帽行权价格的部分（帽行权数量）；对（b）地板部分，该数量等于（如果是正值的话）（ⅰ）地板行权价格超过（ⅱ）帽和地板浮动数量的部分（地板行权数量）。

赔付额：　　不管合约中是否有条款反对、到赔付日、应付款额——如果有的话——就应用美元支付，付款人是（a）帽浮动款额付款人——如果帽和地板浮动数量大于帽行权价格，支付数额是（ⅰ）帽赔付率和（ⅱ）帽行权数量的乘积，这笔钱将在生效赔付日到期和应付，和（b）地板浮动款额付款人——如果地板行权价格大于帽和地板浮动数量，支付数额是（ⅰ）地板赔付率和（ⅱ）地板行权数量的乘积，这笔钱将在生效赔付日到期和应付，但应付对方的最大数额——不管是在上述（a）或（b）的情况下——不应超过［＄＄＄＄＄］

（3）会计细节：

向［经销商］支付：

| | |
|---|---|
| 支付： | ［具体指定］ |
| 给账户： | ［具体指定］ |
| 账户号/CHIPS UID： | ［具体指定］ |
| Fed. ABA No.： | ［具体指定］ |

向对方当事人支付：

| | |
|---|---|
| 支付： | 请通知 |
| 给账户： | 请通知 |
| 账户号/CHIPS UID： | 请通知 |
| Fed. ABA No.： | 请通知 |
| 注意事项： | 请通知 |

（4）陈述：

［经销商］和对方当事人都表示从交易日起自己（ⅰ）面临这笔交易所反映的这类气温的各种风险和（ⅱ）进行这笔交易纯粹是为了补偿或管理这种风险。

请及时签署这份确认书以确认上面正确地提出了我们达成的交易的条款，并请在上面开始时提到的日期后两个营业日内通过传真给［⋯⋯⋯⋯］将其返还给我们，并知会：［⋯⋯⋯⋯］。

［经销商］很高兴与您达成这笔交易。

您忠实的

（经销商名称）：＿＿＿＿

签署者姓名：＿＿＿＿

职务：＿＿＿＿

自该日期确认：

［对方当事人名称］：

签署者：＿＿＿＿

姓名：＿＿＿＿

职务：＿＿＿＿

# CDD 地板期权

日期

［对方当事人姓名］

［地址］

［城市，州］

注意：［　　］

传真号码：［　　］

电话号码：［　　］

RE：天气交易——合约编码.#####

亲爱的先生：

本文件的目的是确认在［对方当事人姓名］（"对方当事人"）和［经销商］（"经销商"）之间在交易日达成的交易的条款和条件（该"交易"），本文件构成以下指明详情的 ISDA 主协议中的"确认书"。

（1）本确认书受我们之间达成的 1992 ISDA 主协议管制，并增补 1992 ISDA 主协议、形成 1992 ISDA 主协议的一部分——这里 1992 ISDA 主协议指（日期）前多次增补过的最后文本（本次修改后的文本叫"协议"）。所有包含在协议中的条文都管制本确认书，除非有以下明确的修改。

包含在 1991 ISDA 定义和 1993 ISDA 商品衍生品中的定义（"定义"），按国际互换和衍生品协会（ISDA）的公布形式，都融合在本确认书中。如果定义与本确认书不一致，本确认书优先。如果 1991 ISDA 定义与 1993 ISDA 商品衍生品定义不一致，1993 ISDA 商品衍生品定义优先。

（2）交易的条款。本确认书关联的具体交易条款如下：

| | |
|---|---|
| 交易类型： | 制冷指数（"CDD"）地板期权 |
| 赔付率： | ［＄＄＄＄＄］/CDD |
| 交易日期： | ［交易日期］ |
| 生效日期： | ［日期］ |
| 终止日期： | ［日期］ |
| 权利金支付具体约定： | ［［经销商］/方当事人］应该支付［对方当事人/［经销商］］<br>［＄＄＄＄＄＄］在交易日后的两个营业日内。 |
| 计算期： | 始于且包括生效日，止于且包括终止日。 |
| 支付日期： | 在计算期内的浮动额可以确定后的第 5 个营业日，但如果 |

适当、如果国家气候数据中心（"NCDC"）在计算期结束后的95天内对计算期内的任何一天的已报告的日最高气温和日最低气温进行了任何调整，合适的一方将对应付额进行一次性调整。

"NCDC"指国家气象数据中心，是国家海洋和大气管理中心的一个单位或它的附属机构，它通过 NWS 报告气温信息。

| | |
|---|---|
| 固定款额付款人： | [［经销商］/对方当事人]（期权的购买者） |
| 浮动款额付款人： | [［经销商］/对方当事人]（期权的出售者） |
| 行权价格： | [#####] CDD |
| 浮动数量： | 依照以下详细程序针对有效计算期间的每一天计算出的 CDD 的总和。 |

每天的 CDD 等于（ⅰ）和（ⅱ）中的较大者，（ⅰ）指数站的日最高气温和日最低气温[华氏]度数的非四舍五入平均值减[65]，这里日最高气温和日最低气温测量时间为：从且包括当地时间[该日上午12：01]到且包括[第二天上午12：00]，测量由国家气象局（"NWS"）测量，测量结果由 NCDC 报告；（ⅱ）零。由 NWS 测量、NCDC 报告的日最高气温和日最低气温应该在计算 CDD 前依照如下规则四舍五入：如果小数点后的第一位数字是5或大于5，那么整数部分加一，如果小数点后的第一位数字小于5，那么整数应该保持没有变化（"四舍五入法则"）。"NWS"指国家气象局，国家海洋和大气管理局的分支机构或代理机构，后者是负责为全美国、它的属地、临近的水域和海域提供天气和洪水警告、公共预报和咨询意见的组织。

| | |
|---|---|
| 指数站： | [市，州]，[飞机场名称]，[#WBAN]，[WMO] |
| 恢复气象站： | [市，州]，[飞机场名称]，[#WBAN]，[WMO] |
| 备用恢复站： | 如果恢复站不能够用来产生必要的调整，那么该调整应该根据双方同意的、在计算期间及相关调整期都发布官方数据的气象站的数据进行（由 NCDC 报告的数据不应该由当事人四舍五入）。该气象站应该用 WBAN 识别码（或其他识别码）明确指定，将用作进行调整计算的第二种方法。 |
| 恢复方法： | 如果指数站计算期间的任意一天的官方数据无法得到，或指数站的地址有明显变化，就要用到恢复方法。由于编辑、质量控制、地址的变化（不是地址的显著变化）、和/ |

或有关报告机构装备的仪器而造成的对数据的修改，都不保证要应用恢复方法。

（1）术语定义：

"调整"指调整期间指数站的日最高气温（如果无法得到的气温是日最高气温）和/或日最低气温（如果无法得到的气温是日最低气温）减去恢复站的对应气温的算术差（保留小数点后两位数）的平均数。

"四舍五入法则"——当用于报道的日最低或日最高气温这种可能的情况时，应该是（i）如果参照的是华氏气温，气温应该四舍五入为整数：如果小数点后的第一位数字是5或大于5，那么整数部分加一，如果小数点后的第一位数字小于5，那么整数应该保持没有变化；（ii）如果参照的是摄氏气温，气温应该四舍五入为保留小数点后两位：如果小数点后的第三个数字是5或大于5，那么小数点后的第二个数字应该加一，如果小数点后的第三个数字小于5，那么小数点后的第二个数字应该保持不变。以下"四舍五入法则"将应用于调整：如果小数点后的第三个数字是5或大于5，那么小数点后的第二个数字应该加一，如果小数点后的第三个数字小于5，那么小数点后的第二个数字应该保持不变。

"遗失数据日"指计算期间的任意一天，这一天指数站的官方数据无法得到。

"遗失数据计算日"指生效遗失数据日的同月同日。

"地址显著变化"指经度或纬度的变化大于或等于1分，或海拔高度的变化大于或等于1米。在美国，所有的"地址显著变化"的通知由 NCDC 独家通过 www.ncdc.noaa.gov/ol/climate/stationlocator.html 网页提供，如果网页地址变化、由它的替代网页提供。

（2）如果计算期间少于12个连续日的期间内的气温数据无法得到，那么调整将为每一个遗失数据日计算，计算时使用的调整期是第一个生效遗失数据日前15天和最后一个遗失数据日之后的15天。如果遗失数据日的前后15天内在恢复站和/或指数站存在遗失数据日，那么向遗失数据日前后顺延，直到在每一边找到15天，在这15天内指数站和恢复站都有有效气温数据为止（这15天必须出自25天），调整期为这两个15天。

（3）如果有日最高气温和/或日最低气温数据的遗失，而上面（2）中所述方法又不能应用（如，连续12天或更多天的数据遗失了），那么计算每一个遗失数据日的调整，就用过去三年里遗失数据日前——包括遗失数据日——15天调整期和遗失数据日后15天调整期的气温数据。如果在这三年里，找不到数据，那么就再扩展三年。如果遗失数据日的前后15天内在恢复站和/或指数站存在遗失数据日，那么向遗失数据日前后顺延，直到在每一边找到15天，在这15天内指数站和恢复站都有有效气温数据为止（这15天必须出自25天），调整期为这两个15天。

闰年例外：如果遗失数据日是2月29日，该遗失数据计算日应该被考虑为3月1日。

（4）调整（不管正数或负数）应该加上NCDC报告的恢复站在指数站遗失数据日的相关气温（无论日最高气温还是日最低气温），以此作为指数站该日的气温。得到的日最高和/或日最低气温应该按如下办法四舍五入：如果小数点后的第一位数字是5或大于5，那么整数部分加一，如果小数点后的第一位数字小于5，那么整数应该保持没有变化。

（5）如果调整不能使用来自恢复气象站的可得数据计算，调整就应该用备用恢复站代替恢复站、使用以上同样的方法计算。

（6）如果在赔付额计算出来后、计算期终止后满95天前，NCDC公布了调整值被计算日期的官方数据，那么官方数据应该比任何利用恢复站数据计算的调整值都优先。

（7）在单一季节合约期间，如果发生了显著地址变化，恢复站技术方法就应该用于始于变化发生日、止于季节终点的所有日期。

如果在多季度合约期间发生了显著地址变化，恢复站技术方法就应该用于始于变化发生日、止于变化发生日所在季节终点的所有日期。对所有其他将来的季节，合约的双方应该协商出解决问题的条款。

数据资源：　　　　用来确定浮动数量（在某种程度上要求恢复站的数据）的数据应该来自NCDC的官方网站http：//www．ncdc．no-aa．gov，或其替代网站；但是，如果任何特定日的数据没有在这个网站上报道，那么该日数据应该来自合适的区域气候数据中心网站 http：//www. nws. noaa. gov/regions. shtml 或其替代网站；进一步，如果：（i）NCDC 数据在计算期结束后 95 天内更正了或调整了（ii）数据临时来源于地区气候数据中心，那么这些新的、调整过的或更正过的数据的应该来自 NCDC 的官方网站 http：//www. ncdc. noaa. gov。尽管这样，但只要区域气候数据中心和 NCDC 没有为指数公布数据，那么"恢复方法"就应该用来确定遗失的数据。

行权数量：　　该数量等于（i）浮动数量超过（ii）行权价格的部分（如果是正值的话）。

赔付额：　　不管合约中是否有条款反对，只要浮动数量大于行权价格，浮动数额支付方就应该向固定数额支付方支付一笔美元，数额是（i）赔付率和（ii）行权数量的乘积，这笔钱将在生效赔付日到期和应付，但最大数额不应超过 [ $ $ $ $ $ ]

（3）会计细节：

向［经销商］支付：

支付：　　　　　　　［具体指定］

给账户：　　　　　　［具体指定］

账户号/CHIPS UID：　［具体指定］

Fed. ABA No.：　　　［具体指定］

向对方当事人支付：

支付：　　　　　　　请通知

给账户：　　　　　　请通知

账户号/CHIPS UID：　请通知

Fed. ABA No.：　　　请通知

注意事项：　　　　　请通知

（4）陈述：

［经销商］和对方当事人都表示从交易日起自己（i）面临这笔交易所反映的这类气温的各种风险和（ii）进行这笔交易纯粹是为了补偿或管理这种风险。

请及时签署这份确认书以确认上面正确地提出了我们达成的交易的条款，并请在上面开始时提到的日期后两个营业日内通过传真给 [...............] 将其返还给我们，并知会：[...............]。

［经销商］很高兴与您达成这笔交易。

您忠实的

（经销商名称）：＿＿＿＿＿

签署者姓名：＿＿＿＿＿

职务：_____

自该日期确认：

[对方当事人名称]：

签署者：_____

姓名：_____

职务：_____

# CDD 互换

日期

[对方当事人姓名]

[地址]

[城市，州]

注意：[　　]

传真号码：[　　]

电话号码：[　　]

RE：天气交易——合约编码.#####

亲爱的先生：

本文件的目的是确认在［对方当事人姓名］（"对方当事人"）和［经销商］（"经销商"）之间在交易日达成的交易的条款和条件（该"交易"），本文件构成以下指明详情的 ISDA 主协议中的"确认书"。

（1）本确认书受我们之间达成的 1992 ISDA 主协议管制，并增补 1992 ISDA 主协议，形成 1992 ISDA 主协议的一部分——这里 1992 ISDA 主协议指（日期）前多次增补过的最后文本（本次修改后的文本叫"协议"）。所有包含在协议中的条文都管制本确认书，除非有以下明确的修改。

所有包含在 2000 ISDA 定义和 1993 ISDA 商品衍生品定义（增补如《2000 增补》）的定义和条款全体（"定义"），都由国际互换和衍生品协会（ISDA）公布，融合在本确认书中。如果定义和本确认书不一致，本确认书优先。如果 2000 ISDA 定义和 1993 ISDA 商品衍生品定义（增补如《2000 增补》）不一致，1993 ISDA 商品衍生品定义（增补如《2000 增补》）优先。

（2）交易的条款。本确认书关联的具体交易条款如下：

交易类型：　　　　　制冷指数（"CDD"）互换

赔付率：　　　　　　［＄＄＄＄＄］/CDD

交易日期：　　　　　［交易日期］

| | |
|---|---|
| 生效日期： | ［日期］ |
| 终止日期： | ［日期］ |
| 计算期： | 始于且包括生效日，止于且包括终止日。 |
| 支付日期： | 在计算期内的浮动额可以确定后的第 5 个营业日，但如果适当、如果国家气候数据中心（"NCDC"）在计算期结束后的 95 天内对计算期内的任何一天的已报告的日最高气温和日最低气温进行了任何调整，合适的一方将对应付额进行一次性调整。 |
| | "NCDC" 指国家气象数据中心，是国家海洋和大气管理中心的一个单位或它的附属机构，它通过 NWS 报告气温信息。 |
| | "NWS" 指国家气象局，国家海洋和大气管理局的分支机构或代理机构，后者是负责为全美国、它的属地、临近的水域和海域提供天气和洪水警告、公共预报和咨询意见的组织。 |
| 固定款额付款人： | ［［经销商］/对方当事人］ |
| 浮动款额付款人： | ［［经销商］/对方当事人］ |
| 行权价格： | ［#####］CDD |
| 浮动数量： | 由计算代理机构依照以下详细程序针对有效计算期间的每一天计算出的 CDD 的总和。 |
| | 每天的 CDD 等于（ⅰ）和（ⅱ）中的较大者，（ⅰ）指数站的日最高气温和日最低气温［华氏］［摄氏］度数的非四舍五入平均值减［65］［18］，这里日最高气温和日最低气温测量时间为：从且包括当地时间［该日上午 12：01］到且包括［第二天上午 12：00］，测量由国家气象局（"NWS"）测量，测量结果由 NCDC 报告；（ⅱ）零。由 NWS 测量、NCDC 报告的日最高气温和日最低气温应该在计算 CDD 前依照如下规则四舍五入：①用华氏度量时，如果小数点后的第一位数字是 5 或大于 5，那么整数部分加一，如果小数点后的第一位数字小于 5，那么整数应该保持没有变化（"四舍五入法则"）；②用摄氏度量时，如果小数点后的第三个数字是 5 或大于 5，那么小数点后的第二个数字应该加一，如果小数点后的第三个数字小于 5，那么小数点后的第二个数字应该保持不变。 |
| 指数站： | ［市，州］，［飞机场名称］，［#WBAN］，［WMO］ |
| 恢复气象站： | ［市，州］，［飞机场名称］，［WBAN］，［WMO］ |

备用恢复站： 如果恢复站不能够用来产生必要的调整，那么该调整应该根据双方同意的、在计算期间及相关调整期都发布官方数据的气象站的数据进行（由 NCDC 报告的数据不应该由当事人四舍五入）。该气象站应该用 WBAN 识别码（或其他识别码）明确指定，将用作进行调整计算的第二种方法。

恢复方法： 如果指数站计算期间的任意一天的官方数据无法得到，或指数站的地址有明显变化，就要用到恢复方法。由于编辑、质量控制、地址的变化（不是地址的显著变化）、和/或有关报告机构装备的仪器而造成的对数据的修改，都不保证要应用恢复方法。

（1）术语定义：

"调整"指调整期间指数站的日最高气温（如果无法得到的气温是日最高气温）和/或日最低气温（如果无法得到的气温是日最低气温）减去恢复站的对应气温的算术差（保留小数点后两位数）的平均数。以下"四舍五入法则"将应用于调整：如果小数点后的第三个数字是 5 或大于 5，那么小数点后的第二个数字应该加一，如果小数点后的第三个数字小于 5，那么小数点后的第二个数字应该保持不变。

"四舍五入法则"——当用于报道的日最低或日最高气温这种可能的情况时，应该是（ⅰ）如果参照的是华氏气温，气温应该四舍五入为整数：如果小数点后的第一位数字是 5 或大于 5，那么整数部分加一，如果小数点后的第一位数字小于 5，那么整数应该保持没有变化；（ⅱ）如果参照的是摄氏气温，气温应该四舍五入为保留小数点后两位：如果小数点后的第三个数字是 5 或大于 5，那么小数点后的第二个数字应该加一，如果小数点后的第三个数字小于 5，那么小数点后的第二个数字应该保持不变。

"遗失数据日"指计算期间的任意一天，这一天指数站的官方数据无法得到。

"遗失数据计算日"指生效遗失数据日的同月同日。

闰年例外：如果遗失数据日是 2 月 29 日，该遗失数据计算日应该被考虑为 3 月 1 日。

（2）如果计算期间少于 12 个连续日的期间内的气温数据无法得到，那么调整将为每一个遗失数据日计算，计算时使用的调整期是第一个生效遗失数据日前 15 天和最后一个遗失数据日之后的 15 天。如果遗失数据日的前后 15 天内在恢复站和/或指数站存在遗失数据日，那么向遗失数据日前后顺延，直到在每一边找到 15 天，在这 15 天内指数站和恢复站都有有效气温数据为止（这 15 天必须出自25 天），调整期为这两个 15 天。

（3）如果有日最高气温和/或日最低气温数据的遗失，而上面（2）中所述方法又不能应用（如，连续 12 天或更多天的数据遗失了），那么计算每一个遗失数据日的调整，就用过去三年里遗失数据日前——包括遗失数据日——15 天调整期和遗失数据日后 15 天调整期的气温数据。如果在这三年里，找不到数据，那么就再扩展三年。如果遗失数据日的前后 15 天内在恢复站和/或指数站存在遗失数据日，那么向遗失数据日前后顺延，直到在每一边找到 15 天，在这 15 天内指数站和恢复站都有有效气温数据为止（这 15 天必须出自 25 天），调整期为这两个 15 天。

（4）调整（不管正数或负数）应该加上 NCDC 报告的恢复站在指数站遗失数据日的相关气温（无论日最高气温或日最低气温），以此作为指数站该日的气温。得到的日最高和/或日最低气温应该按如下办法四舍五入：如果小数点后的第一位数字是 5 或大于 5，那么整数部分加一，如果小数点后的第一位数字小于 5，那么整数应该保持没有变化。

（5）如果调整不能使用来自恢复气象站的可得数据计算，调整就应该用备用恢复站代替恢复站，使用以上同样的方法计算。

（6）如果在赔付额计算出来后、计算期终止后满 95 天前，NCDC 公布了调整值被计算日期的官方数据，那么官方数据应该比任何利用恢复站数据计算的调整值都优先。

（7）在单一季节合约期间，如果发生了显著地址变化，恢复站技术方法就应该用于始于变化发生日、止于季节终点的所有日期。

数据资源：用来确定浮动数量（在某种程度上要求恢复站的数据）的数据应该来自 NCDC 的官方网站 http：//www. ncdc. no-aa. gov，或其替代网站；但是，如果任何特定日的数据没有在这个网站上报道，那么该日数据应该来自合适的区域气候数据中心网站 http：//www. nws. noaa. gov/regions. shtml

或其替代网站；进一步，如果：（ⅰ）NCDC 数据在计算期结束后 95 天内更正了或调整了（ⅱ）数据临时来源于地区气候数据中心，那么这些新的、调整过的或更正过的数据的应该来自 NCDC 的官方网站 http：//www. ncdc. noaa. gov。尽管这样，但只要区域气候数据中心和 NCDC 没有为指数公布数据，那么"恢复方法"就应该用来确定遗失的数据。

行权数量：　　　　　　该数量等于（ⅰ）浮动数量超过（ⅱ）行权价格的部分。

赔付额：　　　　　　　不管合约中是否有条款反对，如果浮动数量。

（1）是正数，浮动数额支付方就应该向固定数额支付方支付一笔钱，数额是（ⅰ）赔付率和（ⅱ）行权数量的乘积，这笔钱将在生效赔付日到期和应付，但最大数额不应超过［＄＄＄＄＄］

（2）是负数，固定数额支付方就应该向浮动数额支付方支付一笔钱，数额是（ⅰ）赔付率和（ⅱ）行权数量的乘积的绝对值，这笔钱将在生效赔付日到期和应付，但最大数额不应超过［＄＄＄＄＄］。

计算代理：　　　　　　［［经销商］/对方当事人］

　　（3）会计细节：

　　　向［经销商］支付：

支付：　　　　　　　　［具体指定］

给账户：　　　　　　　［具体指定］

账户号/CHIP SUID：　　［具体指定］

Fed. ABA No.：　　　　［具体指定］

　　　向对方当事人支付：

支付：　　　　　　　　请通知

给账户：　　　　　　　请通知

账户号/CHIP SUID：　　请通知

Fed. ABA No.：　　　　请通知

注意事项：　　　　　　请通知

　　（4）陈述：

　　［其他双方接受的条文和条款，如管制法律和附加陈述等］

　　［经销商］和对方当事人都表示从交易日起自己（ⅰ）面临这笔交易所反映的这类气温的各种风险和（ⅱ）进行这笔交易纯粹是为了补偿或管理这种风险。

　　请及时签署这份确认书以确认上面正确地提出了我们达成的交易的条款，并请在上面开始时提到的日期后两个营业日内通过传真给［………………］将其返还给我们，并知会：[.................]。如果您在收到本确定书后两个营业日内未表示接受或对本确认书提出异议，那么，这里的条款就是交易条款且是交易的最后证据。

[经销商] 很高兴与您达成这笔交易。

您忠实的

（经销商名称）：_____

签署者姓名：_____

职务：_____

自该日期确认：

[对方当事人名称]：

签署者：_____

姓名：_____

职务：_____

# HDD 有帽期权

日期

[对方当事人姓名]

[地址]

[城市，州]

注意：[ ]

传真号码：[ ]

电话号码：[ ]

RE：天气交易——合约编码.#####

亲爱的先生：

本文件的目的是确认在[对方当事人姓名]（"对方当事人"）和[经销商]（"经销商"）之间在交易日达成的交易的条款和条件（该"交易"），本文件构成以下指明详情的 ISDA 主协议中的"确认书"。

（1）本确认书受我们之间达成的 1992 ISDA 主协议管制，并增补 1992 ISDA 主协议，形成 1992 ISDA 主协议的一部分——这里 1992 ISDA 主协议指（日期）前多次增补过的最后文本（本次修改后的文本叫"协议"）。所有包含在协议中的条文都管制本确认书，除非有以下明确的修改。

包含在 1991 ISDA 定义和 1993 ISDA 商品衍生品中的定义（"定义"），按国际互换和衍生品协会（ISDA）的公布形式，都融合在本确认书中。如果定义和本确认书不一致，本确认书优先。如果 1991 ISDA 定义和 1993 ISDA 商品衍生品定义不一致，1993 ISDA 商品衍生品定义优先。

（2）交易的条款。本确认书关联的具体交易条款如下：

| | |
|---|---|
| 交易类型： | 取暖指数（"HDD"）有帽期权 |
| 赔付率： | ［$ $ $ $ $］/HDD |
| 交易日期： | ［交易日期］ |
| 生效日期： | ［日期］ |
| 终止日期： | ［日期］ |
| 权利金支付具体约定： | ［［经销商］/对方当事人］应该支付［对方当事人/［经销商］］［$ $ $ $ $ $］，在交易日后的两个营业日内。 |
| 计算期： | 始于且包括生效日，止于且包括终止日。 |
| 支付日期： | 在计算期内的浮动额可以确定后的第 5 个营业日，但如果适当、如果国家气候数据中心（"NCDC"）在计算期结束后的 95 天内对计算期内的任何一天的已报告的日最高气温和日最低气温进行了任何调整，合适的一方将对应付额进行一次性调整。 |
| | "NCDC"指国家气象数据中心，是国家海洋和大气管理中心的一个单位或它的附属机构，它通过 NWS 报告气温信息。 |
| 固定款额付款人： | ［［经销商］/对方当事人］（期权的购买者） |
| 浮动款额付款人： | ［［经销商］/对方当事人］（期权的出售者） |
| 行权价格： | ［#####］HDD |
| 浮动数量： | 依照以下详细程序针对有效计算期间的每一天计算出的 HDD 的总和。 |
| | 每天的 HDD 等于（ⅰ）和（ⅱ）中的较大者，（ⅰ）65 减指数站的日最高气温和日最低气温［华氏］度数的非四舍五入平均值，这里日最高气温和日最低气温测量时间为：从且包括当地时间［该日上午 12：01］到且包括［第二天上午 12：00］，测量由国家气象局（"NWS"）测量，测量结果由 NCDC 报告；（ⅱ）零。由 NWS 测量、NCDC 报告的日最高气温和日最低气温应该在计算 HDD 前依照如下规则四舍五入：如果小数点后的第一位数字是 5 或大于 5，那么整数部分加一，如果小数点后的第一位数字小于 5，那么整数应该保持没有变化（"四舍五入法则"）。"NWS"指国家气象局，国家海洋和大气管理局的分支机构或代理机构，后者是负责为全美国、它的属 |

地、临近的水域和海域提供天气和洪水警告、公共预报和咨询意见的组织。

指数站：　　　　　　　　[市，州]，[飞机场名称]，[#WBAN]，[WMO]

恢复气象站：　　　　　　[市，州]，[飞机场名称] [WBAN]，[WMO]

备用恢复站：　　　　　　如果恢复站不能够用来产生必要的调整，那么该调整应该根据双方同意的、在计算期间及相关调整期都发布官方数据的气象站的数据进行（由 NCDC 报告的数据不应该由当事人四舍五入）。该气象站应该用 WBAN 识别码（或其他识别码）明确指定，将用作进行调整计算的第二种方法。

恢复方法：　　　　　　　如果指数站计算期间的任意一天的官方数据无法得到或指数站的地址有明显变化，就要用到恢复方法。由于编辑、质量控制、地址的变化（不是地址的显著变化）、和/或有关报告机构装备的仪器而造成的对数据的修改，都不保证要应用恢复方法。

（1）术语定义：

"调整"指调整期间指数站的日最高气温（如果无法得到的气温是日最高气温）和/或日最低气温（如果无法得到的气温是日最低气温）减去恢复站的对应气温的算术差（保留小数点后两位数）的平均数。

"四舍五入法则"——当用于报道的日最低或日最高气温这种可能的情况时，应该是（i）如果参照的是华氏气温，气温应该四舍五入为整数：如果小数点后的第一位数字是 5 或大于 5，那么整数部分加一，如果小数点后的第一位数字小于 5，那么整数应该保持没有变化；（ii）如果参照的是摄氏气温，气温应该四舍五入为保留小数点后两位：如果小数点后的第三个数字是 5 或大于 5，那么小数点后的第二个数字应该加一，如果小数点后的第三个数字小于 5，那么小数点后的第二个数字应该保持不变。以下"四舍五入法则"将应用于调整：如果小数点后的第三个数字是 5 或大于 5，那么小数点后的第二个数字应该加一，如果小数点后的第三个数字小于 5，那么小数点后的第二个数字应该保持不变。

"遗失数据日"指计算期间的任意一天，这一天指数站的官方数据无法得到。

"遗失数据计算日"指生效遗失数据日的同月同日。

"地址显著变化"指经度或纬度的变化大于或等于 1 分，

或海拔高度的变化大于或等于 1 米。在美国，所有的"地址显著变化"的通知由 NCDC 独家通过 www. ncdc. no-aa. gov/ol/climate/stationlocator. html 网页提供，如果网页地址变化、由它的替代网页提供。

（2）如果计算期间少于 12 个连续日的期间内的气温数据无法得到，那么调整将为每一个遗失数据日计算，计算时使用的调整期是第一个生效遗失数据日前 15 天和最后一个遗失数据日之后的 15 天。如果遗失数据日的前后 15 天内在恢复站和/或指数站存在遗失数据日，那么向遗失数据日前后顺延，直到在每一边找到 15 天，在这 15 天内指数站和恢复站都有有效气温数据为止（这 15 天必须出自 25 天），调整期为这两个 15 天。

（3）如果有日最高气温和/或日最低气温数据的遗失，而上面（ⅱ）中所述方法又不能应用（如，连续 12 天或更多天的数据遗失了），那么计算每一个遗失数据日的调整，就用过去三年里遗失数据日前——包括遗失数据日——15 天调整期和遗失数据日后 15 天调整期的气温数据。如果在这三年里，找不到数据，那么就再扩展三年。如果遗失数据日的前后 15 天内在恢复站和/或指数站存在遗失数据日，那么向遗失数据日前后顺延，直到在每一边找到 15 天，在这 15 天内指数站和恢复站都有有效气温数据为止（这 15 天必须出自 25 天），调整期为这两个 15 天。

（4）调整（不管正数或负数）应该加上 NCDC 报告的恢复站在指数站遗失数据日的相关气温（无论日最高气温还是日最低气温），以此作为指数站该日的气温。得到的日最高和/或日最低气温应该按如下办法四舍五入：如果小数点后的第一位数字是 5 或大于 5，那么整数部分加一，如果小数点后的第一位数字小于 5，那么整数应该保持没有变化。

闰年例外：

（5）如果遗失数据日是 2 月 29 日，该遗失数据计算日应该被考虑为 3 月 1 日。

（6）如果调整不能使用来自恢复气象站的可得数据计算，调整就应该用备用恢复站代替恢复站，使用以上同样的方法计算。

（7）如果在赔付额计算出来后、计算期终止后满 95 天前，

NCDC 公布了调整值被计算日期的官方数据，那么官方数据应该比任何利用恢复站数据计算的调整值都优先。

（8）在单一季节合约期间，如果发生了显著地址变化，恢复站技术方法就应该用于始于变化发生日、止于季节终点的所有日期。

如果在多季度合约期间发生了显著地址变化，恢复站技术方法就应该用于始于变化发生日、止于变化发生日所在季节终点的所有日期。对所有其他将来的季节，合约的双方应该协商出解决问题的条款。

数据资源：　　　　　用来确定浮动数量（在某种程度上要求恢复站的数据）的数据应该来自 NCDC 的官方网站 http：//www. ncdc. no-aa. gov，或其替代网站；但是，如果任何特定日的数据没有在这个网站上报道，那么该日数据应该来自合适的区域气候数据中心网站 http：//www. nws. noaa. gov/regions. shtml 或其替代网站；进一步，如果：（ⅰ）NCDC 数据在计算期结束后 95 日内更正了或调整了（ⅱ）数据临时来源于地区气候数据中心，那么这些新的、调整过的或更正过的数据的应该来自 NCDC 的官方网站 http：//www. ncdc. no-aa. gov。尽管这样，但只要区域气候数据中心和 NCDC 没有为指数公布数据，那么"恢复方法"就应该用来确定遗失的数据。

行权数量：　　　　　该数量等于（ⅰ）浮动数量超过（ⅱ）行权价格的部分（如果是正值的话）。

赔付额：　　　　　　不管合约中是否有条款反对，只要浮动数量大于行权价格，浮动数额支付方就应该向固定数额支付方支付一笔美元，数额是（ⅰ）赔付率和（ⅱ）行权数量的乘积，这笔钱将在生效赔付日到期和应付，但最大数额不应超过 ［＄＄＄＄＄］

（3）会计细节：

向［经销商］支付：

支付：　　　　　　　［具体指定］

给账户：　　　　　　［具体指定］

账户号/CHIPS UID：　　［具体指定］

Fed. ABA No.：　　　［具体指定］

向对方当事人支付：

支付：　　　　　　　请通知

给账户：　　　　　　请通知

账户号/CHIPS UID：　　请通知

Fed. ABA No.：　　　请通知

注意事项：　　　　　请通知

（4）陈述：

[经销商]和对方当事人都表示从交易日起自己（i）面临这笔交易所反映的这类气温的各种风险和（ii）进行这笔交易纯粹是为了补偿或管理这种风险。

请及时签署这份确认书以确认上面正确地提出了我们达成的交易的条款，并请在上面开始时提到的日期后两个营业日内通过传真给[………………]将其返还给我们，并知会：[………………]。

[经销商]很高兴与您达成这笔交易。

您忠实的

（经销商名称）：＿＿＿＿

签署者姓名：＿＿＿＿

职务：＿＿＿＿

自该日期确认：

[对方当事人名称]：

签署者：＿＿＿＿

姓名：＿＿＿＿

职务：＿＿＿＿

# HDD 套保期权

日期

[对方当事人姓名]

[地址]

[城市，州]

注意：[　]

传真号码：[　]

电话号码：[　]

RE：天气交易——合约编码.#####

亲爱的先生：

本文件的目的是确认在[对方当事人姓名]（"对方当事人"）和[经销商]（"经销商"）之间在交易日达成的交易的条款和条件（该"交易"），本文件构成以下指明详情的 ISDA 主协议中的"确认书"。

（1）本确认书受我们之间达成的 1992 ISDA 主协议管制，并增补 1992 ISDA 主协议，形成 1992 ISDA 主协议的一部分——这里 1992 ISDA 主协议指（日期）前多次增补过的最后文本（本次修改后的文本叫"协议"）。所有包含在协议中的条文都管制本确认书，除非有以下明确的修改。所有包含在 2000 ISDA 定义和 1993 ISDA 商品衍生品定义（增补如《2000 增补》）的定义和条款全体（"定义"），都由国际互换和衍生品协会（ISDA）公布，融合在本确认书中。如果定义与本确认书不一致，本确认书优先。如果 2000 ISDA 定义与 1993 ISDA 商品衍生品定义（增补如《2000 增补》）不一致，1993 ISDA 商品衍生品定义（增补如《2000 增补》）优先。

（2）交易的条款。本确认书关联的具体交易条款如下：

| | |
|---|---|
| 交易类型： | 取暖指数（"HDD"）套保期权 |
| 帽赔付率： | ［＄＄＄＄＄］/HDD |
| 地板赔付率： | ［＄＄＄＄＄］/HDD |
| 交易日期： | ［交易日期］ |
| 生效日期： | ［日期］ |
| 终止日期： | ［日期］ |
| 计算期： | 始于且包括生效日，止于且包括终止日。 |
| 支付日期： | 在计算期内的浮动额可以确定后的第 5 个营业日，但如果适当、如果国家气候数据中心（"NCDC"）在计算期结束后的 95 天内对计算期内的任何一天的已报告的日最高气温和日最低气温进行了任何调整，合适的一方将对应付额进行一次性调整。 |
| | "NCDC"指国家气象数据中心，是国家海洋和大气管理中心的一个单位或它的附属机构，它通过 NWS 报告气温信息。 |
| | "NWS"指国家气象局，国家海洋和大气管理局的分支机构或代理机构，后者是负责为全美国、它的属地、临近的水域和海域提供天气和洪水警告、公共预报和咨询意见的组织。 |
| 帽浮动款额付款人： | ［［经销商］/对方当事人］ |
| 帽行权价格： | ［#####］HDD |
| 地板浮动款额付款人： | ［［经销商］/对方当事人］ |
| 地板行权价格： | ［#####］HDD |
| 帽和地板浮动数量： | 由计算代理依照以下详细程序针对有效计算期间的每一天计算出的 HDD 的总和。 |

每天的 HDD 等于（i）和（ii）中的较大者，（i）［65］［18］减指数站的日最高气温和日最低气温［华氏］度数的非四舍五入平均值，这里日最高气温和日最低气温测量时间为：从且包括当地时间［该日上午 12：01］到且包括［第二天上午 12：00］，测量由国家气象局（"NWS"）测量、测量结果由 NCDC 报告；（ii）零。由 NWS 测量、NCDC 报告的日最高气温和日最低气温应该在计算 HDD 前依照如下规则四舍五入：①用华氏度量时，如果小数点后的第一位数字是 5 或大于 5，那么整数部分加一，如果小数点后的第一位数字小于 5，那么整数应该保持没有变化（"四舍五入法则"）；②用摄氏度量时，如果小数点后的第三个数字是 5 或大于 5，那么小数点后的第二个数字应该加一，如果小数点后的第三个数字小于 5，那么小数点后的第二个数字应该保持不变。

指数站：　　　　［市，州］，［飞机场名称］，［#WBAN］，［WMO］

恢复气象站：　　［市，州］，［飞机场名称］，［WBAN］，［WMO］

备用恢复站：　　如果恢复站不能够用来产生必要的调整，那么该调整应该根据双方同意的、在计算期间及相关调整期都发布官方数据的气象站的数据进行（由 NCDC 报告的数据不应该由当事人四舍五入）。该气象站应该用 WBAN 识别码（或其他识别码）明确指定、将用作进行调整计算的第二种方法。

恢复方法：　　　如果指数站计算期间的任意一天的官方数据无法得到，或指数站的地址有明显变化，就要用到恢复方法。由于编辑、质量控制、地址的变化（不是地址的显著变化）、和/或有关报告机构装备的仪器而造成的对数据的修改，都不保证要应用恢复方法。

（1）术语定义：

"调整"指调整期间指数站的日最高气温（如果无法得到的气温是日最高气温）和/或日最低气温（如果无法得到的气温是日最低气温）减去恢复站的对应气温的算术差（保留小数点后两位数）的平均数。以下"四舍五入法则"将应用于调整：如果小数点后的第三个数字是 5 或大于 5，那么小数点后的第二个数字应该加一，如果小数点后的第三个数字小于 5，那么小数点后的第二个数字应该保持不变。

"四舍五入法则"——当用于报道的日最低或日最高气温

这种可能的情况时，应该是（ⅰ）如果参照的是华氏气温，气温应该四舍五入为整数：如果小数点后的第一位数字是 5 或大于 5，那么整数部分加一，如果小数点后的第一位数字小于 5，那么整数应该保持没有变化；（ⅱ）如果参照的是摄氏气温，气温应该四舍五入为保留小数点后两位：如果小数点后的第三个数字是 5 或大于 5，那么小数点后的第二个数字应该加一，如果小数点后的第三个数字小于 5，那么小数点后的第二个数字应该保持不变。

"遗失数据日"指计算期间的任意一天，这一天指数站的官方数据无法得到。

"遗失数据计算日"指生效遗失数据日的同月同日。

"地址显著变化"指经度或纬度的变化大于或等于 1 分，或海拔高度的变化大于或等于 1 米。在美国，所有的"地址显著变化"的通知由 NCDC 独家通过 www.ncdc.noaa.gov/ol/climate/stationlocator.html 网页提供，如果网页地址变化、由它的替代网页提供。

（2）如果计算期间少于 12 个连续日的期间内的气温数据无法得到，那么调整将为每一个遗失数据日计算，计算时使用的调整期是第一个生效遗失数据日前 15 天和最后一个遗失数据日之后的 15 天。如果遗失数据日的前后 15 天内在恢复站和/或指数站存在遗失数据日，那么向遗失数据日前后顺延，直到在每一边找到 15 天，在这 15 天内指数站和恢复站都有有效气温数据为止（这 15 天必须出自 25 天），调整期为这两个 15 天。

（3）如果有日最高气温和/或日最低气温数据的遗失，而上面（2）中所述方法又不能应用（如，连续 12 天或更多天的数据遗失了），那么计算每一个遗失数据日的调整，就用过去三年里遗失数据日前——包括遗失数据日——15 天调整期和遗失数据日后 15 天调整期的气温数据。如果在这三年里，找不到数据，那么就再扩展三年。如果遗失数据日的前后 15 天内在恢复站和/或指数站存在遗失数据日，那么向遗失数据日前后顺延，直到在每一边找到 15 天，在这 15 天内指数站和恢复站都有有效气温数据为止（这 15 天必须出自 25 天），调整期为这两个 15 天。

闰年例外：如果遗失数据日是 2 月 29 日，该遗失数据计算日应该被考虑为 3 月 1 日。

（4）调整（不管正数或负数）应该加上 NCDC 报告的恢复站在指数站遗失数据日的相关气温（无论日最高气温或日最低气温），以此作为指数站该日的气温。得到的日最高和/或日最低气温应该按如下办法四舍五入：如果小数点后的第一位数字是 5 或大于 5，那么整数部分加一，如果小数点后的第一位数字小于 5，那么整数应该保持没有变化。

（5）如果调整不能使用来自恢复气象站的可得数据计算，调整就应该用备用恢复站代替恢复站，使用以上同样的方法计算。

（6）如果在赔付额计算出来后、计算期终止后满 95 天前，NCDC 公布了调整值被计算日期的官方数据，那么官方数据应该比任何利用恢复站数据计算的调整值都优先。

（7）在单一季节合约期间，如果发生了显著地址变化，恢复站技术方法就应该用于始于变化发生日、止于季节终点的所有日期。

如果在多季度合约期间发生了显著地址变化，恢复站技术方法就应该用于始于变化发生日、止于变化发生日所在季节终点的所有日期。对所有将来的季节，合约的双方应该协商出解决问题的条款。

数据资源：　　用来确定浮动数量（在某种程度上要求恢复站的数据）的数据应该来自 NCDC 的官方网站 http：//www. ncdc. noaa. gov，或其替代网站；但是，如果任何特定日的数据没有在这个网站上报道，那么该日数据应该来自合适的区域气候数据中心网站 http：//www. nws. noaa. gov/regions. shtml 或其替代网站；进一步，如果：（ⅰ）NCDC 数据在计算期结束后 95 日内更正了或调整了（ⅱ）数据临时来源于地区气候数据中心，那么这些新的、调整过的或更正过的数据的应该来自 NCDC 的官方网站 http：//www. ncdc. noaa. gov。尽管这样，但只要区域气候数据中心和 NCDC 没有为指数公布数据，那么"恢复方法"就应该用来确定遗失的数据。

行权数量：　　对（a）帽部分，该数量等于（如果是正值的话）（ⅰ）帽和地板浮动数量超过（ⅱ）帽行权价格的部分（帽行权数量）；对（b）地板部分，该数量等于（如果是正值的话）（ⅰ）地板行权价格超过（ⅱ）帽和地板浮动数量的部分（地板行权数量）。

赔付额： 不管合约中是否有条款反对、到赔付日、应付款额——如果有的话——就应用美元支付，付款人是（a）帽浮动款额付款人——如果帽和地板浮动数量大于帽行权价格，支付数额是（ⅰ）帽赔付率和（ⅱ）帽行权数量的乘积，这笔钱将在生效赔付日到期和应付，和（b）地板浮动款额付款人——如果地板行权价格大于帽和地板浮动数量，支付数额是（ⅰ）地板赔付率和（ⅱ）地板行权数量的乘积，这笔钱将在生效赔付日到期和应付，但应付对方的最大数额——不管是在上述（a）或（b）的情况下——不应超过［＄＄＄＄＄］

计算代理： ［［经销商］／对方当事人］

（3）会计细节：

向［经销商］支付：

支付： ［具体指定］

给账户： ［具体指定］

账户号/CHIPS UID： ［具体指定］

Fed. ABA No.： ［具体指定］

向对方当事人支付：

支付： 请通知

给账户： 请通知

账户号/CHIPS UID： 请通知

Fed. ABA No.： 请通知

注意事项： 请通知

（4）陈述：

［其他双方接受的条文和条款，如管制法律和附加陈述等］

［经销商］和对方当事人都表示从交易日起自己（ⅰ）面临这笔交易所反映的这类气温的各种风险和（ⅱ）进行这笔交易纯粹是为了补偿或管理这种风险。

请及时签署这份确认书以确认上面正确地提出了我们达成的交易的条款，并请在上面开始时提到的日期后两个营业日内通过传真给［………………］将其返还给我们，并知会：［………………］。如果您在收到本确定书后两个营业日内未表示接受或对本确认书提出异议，那么这里的条款就是交易条款且是交易的最后证据。

［经销商］很高兴与您达成这笔交易。

您忠实的

（经销商名称）：_____

签署者姓名：_____

职务：_____

自该日期确认：

[对方当事人名称]：

签署者：_____

姓名：_____

职务：_____

# HDD 地板期权（HDD FLOOR）

日期

[对方当事人姓名]

[地址]

[城市，州]

注意：[　　]

传真号码：[　　]

电话号码：[　　]

RE：天气交易——合约编码.#####

亲爱的先生：

本文件的目的是确认在[对方当事人姓名]（"对方当事人"）和[经销商]（"经销商"）之间在交易日达成的交易的条款和条件（该"交易"），本文件构成以下指明详情的 ISDA 主协议中的"确认书"。

（1）本确认书受我们之间达成的 1992 ISDA 主协议管制，并增补 1992 ISDA 主协议，形成 1992 ISDA 主协议的一部分——这里 1992 ISDA 主协议指（日期）前多次增补过的最后文本（本次修改后的文本叫"协议"）。所有包含在协议中的条文都管制本确认书，除非有以下明确的修改。

所有包含在 2000 ISDA 定义和 1993 ISDA 商品衍生品定义（增补如《2000 增补》）的定义和条款全体（"定义"），都由国际互换和衍生品协会（ISDA）公布，融合在本确认书中。如果定义与本确认书不一致，本确认书优先。如果 2000 ISDA 定义与 1993 ISDA 商品衍生品定义（增补如《2000 增补》）不一致，1993 ISDA 商品衍生品定义（增补如《2000 增补》）优先。

（2）交易的条款。本确认书关联的具体交易条款如下：

交易类型：　　　　　取暖指数（"HDD"）地板期权

赔付率：　　　　　　[ $ $ $ $ $ ]/HDD

| | |
|---|---|
| 交易日期： | ［交易日期］ |
| 生效日期： | ［日期］ |
| 终止日期： | ［日期］ |
| 权利金支付具体约定： | ［经销商］/对方当事人］应该支付［对方当事人/［经销商］］［＄＄＄＄＄＄］，在交易日后的两个营业日内。 |
| 计算期： | 始于且包括生效日，止于且包括终止日。 |
| 支付日期： | 在计算期内的浮动额可以确定后的第 5 个营业日，但如果适当、如果国家气候数据中心（"NCDC"）在计算期结束后的 95 天内对计算期内的任何一天的已报告的日最高气温和日最低气温进行了任何调整，合适的一方将对应付额进行一次性调整。 |
| | "NCDC"指国家气象数据中心，是国家海洋和大气管理中心的一个单位或它的附属机构，它通过 NWS 报告气温信息。 |
| | "NWS"指国家气象局，国家海洋和大气管理局的分支机构或代理机构，后者是负责为全美国、它的属地、临近的水域和海域提供天气和洪水警告、公共预报和咨询意见的组织。 |
| 固定款额付款人： | ［［经销商］/对方当事人］（期权的购买者） |
| 浮动款额付款人： | ［［经销商］/对方当事人］（期权的出售者） |
| 行权价格： | ［#####］HDD |
| 浮动数量： | 由计算代理依照以下详细程序针对有效计算期间的每一天计算出的 HDD 的总和。 |
| | 每天的 HDD 等于（ⅰ）和（ⅱ）中的较大者，（ⅰ）［65］［18］减指数站的日最高气温和日最低气温［华氏］度数的非四舍五入平均值，这里日最高气温和日最低气温测量时间为：从且包括当地时间［该日上午 12：01］到且包括［第二天上午 12：00］，测量由国家气象局（"NWS"）测量，测量结果由 NCDC 报告；（ⅱ）零。由 NWS 测量、NCDC 报告的日最高气温和日最低气温应该在计算 HDD 前依照如下规则四舍五入：①用华氏度量时，如果小数点后的第一位数字是 5 或大于 5，那么整数部分加一，如果小数点后的第一位数字小于 5，那么整数应该保持没有变化（"四舍五入法则"）；②用摄氏度量时，如果小数点后的第三个数字是 5 或大于 5，那么小数点后的第二个数字应该加一，如果小数点后的第三个数字小于 |

5，那么小数点后的第二个数字应该保持不变。

指数站：　　　　　　［市，州］，［飞机场名称］，［#WBAN］，［WMO］
恢复气象站：　　　　［市，州］，［飞机场名称］，［WBAN］，［WMO］
备用恢复站：　　　　如果恢复站不能够用来产生必要的调整，那么该调整应该根据双方同意的、在计算期间及相关调整期都发布官方数据的气象站的数据进行（由 NCDC 报告的数据不应该由当事人四舍五入）。该气象站应该用 WBAN 识别码（或其他识别码）明确指定、将用作进行调整计算的第二种方法。

恢复方法：　　　　　如果指数站计算期间的任意一天的官方数据无法得到或指数站的地址有明显变化，就要用到恢复方法。由于编辑、质量控制、地址的变化（不是地址的显著变化）、和/或有关报告机构装备的仪器而造成的对数据的修改，都不保证要应用恢复方法。

（ⅰ）术语定义：

"调整"指调整期间指数站的日最高气温（如果无法得到的气温是日最高气温）和/或日最低气温（如果无法得到的气温是日最低气温）减去恢复站的对应气温的算术差（保留小数点后两位数）的平均数。以下"四舍五入法则"将应用于调整：如果小数点后的第三个数字是 5 或大于 5，那么小数点后的第二个数字应该加一，如果小数点后的第三个数字小于 5，那么小数点后的第二个数字应该保持不变。

"四舍五入法则"——当用于报道的日最低或日最高气温这种可能的情况时，应该是（ⅰ）如果参照的是华氏气温，气温应该四舍五入为整数：如果小数点后的第一位数字是 5 或大于 5，那么整数部分加一，如果小数点后的第一位数字小于 5，那么整数应该保持没有变化；（ⅱ）如果参照的是摄氏气温，气温应该四舍五入为保留小数点后两位：如果小数点后的第三个数字是 5 或大于 5，那么小数点后的第二个数字应该加一，如果小数点后的第三个数字小于 5，那么小数点后的第二个数字应该保持不变。

"遗失数据日"指计算期间的任意一天，这一天指数站的官方数据无法得到。

"遗失数据计算日"指生效遗失数据日的同月同日。

闰年例外：如果遗失数据日是 2 月 29 日，该遗失数据计算日应该被考虑为 3 月 1 日。

（ⅱ）如果计算期间少于 12 个连续日的期间内的气温数据无法得到，那么调整将为每一个遗失数据日计算，计算时使用的调整期是第一个生效遗失数据日前 15 天和最后一个遗失数据日之后的 15 天。如果遗失数据日的前后 15 天内在恢复站和/或指数站存在遗失数据日，那么向遗失数据日前后顺延，直到在每一边找到 15 天，在这 15 天内指数站和恢复站都有有效气温数据为止（这 15 天必须出自 25 天），调整期为这两个 15 天。

（ⅲ）如果有日最高气温和/或日最低气温数据的遗失，而上面（ⅱ）中所述方法又不能应用（如，连续 12 天或更多天的数据遗失了），那么计算每一个遗失数据日的调整，就用过去三年里遗失数据日前——包括遗失数据日——15 天调整期和遗失数据日后 15 天调整期的气温数据。如果在这三年里，找不到数据，那么就再扩展三年。如果遗失数据日的前后 15 天内在恢复站和/或指数站存在遗失数据日，那么向遗失数据日前后顺延，直到在每一边找到 15 天，在这 15 天内指数站和恢复站都有有效气温数据为止（这 15 天必须出自 25 天），调整期为这两个 15 天。

（ⅳ）调整（不管正数或负数）应该加上 NCDC 报告的恢复站在指数站遗失数据日的相关气温（无论日最高气温或日最低气温），以此作为指数站该日的气温。得到的日最高和/或日最低气温应该按如下办法四舍五入：如果小数点后的第一位数字是 5 或大于 5，那么整数部分加一，如果小数点后的第一位数字小于 5，那么整数应该保持没有变化。

（ⅴ）如果调整不能使用来自恢复气象站的可得数据计算，调整就应该用备用恢复站代替恢复站，使用以上同样的方法计算。

（ⅵ）如果在赔付额计算出来后、计算期终止后满 95 天前，NCDC 公布了调整值被计算日期的官方数据，那么官方数据应该比任何利用恢复站数据计算的调整值都优先。

（ⅶ）在单一季节合约期间，如果发生了显著地址变化，恢复站技术方法就应该用于始于变化发生日、止于季节终点的所有日期。

数据资源：　　　　用来确定浮动数量（在某种程度上要求恢复站的数据）的数据应该来自 NCDC 的官方网站 http：//www.ncdc. noaa. gov，或其替代网站；但是，如果任何特定日的数据没有在这个网站上报道，那么该日数据应该来自合适的区域气候数据中心网站 http：//www. nws. noaa. gov/regions. shtml 或其替代网站；进一步，如果：（ⅰ）NCDC 数据在计算期结束后 95 日内更正了或调整了（ⅱ）数据临时来源于地区气候数据中心，那么这些新的、调整过的或更正过的数据的应该来自 NCDC 的官方网站 http：//www. ncdc. noaa. gov。尽管这样，但只要区域气候数据中心和 NCDC 没有为指数公布数据，那么"恢复方法"就应该用来确定遗失的数据。

| | |
|---|---|
| 行权数量： | 该数量等于（ⅰ）浮动数量超过（ⅱ）行权价格的部分（如果是正值的话）。 |
| 赔付额： | 不管合约中是否有条款反对，只要浮动数量大于行权价格，浮动数额支付方就应该向固定数额支付方支付一笔美元，数额是（ⅰ）赔付率和（ⅱ）行权数量的乘积，这笔钱将在生效赔付日到期和应付，但最大数额不应超过 [ $ $ $ $ $ ] |

（3）会计细节：

向 [经销商] 支付：

| | |
|---|---|
| 支付： | [具体指定] |
| 给账户： | [具体指定] |
| 账户号/CHIPS UID： | [具体指定] |
| Fed. ABA No.： | [具体指定] |

向对方当事人支付：

| | |
|---|---|
| 支付： | 请通知 |
| 给账户： | 请通知 |
| 账户号/CHIPS UID： | 请通知 |
| Fed. ABA No.： | 请通知 |
| 注意事项： | 请通知 |

（4）陈述：

[其他双方接受的条文和条款，如管制法律和附加陈述等]

[经销商] 和对方当事人都表示从交易日起自己（ⅰ）面临这笔交易所反映的这类气温的各种风险和（ⅱ）进行这笔交易纯粹是为了补偿或管理这种风险。

请及时签署这份确认书以确认上面正确地提出了我们达成的交易的条款，并请在上面开始时提到的日期后两个营业日内通过传真给 [………………] 将其返还给我们，并知会：[………………]。如果您在收到本确定书后两个营业日内未表示接受或对本确认书提出异议，那么这里的条款就是交易条款且是交易的最后证据。

[经销商] 很高兴与您达成这笔交易。

您忠实的

(经销商名称)：_____

签署者姓名：_____

职务：_____

自该日期确认：

[对方当事人名称]：

签署者：_____

姓名：_____

职务：_____

# HDD 互换（HDD SWAP）

日期

[对方当事人姓名]

[地址]

[城市，州]

注意：[　　]

传真号码：[　　]

电话号码：[　　]

RE：天气交易——合约编码.#####

亲爱的先生：

本文件的目的是确认在［对方当事人姓名］（"对方当事人"）和［经销商］（"经销商"）之间在交易日达成的交易的条款和条件（该"交易"），本文件构成以下指明详情的 ISDA 主协议中的"确认书"。

（1）本确认书受我们之间达成的 1992 ISDA 主协议管制，并增补 1992 ISDA 主协议，形成 1992 ISDA 主协议的一部分——这里 1992 ISDA 主协议指（日期）前多次增补过的最后文本（本次修改后的文本叫"协议"）。所有包含在协议中的条文都管制本确认书，除非有以下明确的修改。

包含在 1991 ISDA 定义和 1993 ISDA 商品衍生品中的定义（"定义"），按国际互换和衍生品协会（ISDA）的公布形式，都融合在本确认书中。如果定义与本确认书不一致，本确认书优先。如果 1991 ISDA 定义与 1993 ISDA 商品衍生品定义不一致，1993 ISDA 商品衍生品定义优先。

（2）交易的条款。本确认书关联的具体交易条款如下：

交易类型：　　　　　　取暖指数（"HDD"）互换

　赔付率：　　　　　　［＄＄＄＄＄］/HDD

交易日期：　　　　　　［交易日期］

生效日期：　　　　　　［日期］

终止日期：　　　　　　［日期］

计算期：　　　　　　　始于且包括生效日，止于且包括终止日。

支付日期：　　　　　　在计算期内的浮动额可以确定后的第 5 个营业日，但如果适当、如果国家气候数据中心（"NCDC"）在计算期结束后的 95 天内对计算期内的任何一天的已报告的日最高气温和日最低气温进行了任何调整，合适的一方将对应付额进行一次性调整。

　　　　　　　　　　　"NCDC"指国家气象数据中心，是国家海洋和大气管理中心的一个单位或它的附属机构，它通过 NWS 报告气温信息。

固定款额付款人：　　　［［经销商］/对方当事人］

浮动款额付款人：　　　［［经销商］/对方当事人］

行权价格：　　　　　　［#####］HDD

　浮动数量：　　　　　依照以下详细程序针对有效计算期间的每一天计算出的 HDD 的总和。

　　　　　　　　　　　每天的 HDD 等于（ⅰ）和（ⅱ）中的较大者，（ⅰ）65 减指数站的日最高气温和日最低气温［华氏］度数的非四舍五入平均值，这里日最高气温和日最低气温测量时间为：从且包括当地时间［该日上午 12：01］到且包括［第二天上午 12：00］，测量由国家气象局（"NWS"）测量、测量结果由 NCDC 报告；（ⅱ）零。由 NWS 测量、NCDC 报告的日最高气温和日最低气温应该在计算 HDD 前依照如下规则四舍五入：如果小数点后的第一位数字是 5 或大于 5，那么整数部分加一，如果小数点后的第一位数字小于 5，那么整数应该保持没有变化（"四舍五入法则"）。"NWS"指国家气象局，国家海洋和大气管理局的分支机构或代理机构，后者是负责为全美国、它的属地、临近的水域和海域提供天气和洪水警告、公共预报和咨询意见的组织。

指数站：　　　　　　　［市，州］，［飞机场名称］，［# WBAN］，［WMO］

恢复气象站： [市，州]，[飞机场名称]，[WBAN]，[WMO]

备用恢复站： 如果恢复站不能够用来产生必要的调整，那么该调整应该根据双方同意的、在计算期间及相关调整期都发布官方数据的气象站的数据进行（由 NCDC 报告的数据不应该由当事人四舍五入）。该气象站应该用 WBAN 识别码（或其他识别码）明确指定、将用作进行调整计算的第二种方法。

恢复方法： 如果指数站计算期间的任意一天的官方数据无法得到或指数站的地址有明显变化，就要用到恢复方法。由于编辑、质量控制、地址的变化（不是地址的显著变化）、和/或有关报告机构装备的仪器而造成的对数据的修改，都不保证要应用恢复方法。

（1）术语定义：

"调整"指调整期间指数站的日最高气温（如果无法得到的气温是日最高气温）和/或日最低气温（如果无法得到的气温是日最低气温）减去恢复站的对应气温的算术差（保留小数点后两位数）的平均数。

"四舍五入法则"——当用于报道的日最低或日最高气温这种可能的情况时，应该是（ⅰ）如果参照的是华氏气温，气温应该四舍五入为整数：如果小数点后的第一位数字是 5 或大于 5，那么整数部分加一，如果小数点后的第一位数字小于 5，那么整数应该保持没有变化；（ⅱ）如果参照的是摄氏气温，气温应该四舍五入为保留小数点后两位：如果小数点后的第三个数字是 5 或大于 5，那么小数点后的第二个数字应该加一，如果小数点后的第三个数字小于 5，那么小数点后的第二个数字应该保持不变。以下"四舍五入法则"将应用于调整：如果小数点后的第三个数字是 5 或大于 5，那么小数点后的第二个数字应该加一，如果小数点后的第三个数字小于 5，那么小数点后的第二个数字应该保持不变。

"遗失数据日"指计算期间的任意一天，这一天指数站的官方数据无法得到。

"遗失数据计算日"指生效遗失数据日的同月同日。

"地址显著变化"指经度或纬度的变化大于或等于 1 分，或海拔高度的变化大于或等于 1 米。在美国，所有的"地址显著变化"的通知由 NCDC 独家通过 www.ncdc.noaa.gov/ol/climate/stationlocator.html 网页提供，如果网页地址变化、由它的替代网页提供。

（2）如果计算期间少于 12 个连续日的期间内的气温数据无法得到，那么调整将为每一个遗失数据日计算，计算时使用的调整期是第一个生效遗失数据日前 15 天和最后一个遗失数据日之后的 15 天。如果遗失数据日的前后 15 天内在恢复站和/或指数站存在遗失数据日，那么向遗失数据日前后顺延，直到在每一边找到 15 天，在这 15 天内指数站和恢复站都有有效气温数据为止（这 15 天必须出自 25 天），调整期为这两个 15 天。

（3）如果有日最高气温和/或日最低气温数据的遗失，而上面（2）中所述方法又不能应用（如，连续 12 天或更多天的数据遗失了），那么计算每一个遗失数据日的调整，就用过去三年里遗失数据日前——包括遗失数据日——15 天调整期和遗失数据日后 15 天调整期的气温数据。如果在这三年里，找不到数据，那么就再扩展三年。如果遗失数据日的前后 15 天内在恢复站和/或指数站存在遗失数据日，那么向遗失数据日前后顺延，直到在每一边找到 15 天，在这 15 天内指数站和恢复站都有有效气温数据为止（这 15 天必须出自 25 天），调整期为这两个 15 天。

闰年例外：如果遗失数据日是 2 月 29 日，该遗失数据计算日应该被考虑为 3 月 1 日。

（4）调整（不管正数或负数）应该加上 NCDC 报告的恢复站在指数站遗失数据日的相关气温（无论日最高气温或日最低气温），以此作为指数站该日的气温。得到的日最高和/或日最低气温应该按如下办法四舍五入：如果小数点后的第一位数字是 5 或大于 5，那么整数部分加一，如果小数点后的第一位数字小于 5，那么整数应该保持没有变化。

（5）如果调整不能使用来自恢复气象站的可得数据计算，调整就应该用备用恢复站代替恢复站、使用以上同样的方法计算。

（6）如果在赔付额计算出来后、计算期终止后满 95 天前，NCDC 公布了调整值被计算日期的官方数据，那么官方数据应该比任何利用恢复站数据计算的调整值都优先。

（7）在单一季节合约期间，如果发生了显著地址变化，恢复站技术方法就应该用于始于变化发生日、止于季节终点的所有日期。

如果在多季度合约期间发生了显著地址变化，恢复站技术方法就应该用于始于变化发生日、止于变化发生日所在季节终点的所有日期。对所有其他将来的季节，合约的双方应该协商出解决问题的条款。

数据资源：用来确定浮动数量（在某种程度上要求恢复站的数据）的动据应该来自 NCDC 的官方网站 http：//www. ncdc. no-aa. gov，或其替代网站；但是，如果任何特定日的数据没有在这个网站上报道，那么该日数据应该来自合适的区域气候数据中心网站 http：//www. nws. noaa. gov/regions. shtml 或其替代网站；进一步，如果：（ⅰ）NCDC 数据在计算期结束后 95 天内更正了或调整了（ⅱ）数据临时来源于地区气候数据中心，那么这些新的、调整过的或更正过的数据的应该来自 NCDC 的官方网站 http：//www. ncdc. noaa. gov。尽管这样，但只要区域气候数据中心和 NCDC 没有为指数公布数据，那么"恢复方法"就应该用来确定遗失的数据。

行权数量：该数量等于（ⅰ）浮动数量超过（ⅱ）行权价格的部分。

赔付额：不管合约中是否有条款反对，如果浮动数量（1）是正数，浮动数额支付方就应该向固定数额支付方支付一笔钱，数额是（ⅰ）赔付率和（ⅱ）行权数量的乘积，这笔钱将在生效赔付日到期和应付，但最大数额不应超过 ［＄＄＄＄＄］。（2）是负数，固定数额支付方就应该向浮动数额支付方支付一笔钱，数额是（ⅰ）赔付率和（ⅱ）行权数量的乘积的绝对值，这笔钱将在生效赔付日到期和应付，但最大数额不应超过 ［＄＄＄＄＄］。

（3）会计细节：

向 ［经销商］ 支付：

支付：［具体指定］

给账户：［具体指定］

账户号/CHIPS UID：［具体指定］

Fed. ABA No. ：［具体指定］

向对方当事人支付：

支付：请通知

给账户：请通知

账户号/CHIPS UID：请通知

Fed. ABA No.：　　　　请通知

注意事项：　　　　　　请通知

　　（4）陈述：

　　［经销商］和对方当事人都表示从交易日起自己（i）面临这笔交易所反映的这类气温的各种风险和（ii）进行这笔交易纯粹是为了补偿或管理这种风险。

　　请及时签署这份确认书以确认上面正确地提出了我们达成的交易的条款，并请在上面开始时提到的日期后两个营业日内通过传真给［……………］将其返还给我们，并知会：［……………］。

　　［经销商］很高兴与您达成这笔交易。

　　您忠实的

　　（经销商名称）：_____

　　签署者姓名：_____

　　职务：_____

　　自该日期确认：

　　［对方当事人名称］：

　　签署者：_____

　　姓名：_____

　　职务：_____

# 致 谢

元素公司对本书成书过程中提供过各种帮助的人士表示诚挚的谢意。感谢来自出版社的 Andrea Hartill、Jacky Kippenberger 和 Stephen Rutt 自始至终支持本书的出版。还要感谢在编辑和出版阶段做出过值得称道工作的 Aardcark 编辑部的 LINDA Norrris。康乃尔大学（Cornell University）的地球和大气科学教授 Art DeGaetano 博士为本书的第二章提供了有益的意见。纽约 KPMG 顾问公司的常务董事 Ira Strassberg 为本书第十三章提供了数据，伦敦 Clifford Chance 公司的 Claude Brown 为本书第十二章提供了国际法律方面的资料。

**元素资本产品股份有限公司**

于斯坦福，康涅狄格州